PÉNÉLOPE BAGIEU

UNERSCHROCKEN

Fünfzehn Porträts außergewöhnlicher Frauen

2

REPRODUKT

INHALT

Temple Grandin

Tierdolmetscherin

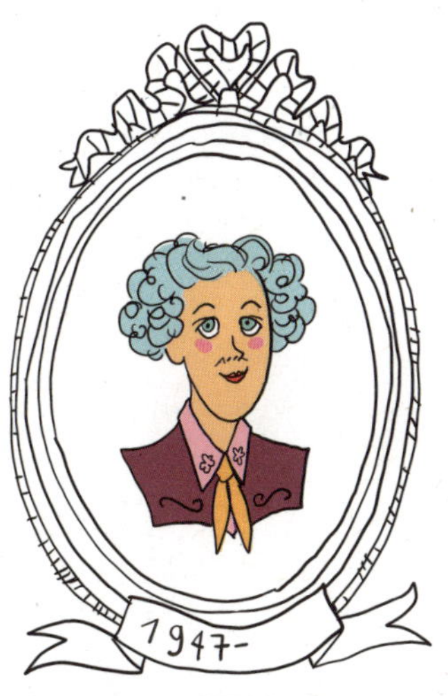

AM 29. AUGUST WIRD IN BOSTON EIN BABY GEBOREN, DAS ANDERS IST ALS ANDERE BABYS: MARY TEMPLE GRANDIN.

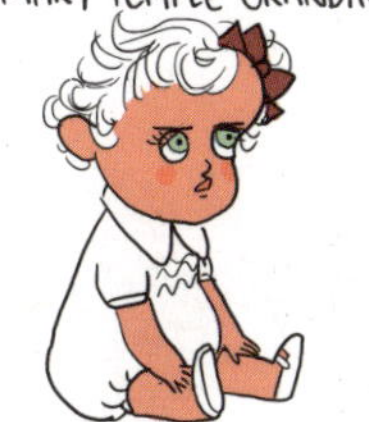

SIE LACHT NICHT, LÄCHELT NICHT EINMAL. UND SCHREIT, WENN MAN SIE IN DEN ARM NEHMEN WILL.

STATT MIT LEGO ZU SPIELEN, PULLERT SIE AUF DEN BODEN. STATT MIT KARTEN ZU SPIELEN, ISST SIE SIE AUF.

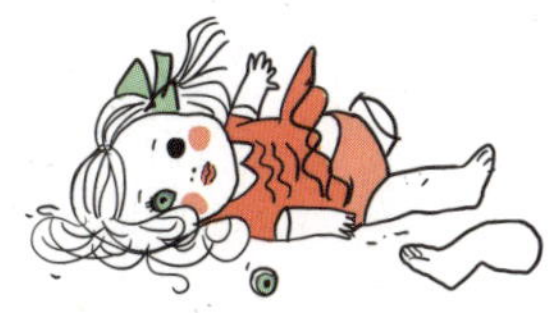

OFT KREISCHT SIE, SCHLÄGT SICH AUF DEN KOPF ODER MACHT IRGENDETWAS KAPUTT.

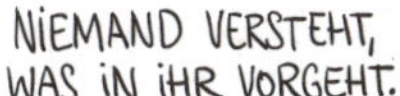

NIEMAND VERSTEHT, WAS IN IHR VORGEHT.

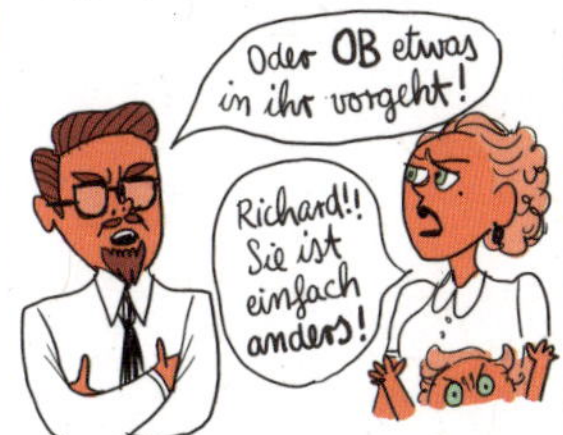

ALS TEMPLE MIT DREI JAHREN IMMER NOCH KEIN WORT SPRICHT, GEHT IHRE MUTTER MIT IHR ZU EINEM NEUROLOGEN.

DER ARZT MACHT EINE REIHE VON TESTS MIT IHR UND DIAGNOSTIZIERT, DASS SIE WEDER VERRÜCKT NOCH DUMM IST: DIE KRANKHEIT, UNTER DER DIE KLEINE LEIDET, NENNT SICH AUTISMUS. VON GRIECHISCH „AUTÓS"...

... „SELBST".

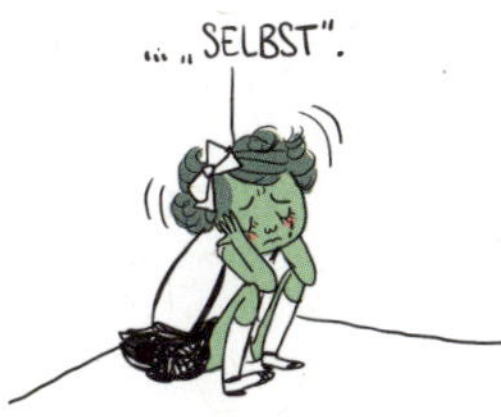

WAS UNTER ANDEREM ERKLÄRT, WARUM DAS MÄDCHEN SO FRUSTRIERT IST, WEIL ES SICH NICHT AUSDRÜCKEN KANN, UND WARUM ES KÖRPERLICHE NÄHE NICHT ERTRÄGT, OBWOHL ES DOCH SO VIEL ZUWENDUNG BRAUCHT.

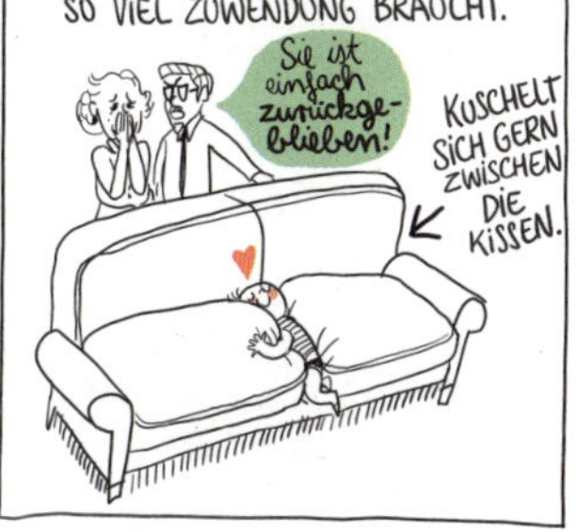

DAMALS WUSSTEN DIE ÄRZTE NOCH WENIG ÜBER DIESE KRANKHEIT UND BEHAUPTETEN, AUTISMUS SEI AUF UNTERKÜHLTE ELTERN ZURÜCKZUFÜHREN, DIE ZU WENIG MIT IHREM BABY KOMMUNIZIERT HÄTTEN.

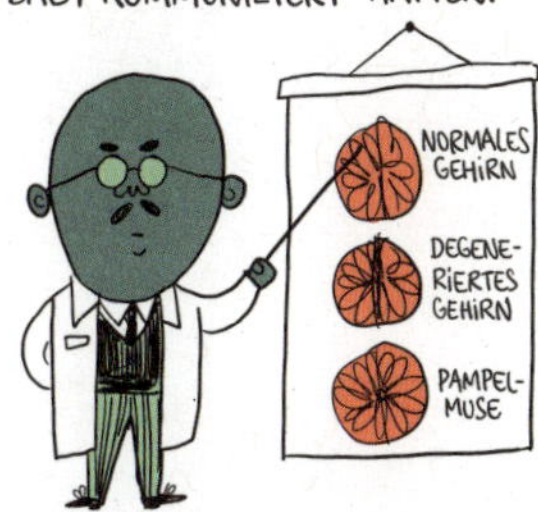

DAS IST NATÜRLICH VÖLLIGER UNSINN.

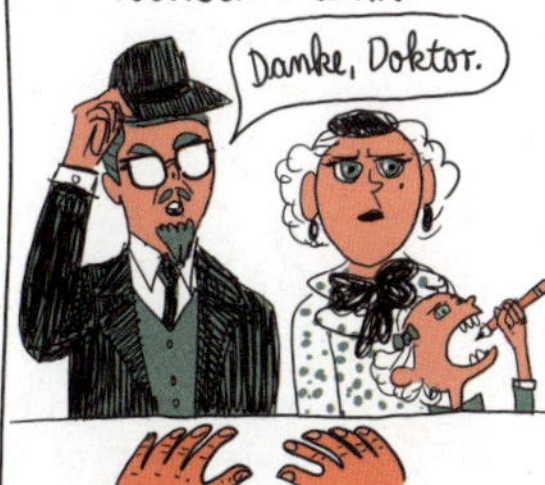

IN WIRKLICHKEIT ENTWICKELT SICH IHR GEHIRN SEHR SCHNELL, ABER AUF SEHR UNGEWÖHNLICHE WEISE.

IHR VATER WILL SIE SCHNELLSTMÖGLICH IN EINER PSYCHIATRISCHEN EINRICHTUNG WEGSPERREN LASSEN, DOCH IHRE MUTTER WILL NICHTS DAVON WISSEN.

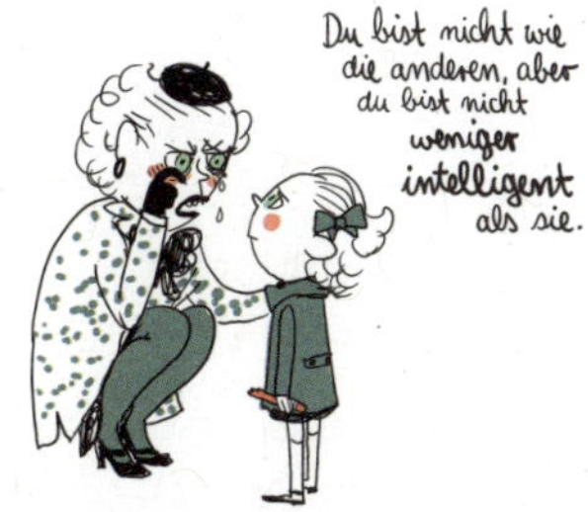

SIE SCHLEPPT TEMPLE DREIMAL DIE WOCHE ZU EINEM LOGOPÄDEN. DER BRINGT IHR BEI, DIE LAUTE ZU UNTERSCHEIDEN, WÖRTER ZU BILDEN UND SIE DANN MIT BILDERN ZU VERBINDEN.

Acht?
Unendlich?
Eine Brille?

SO LERNT SIE ENDLICH, ZU KOMMUNIZIEREN.

IHRE MUTTER GLAUBT, TEMPLE SEI NUN SO WEIT, UND WIRFT SIE INS KALTE WASSER.

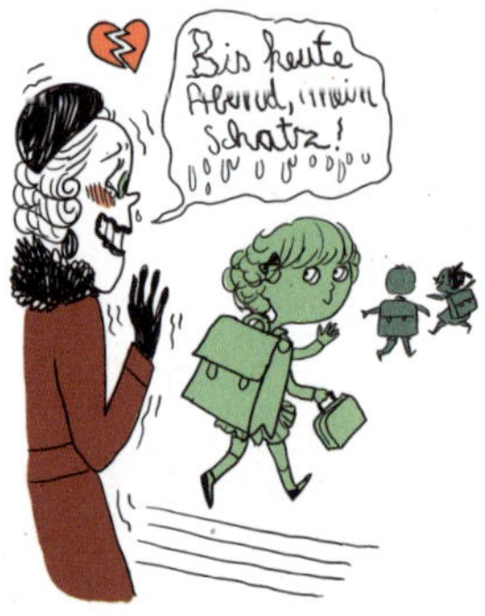

TEMPLE MAG IHRE SCHULE, DIE KINDER, IHRE LEHRERIN, ABER DAS LEBEN UNTER ANDEREN MENSCHEN IST DENNOCH EINE DAUERBELASTUNG.

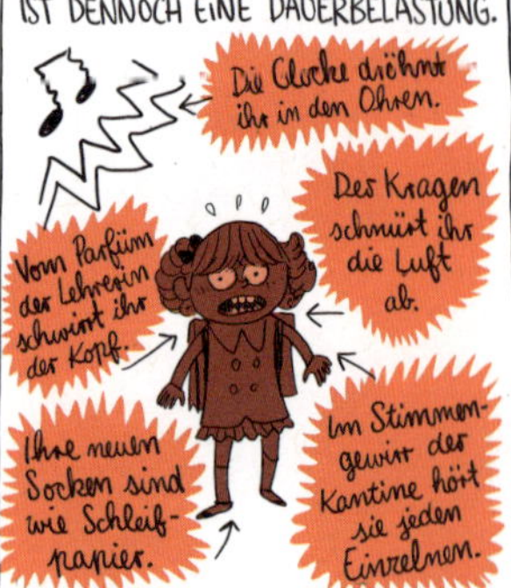

IHR GEHIRN KANN DIE FÜLLE VON INFORMATIONEN, DIE ES ANHÄUFT, NICHT VERARBEITEN. SIE GERÄT IN PANIK UND KANN SICH NUR BERUHIGEN, INDEM SIE SICH AUF REPETITIVE HANDLUNGEN KONZENTRIERT.

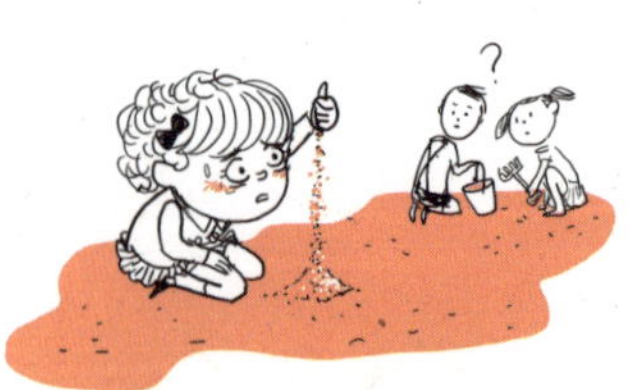

IHRE MUTTER ÜBERZEUGT DIE SCHULE, SIE IN DER TISCHLER-AG AUFZUNEHMEN, DIE TRADITIONELL DEN JUNGEN VORBEHALTEN IST.

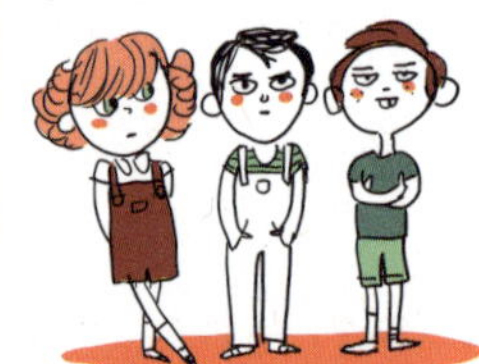

DORT ERWEIST SIE SICH ALS AUSSERORDENTLICH BEGABT (UND ENTSPANNT SICH OFFENSICHTLICH, WENN SIE ETWAS BAUT).

ENDLICH KANN SIE IHRE VISUELLE INTELLIGENZ EINMAL GEBRAUCHEN. DENN TEMPLE DENKT NICHT IN **WÖRTERN**, SONDERN IN UNGLAUBLICH PRÄZISEN UND DETAILLIERTEN BILDERN, DIE IHR GEHIRN WIE EIN HOCHLEISTUNGSRECHNER ARCHIVIERT.

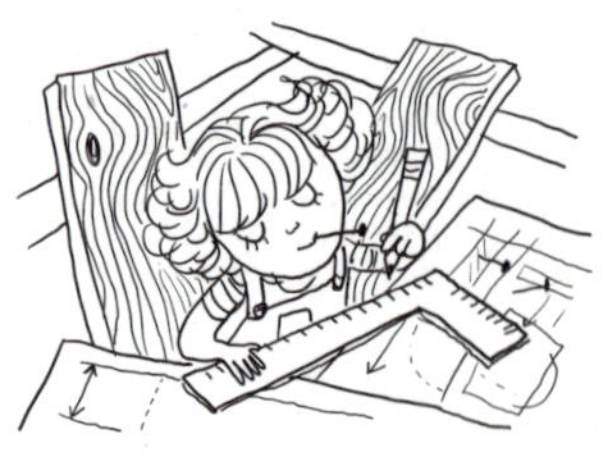

DAS ERKLÄRT, WARUM ABSTRAKTE KONZEPTE, WIE Z.B. EMOTIONEN, FÜR SIE EIN MYSTERIUM BLEIBEN.

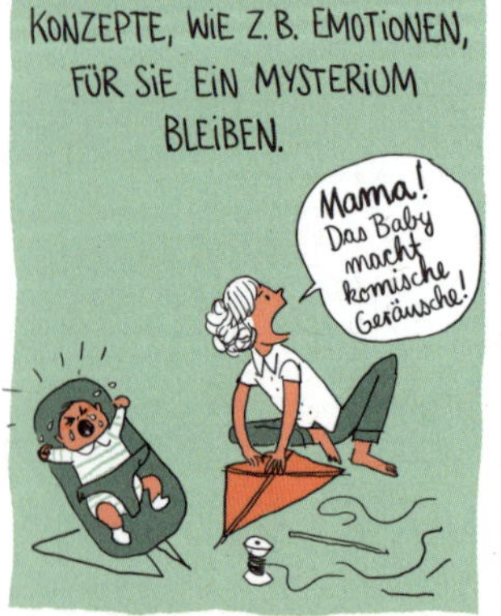

KURZ GESAGT, SIE VERSTEHT KEINE WITZE, ABER WALTER FINDET SIE IMMER IN WENIGEN SEKUNDEN.

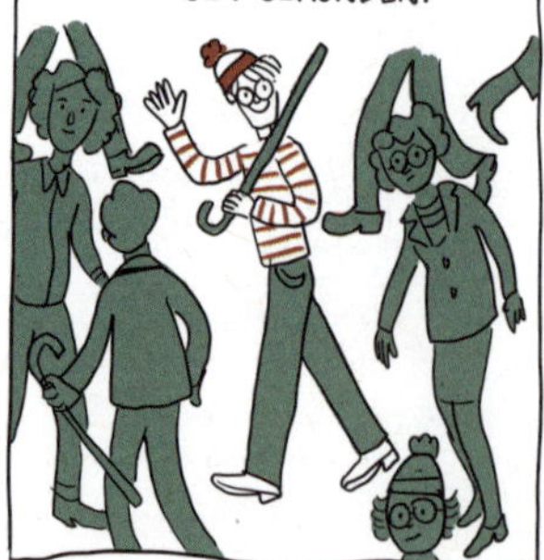

DOCH DANN ERWARTET TEMPLE DIE BRUTALSTE UND TRAUMATISIERENDSTE ERFAHRUNG IHRES LEBENS.

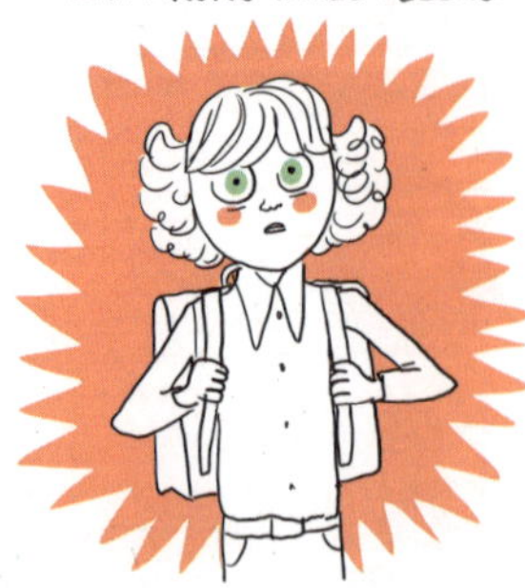

DIE

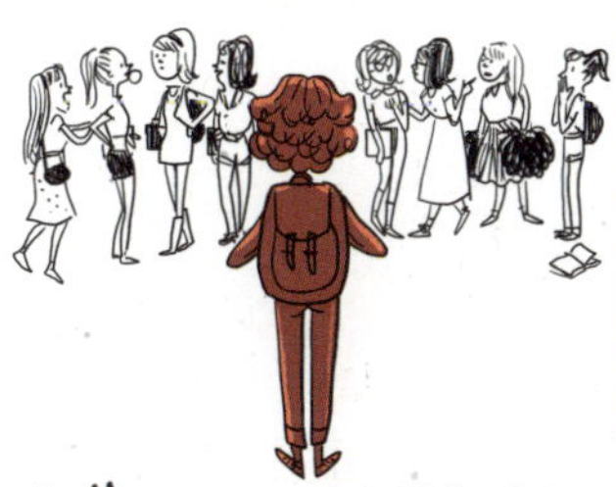

MÄDCHENSCHULE.

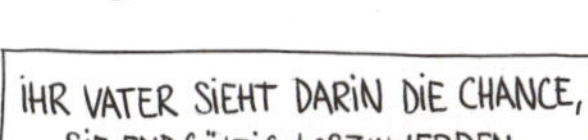

HIER IST IHR ALLES ZU GROSS. ZU LAUT. ZU UNRUHIG. ZU KOMPLIZIERT. TEMPLE REPETIERT WÖRTER, UM SICH ZU BERUHIGEN. UND WEIL SIE SCHWIERIGKEITEN HAT, GESICHTSAUSDRÜCKE ZU DEUTEN ODER ZWISCHEN DEN ZEILEN ZU LESEN, MERKT SIE NICHT, WENN SICH DIE ANDEREN ÜBER SIE LUSTIG MACHEN.

Hör mal, wir haben abgestimmt: Ab jetzt heißt du Dumpfbacke, okay?

Temple Temple ich heiße Temple Temple Tem

hi hihi! hi hi hi!

MANCHMAL VERLIERT SIE DIE KONTROLLE. SIE SCHMEISST SICH AUF DEN BODEN UND SCHREIT UND SCHLÄGT UM SICH.

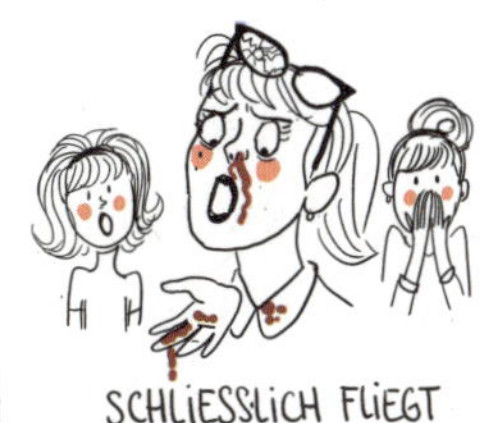

SCHLIESSLICH FLIEGT SIE VON DER SCHULE.

IHR VATER SIEHT DARIN DIE CHANCE, SIE ENDGÜLTIG LOSZUWERDEN.

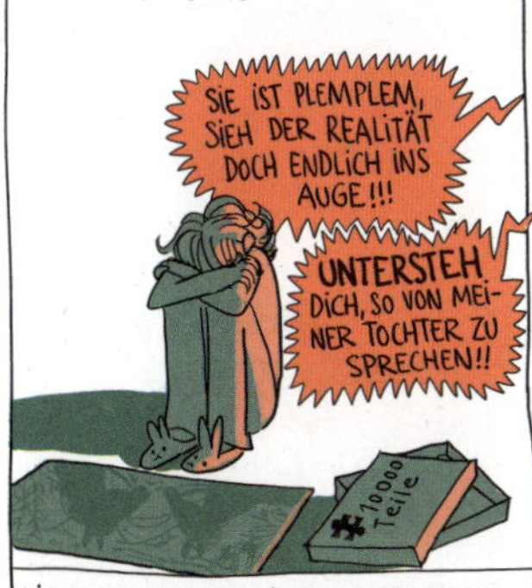

DIE MUTTER SPIELT IHRE LETZTE KARTE...

... EINE SEHR SPEZIELLE SCHULE MITTEN IM WALD, FÜR NUR ETWA DREISSIG KINDER.

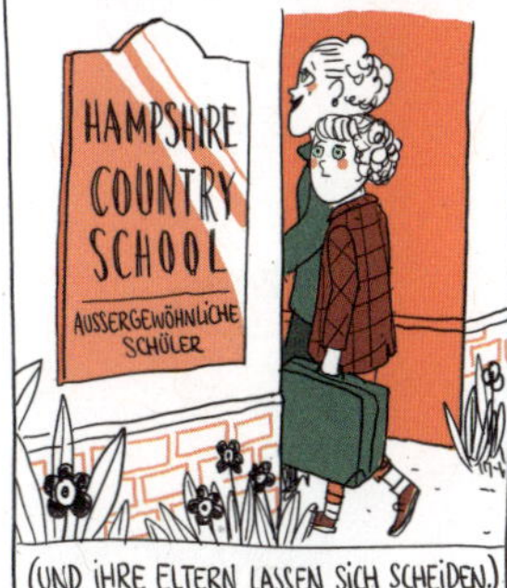

(UND IHRE ELTERN LASSEN SICH SCHEIDEN.)

EIN INTERNAT, WO TEMPLE ENDLICH AUF MENSCHEN TRIFFT, DIE SIND WIE SIE.

Ihr seid nicht wegen eurer Schwächen hier, sondern wegen eurer Fähigkeiten. Und beides gehört zusammen.

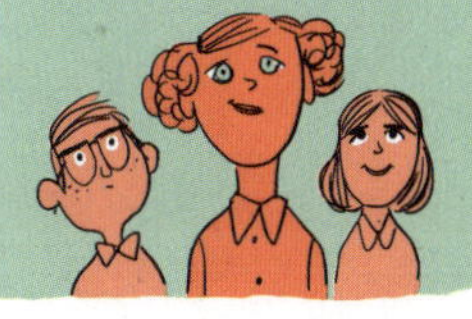

UNTER ALL DIESEN MERKWÜRDIGEN JUGENDLICHEN, MIT DENEN DIE GESELLSCHAFT NICHTS ANZUFANGEN WEISS, FÜHLT SIE SICH SICHER. SIE HAT FREUNDE. (ABER DIE PUBERTÄT IST IHR HÖCHST SUSPEKT.)

Jungs...? Tja, ich finde sie nicht so interessant wie andere Arten, wie Hunde oder Katzen zum Beispiel.

IHRE FREUNDE FINDEN, DASS SIE EIN RICHTIGER KERL IST.

SIE KANN SEHR GUT ZEICHNEN (VOR ALLEM PFERDE, ABER KEINE PORTRÄTS, DENN GESICHTER KRIEGT SIE NICHT HIN). DOCH SIE LERNT NICHT GERN. IHRE LEHRER MACHEN SICH SORGEN, WEIL SIE SICH NICHT KONZENTRIEREN KANN UND IM UNTERRICHT PANIKATTACKEN BEKOMMT.

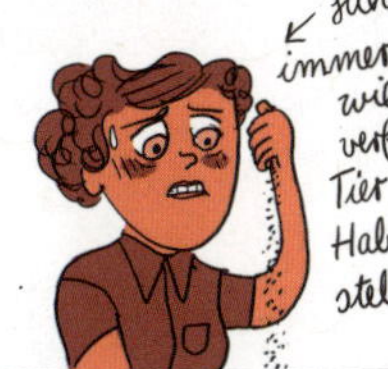

DA HAT IHRE MUTTER EINEN EINFALL: SIE SCHICKT TEMPLE EINEN GANZEN SOMMER LANG ZU EINER TANTE NACH ARIZONA...

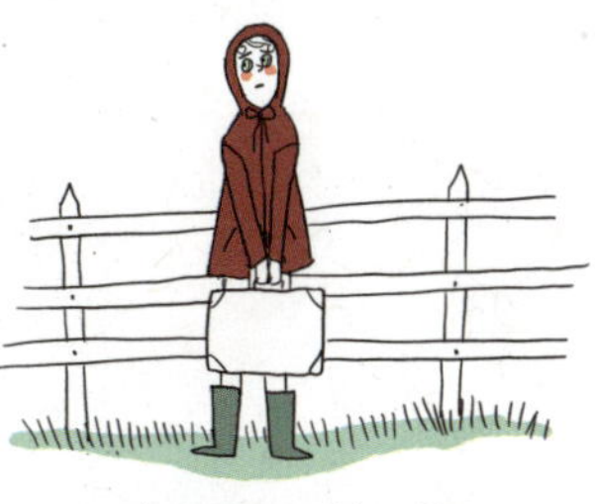

... AUF EINE RANCH.

EINE OFFENBARUNG FÜR TEMPLE. SIE VERSPÜRT EINE SEHR STARKE (UND SELTSAME) EMPATHIE FÜR RINDER. NOCH NIE HAT SIE SICH JEMANDEM SO NAH GEFÜHLT.

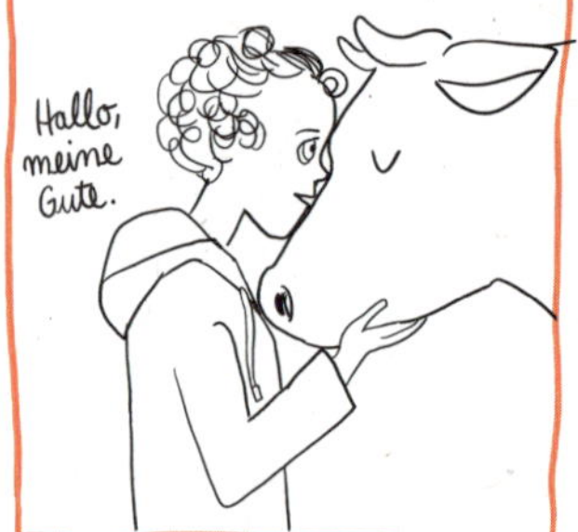

SIE BEOBACHTET, WIE DIE TIERE ZUM IMPFEN IN EINE MASCHINE EINGESPANNT WERDEN, UND BEMERKT, DASS SIE DARIN GANZ RUHIG UND FRIEDLICH WERDEN. SIE BEKOMMT LUST, DAS DING AUCH AUSZUPROBIEREN (HEIMLICH).

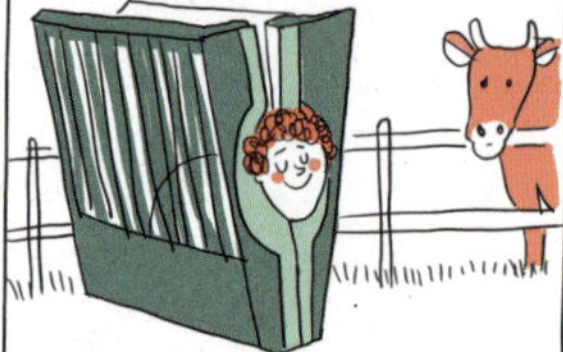

SO GEHALTEN UND UMSCHLOSSEN FÜHLT SIE SICH UNGLAUBLICH GUT.

ZURÜCK IM INTERNAT BAUT SIE DIE VORRICHTUNG NACH, DIE SIE „SQUEEZE MACHINE" NENNT. SIE BITTET IHRE ZIMMERGENOSSIN REGELMÄSSIG, SIE EINE STUNDE DARIN EINZUSPANNEN.

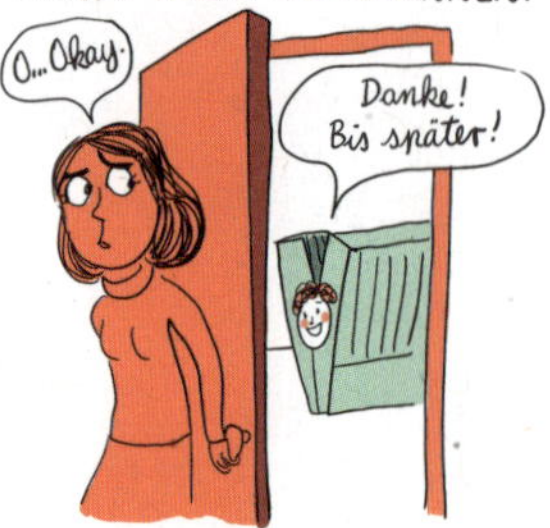

SIE LÄSST SIE VON ALL IHREN FREUNDEN AUSPROBIEREN, UM DEREN REAKTIONEN ZU BEOBACHTEN UND ZU ANALYSIEREN.

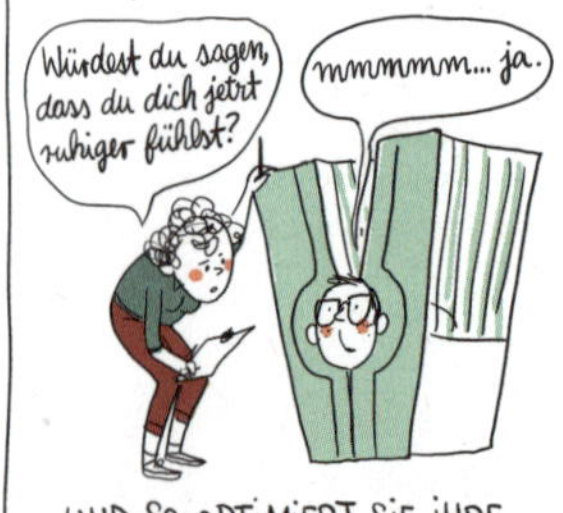

UND SO OPTIMIERT SIE IHRE MASCHINE IMMER WEITER.

SIE WIRD SICH BEWUSST, DASS SIE DAS **GERN** MACHT. JA, SIE IST GANZ BESESSEN UND WEISS NUN, DASS DAS IHR BERUF WERDEN MUSS:

FORSCHERIN.

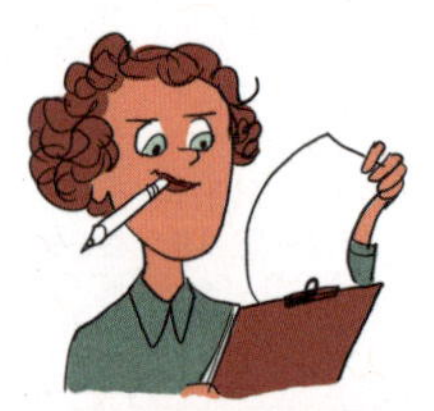

PLÖTZLICH INTERESSIERT SIE DER UNTERRICHT. WENN ES DARUM GEHT, EIN RÄTSEL ZU LÖSEN, LERNT SIE GERN. SIE BESCHLIESST, TIERWISSENSCHAFTEN ZU STUDIEREN.

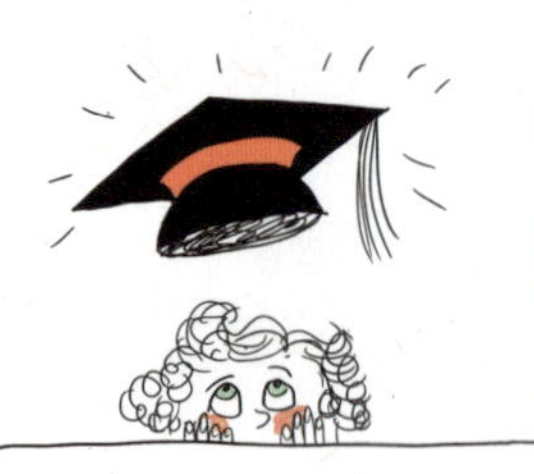

SIE WILL EINE STUDIE ÜBER DAS WOHLBEFINDEN VON TIEREN IN DER INDUSTRIELLEN TIERZUCHT DURCHFÜHREN.

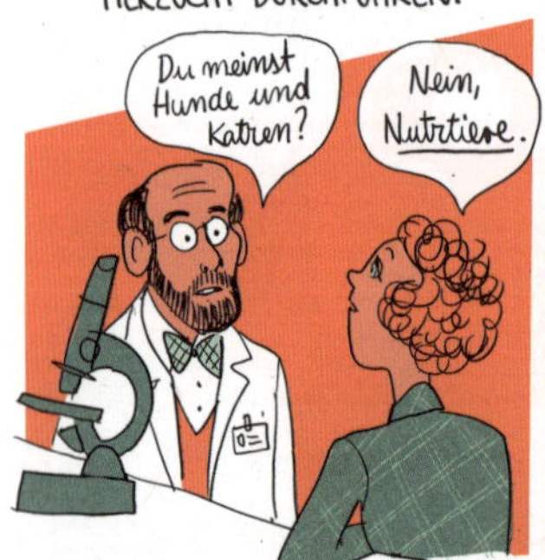

1974 KOMMT NIEMAND AUF DIE IDEE, DASS DAS IRGENDWEN INTERESSIEREN KÖNNTE. SELBST IHR PROFESSOR FINDET DIE IDEE KOMISCH.

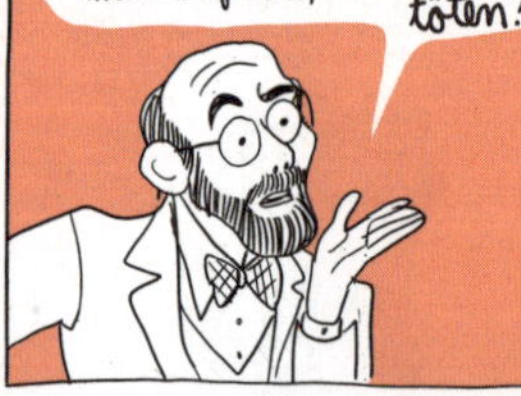

UND WENN SCHON: SIE BEGIBT SICH AUF EINE FORSCHUNGSREISE...

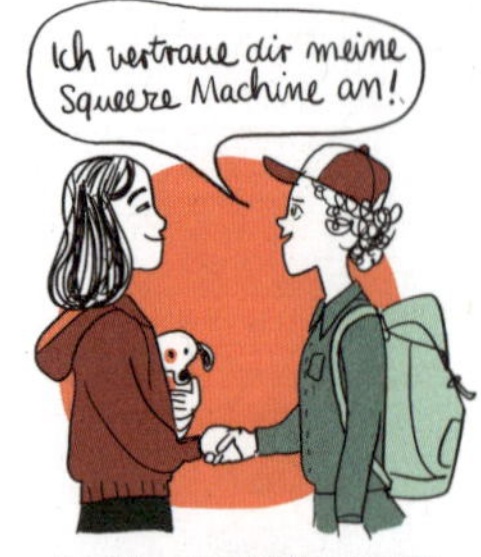

... IN DIE ENTLEGENSTEN VIEHBETRIEBE DES AMERIKANISCHEN WESTENS.

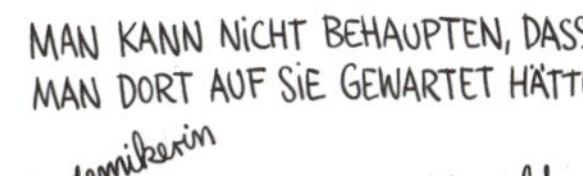

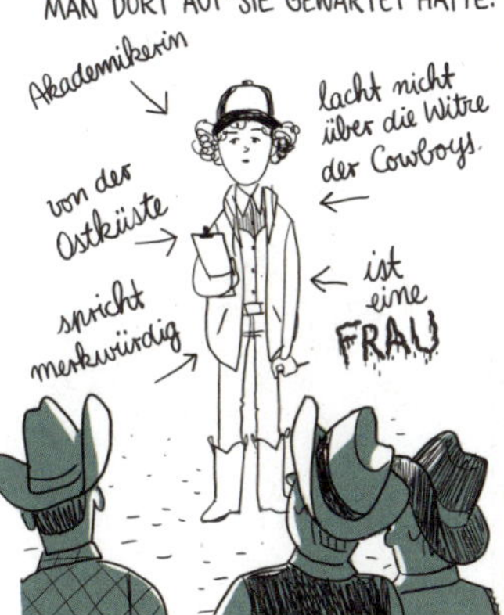

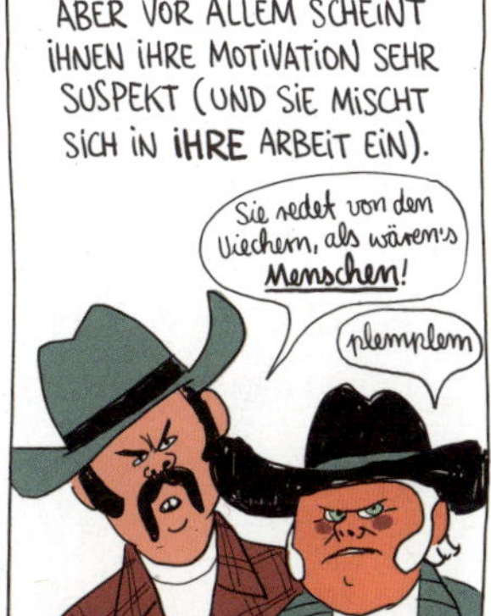

IMMER WIEDER WIRD SIE SCHIKANIERT, MIT BLUT BESPRITZT WIE STEPHEN KINGS CARRIE ODER MIT DEN HODEN FRISCH KASTRIERTER BULLEN BEWORFEN.

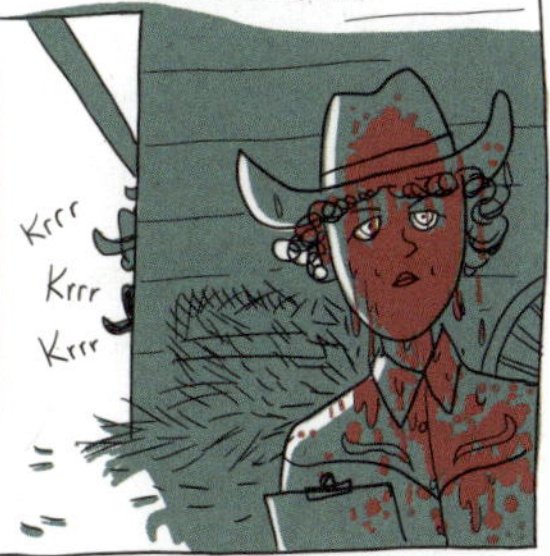

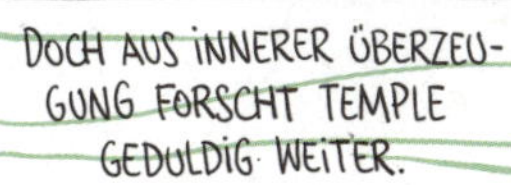

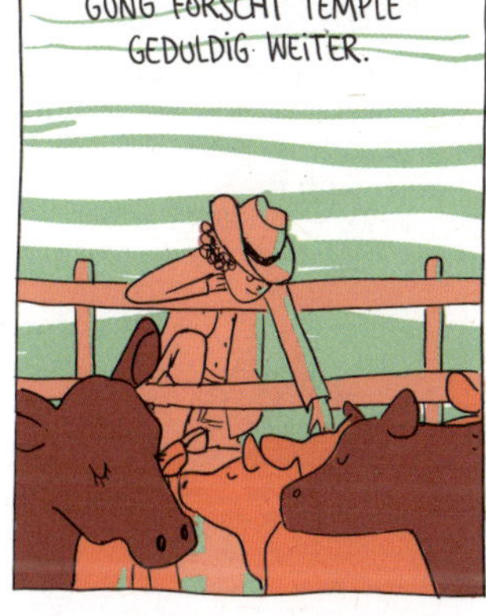

IHRE FÄHIGKEIT, SICH MIT DEN TIEREN ZU IDENTIFIZIEREN, MACHT SIE ZU EINER GENAUEN BEOBACHTERIN.

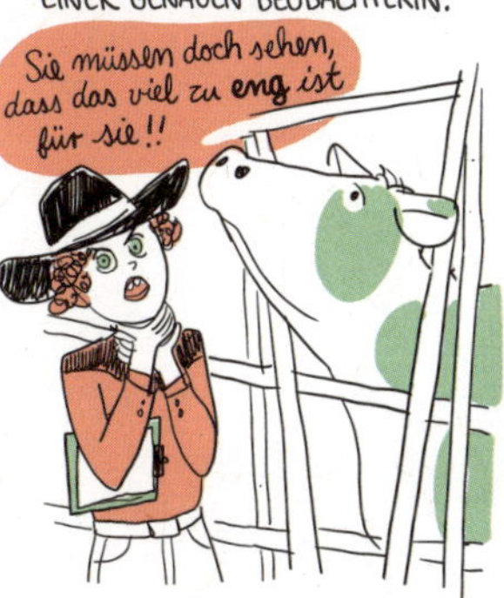

TEMPLE WEISS, DASS DER GRÖSSTE FEIND DER KÜHE NICHT DER SCHMERZ IST, SONDERN DIE ANGST!!

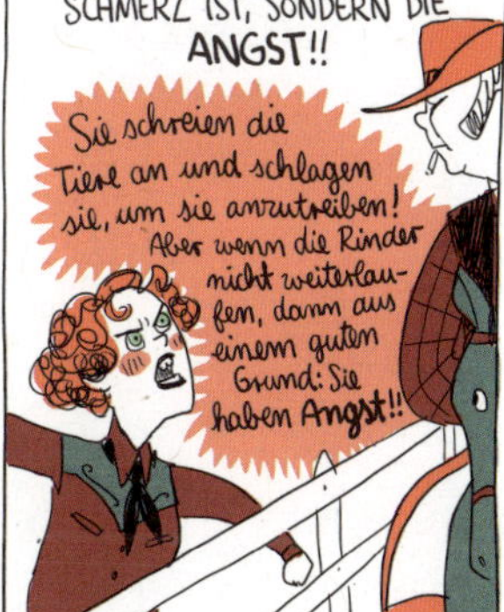

ES GIBT VIELE SEHR EINFACHE METHODEN, IHNEN DAS LEBEN ANGENEHMER ZU MACHEN. MAN MUSS NUR WOLLEN. TEMPLE VERSETZT SICH IN SIE HINEIN (DIE „GEMEINSAME WIRKLICHKEIT"), UM ZU VERSTEHEN, WAS IHNEN ANGST MACHT. ZUM BEISPIEL:

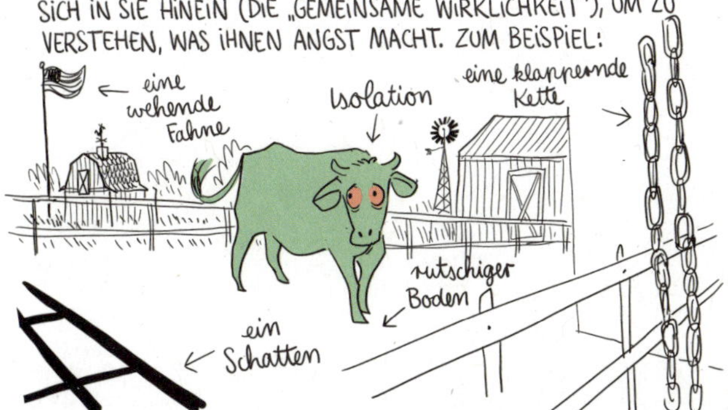

TEMPLE NUTZT IHREN SECHSTEN „TIERISCHEN" SINN UND FINDET METHODEN, DIE TIERE ZU BERUHIGEN.

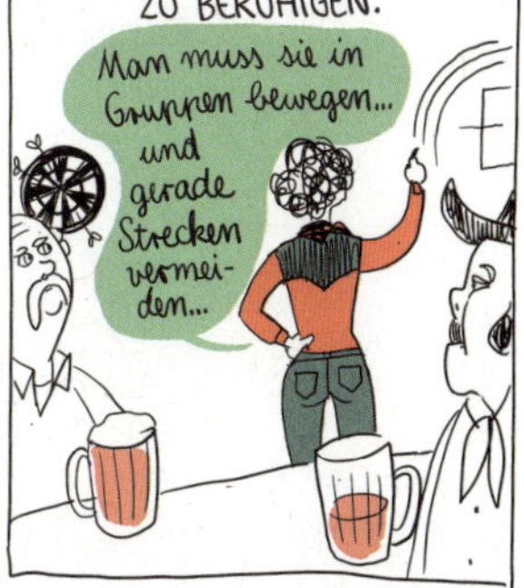

SIE ZEICHNET DRAUFLOS UND ENTWIRFT INSTINKTIV DETAILLIERTE PLÄNE.

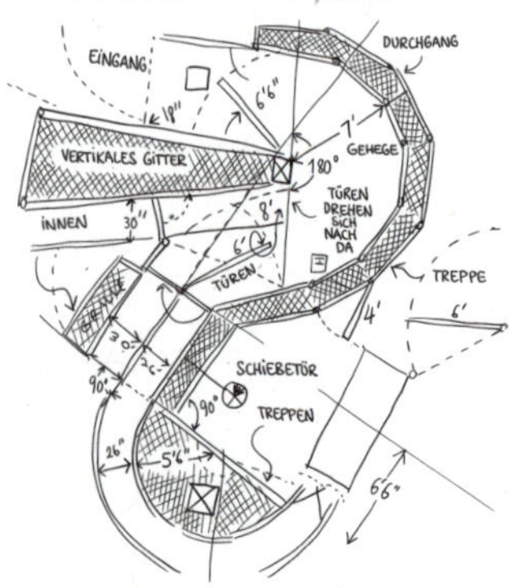

IM RAHMEN IHRER DOKTORARBEIT BESICHTIGT SIE SCHLACHTHÖFE, WO GRAUSAME BEDINGUNGEN HERRSCHEN.

„Wenn es eine Hölle gibt, war ich dort", SCHREIBT SIE SPÄTER.

SIE FÄNGT AN, FÜHRUNGEN ZU VERANSTALTEN, FILMT, APPELLIERT AN DIE ÖFFENTLICHKEIT UND RUFT DIE SCHLACHTHOFBESITZER ZUR VERANTWORTUNG.

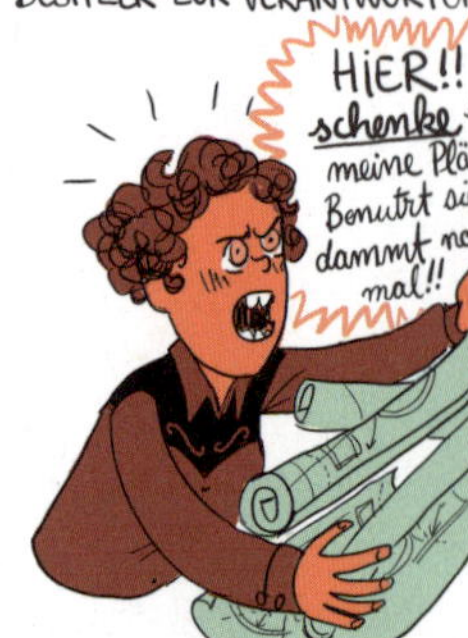

ANFANGS HÄLT MAN SIE WAHLWEISE FÜR VERRÜCKT ODER SCHWACHSINNIG, ABER DAS IST TEMPLE SCHON GEWOHNT.

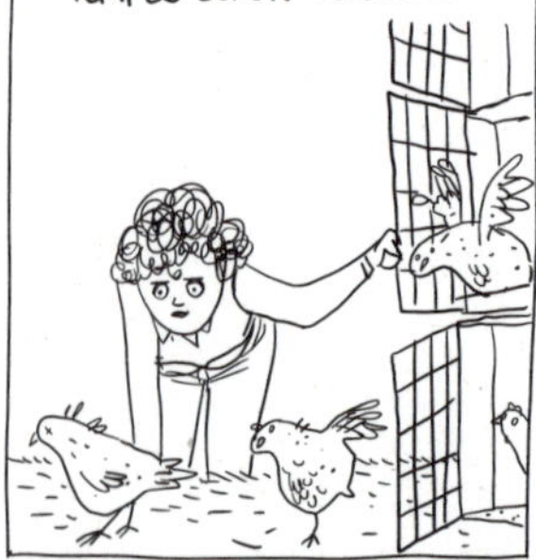

NATÜRLICH IST ES FÜR EINE TIERFREUNDIN SCHWER, MIT DENEN ZUSAMMENZUARBEITEN, DIE TIERE NUR AUFZIEHEN, UM SIE HINTERHER ZU TÖTEN. NATÜRLICH WÄRE ES IHR LIEBER, MAN WÜRDE TIERE ÜBERHAUPT NICHT TÖTEN.

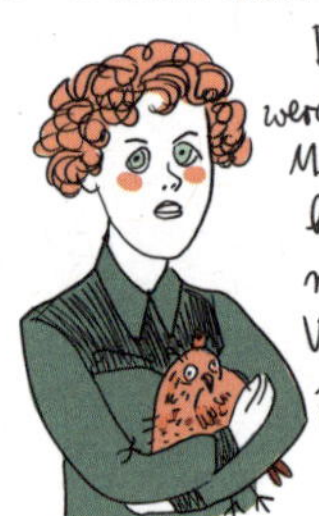

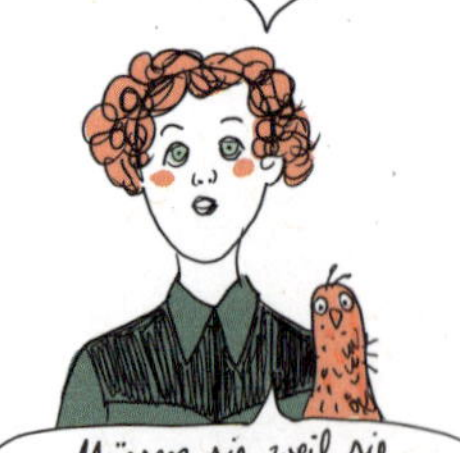

TEMPLE WILL STANDARDS DURCHSETZEN. DOCH WIE MISST MAN WOHLBEFINDEN? ODER DEN STRESSPEGEL? TEMPLE ENTWIRFT EINE BEWERTUNGSTABELLE, DENN AUF EINE VERRÜCKTHEIT MEHR ODER WENIGER KOMMT ES AUCH NICHT MEHR AN. ENTSCHEIDEND IST DIE ANZAHL DER „MUHS" AUF DEM WEG ZUM SCHLACHTHOF.

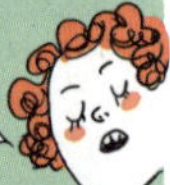

DER STRIKT EINZUHALTENDE GRENZWERT LIEGT BEI MAXIMAL DREI „MUHS" IN EINER GRUPPE VON 100 KÜHEN.

NUR 25% DER AMERIKANISCHEN SCHLACHTHÖFE BESTEHEN ANFANGS DEN TEST. DOCH TEMPLES EINFLUSS WÄCHST DERART, DASS ALLE IHR „LABEL" ERHALTEN WOLLEN. ALSO MÜSSEN SIE ALLERHAND UMKREMPELN. AUSSERDEM ERHÖHT TEMPLE JEDES JAHR DIE MESSLATTE.

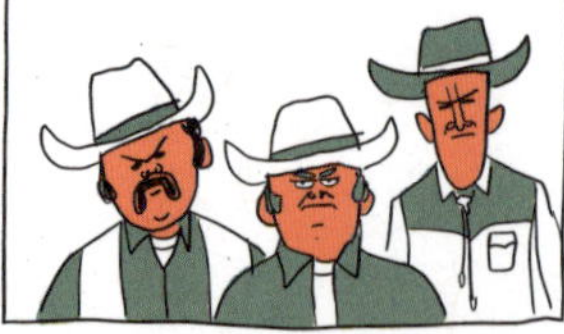

UM IHR ANSEHEN ZU VERBESSERN, FORDERN BALD AUCH DIE GROSSEN FAST-FOOD-KETTEN VON TEMPLE GRANDIN ZERTIFIZIERTES FLEISCH.

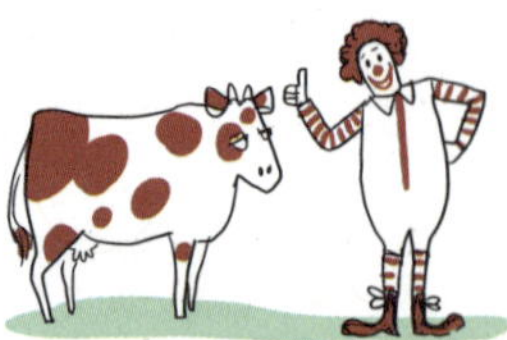

ES DAUERT NICHT LANGE, BIS SICH MEHR ALS DIE HÄLFTE DER US-AMERIKANISCHEN VIEHZUCHTBETRIEBE IHREN BEDINGUNGEN GEFÜGT HABEN.

HEUTE IST TEMPLE EINE IN 20 SPRACHEN ÜBERSETZTE EXPERTIN, DIE WEITERHIN DAFÜR KÄMPFT, DASS AUCH SCHLACHTTIERE ALS LEBEWESEN MIT EMOTIONEN WAHRGENOMMEN WERDEN, UND NICHT WIE MASCHINEN.

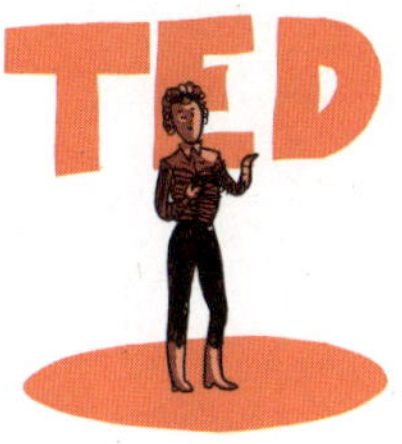

NATÜRLICH FÜHLT SIE SICH UNTER TIEREN IMMER NOCH WOHLER ALS UNTER IHREN ARTGENOSSEN.

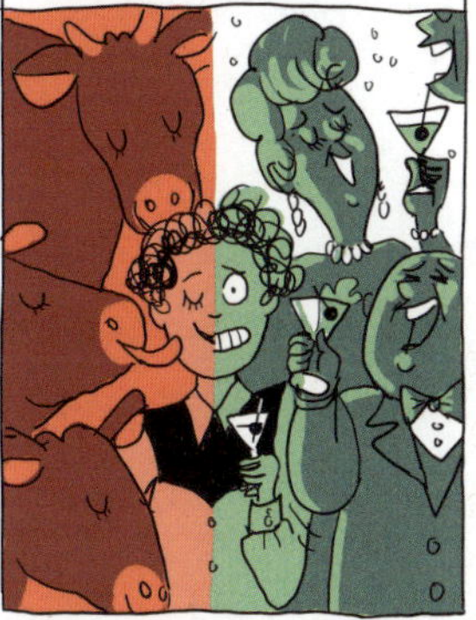

IHRE PROBLEME, VOR ANDEREN ZU SPRECHEN, HAT SIE ÜBERWUNDEN UND HÄLT VORTRÄGE IN DER GANZEN WELT. FÜR DEN ALLTÄGLICHEN SMALLTALK MUSS SIE ALLERDINGS IMMER NOCH GESPRÄCHSSEQUENZEN AUSWENDIG LERNEN.

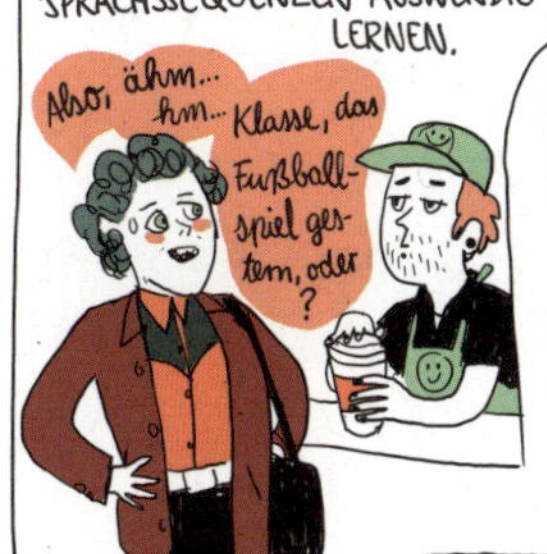

NOCH IMMER IRRITIEREN SIE NEBENGERÄUSCHE, VERSTEHT SIE KEINE IRONIE UND WÄSCHT SIE IHRE NEUEN SOCKEN MEHRMALS, BEVOR SIE SIE ANZIEHEN KANN.

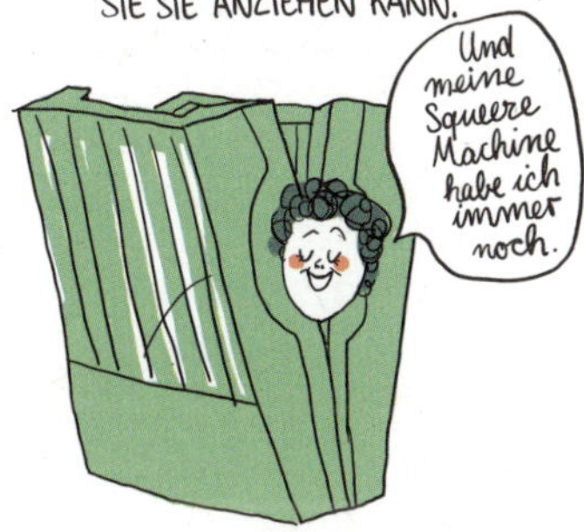

IHRE BÜCHER HABEN DAZU BEIGETRAGEN, DASS DIE GESELLSCHAFT DIE AUTISMUS-SPEKTRUM-STÖRUNG MIT ANDEREN AUGEN SIEHT.

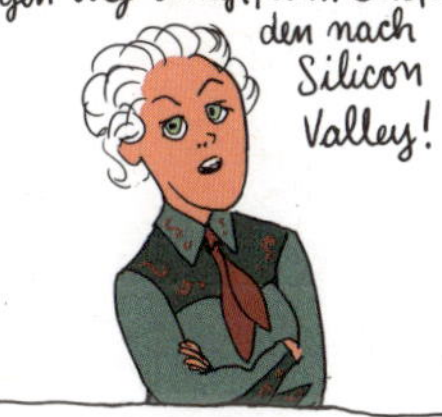

DIESE ANDERE FORM DER INTELLIGENZ WAR LANGE ZEIT EINER DER GRÜNDE, WARUM VIELE GLAUBTEN, DASS TIERE NICHTS DENKEN WÜRDEN. DASS TIERE WEDER FREUDE NOCH ANGST EMPFINDEN WÜRDEN, NUR WEIL SIE DIESE NICHT VERBAL AUSDRÜCKEN KÖNNEN.

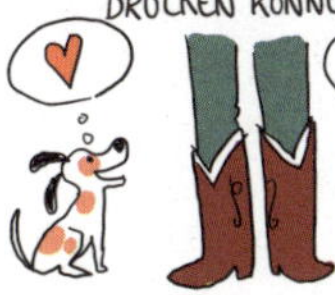

SIE DENKEN IN TÖNEN, IN ORTEN, IN GERÜCHEN ODER INDEM SIE ERINNERUNGEN ASSOZIIEREN...

... EIN BISSCHEN WIE TEMPLE. NUR, DASS SIE GELERNT HAT, SICH MIT WORTEN AUSZUDRÜCKEN. SIE KANN KOMMUNIZIEREN UND VERMITTELN ZWISCHEN DEN MENSCHEN UND DEN TIEREN, ...

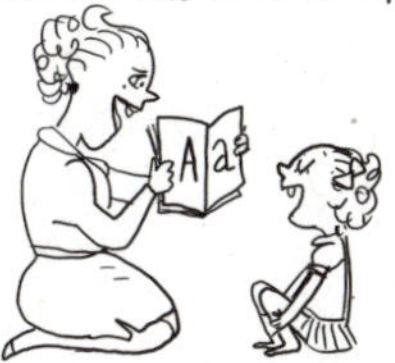

... ZWISCHEN INDUSTRIELLEN UND AKTIVISTEN: ZWISCHEN DEN ZWEI WELTEN.

IHR UNGEWÖHNLICHES GEHIRN ERLAUBT TEMPLE, DIE SICH ALS „ANTHROPOLOGIN AUF DEM MARS" SIEHT (EIN VON OLIVER SACKS ÜBERNOMMENER AUSDRUCK), EINE MENGE DINGE ZU VERSTEHEN, DIE DEN MEISTEN ANDEREN MENSCHEN ENTGEHEN.

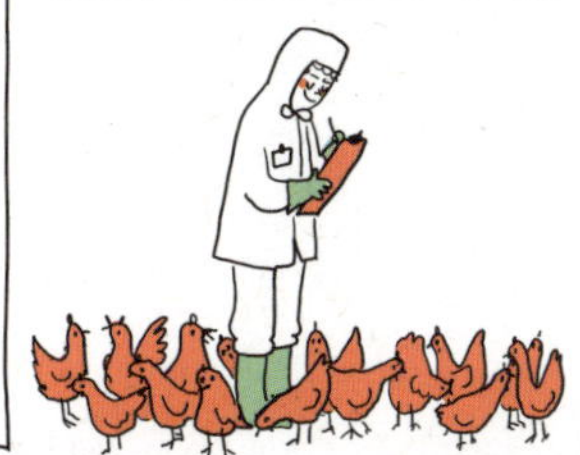

DESHALB SAGT SIE AUCH VON SICH, DASS SIE UM KEINEN PREIS ANDERS HÄTTE AUF DIE WELT KOMMEN WOLLEN.

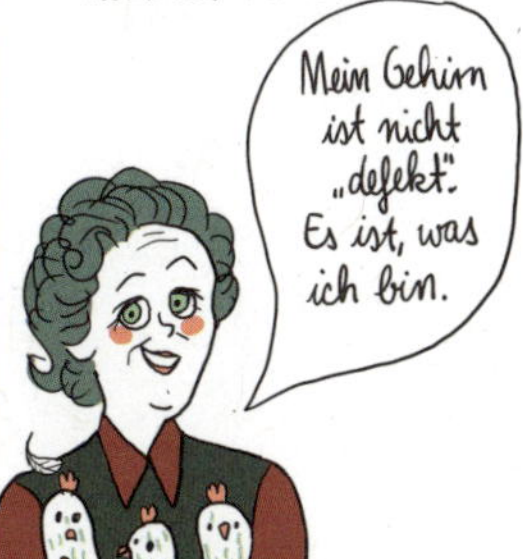

Pénélope

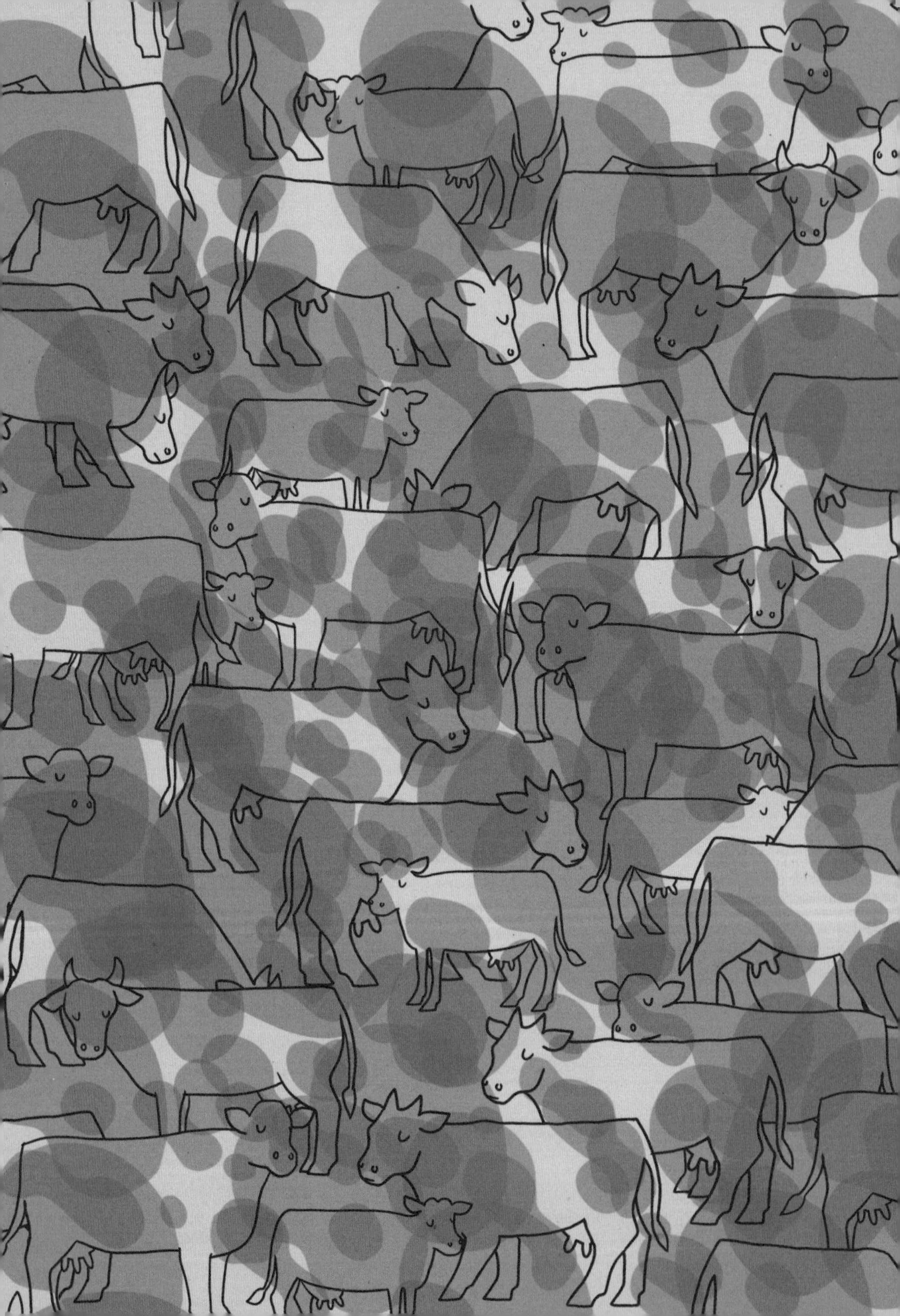

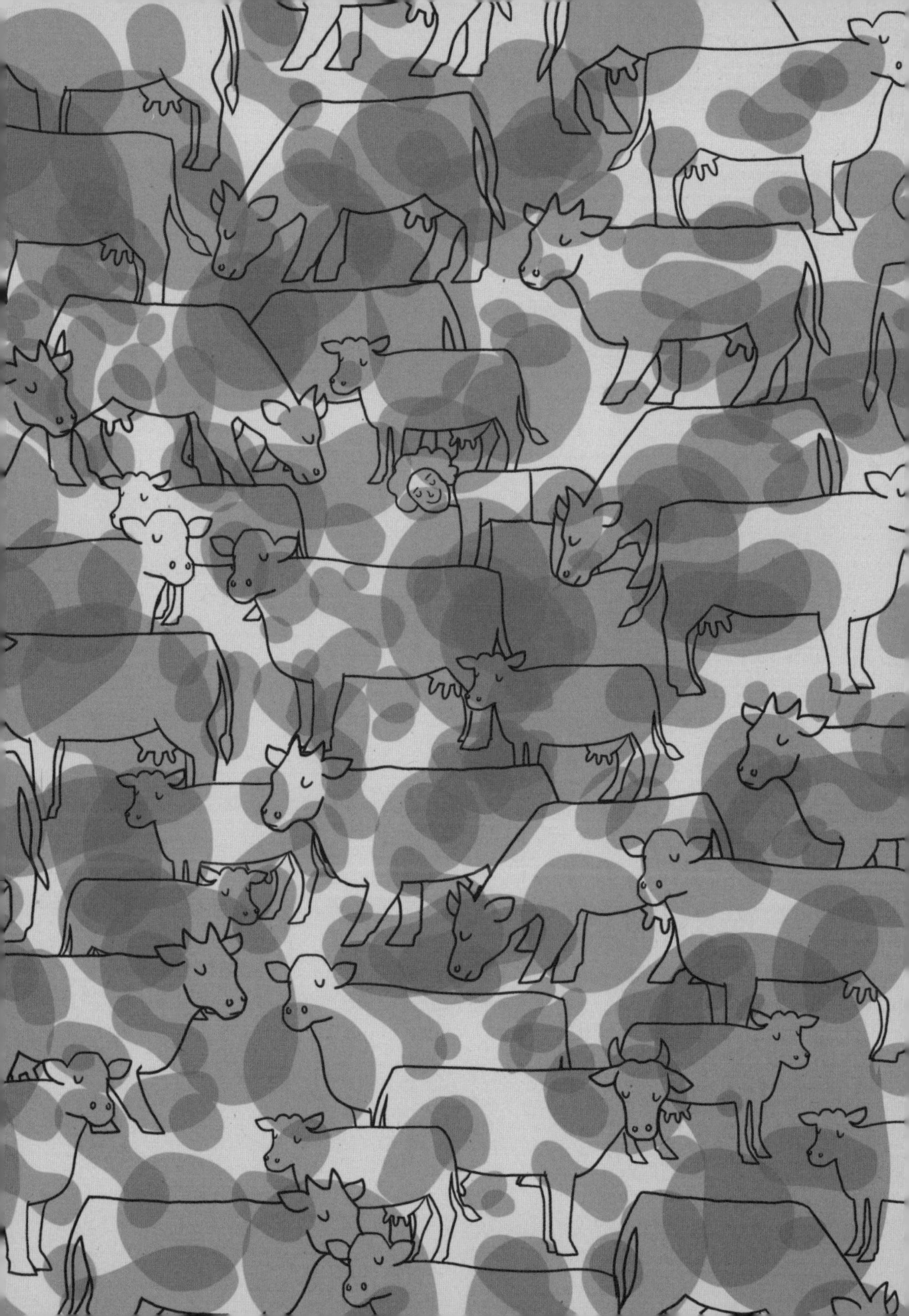

Sonita Alizadeh

Rapperin

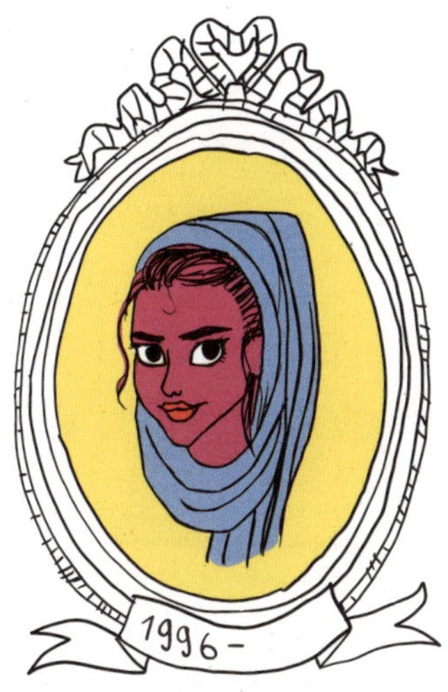

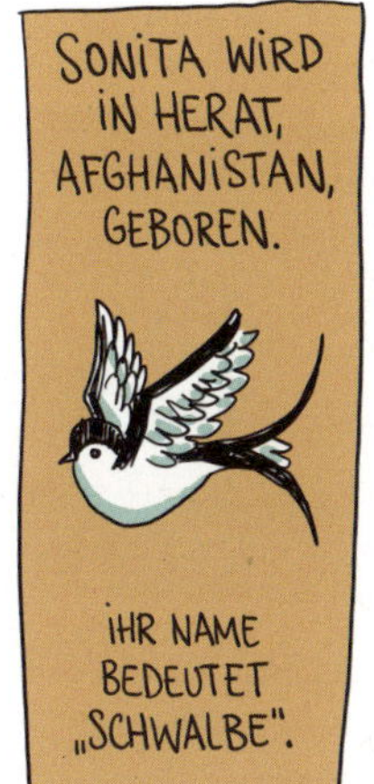

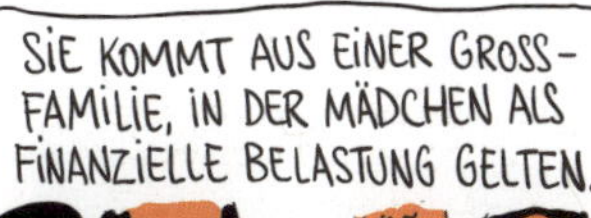

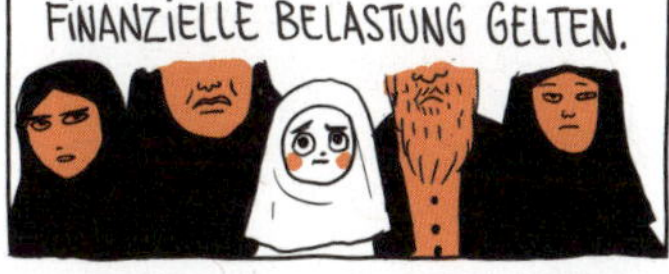

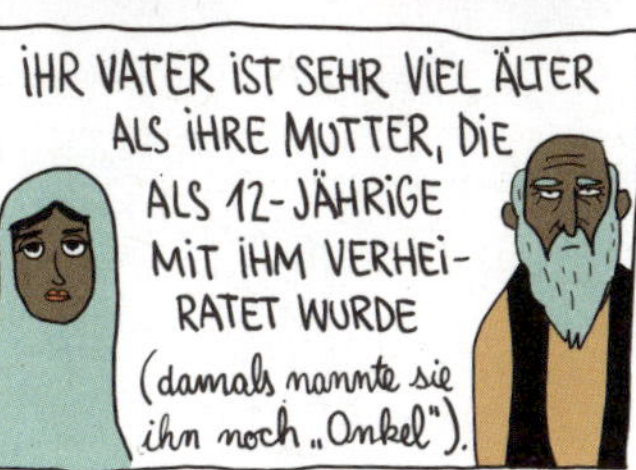

SONITA WÄCHST MIT HUNGER, ABER VOR ALLEM IN ANGST AUF: IHR LAND WIRD VON DEN TALIBAN REGIERT, DIE DIE SCHARIA SEHR ERNST NEHMEN.

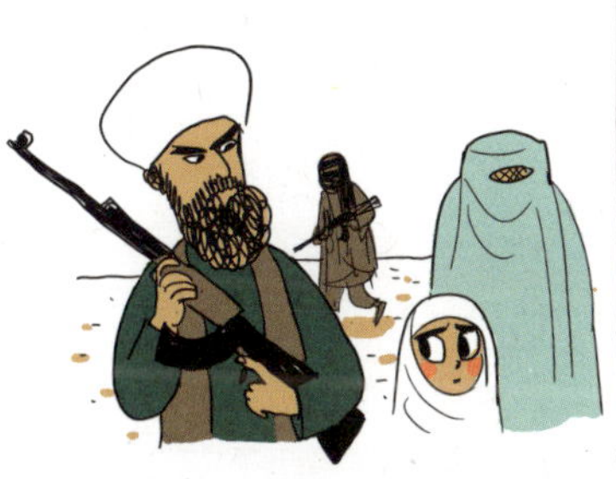

ALS SIE NEUN IST, STIRBT IHR VATER. KURZ DARAUF VERKÜNDET IHRE MUTTER, DASS SIE EINEN EHEMANN FÜR SIE GEFUNDEN HAT.

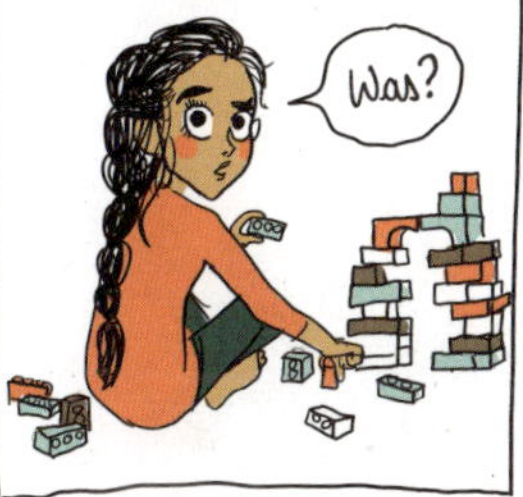

OBWOHL MÄDCHEN NACH DEM GESETZ MINDESTENS 16 JAHRE ALT SEIN MÜSSEN, WERDEN VIELE VON IHREN ELTERN WEITAUS FRÜHER VERHEIRATET.

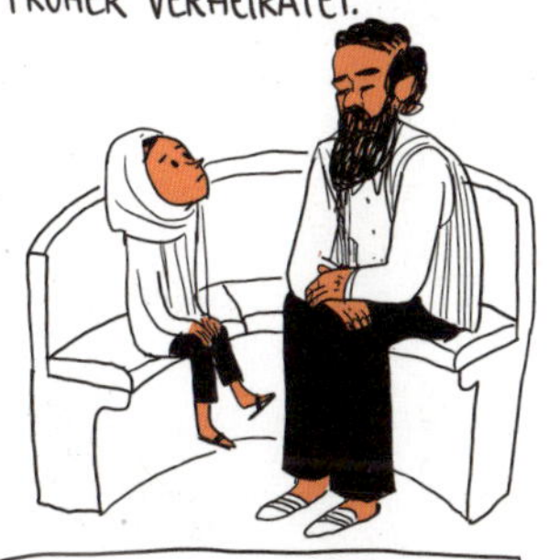

SONITA FREUT SICH: SIE WIRD EIN SCHÖNES KLEID BEKOMMEN.

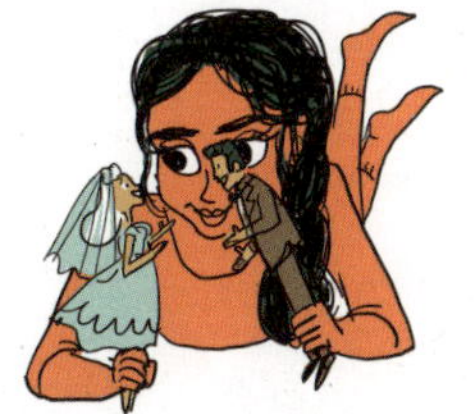

SIE VERSTEHT NICHT, WAS DAS ALLES BEDEUTET, UND GLAUBT, DASS SIE NICHT „IN ECHT" HEIRATET.

SIE AHNT NICHT, WAS SIE ER-WARTET: GEWALT, EIN SKLAVIN-NENDASEIN UND KEINERLEI ZUGANG ZU BILDUNG ODER MEDIZINISCHER VERSORGUNG.

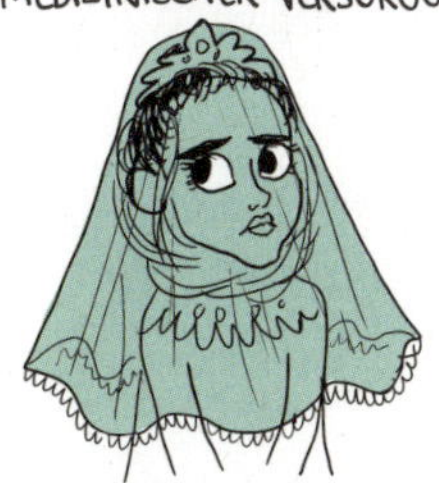

SCHLIESSLICH PLATZT DIE HOCHZEIT IM LETZTEN AUGENBLICK.

WENIG SPÄTER BESCHLIESST IHRE FAMILIE, VOR DEN TALIBAN AUS AFGHANISTAN ZU FLÜCHTEN...

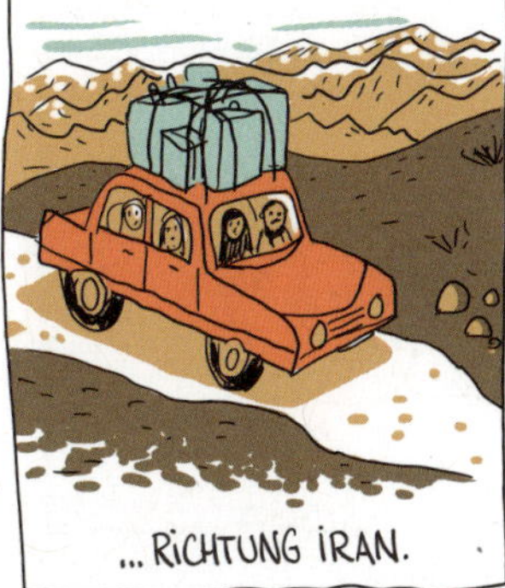

... RICHTUNG IRAN.

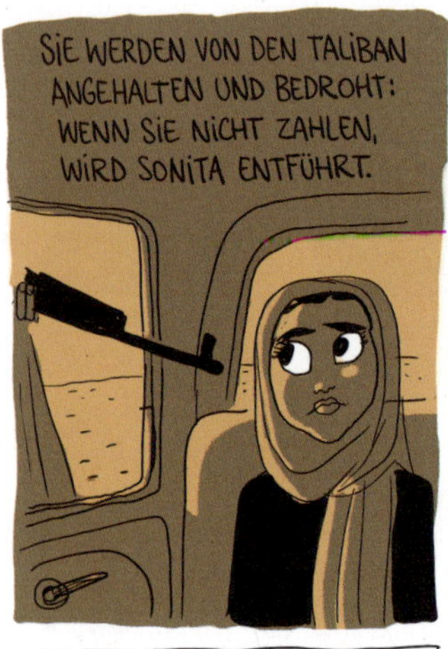
SIE WERDEN VON DEN TALIBAN ANGEHALTEN UND BEDROHT: WENN SIE NICHT ZAHLEN, WIRD SONITA ENTFÜHRT.

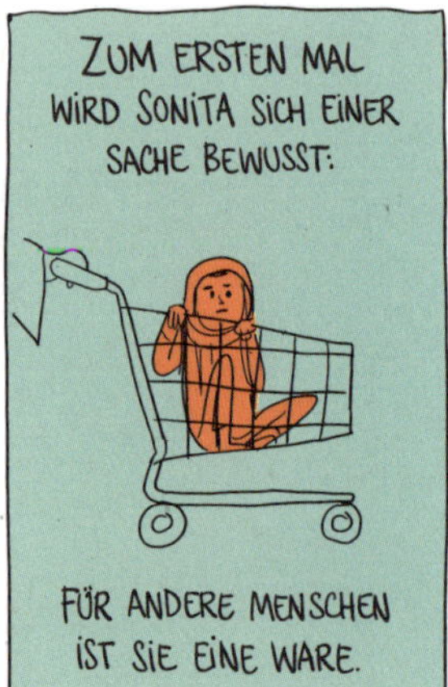
ZUM ERSTEN MAL WIRD SONITA SICH EINER SACHE BEWUSST:
FÜR ANDERE MENSCHEN IST SIE EINE WARE.

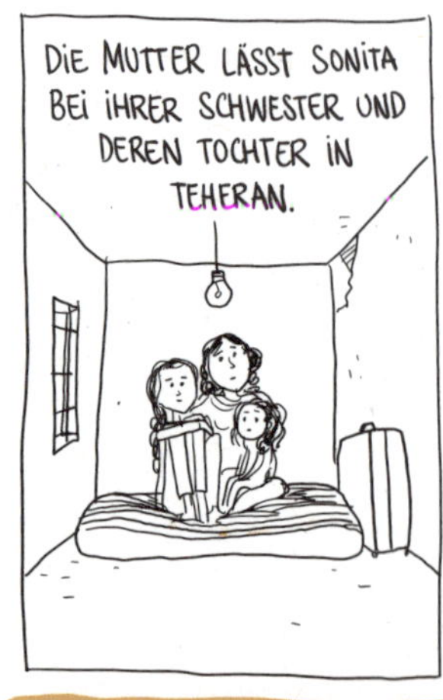
DIE MUTTER LÄSST SONITA BEI IHRER SCHWESTER UND DEREN TOCHTER IN TEHERAN.

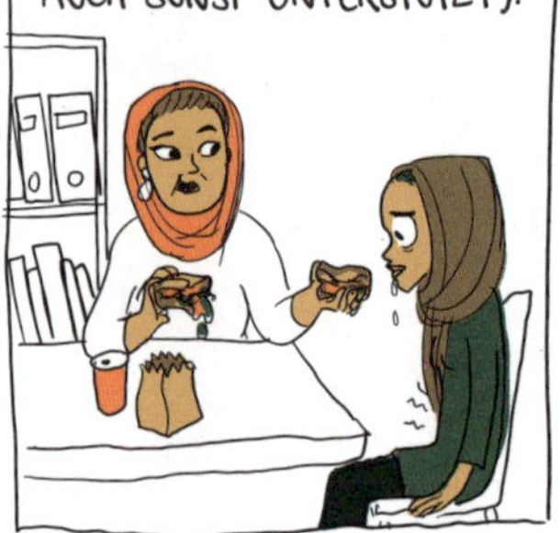
DORT LANDET SIE IN EINEM ZENTRUM FÜR GEFLÜCHTETE KINDER, WO MAN IHR SCHREIBEN BEIBRINGT (UND SIE AUCH SONST UNTERSTÜTZT).

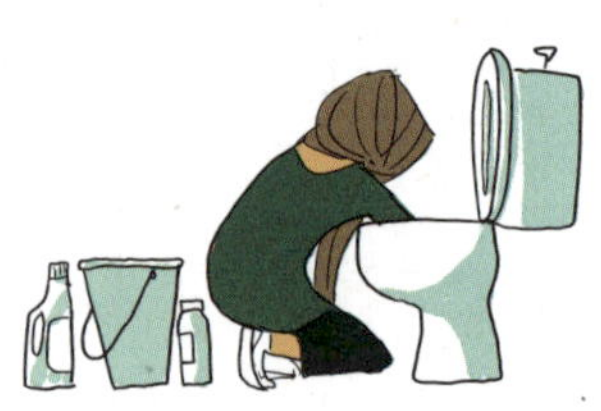
DA SONITA KEINE PAPIERE UND DAMIT KEINE AUFENTHALTSGENEHMIGUNG HAT, FINDET SIE KEINE ARBEIT, ABER DAS ZENTRUM STELLT SIE IN TEILZEIT EIN.

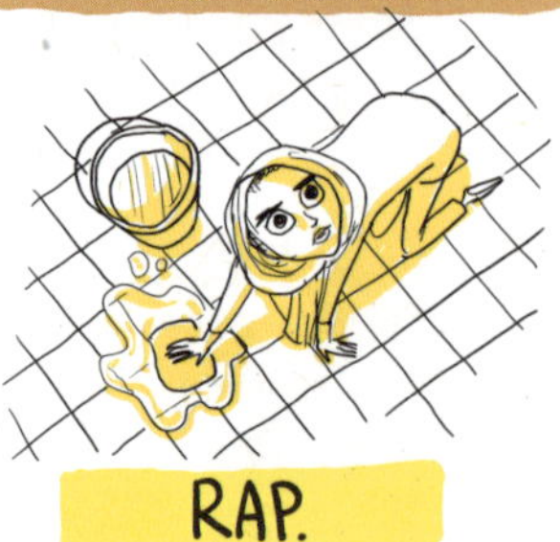
EINES TAGES HÖRT SIE BEIM PUTZEN UNGEWÖHNLICHE MUSIK IM RADIO, DIE SIE TRIFFT WIE EIN SCHLAG INS GESICHT.
RAP.

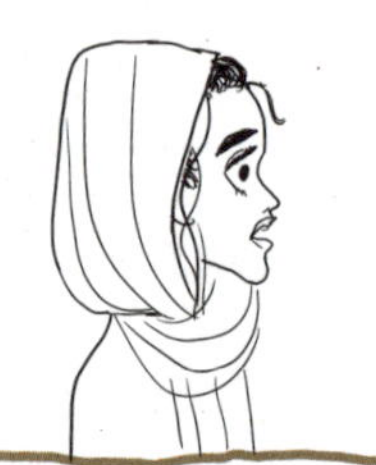
SIE VERSTEHT KEIN WORT, ABER SIE IST ÜBERWÄLTIGT VON DIESEM RHYTHMUS, DIESEM TEMPO, DIESER **WUT**.

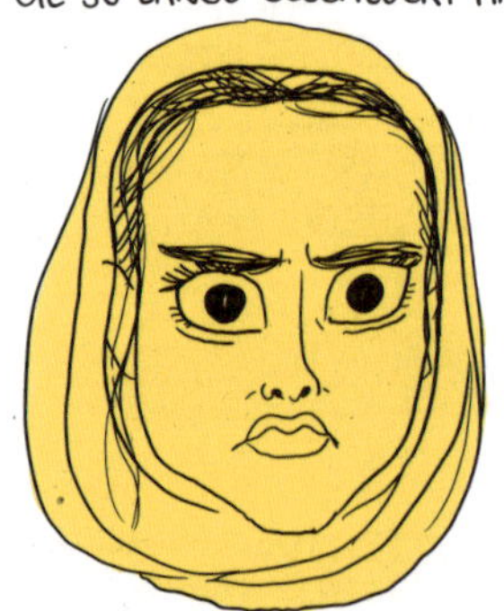
AUS DIESER MUSIK SPRICHT AUCH IHR GANZER ZORN, DEN SIE SO LANGE GESCHLUCKT HAT.

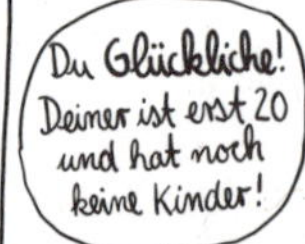
SIE IST DORT MIT ANDEREN MÄDCHEN ZUSAMMEN, DIE UNBEKANNTEN MÄNNERN VERSPROCHEN WURDEN.
Du Glückliche! Deiner ist erst 20 und hat noch keine Kinder!
Er hat mich für 3000$ gekauft. Und du? Wie viel bist du wert?

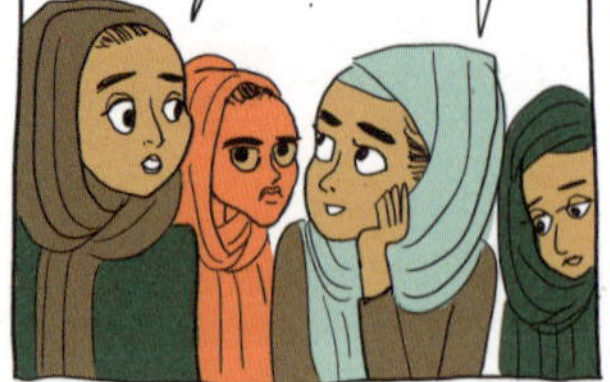

EMPÖRT ÜBER DIE UNGERECHTIGKEIT ALL DIESER SCHICKSALE FÄNGT SIE AN, DARÜBER ZU SCHREIBEN.

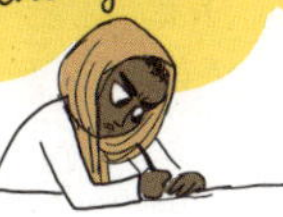

DAS SCHREIBEN BEFREIT SIE.

SIE SINGT IHRE TEXTE DEN ANDEREN VOR.

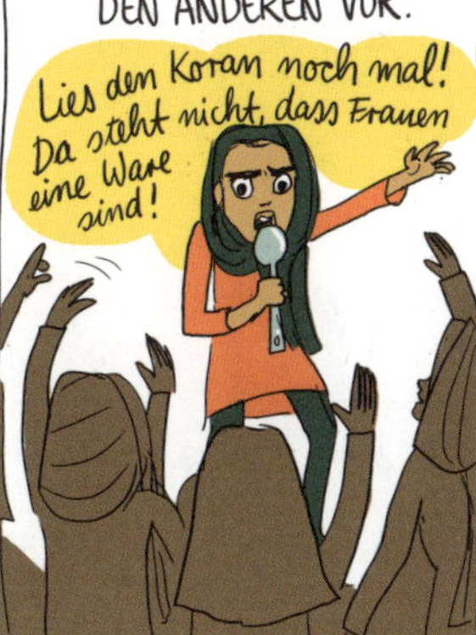

EINIGE VON IHNEN HABEN BLAUE FLECKEN. ANDERE WURDEN GESCHWÄNGERT, OBWOHL SIE NOCH KINDER SIND. UND MANCHE VERSCHWINDEN PLÖTZLICH.

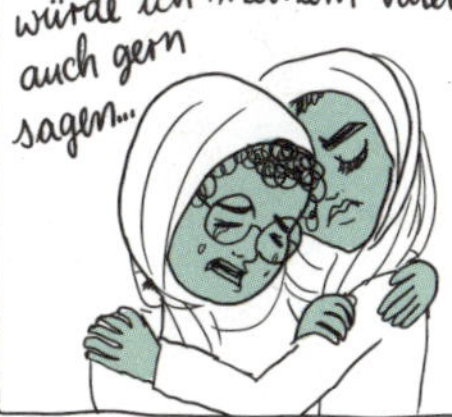

SONITA HAT SO VIEL ZU SAGEN. SIE SCHREIBT IN JEDER FREIEN MINUTE.

NUN WEISS SIE, DASS SIE RAPPERIN WERDEN WILL.

SIE TRIFFT SICH MIT EINEM PRODUZENTEN.

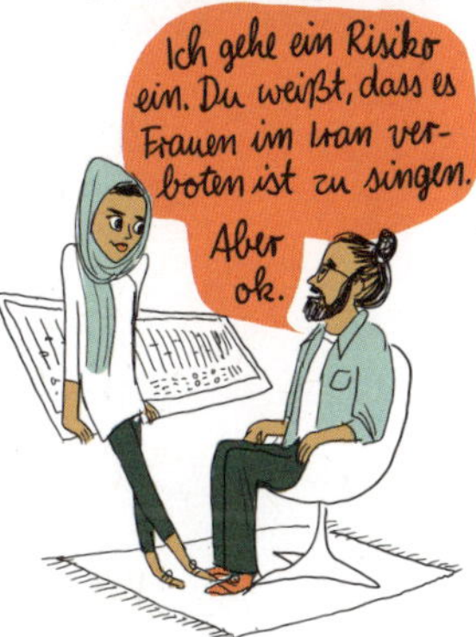

SIE TRÄUMT VON EINEM GROSSEN STUDIO UND EINER RICHTIGEN PRODUKTION IHRER SONGS. ABER SIE IST SCHON STOLZ, EIN DEMO AUFZUNEHMEN.

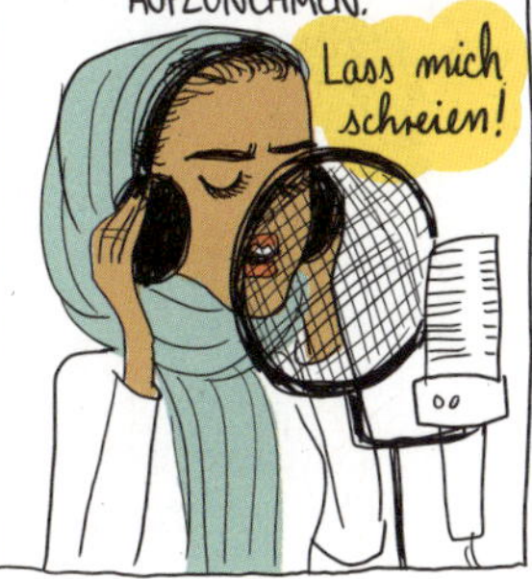

EINES TAGES STÜRZT IHR BRUDER INS ZIMMER: ER WILL SIE NACH AFGHANISTAN ZURÜCKBRINGEN. SIE SOLL HEIRATEN.

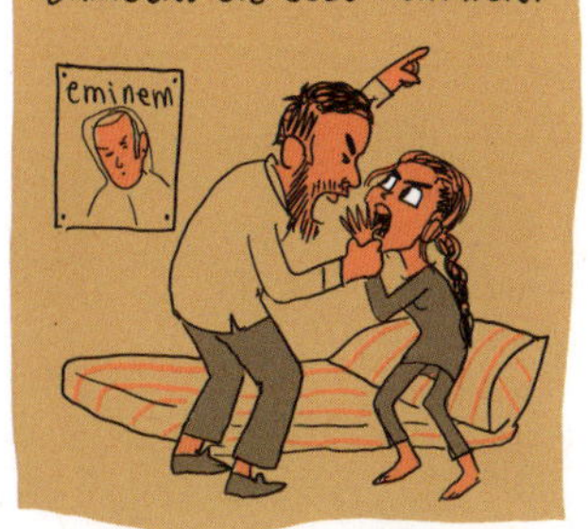

SONITA IST 16 JAHRE ALT UND IHRE FAMILIE WILL SIE VERKAUFEN.

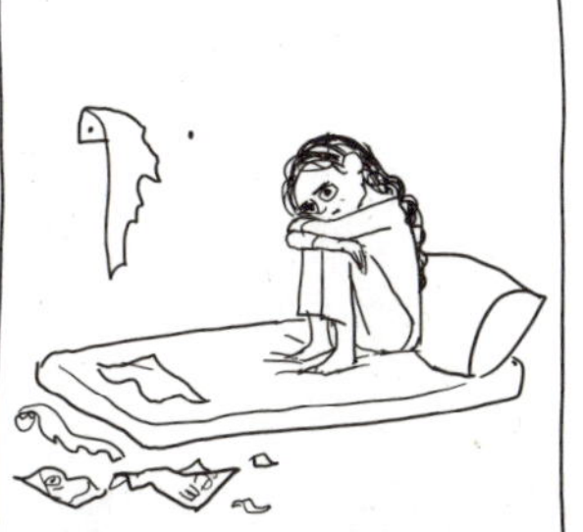

SIE RUFT IHRE MUTTER AN UND BITTET SIE UM HILFE.

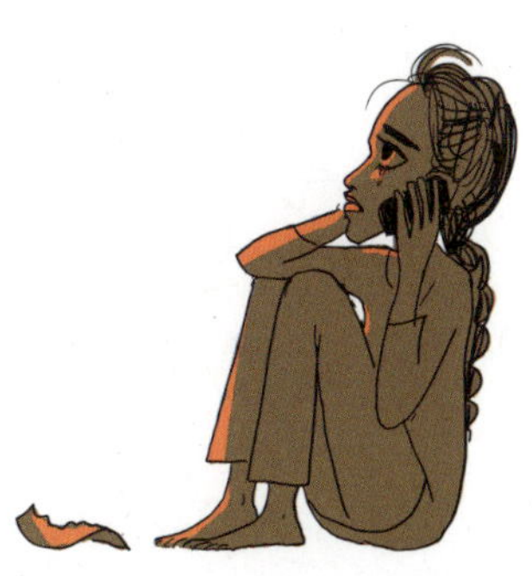

IHRE MUTTER KOMMT MIT DEM NÄCHSTEN BUS NACH TEHERAN. DIE BEIDEN HABEN SICH SEIT JAHREN NICHT GESEHEN.

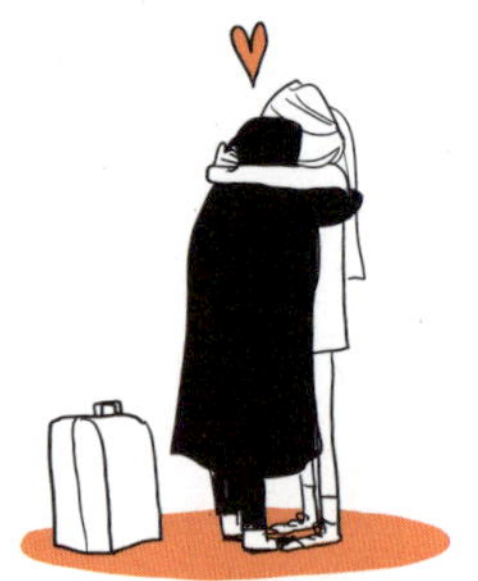

DOCH DIESER BEWEGENDE MOMENT WIRD SCHNELL GETRÜBT VOM WAHREN MOTIV DER MUTTER:

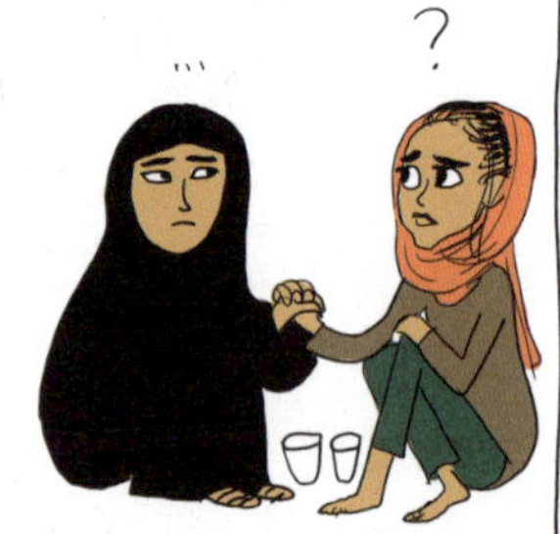

SIE IST GEKOMMEN, UM SONITA MITZUNEHMEN.

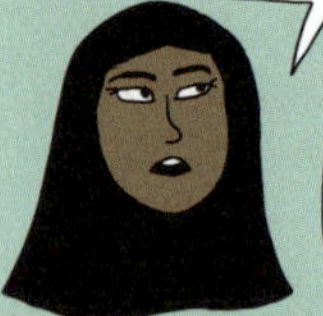

(ANTWORT: JA, SIE IST WENIGER WICHTIG.)

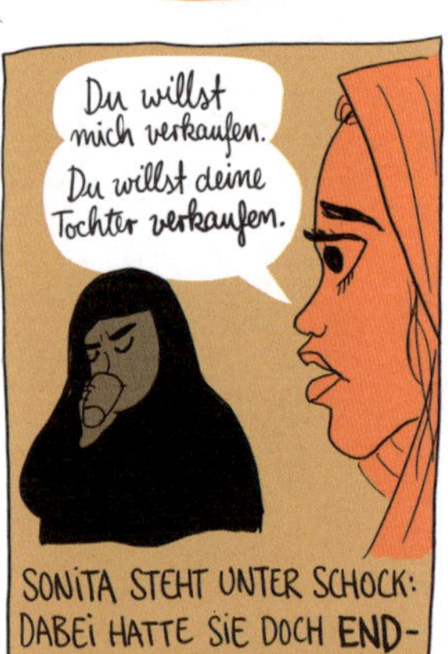

SONITA STEHT UNTER SCHOCK: DABEI HATTE SIE DOCH **ENDLICH** IHREN WEG GEFUNDEN.

ABER IHRE MUTTER WIEDERHOLT NUR WIE EIN ROBOTER:

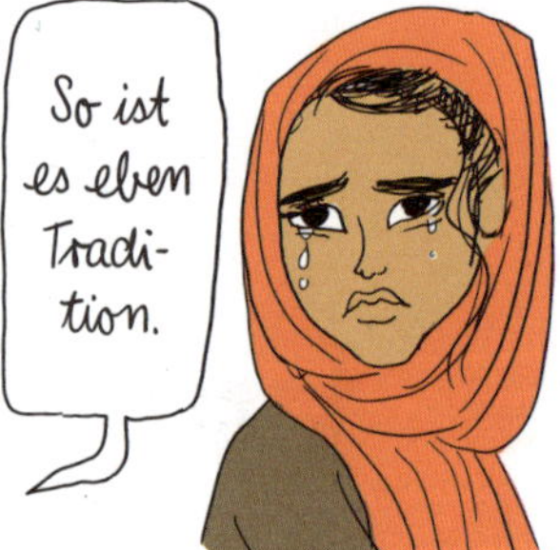

SONITA ERZÄHLT IHR VON IHREN TEXTEN, IHRER MUSIK UND DAVON, WIE WICHTIG IHR DIE MUSIK GEWORDEN IST.

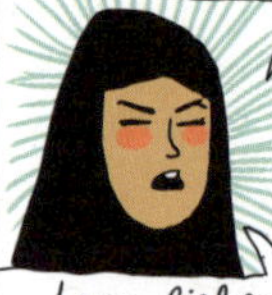
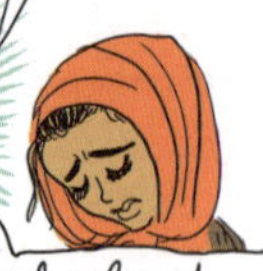

ZUR SELBEN ZEIT ENTDECKT DIE IRANISCHE REGISSEURIN ROKHSAREH GHAEM MAGHAMI SONITAS MUSIK.

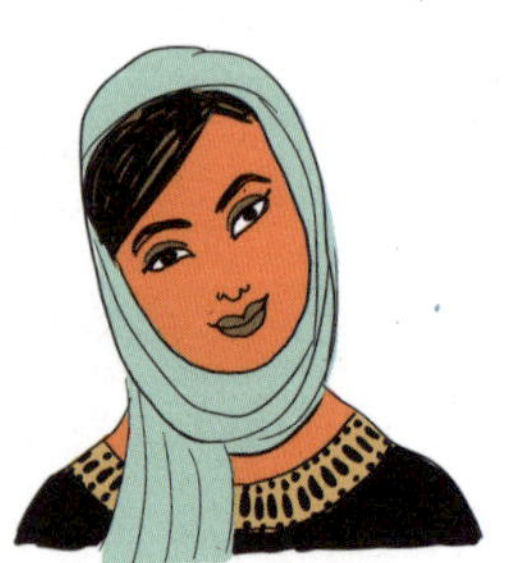

SIE BESCHLIESST, DAS MÄDCHEN MIT DER KAMERA ZU BEGLEITEN.

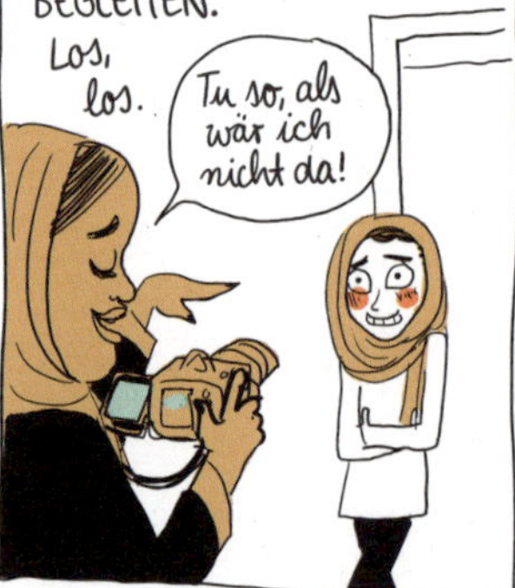

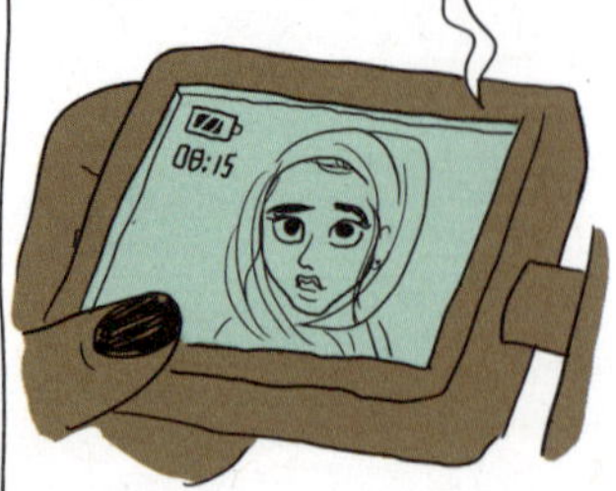

ROKSAREH GIBT SONITAS MUTTER 2000$, DAMIT SIE WIEDER ABREIST UND IHRER TOCHTER SECHS MONATE AUFSCHUB GEWÄHRT.

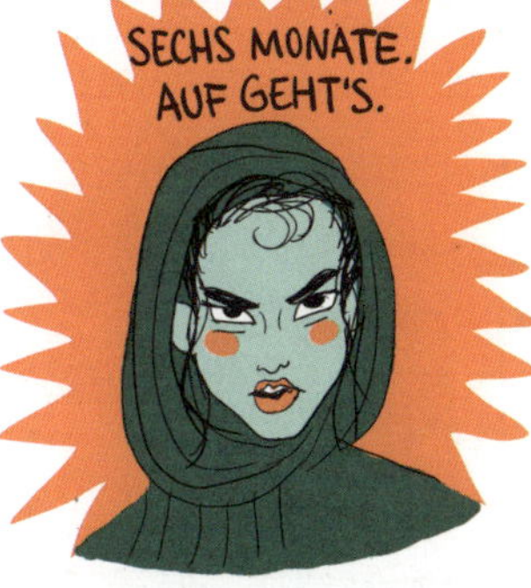

MIT EINEM SCHWARZEN LAKEN, ETWAS SCHMINKE UND ROKHSAREHS KAMERA DREHT SIE EINEN CLIP FÜR „BRÄUTE ZU VERKAUFEN“:

SIE POSTET DAS VIDEO AUF YOUTUBE.

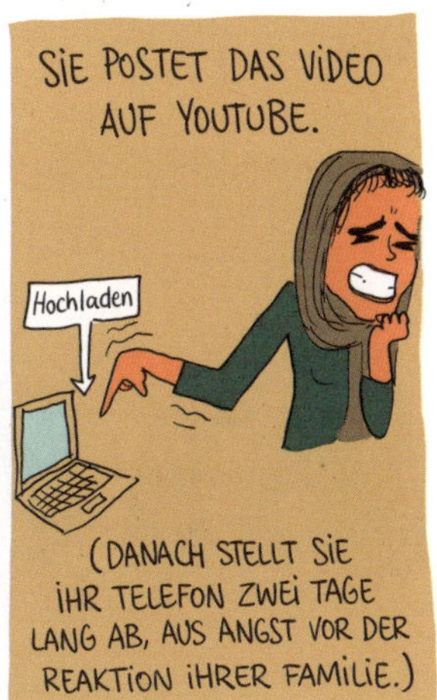

(DANACH STELLT SIE IHR TELEFON ZWEI TAGE LANG AB, AUS ANGST VOR DER REAKTION IHRER FAMILIE.)

BINNEN ZWEI WOCHEN WIRD IHR VIDEO IN DER GANZEN WELT GETEILT UND KOMMENTIERT.

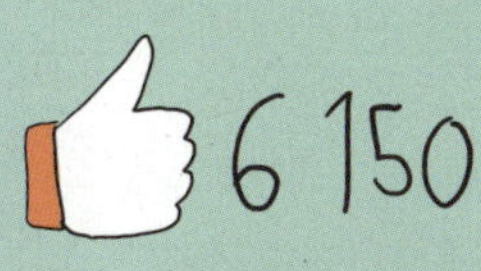

... UND EINES SCHÖNEN TAGES WIRD SONITA VON EINER ORGANISATION KONTAKTIERT, DIE SICH „STRONGHEART“ NENNT.

SIE BIETEN IHR EIN STIPENDIUM AN EINER PRIVATSCHULE IN DEN USA AN. DORT SOLL SIE STUDIEREN UND AN IHRER MUSIK ARBEITEN.

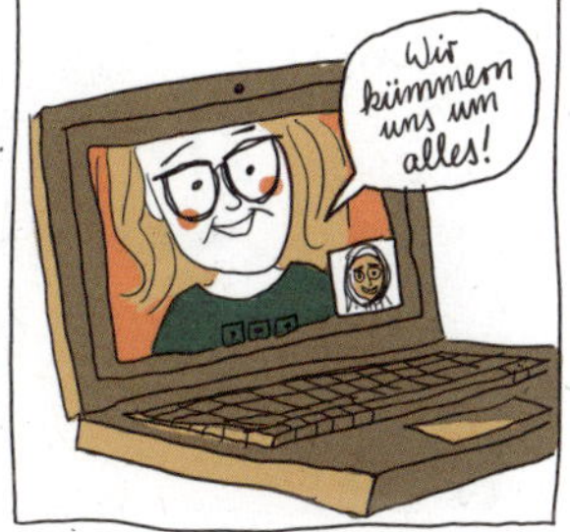

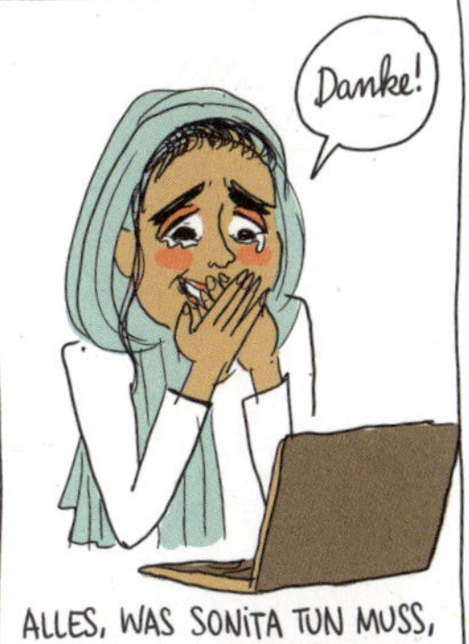

ALLES, WAS SONITA TUN MUSS, IST, SICH EINEN REISEPASS AUSSTELLEN ZU LASSEN...

... IN AFGHANISTAN.

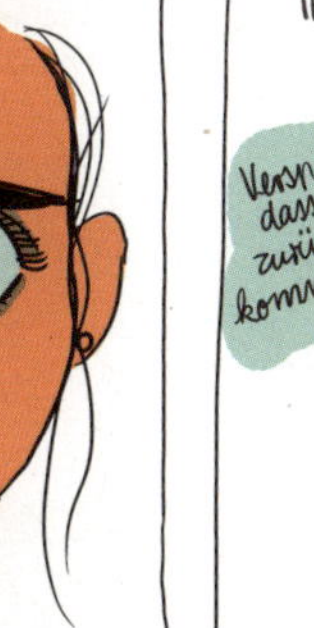

SIE HAT KEINE WAHL UND LÄSST IHRE SCHWESTER UND IHRE NICHTE SCHWEREN HERZENS ZURÜCK.

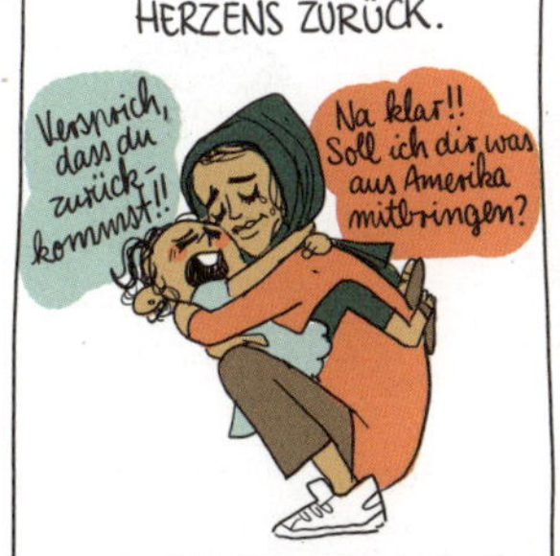

DA STEHT SIE NUN, IN DER HÖHLE DES LÖWEN, ZURÜCK AUF LOS:

HERAT.

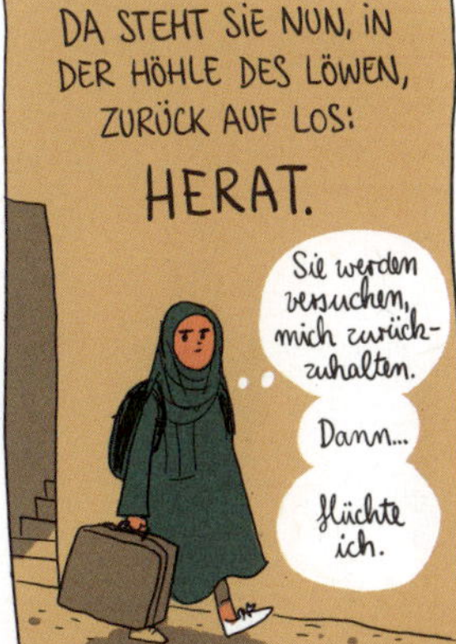

SIE SIEHT IHRE FAMILIE WIEDER, DER SIE NATÜRLICH NICHTS VON IHREM VORHABEN ERZÄHLT.

Totenstille

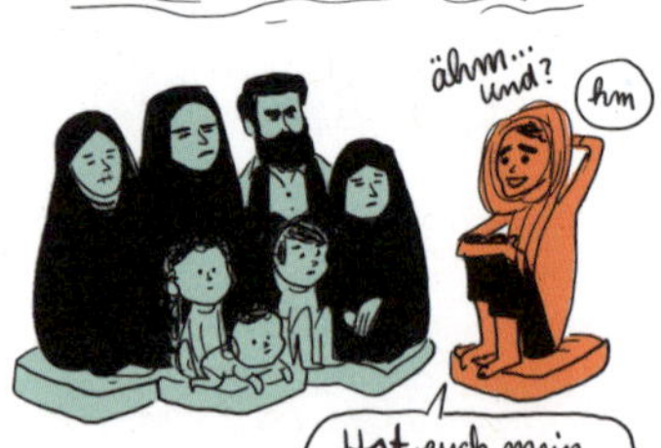

Ja. Wenigstens sind deine Haare bedeckt.

Lass mich schreien

(DIE KLEINEN KÖNNEN IHREN SONG AUSWENDIG.)

EIN VISUM ZU ERHALTEN ERWEIST SICH ALS BÜROKRATISCHE HÖLLE FÜR EIN JUNGES MÄDCHEN, DAS ALLEIN REIST. IRONISCHERWEISE VERMUTEN DIE BEHÖRDEN EINEN FALL VON MENSCHENHANDEL.

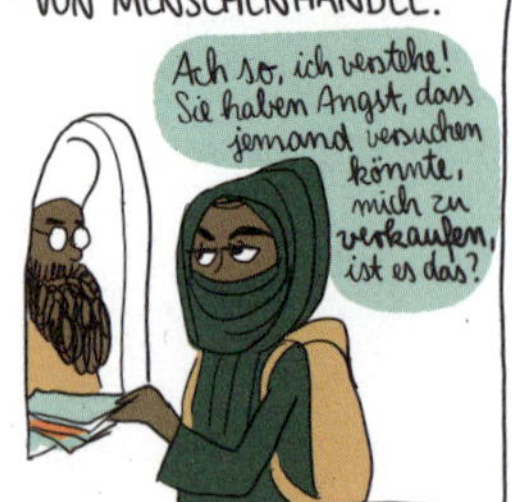

DOCH ÜBER DEN COUSIN EINES SCHWAGERS DES NACHBARN EINER TANTE GELANGT SIE SCHLIESSLICH INS BÜRO DES BOTSCHAFTERS

(wo sie einen Rap improvisiert)

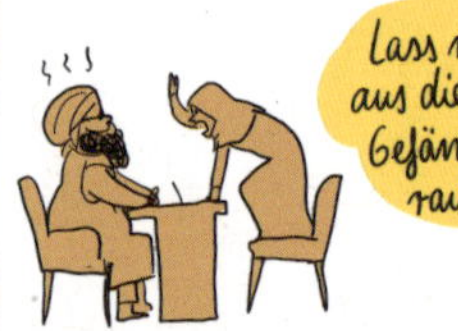

UND BEKOMMT IHRE PAPIERE.

OHNE IHRER MUTTER ETWAS ZU SAGEN, REIST SIE AB NACH AMERIKA.

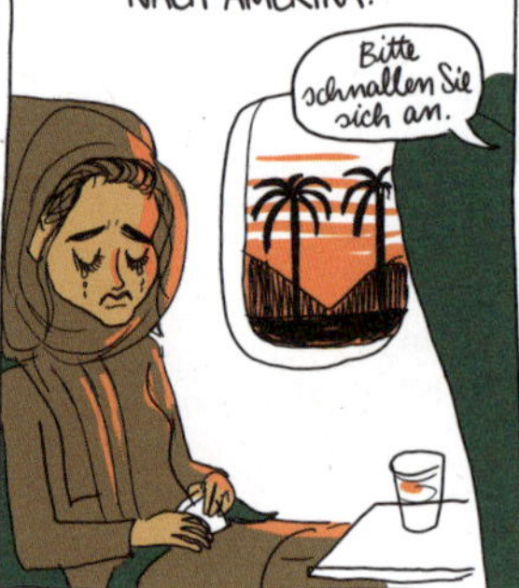

DIE LANDSCHAFT VON UTAH ÄHNELT IHREM LAND SEHR.

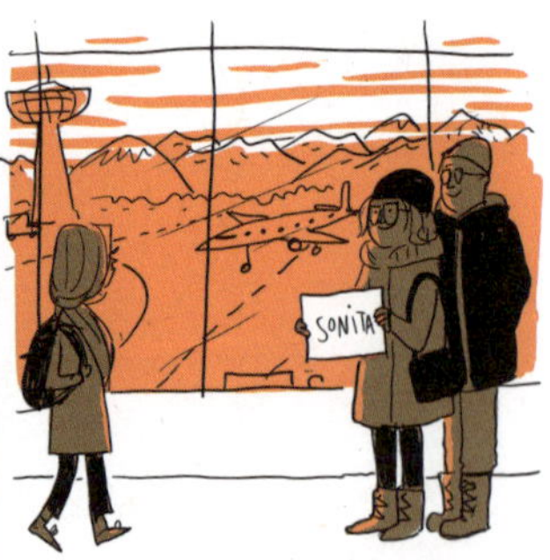

ZUM ERSTEN MAL BESUCHT SONITA EINE SCHULE. SIE KANN GENAU DREI DINGE AUF ENGLISCH SAGEN:

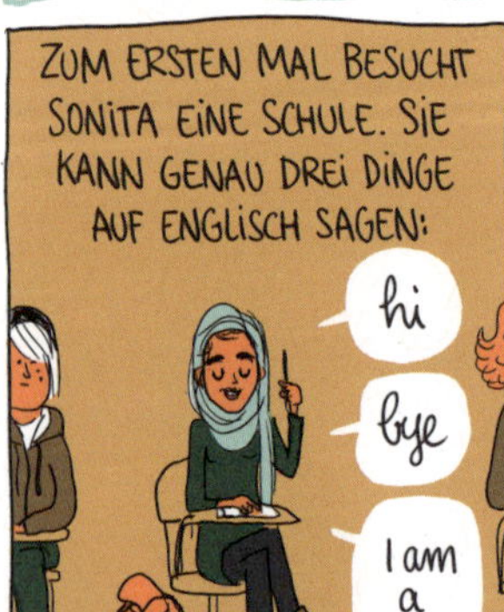

SCHLIESSLICH RUFT SIE IHRE MUTTER AN, UM IHR ZU SAGEN, WO SIE IST (FLUNKERT ABER EIN BISSCHEN).

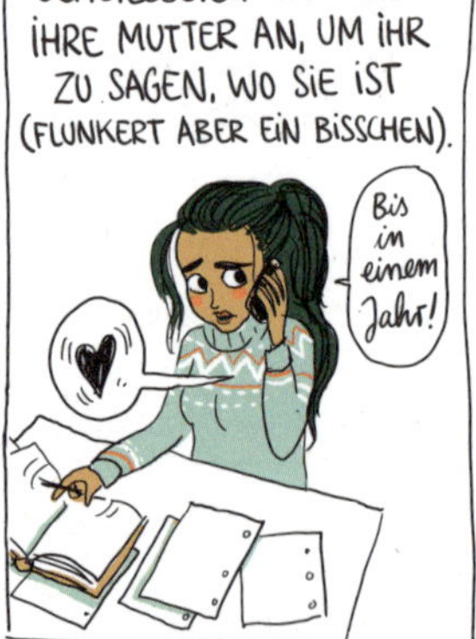

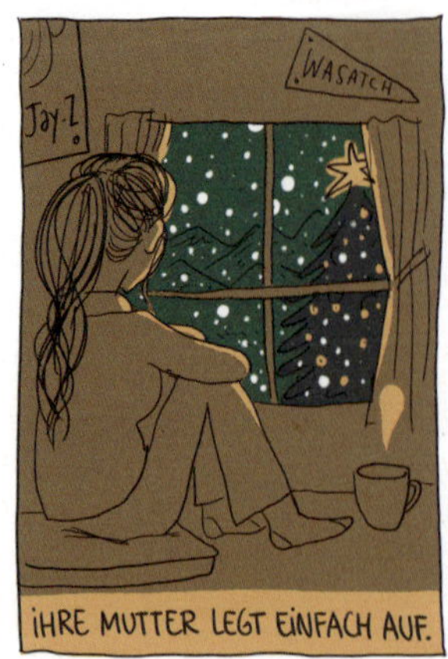

IHRE MUTTER LEGT EINFACH AUF.

SONITA GIBT EIN ERSTES KONZERT VOR AUSVERKAUFTEM HAUS.

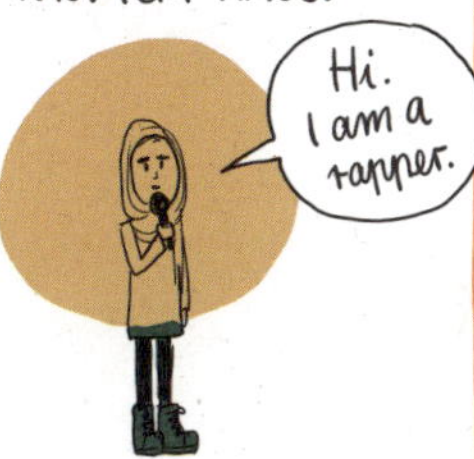

IHRE GAGE SCHICKT SIE IHRER MUTTER, DIE DAS EIN WENIG BESÄNFTIGT.

AUCH WENN SIE VIELE FREUNDE HAT, FÜHLT SIE SICH NEBEN ALL DEN SORGLOS AUFGEWACHSENEN JUGENDLICHEN OFT FEHL AM PLATZ.

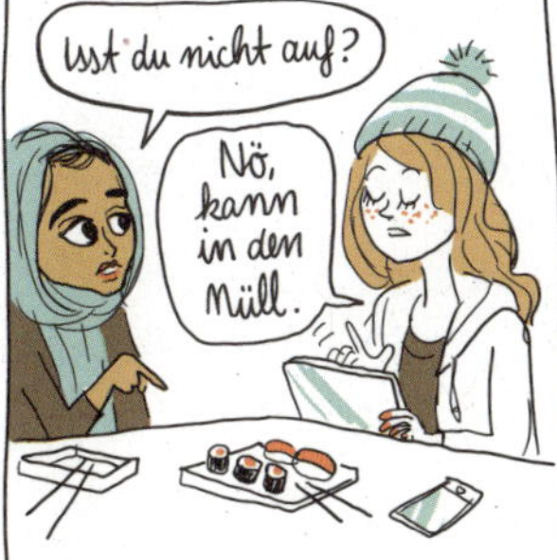

SIE LERNT EIFRIG ENGLISCH, UM EIN GRÖSSERES PUBLIKUM ZU ERREICHEN. WENN SIE SCHREIBT, DENKT SIE AN DIEJENIGEN, DIE DAS SCHICKSAL ERDULDEN, DEM SIE NUR KNAPP ENTRONNEN IST.

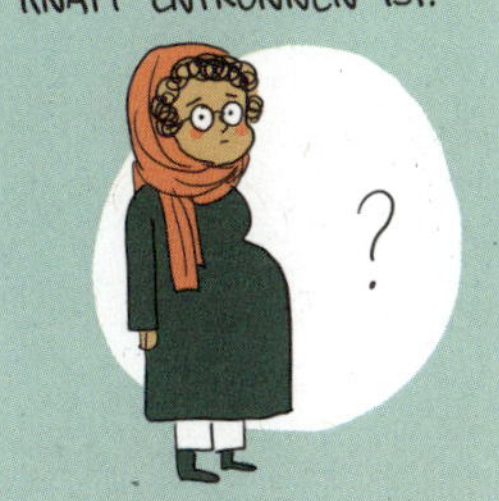

SIE RAPPT UND TRÄUMT VON EINER ZUSAMMENARBEIT MIT EMINEM ODER BEYONCÉ, ABER SIE WILL AUCH JURA STUDIEREN, DAMIT SIE EINMAL DIE RECHTE DER FRAUEN VERTEIDIGEN KANN.

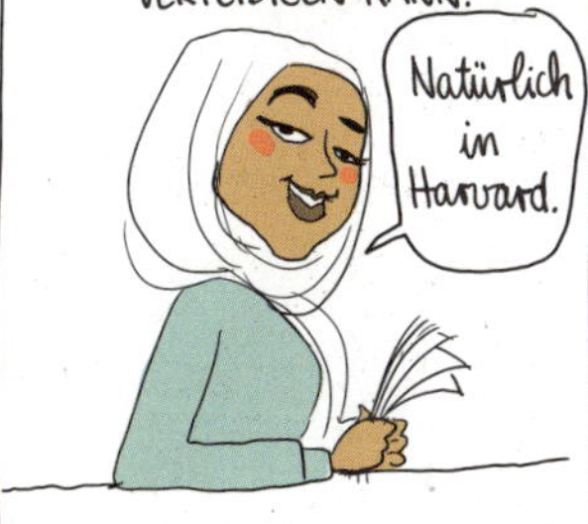

MIT 18 JAHREN WIRD SIE ÜBERALL EINGELADEN, UM IHRE GESCHICHTE ZU ERZÄHLEN. ROKHSAREHS DOKU „SONITA" IST INZWISCHEN WELTWEIT AUF FESTIVALS GELAUFEN.

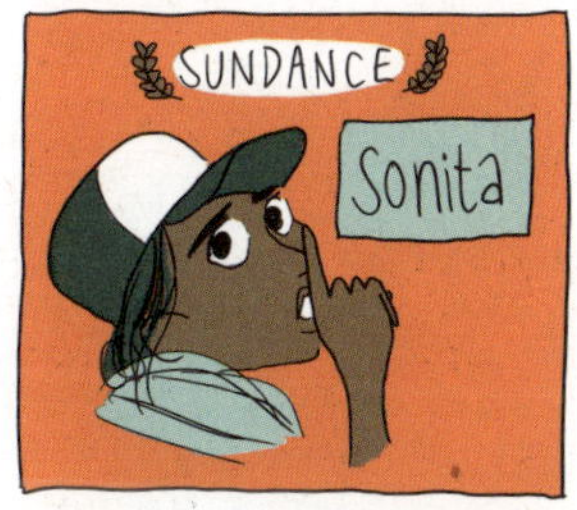

IHRE FAMILIE FEHLT IHR. SONITA HAT IHRER MUTTER VERZIEHEN (DIE JETZT SEHR STOLZ AUF SIE IST): AUCH SIE WURDE ALS SEHR JUNGES MÄDCHEN MIT EINEM FREMDEN VERHEIRATET UND HAT NUR REPRODUZIERT, WAS SIE SELBST ERLEBT HAT. SIE KONNTE SICH NICHT VORSTELLEN, DASS EIN MÄDCHEN EINEN ANDEREN WEG GEHEN UND ETWAS ERREICHEN KÖNNTE.

IHRE MUTTER HATTE LETZTLICH DEN MUT, SICH EINER SEHR STARKEN TRADITION ZU WIDERSETZEN: 60 BIS 80% DER AFGHANINNEN WERDEN LAUT UNO ZWANGSVERHEIRATET.

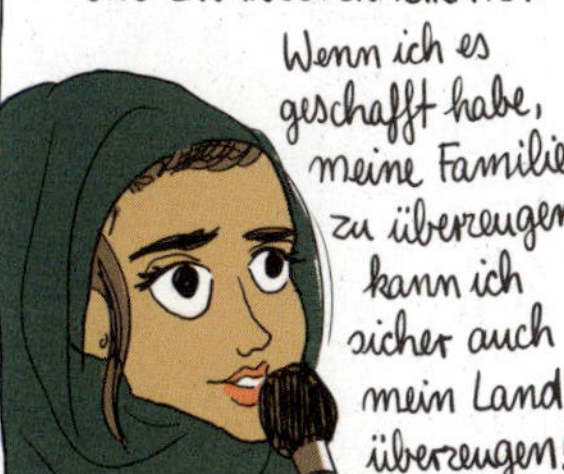

SONITA ARBEITET MIT DER ORGANISATION „GIRLS NOT BRIDES" ZUSAMMEN UND HAT VOR, ALS RAPPERIN NACH AFGHANISTAN ZURÜCKZUKEHREN, WO ES NOCH VIEL ZU TUN GIBT FÜR SIE.

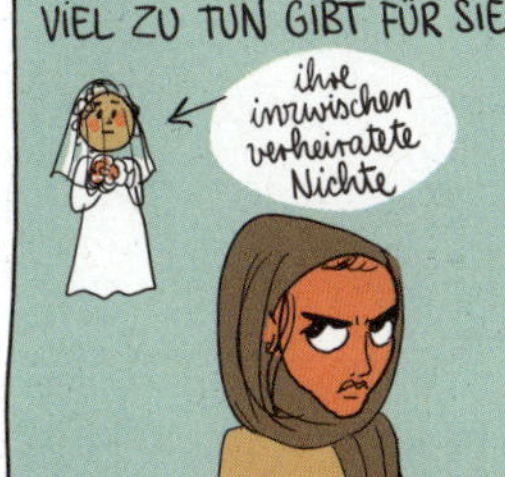

Mädchen sind **sehr stark**. Aber sie brauchen **Unterstützung**. Für die, die niemanden haben, werde ich da sein.

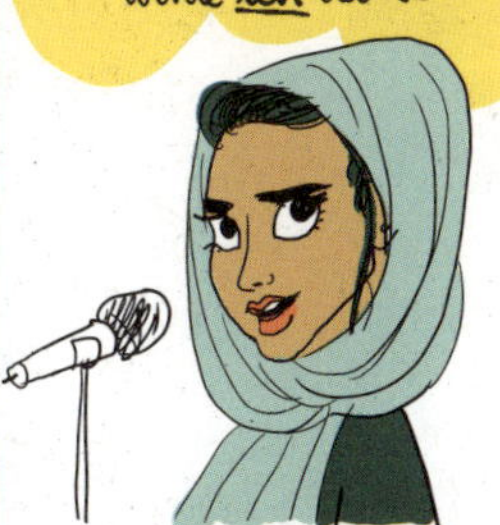

(Dank an Women Make Movies und an Sonita)

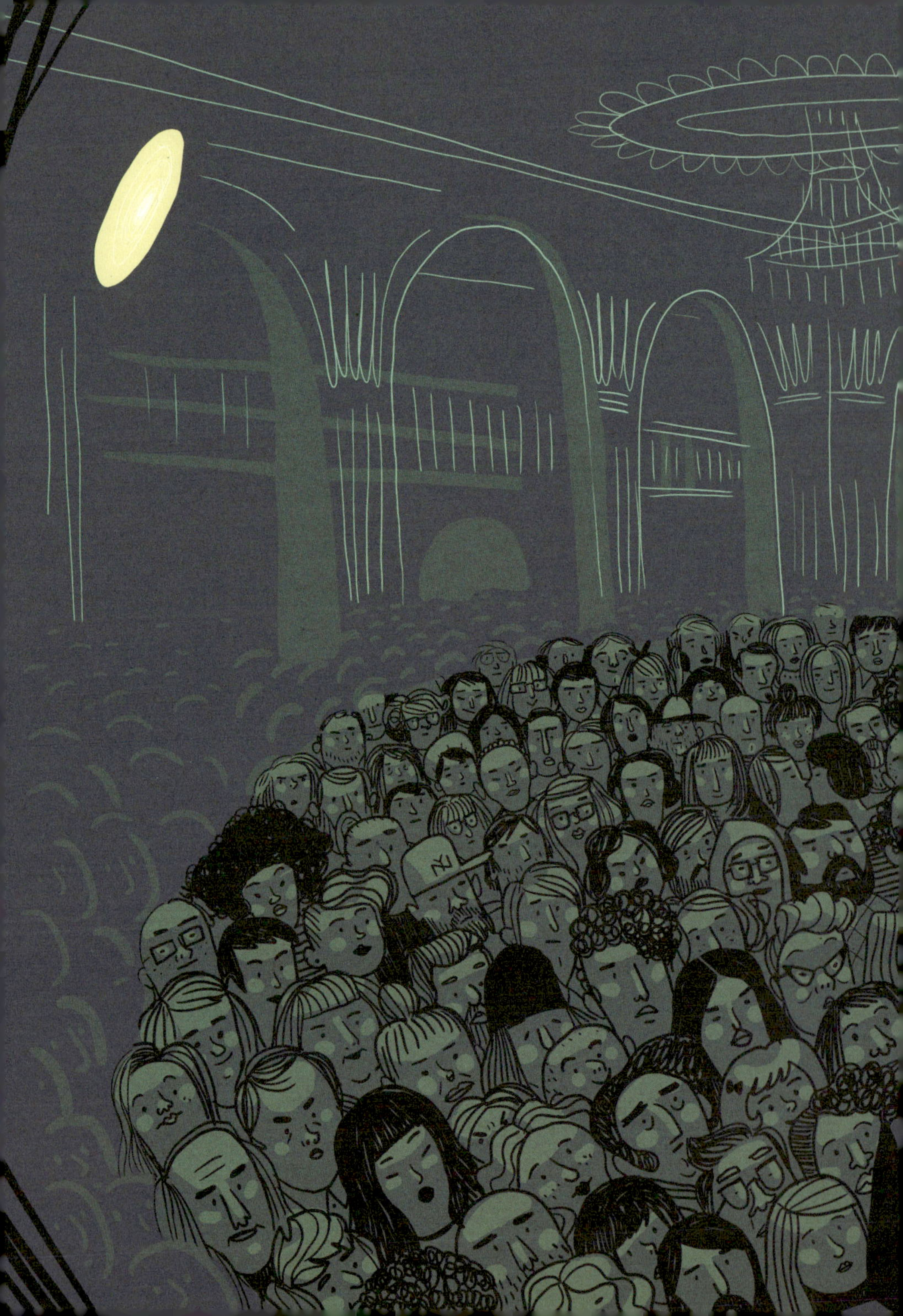

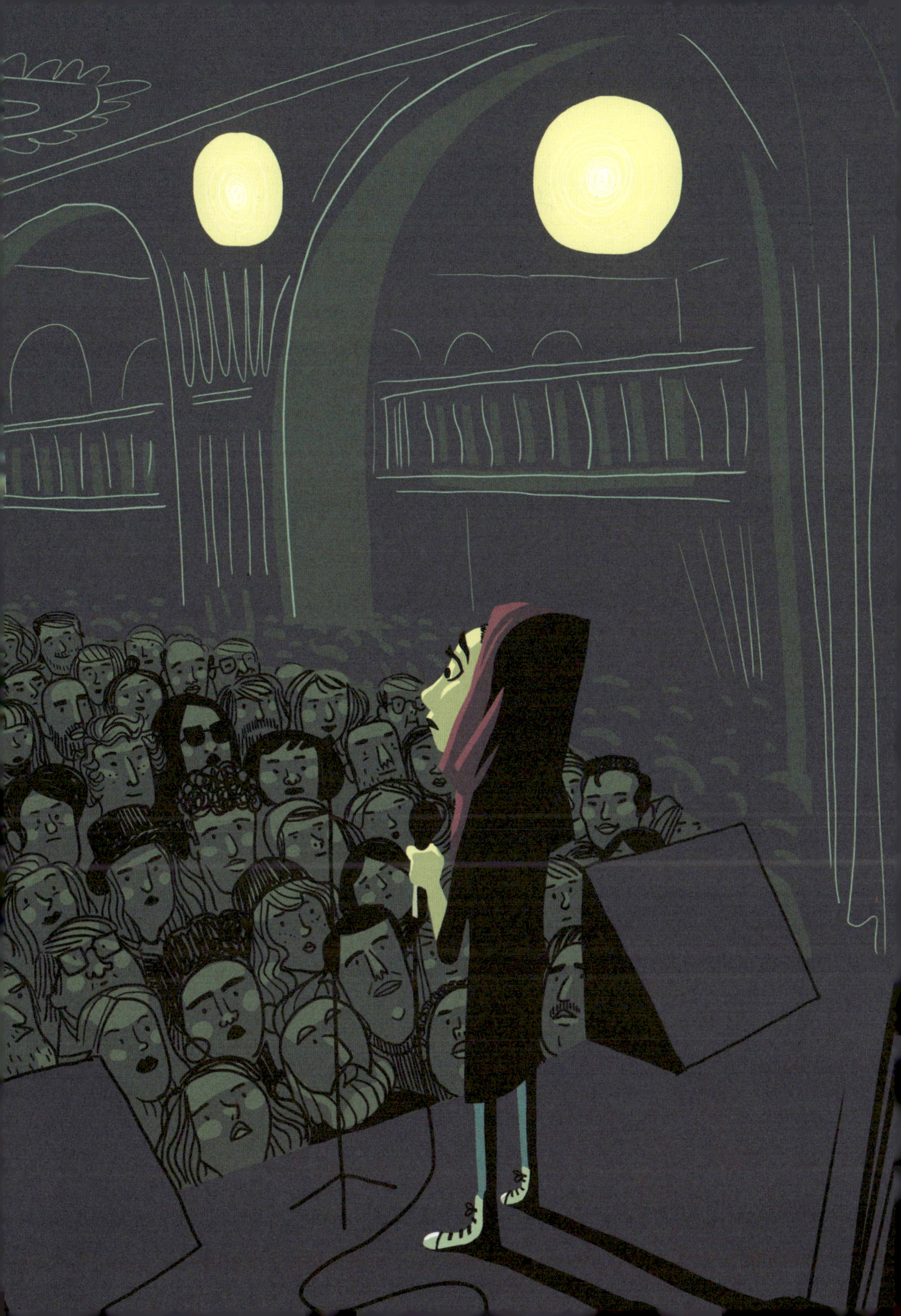

Cheryl Bridges

Langstreckenläuferin

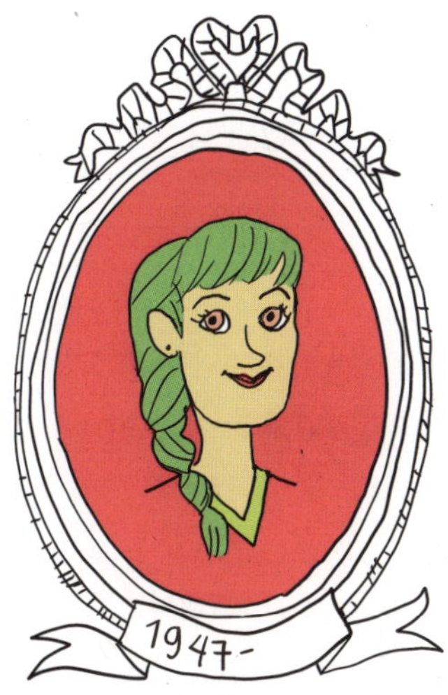

CHERYL WIRD AN EINEM 25. DEZEMBER GEBOREN.

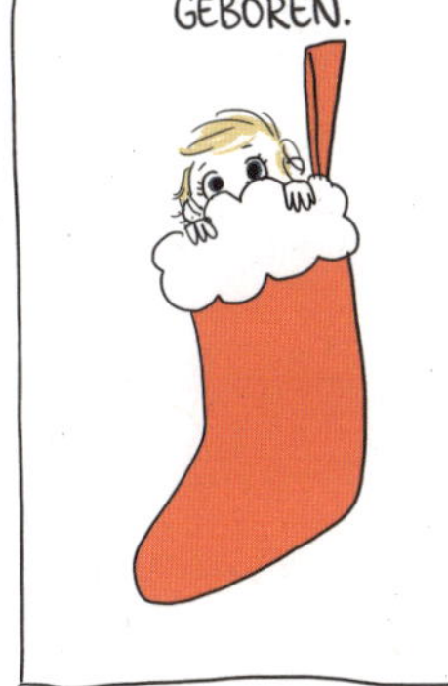

IHRE ELTERN LASSEN SICH KURZ NACH IHRER GEBURT SCHEIDEN.

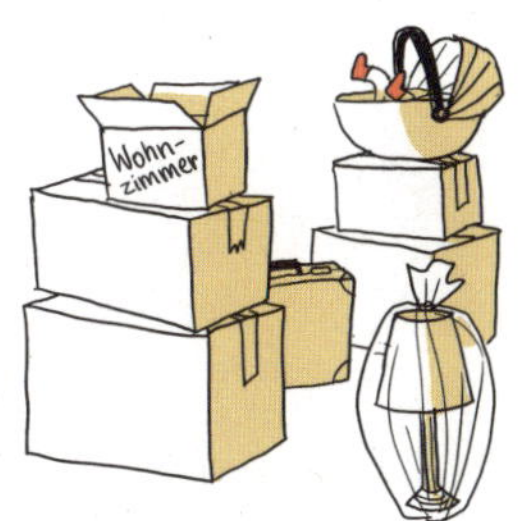

ALS IHRE MUTTER WIEDER HEIRATET, IST CHERYL SIEBEN JAHRE ALT. IHR STIEFVATER, EIN ÄUSSERST UNSYMPATHISCHER MENSCH, IGNORIERT SIE. CHERYL IST EINFACH UNSICHTBAR FÜR IHN.

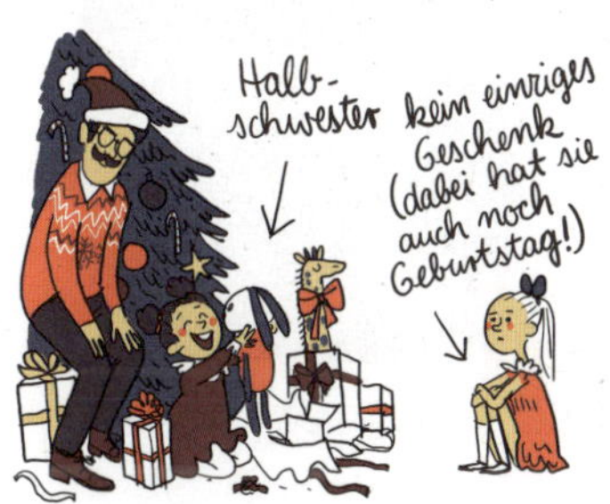

ALS CHERYL IN DIE PUBERTÄT KOMMT, INTERESSIERT ER SICH PLÖTZLICH FÜR SIE.

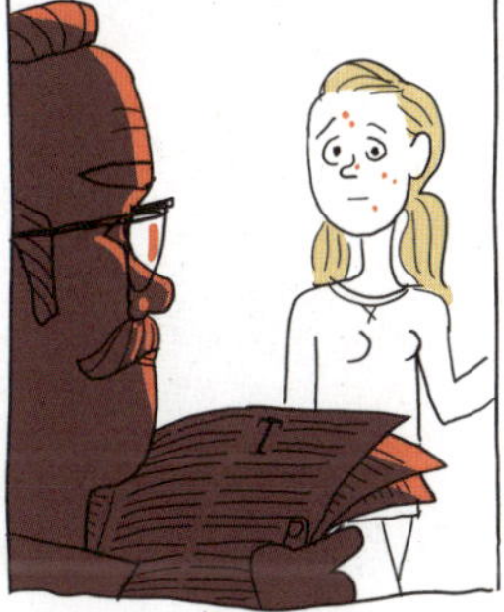

ETWAS ZU SEHR.

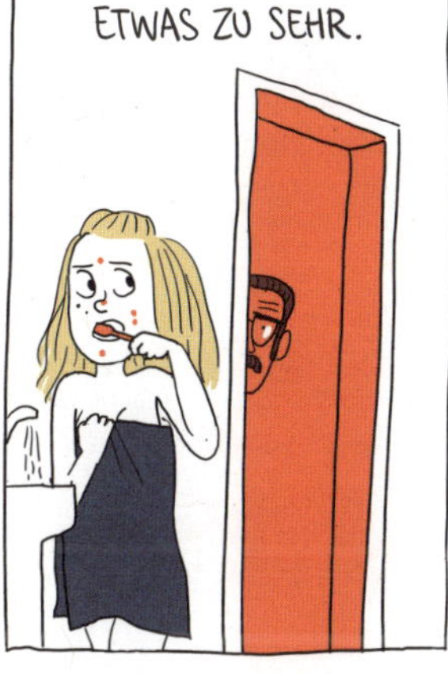

VIEL ZU SEHR.

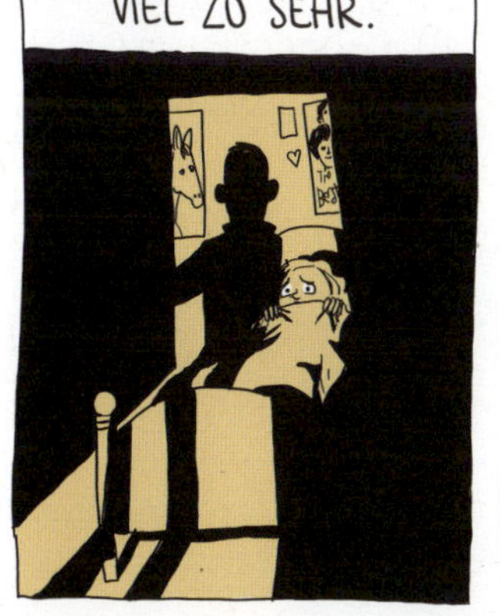

IRGENDWIE WAR ES IHR DOCH LIEBER, ALS ER SIE IGNORIERTE.

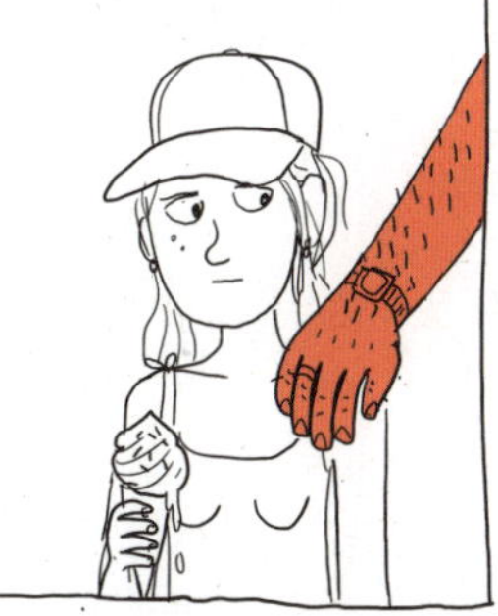

IM GRUNDE WAR ES BESSER, UNSICHTBAR ZU SEIN.

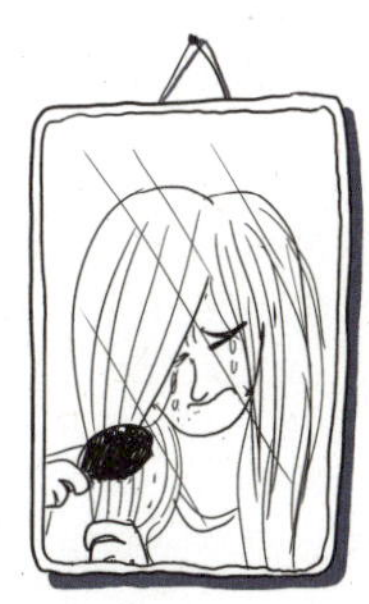

EINES TAGES LIEST SIE IN EINEM MAGAZIN VON EINEM NEUEN SPLEEN DER AUSTRALIER:

JOGGEN.

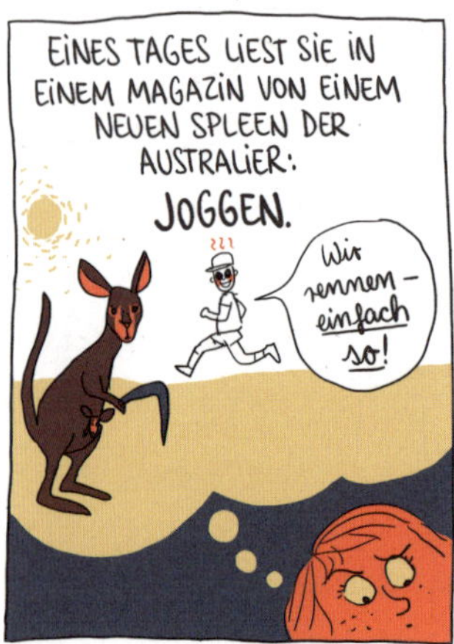

DAMALS RENNT NIEMAND, UND MÄDCHEN SCHON GAR NICHT. DIE SOLLEN LIEBER „MÄDCHEN-SPORT" MACHEN.

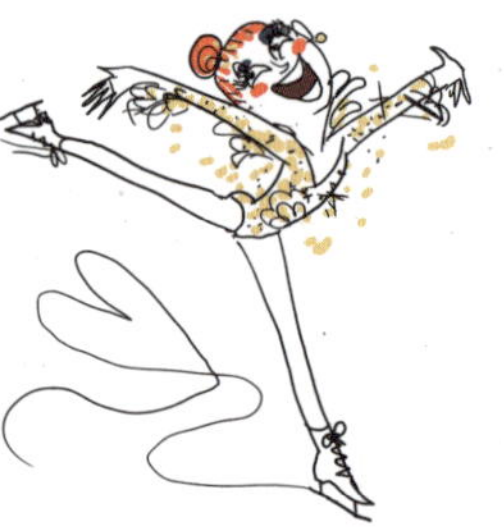

(ODER AM BESTEN GAR KEINEN SPORT.)

EINES ABENDS HAT SIE ABSOLUT KEINE LUST, NACH HAUSE ZU GEHEN. SIE IST DIE LETZTE AUF DEM SPORTPLATZ. UND OHNE RECHTEN GRUND FÄNGT CHERYL…

… PLÖTZLICH AN ZU RENNEN.

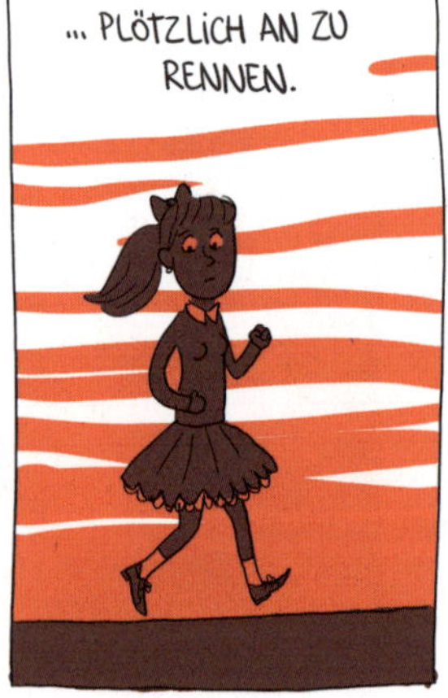

EINE RUNDE. DANN ZWEI. GANZ ALLEIN. IN DER DUNKELHEIT.

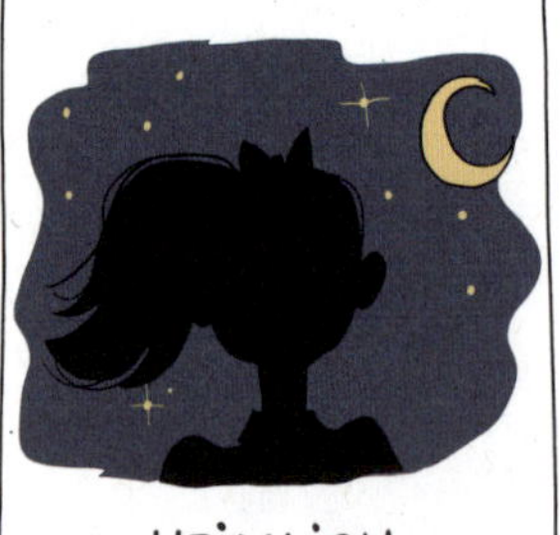

HEIMLICH.

IHR TUN DIE FÜSSE WEH. IM GRUNDE TUT IHR ALLES WEH. IHRE LUNGEN BRENNEN. DOCH ETWAS MERKWÜRDIGES GEHT IN IHR VOR: IN GEDANKEN REDET SIE MIT SICH SELBST, GEHT IHRE PROBLEME EINS NACH DEM ANDEREN DURCH, ANALYSIERT GANZ SACHLICH DIE SITUATION, IN DER SIE GEFANGEN IST. UND DABEI LÖSEN SICH ALLE KNOTEN WIE VON ZAUBERHAND AUF.

AUF EINMAL GIBT ES FÜR JEDES PROBLEM EINE LÖSUNG.

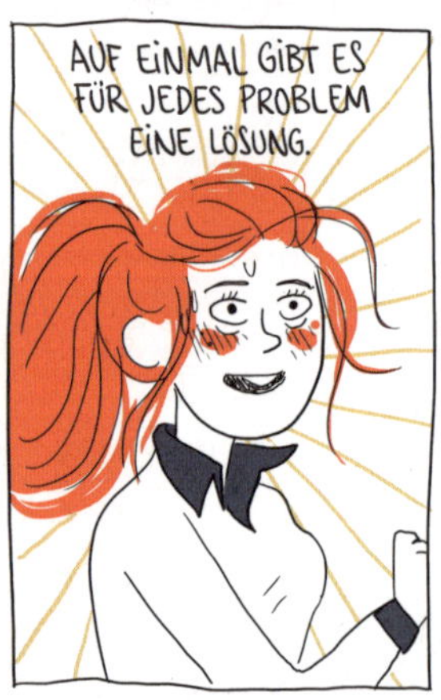

SIE WEISS, DASS SIE **ALLES** SCHAFFEN KANN.

DAS IST IHR GEHEIMNIS. DAS KANN IHR KEINER NEHMEN.

WANN IMMER SIE KANN, STIEHLT CHERYL SICH DAVON, UM ABENDS ZU LAUFEN. EINMAL WIRD SIE ZUFÄLLIG VON EINEM LEHRER ÜBERRASCHT.

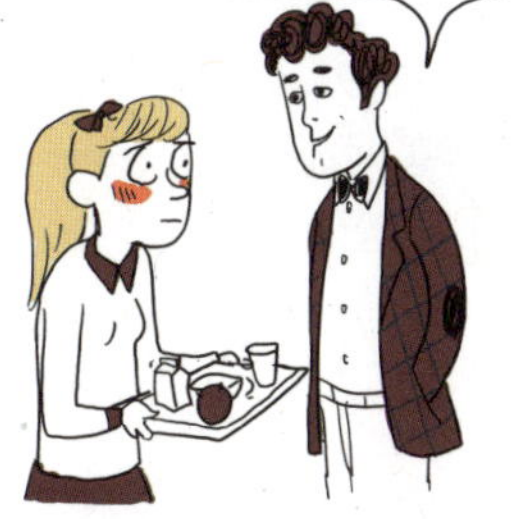

ER ERMUNTERT SIE, IN DIE LEICHTATHLETIKMANNSCHAFT IHRER HIGHSCHOOL EINZUTRETEN.

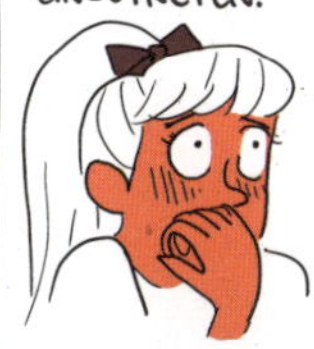

FÜR CHERYL IST DAS UNDENKBAR, DENN SCHLIESSLICH WILL SIE VOR ALLEN DINGEN UNSICHTBAR SEIN.

ABER ER MACHT IHR SO VIEL MUT, DASS SIE ES VERSUCHT.

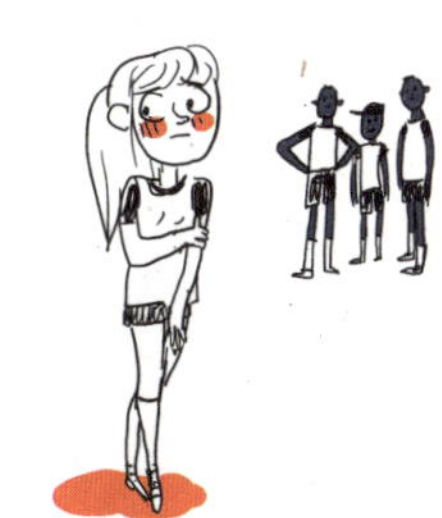

LEIDER STELLT DIE SCHULVERWALTUNG SICH QUER.

TATSÄCHLICH **DÜRFEN MÄDCHEN NICHT RENNEN.**

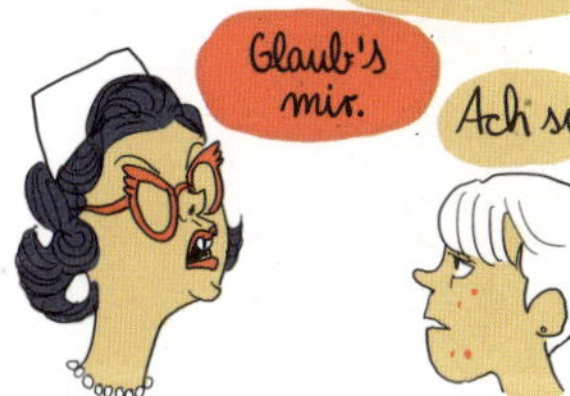

DIE ENTSCHEIDUNG WIRD EINEM GREMIUM ÜBERLASSEN. SCHLIESSLICH WIRD CHERYL AUF DER LAUFBAHN GEDULDET, UNTER DER BEDINGUNG, DASS SIE SICH VON DEN JUNGEN DES TEAMS FERNHÄLT, DENN SIE STELLT EINE „ABLENKUNG" DAR.

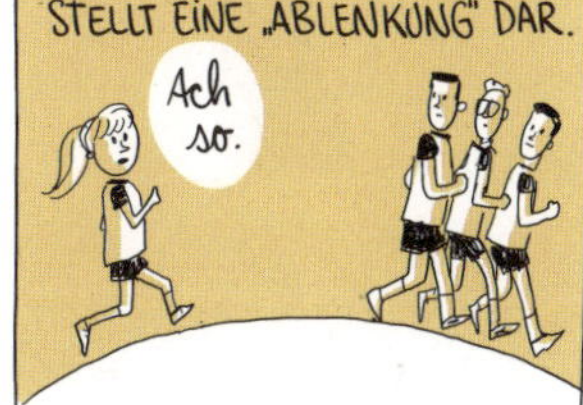

ABER DAS IST IHR EGAL. BEI JEDEM TRAINING EMPFINDET SIE WIEDER DIESES UNGLAUBLICHE GEFÜHL, IHR LEBEN SELBST ZU BESTIMMEN UND UNBESIEGBAR ZU SEIN.

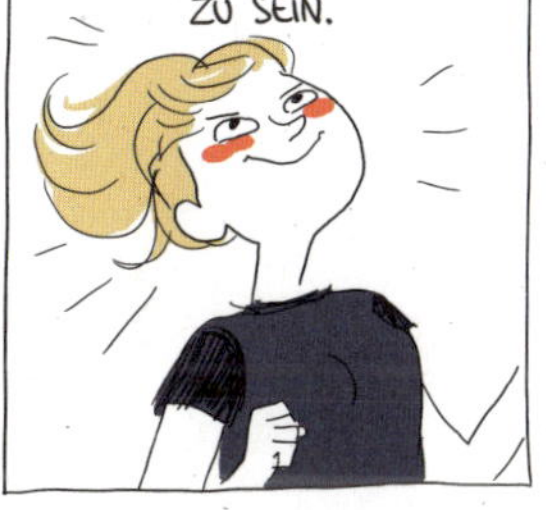

UND BALD KANN ES NIEMAND MEHR LEUGNEN:

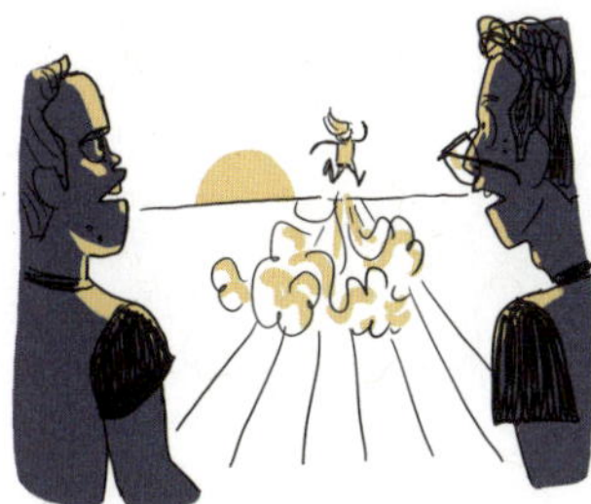

CHERYL RENNT SEHR SCHNELL.

SO SCHNELL, DASS SIE SCHLIESSLICH ZU EINEM WETTLAUF FÜR FRAUEN ANGEMELDET WIRD, DEN DIE AMATEUR ATHLETIC UNION (AAU) AUSRICHTET.

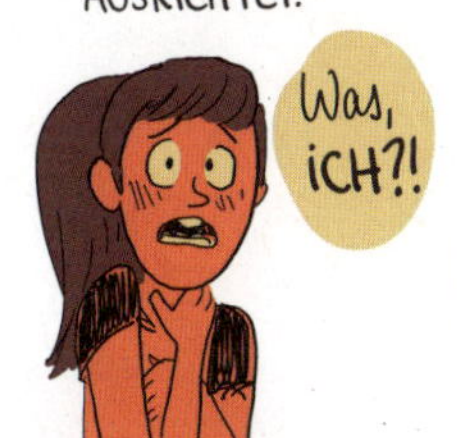

UND SCHON STEHT CHERYL AM START EINES 2,5-MEILEN-LAUFS.

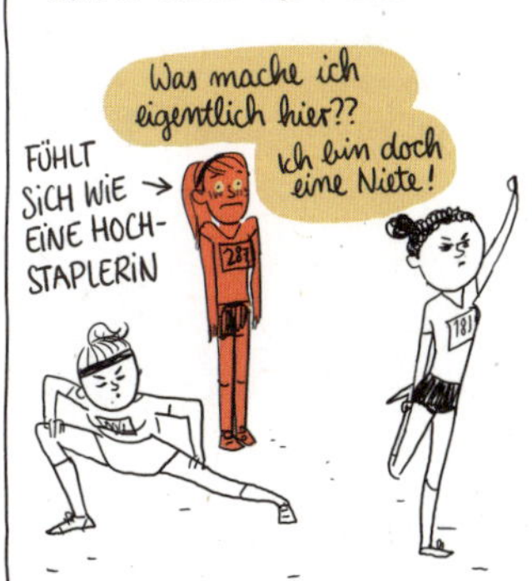

SIE VERGEHT FAST VOR ANGST. SIE? EINE KLEINE UNSCHEINBARE HIGHSCHOOL-SCHÜLERIN? WAS ERHOFFT SIE SICH DENN INMITTEN ALL DIESER RICHTIGEN SPORTLERINNEN?

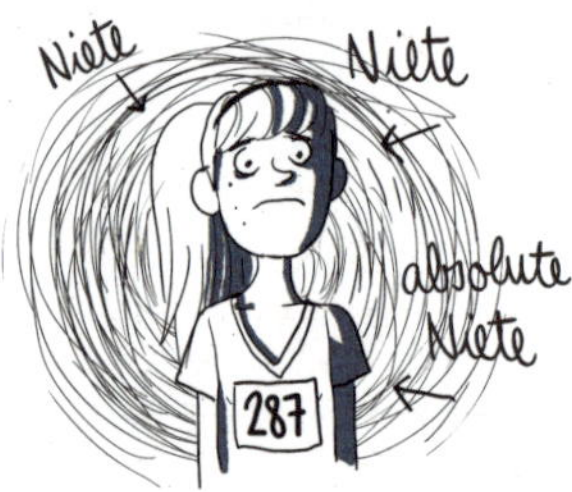

DER STARTSCHUSS FÄLLT. UND WIE IMMER SETZT DER ZAUBER EIN.

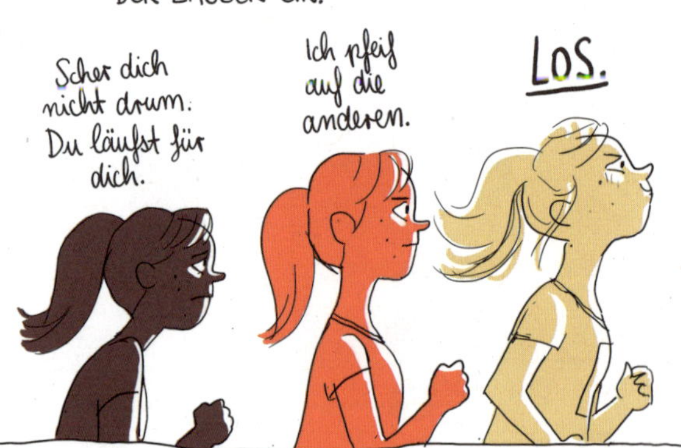

SIE WIRD SIEBTE. BEI IHREM ALLERERSTEN LAUF. SIE, DIE KLEINE NIETE.

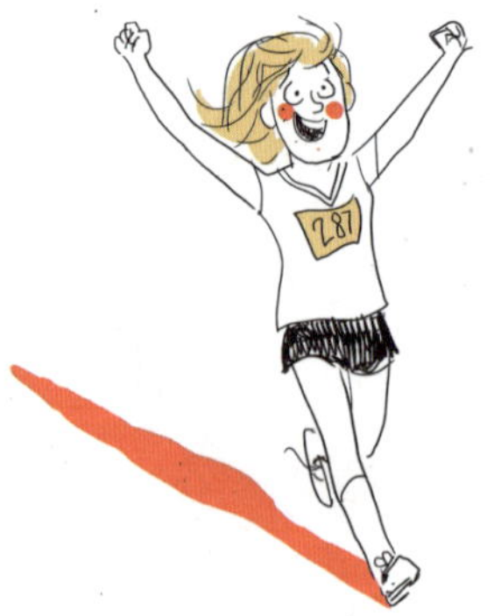

SIE GEHT NACH HAUSE, ALS WÄRE NICHTS GEWESEN, UND BEHÄLT IHR KLEINES GEHEIMNIS FÜR SICH.

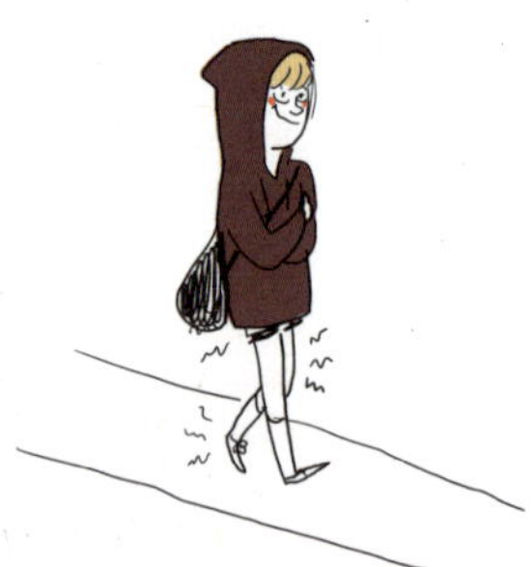

AB JETZT IST NICHTS MEHR UNERREICHBAR.

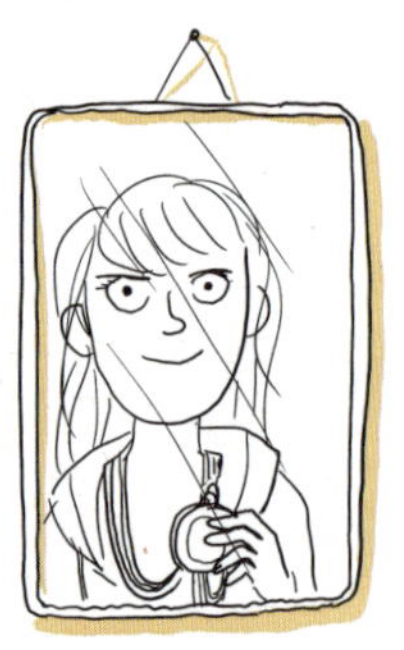

JETZT HAT SIE NUR NOCH EIN ZIEL: SO SCHNELL WIE MÖGLICH WEG VON ZU HAUSE.

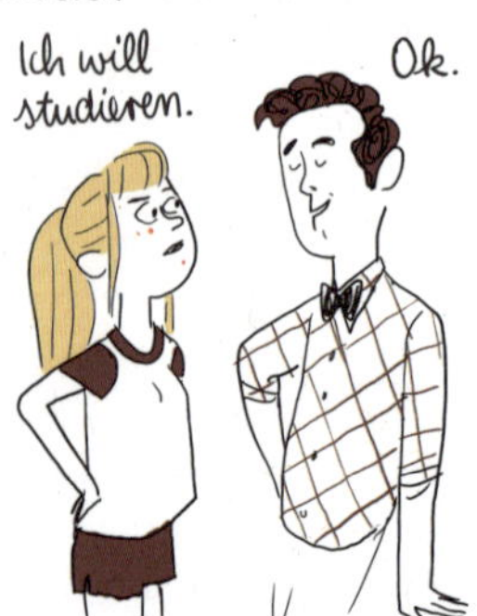

SIE IST DAS ERSTE MÄDCHEN IN DEN USA, DAS EIN SPORTSTIPENDIUM FÜR EINE UNIVERSITÄT BEKOMMT.

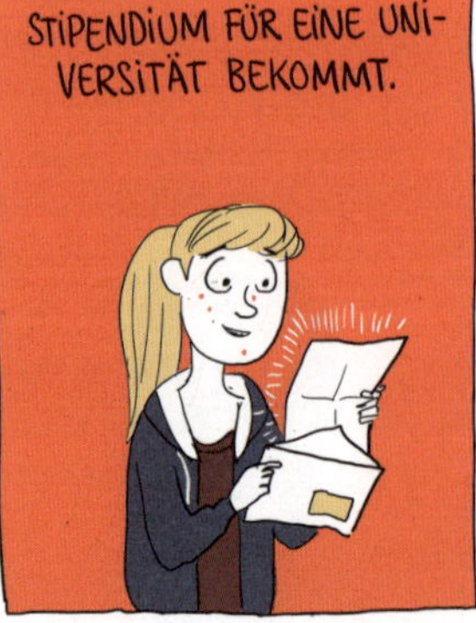

SIE NIMMT AN WETTLÄUFEN TEIL, BEI DENEN SIE DAS EINZIGE MÄDCHEN IST – UNTER DER BEDINGUNG, FÜNF SEKUNDEN NACH DEN JUNGS ZU STARTEN(!).

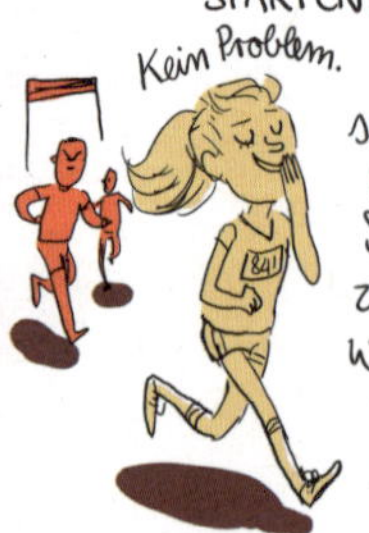

AUCH WENN IHR STATUS ALS AUSSERIRDISCHE NICHT IMMER SEHR WERTGESCHÄTZT WIRD.

Sieh mal, Baby! Die anderen machen sich über mich lustig. Für die bist du ein Kerl...

Pfoten weg.

SIE STELLT FEST, DASS IHR LANGE DISTANZEN UND VOR ALLEM GELÄNDELAUF NOCH MEHR LIEGEN.

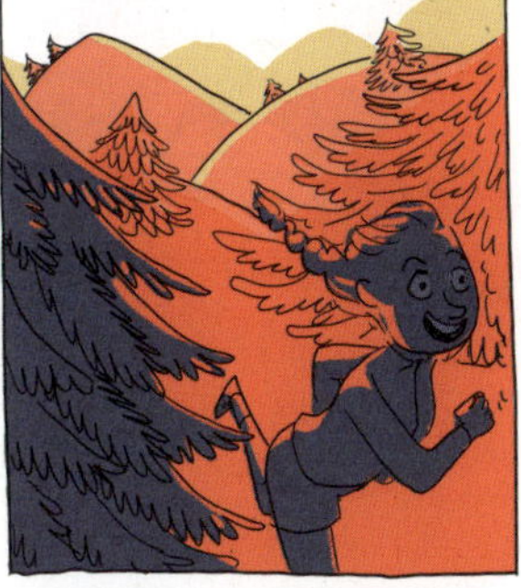

SIE QUALIFIZIERT SICH FÜR DIE WELTMEISTERSCHAFTEN IM JAHR 1969 (IN SCHOTTLAND).

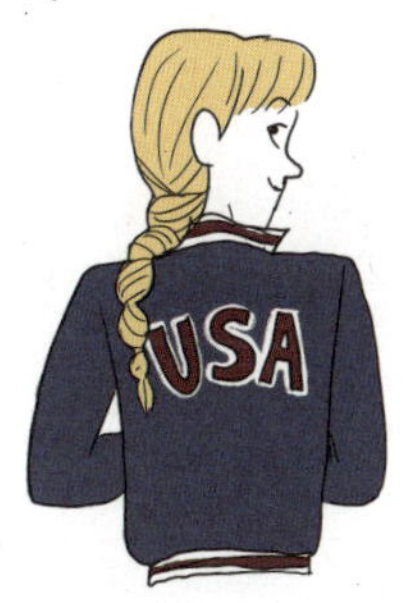

LEIDER WEIGERT SICH DIE AAU, DEN WEIBLICHEN ATHLETINNEN DIE ANREISE ZU FINANZIEREN.

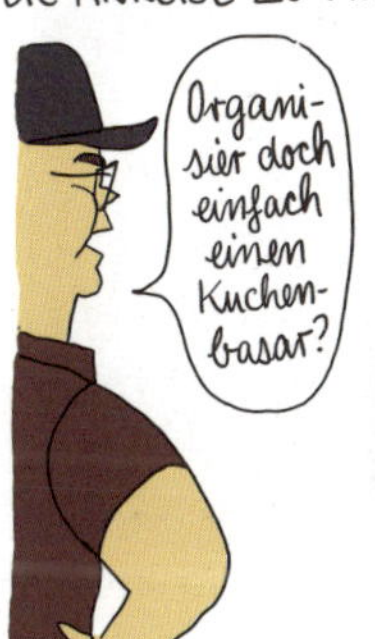

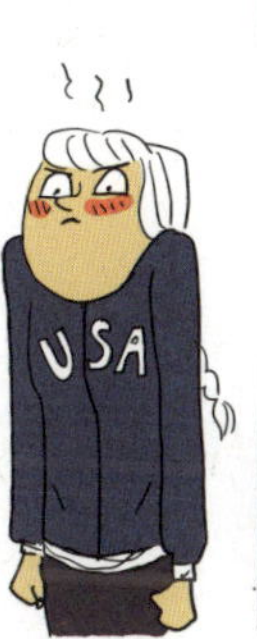

ALSO REIST SIE AUF EIGENE KOSTEN AN. DER LAUF FINDET AN EINEM ABHANG STATT, IM REGEN, MIT VIEL SCHLAMM. DAS GANZE PROGRAMM.

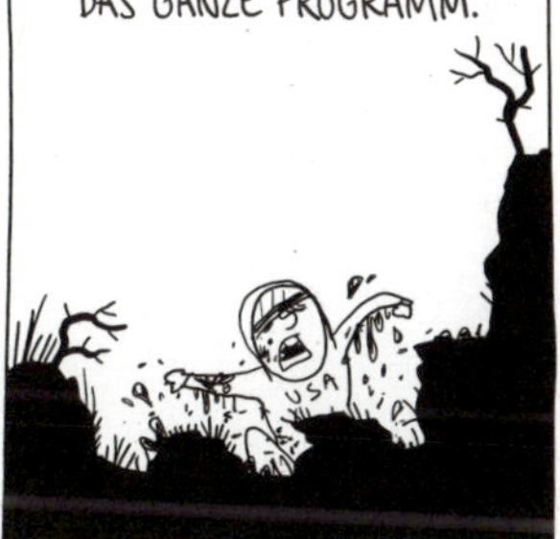

ABER GENAU WIE DAMALS BEI IHREM STIEFVATER ENTSCHWEBT CHERYLS GEIST IN ANDERE SPHÄREN. SIE STELLT IHREN KÖRPER AUF AUTOPILOT UND VERGISST DIE QUALEN.

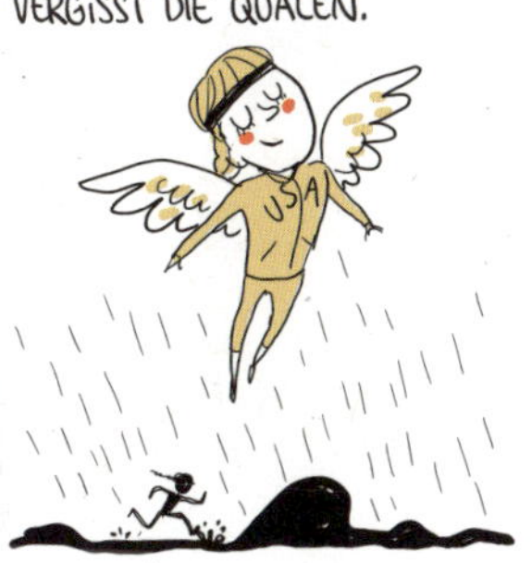

CHERYL WIRD VIERTE. UND WENN SIE BIS JETZT NOCH DARAN ZWEIFELTE, MUSS SIE SICH NUN EINGESTEHEN:

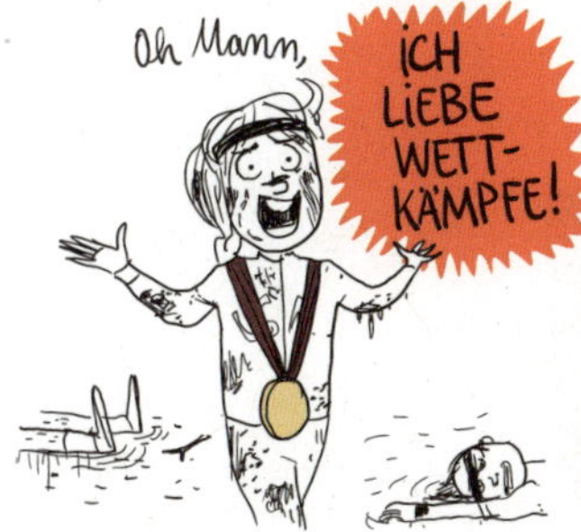

SIE HEIRATET EINEN TRAINER, MIT DEM SIE NACH KALIFORNIEN GEHT. DORT SCHEINT IMMER DIE SONNE UND SIE KÖNNEN JEDES WOCHENENDE MIT FREUNDEN TRAINIEREN.

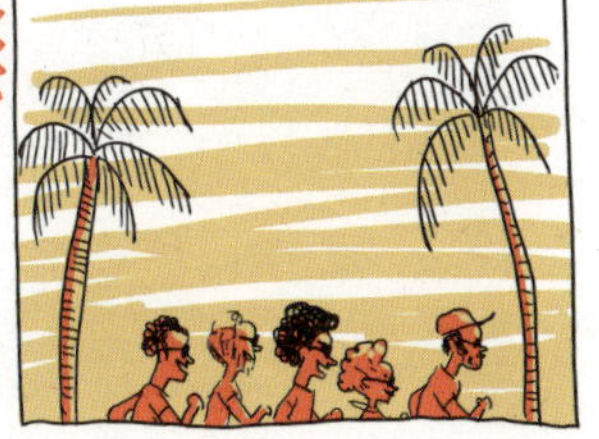

IHRE FREUNDE REDEN STÄNDIG VOM MARATHON.

Oh, langsam **nervt** ihr mich mit eurem Marathon!

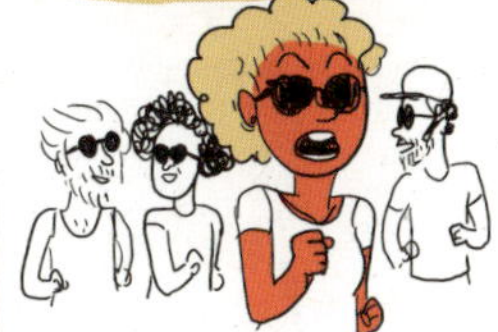

NATÜRLICH MELDET SIE SICH AM ENDE AUCH AN.

SO NIMMT SIE 1971 DEN MARATHON VON CULVER CITY IN ANGRIFF.

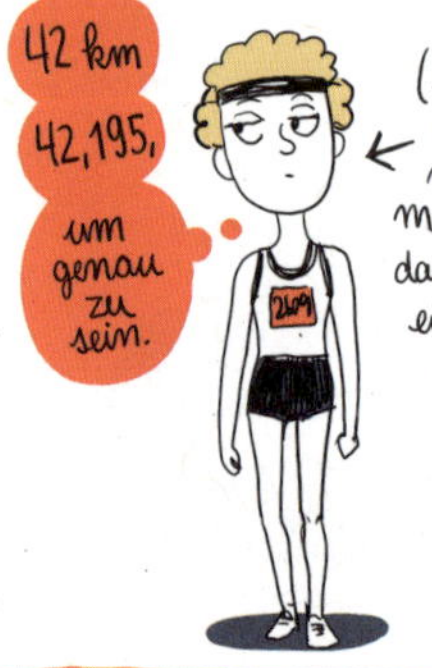

TROTZ ALLER AUFREGUNG ZWINGT SIE SICH, ALLES WIE IMMER ZU MACHEN.

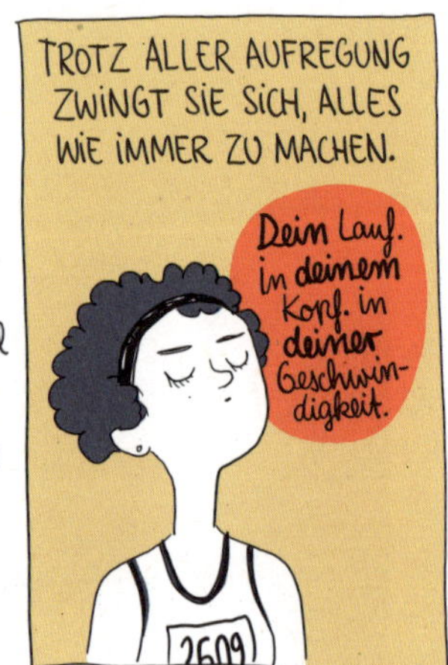

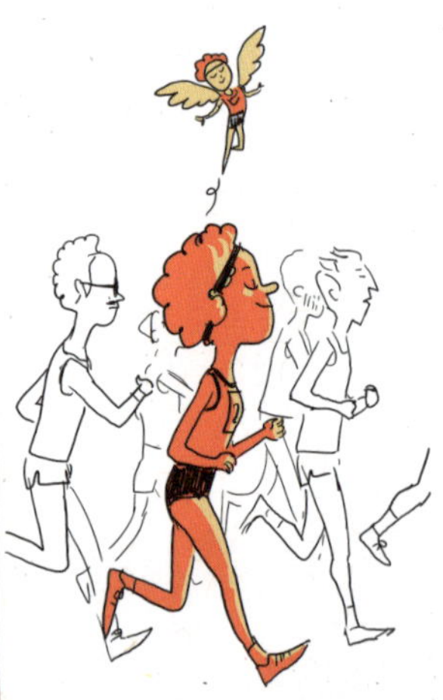

AUF HALBER STRECKE KOMMT ES ZU EINEM „ZWISCHENFALL":

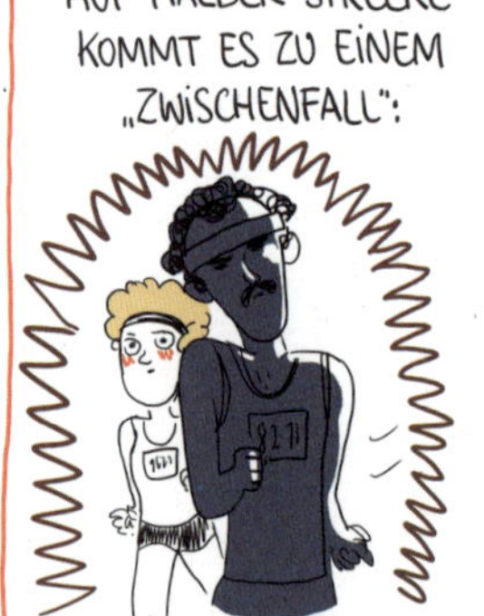

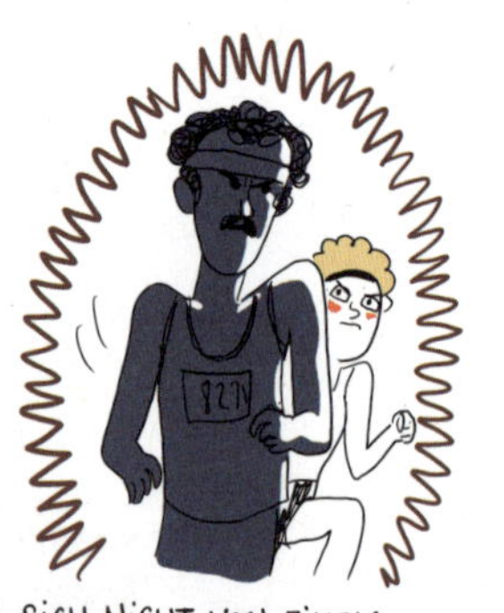

EIN EMPÖRTER LÄUFER WILL SICH NICHT VON EINEM WEIBSBILD ÜBERHOLEN LASSEN.

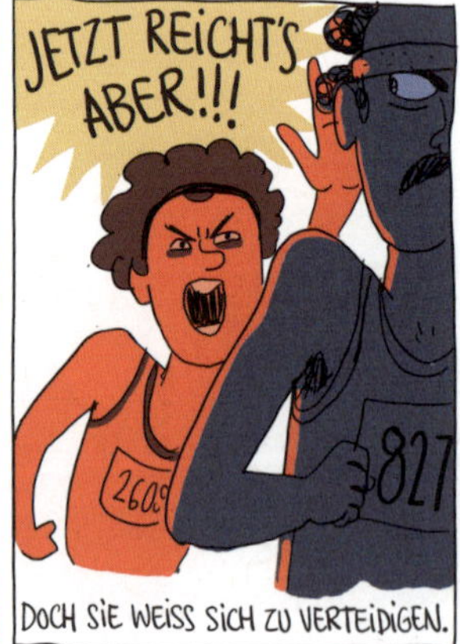

DOCH SIE WEISS SICH ZU VERTEIDIGEN.

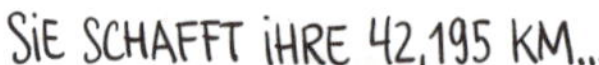

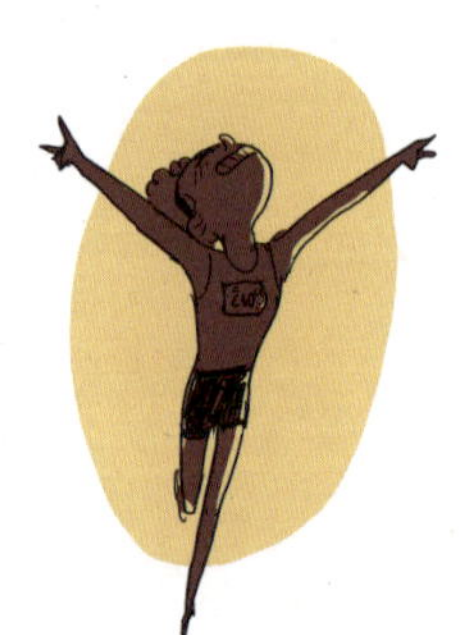

... UND BRICHT DEN MARATHON-WELTREKORD:

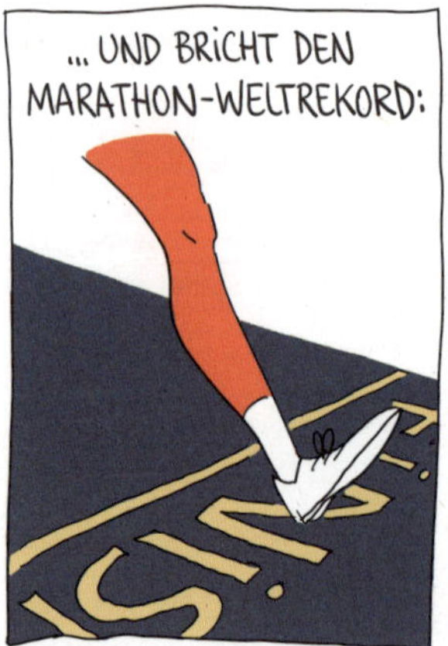

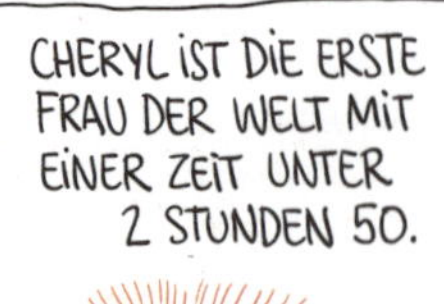

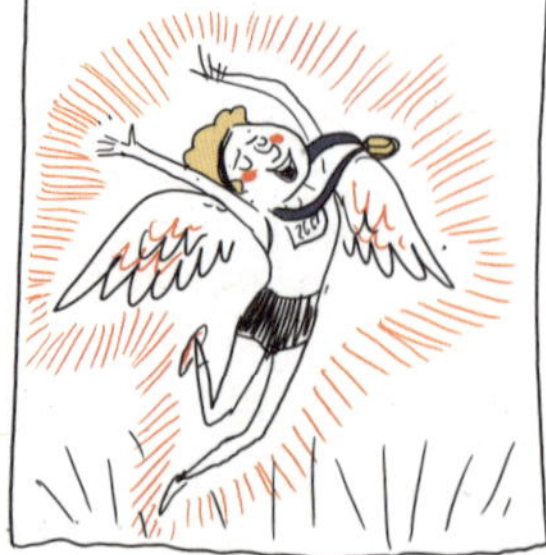

IM FOLGENDEN JAHR FINDEN DIE OLYMPISCHEN SPIELE IN MÜNCHEN STATT.

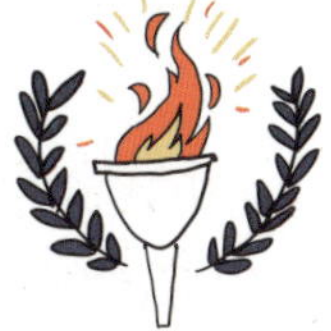

CHERYL KANN ES KAUM ERWARTEN, DENN NUN KANN SIE NICHTS MEHR AUFHALTEN …

… NICHTS – AUSSER NATÜRLICH DIE OLYMPISCHEN REGELN: FRAUEN DÜRFEN KEINEN MARATHON LAUFEN.

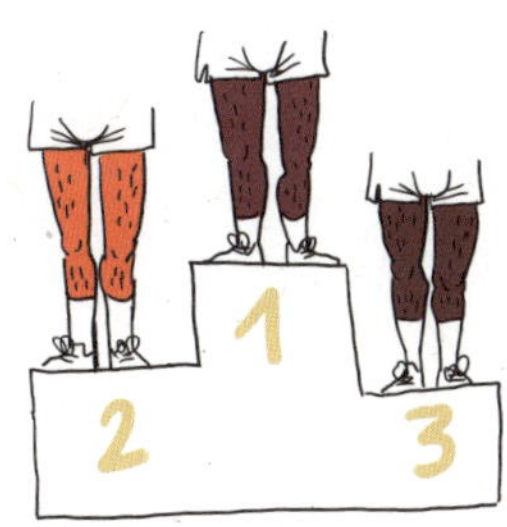

DIE BEGRÜNDUNG LAUTET DAMALS, FRAUEN KÖNNTEN KEINE LANGEN STRECKEN LAUFEN.

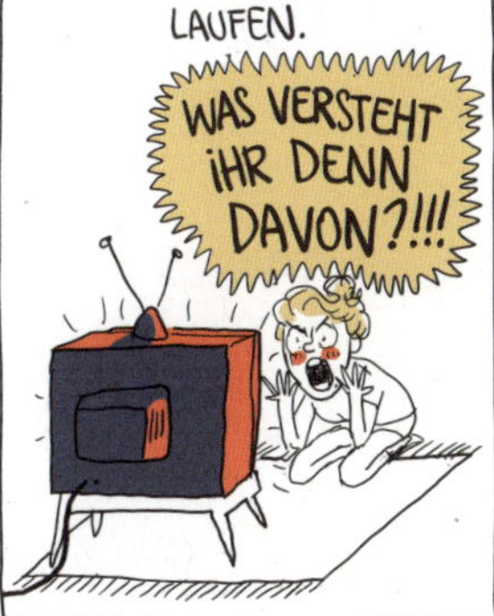

1981 BEKOMMT CHERYL EINE TOCHTER, SHALANE.

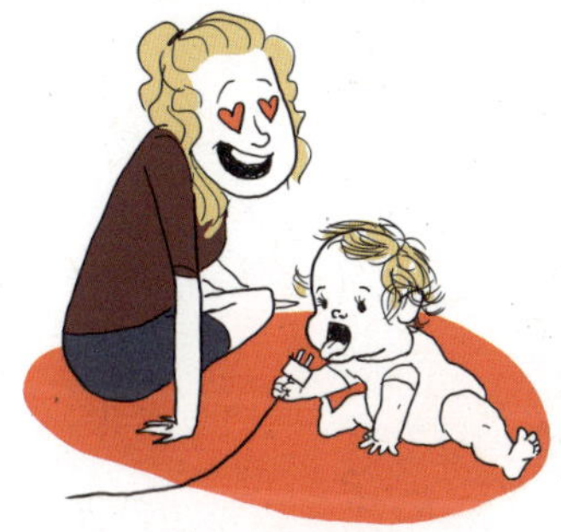

ALS KIND SPIELT SIE AM LIEBSTEN FUSSBALL. DOCH IN DER HIGHSCHOOL FÄNGT SIE, OHNE RECHT ZU WISSEN, WARUM …

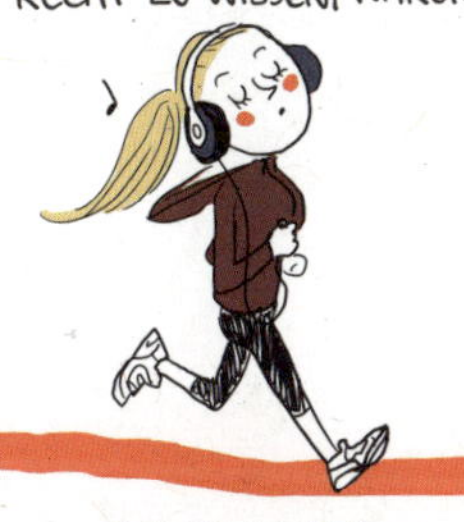

… AN ZU LAUFEN.

2008 GEWINNT SHALANE BEI DEN OLYMPISCHEN SPIELEN IN PEKING DIE BRONZEMEDAILLE IM 10-KM-LAUF (DIE REGELN WURDEN INZWISCHEN GEÄNDERT).

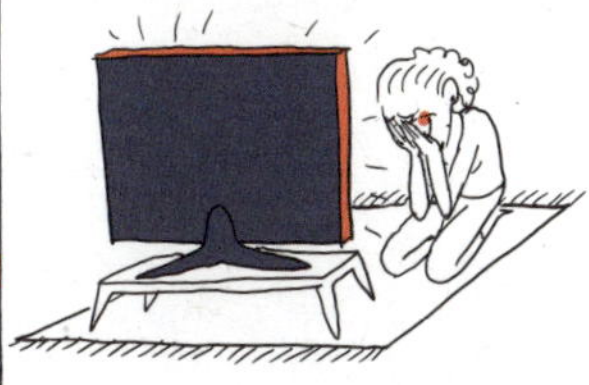

IHR GANZES LEBEN HAT SHALANE DIESEN SATZ GEHÖRT:

„Sei dir bewusst, dass du **viel mehr** bist, als du glaubst!“

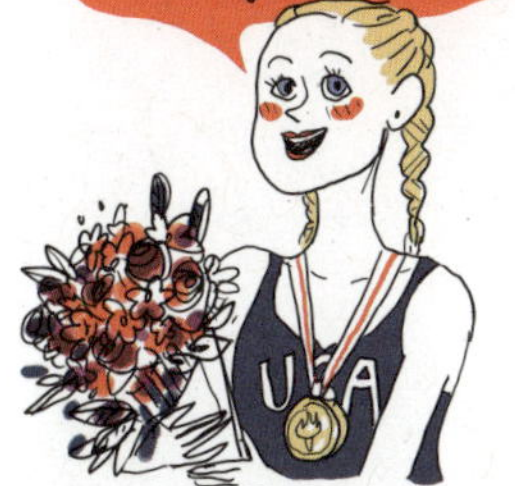

DURCH DAS LAUFEN HAT SIE, WIE ZUVOR SCHON IHRE MUTTER UND VIELE ANDERE FRAUEN, DAS WESENTLICHE GELERNT:

- Ihr Leben selbst zu bestimmen.
- Sich nicht mit anderen zu vergleichen.
- Sich jeder Herausforderung stellen zu können.

Und dazu braucht sie von niemandem eine Erlaubnis!

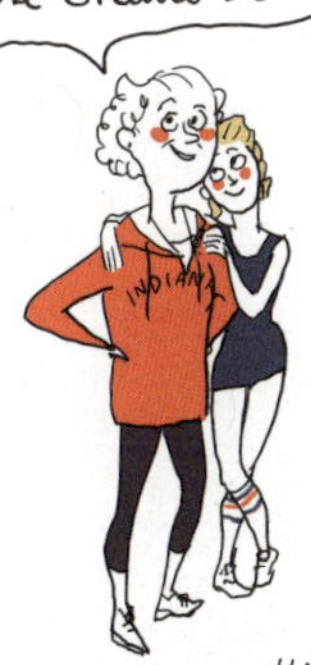

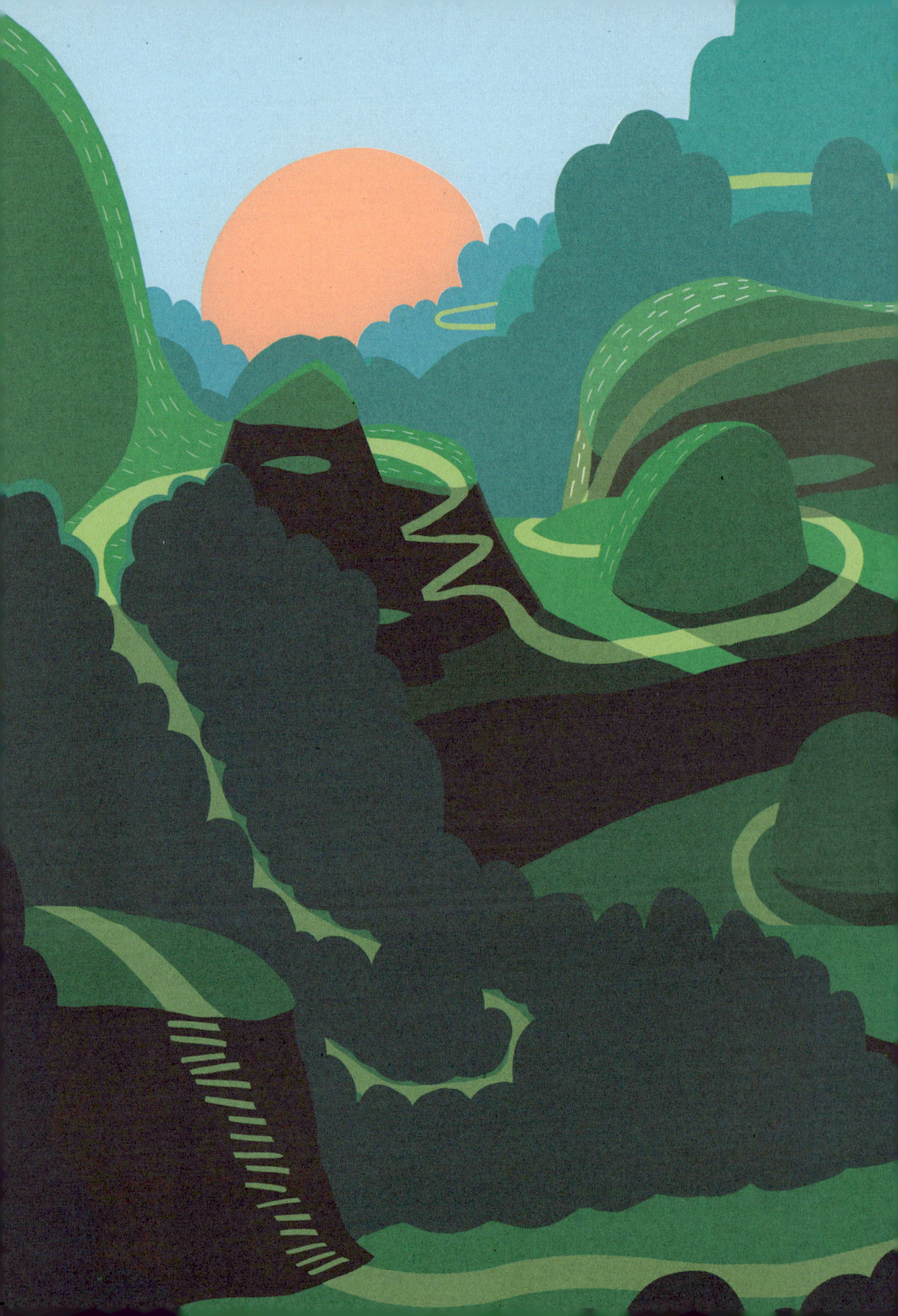

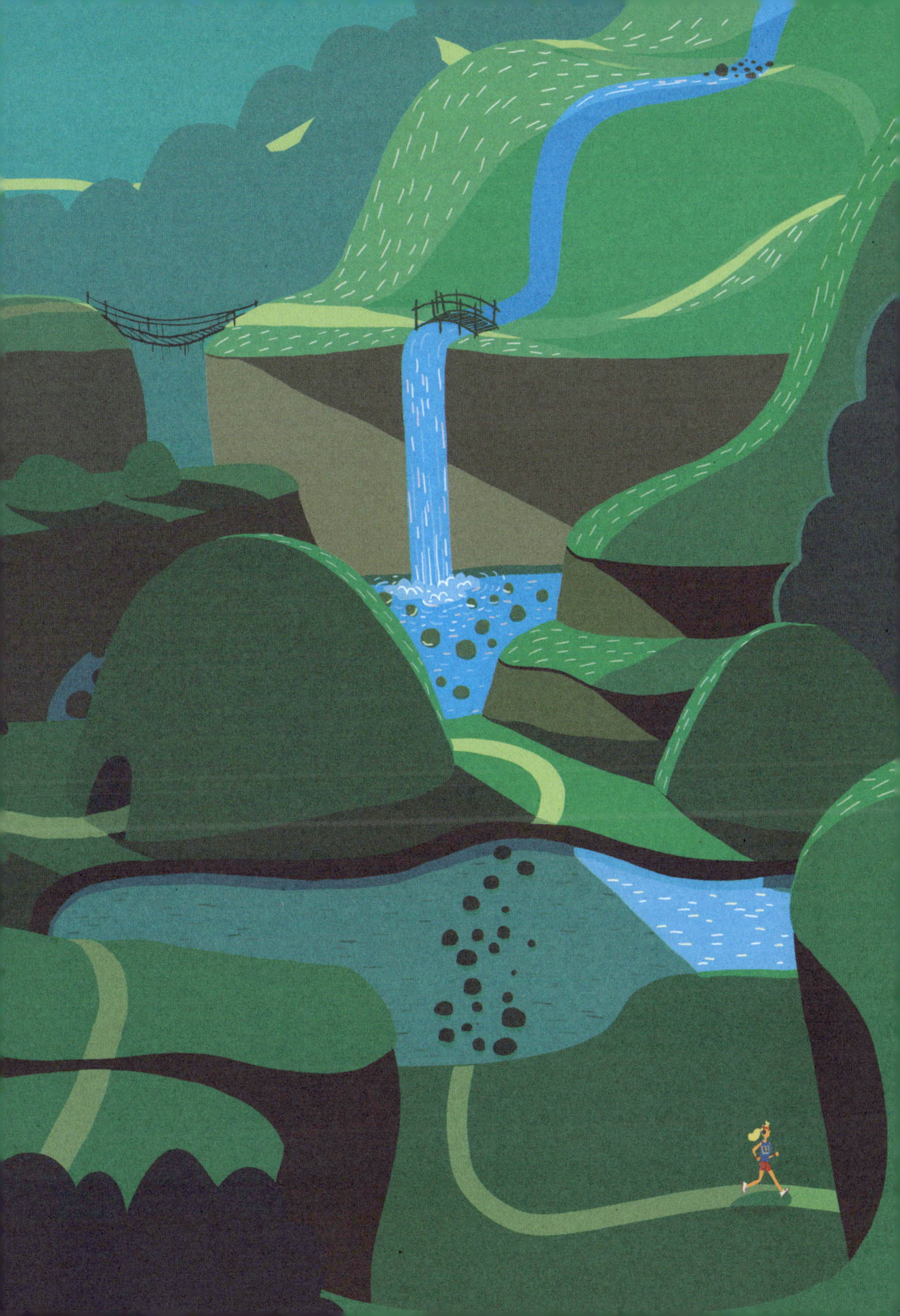

Thérèse Clerc

Realistische Utopistin

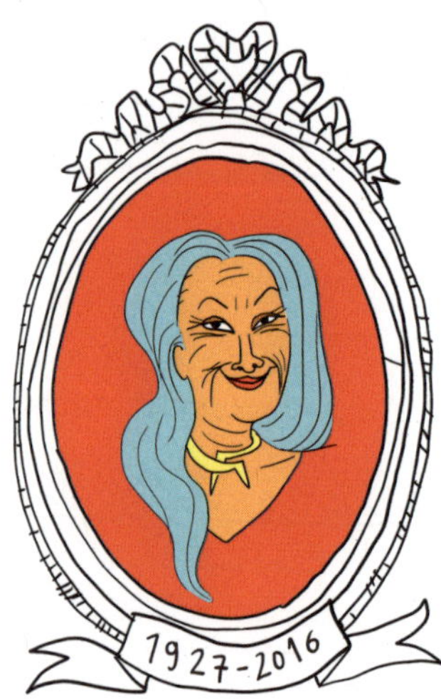

THÉRÈSE WIRD AM 9. DEZEMBER 1927 IN EINE SEHR KONSERVATIVE BÜRGERLICH-KATHOLISCHE FAMILIE IN BAGNOLET GEBOREN.

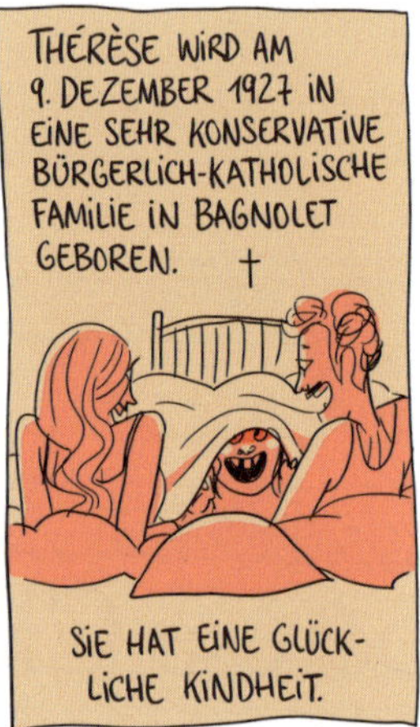

SIE HAT EINE GLÜCKLICHE KINDHEIT.

SIE ERLEBT, WIE DIE BENACHBARTE ARBEITERFAMILIE WAISENKINDER DES SPANISCHEN BÜRGERKRIEGES ADOPTIERT...

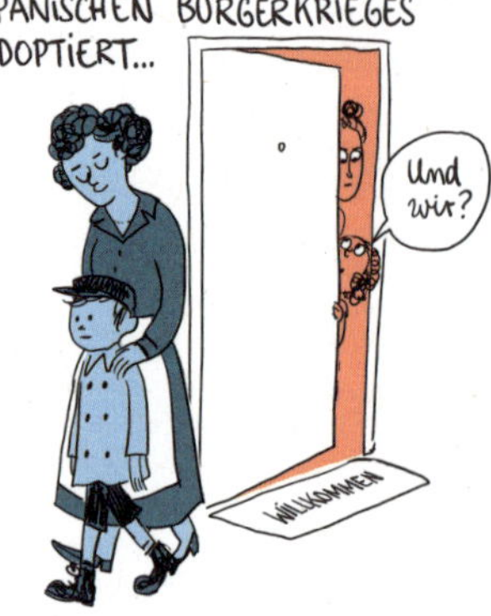

... UND EINIGE JAHRE SPÄTER JUDEN VERSTECKT.

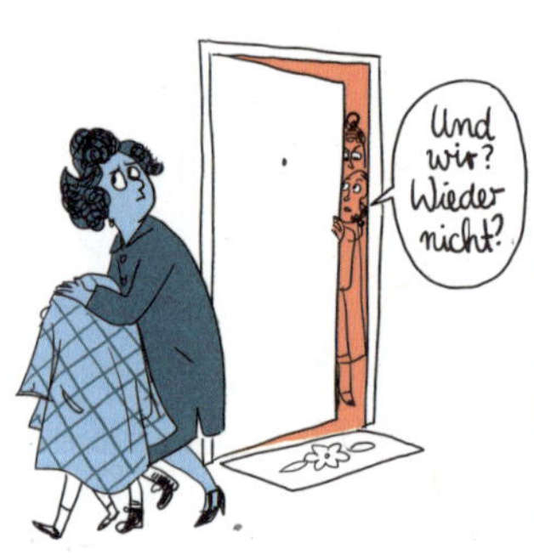

THÉRÈSE WÄCHST HERAN UND FOLGT GEWISSENHAFT DEM VON DEN ELTERN VORGEZEICHNETEN WEG.

DER ERSTE, DER UM IHRE HAND ANHÄLT, HEISST CLAUDE. SIE ZIEHEN IN EINE GROSSE WOHNUNG, DIE SEINE ELTERN BEZAHLEN.

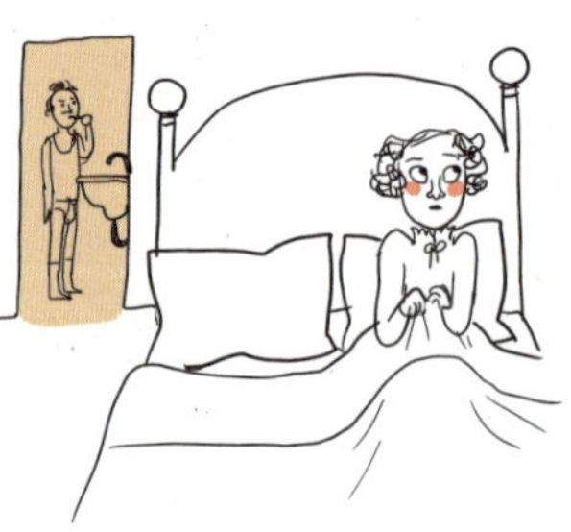

THÉRÈSE WIRD HAUSFRAU UND KÜMMERT SICH UM IHRE VIER KINDER.

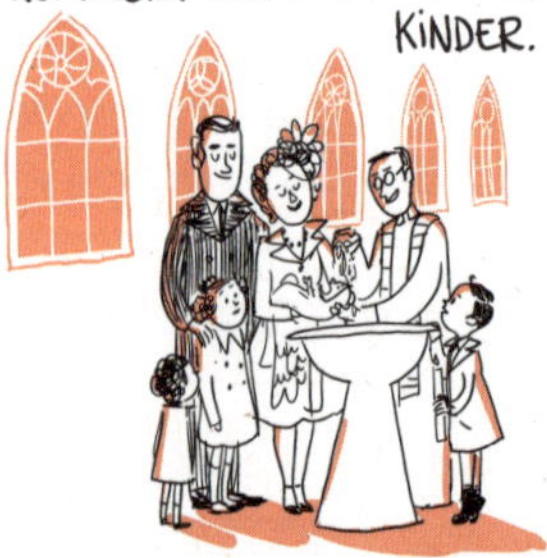

SIE STELLT KEINERLEI FRAGEN.

DOCH IN DER KIRCHE TRIFFT SIE ARBEITERPRIESTER, DIE IHR VON DEN GRÄUELTATEN IM ALGERIENKRIEG ERZÄHLEN, ÜBER MARXISMUS UND KLASSENKAMPF SPRECHEN.

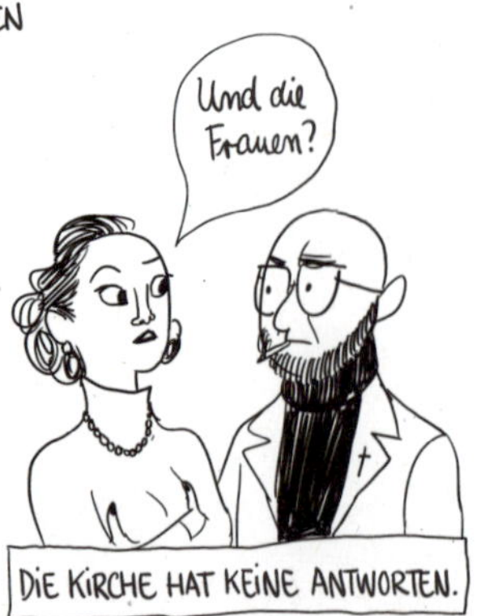

DIE KIRCHE HAT KEINE ANTWORTEN.

GLÜCKLICHERWEISE SCHREIBEN WIR MAI 1968.

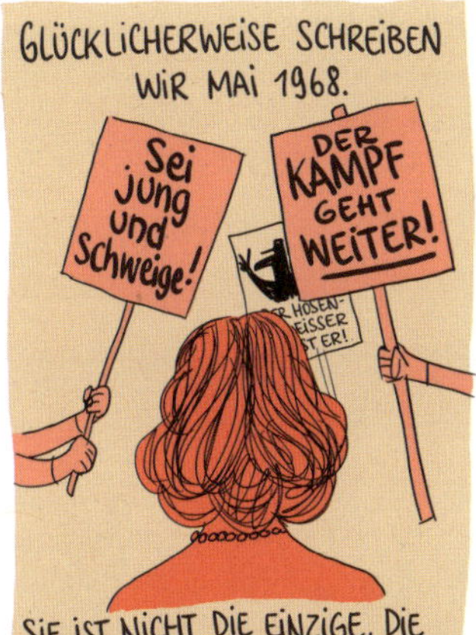

SIE IST NICHT DIE EINZIGE, DIE DIE GESELLSCHAFT HINTERFRAGT.

WENN DIE KINDER IN DER SCHULE SIND, NIMMT SIE OHNE DAS WISSEN IHRES MANNES AN VERSAMMLUNGEN UND DEMONSTRATIONEN TEIL, BEI DENEN SIE EIN PARALLELUNIVERSUM ENTDECKT: DEN ANTIKAPITALISMUS UND FEMINISMUS.

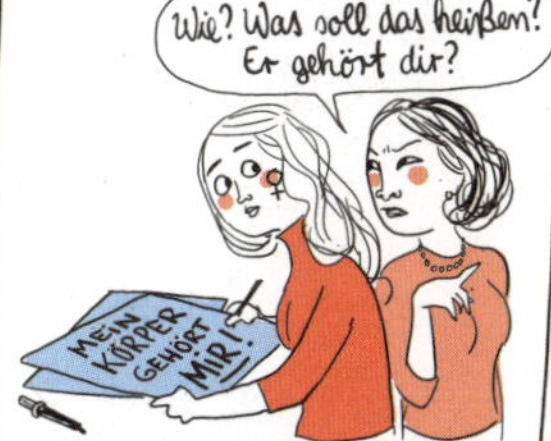

SIE HÖRT VON PATRIARCHAT UND EMANZIPATION.

UND VON SEXUELLEM VERGNÜGEN.

Bitte?

ALLES IST NEU.

AUSSERDEM ERFÄHRT SIE, DASS IN FRANKREICH DIE HÄUFIGSTE TODESURSACHE VON FRAUEN DIE ILLEGALE ABTREIBUNG MIT EINER STRICKNADEL IST.

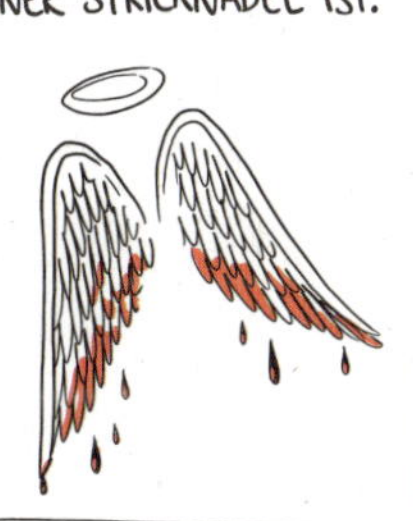

KURZUM, SIE STELLT FEST, DASS FRAUEN ÜBERHAUPT NICHT FREI SIND. SIE TRITT DER BEWEGUNG ZUR LEGALISIERUNG VON ABTREIBUNG UND DEM FREIEN ZUGANG ZUR VERHÜTUNG BEI UND GRÜNDET SOGAR EINE FEMINISTISCHE GRUPPE IN DER KIRCHE.

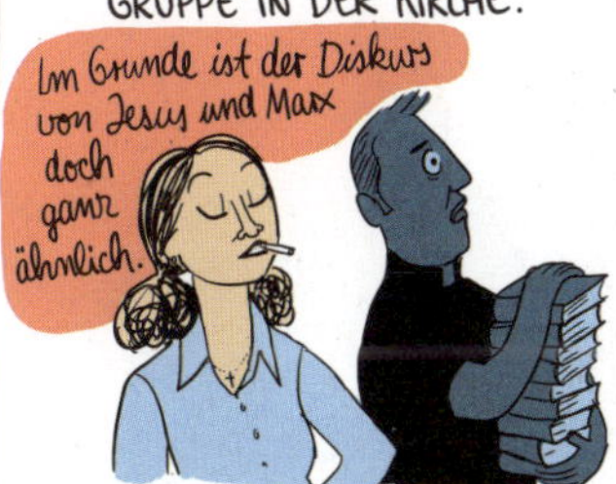

THÉRÈSE IST 40 JAHRE ALT. SIE HAT BEZAUBERNDE KINDER, ABER IHRE EHE FRUSTRIERT SIE.

SSLRRP

MIT 40 VERLANGT IHR GEIST NACH REVOLTE UND IHR KÖRPER NACH BEFREIUNG.

SIE MACHT DEN FÜHRERSCHEIN, SUCHT SICH EINEN JOB ALS VERKÄUFERIN UND REICHT DIE SCHEIDUNG EIN. BEREUEN WIRD SIE ES NIE.

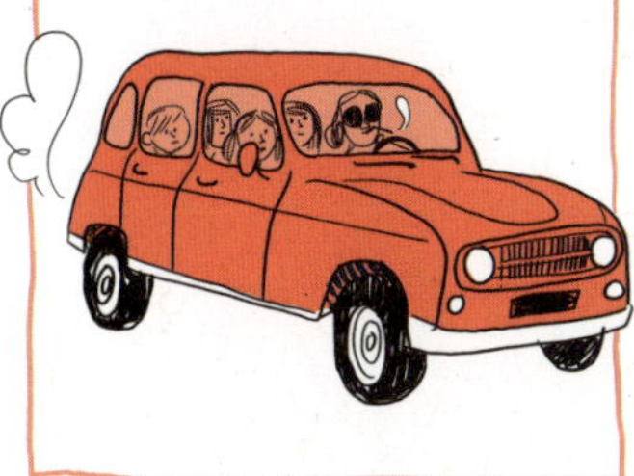

MIT IHREN KINDERN ZIEHT SIE IN EINE WINZIGE WOHNUNG IN MONTREUIL, EINE STADT, DIE SIE KAUM KENNT...

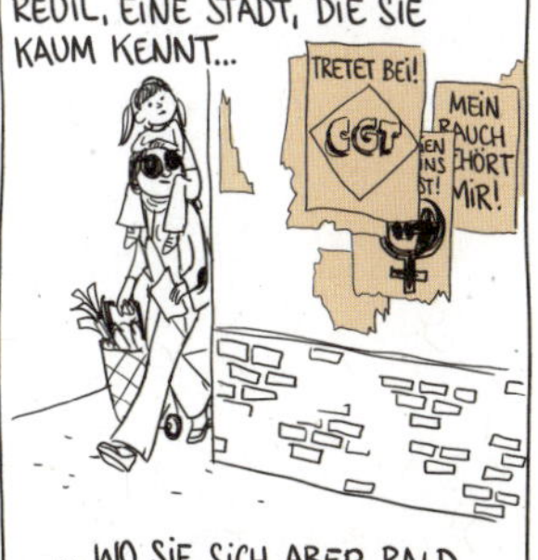

... WO SIE SICH ABER BALD ZU HAUSE FÜHLT.

BALD MUSS SIE IN DER PRAXIS LERNEN, WIE MAN ABTREIBUNGEN IM WOHNZIMMER DURCHFÜHRT.

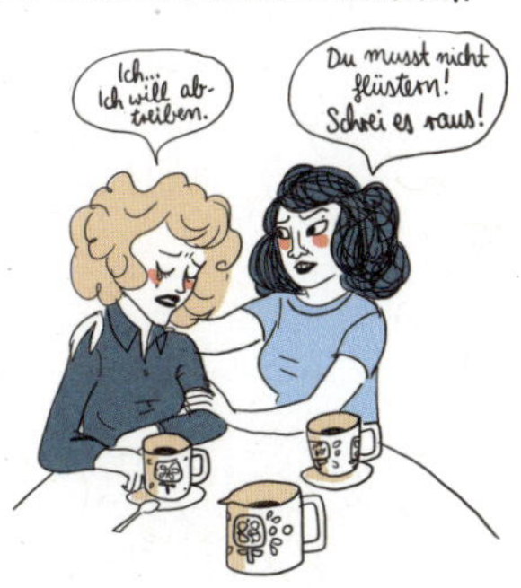

SEIT SIE SELBST MITERLEBT HAT, DASS EIN SCHWANGERSCHAFTSABBRUCH LEBENSGEFÄHRLICH SEIN KANN, KÄMPFT SIE UNERMÜDLICH FÜR DIE ENTKRIMINALISIERUNG DER ABTREIBUNG (DIE EINIGE JAHRE SPÄTER PER GESETZ ERREICHT WIRD).

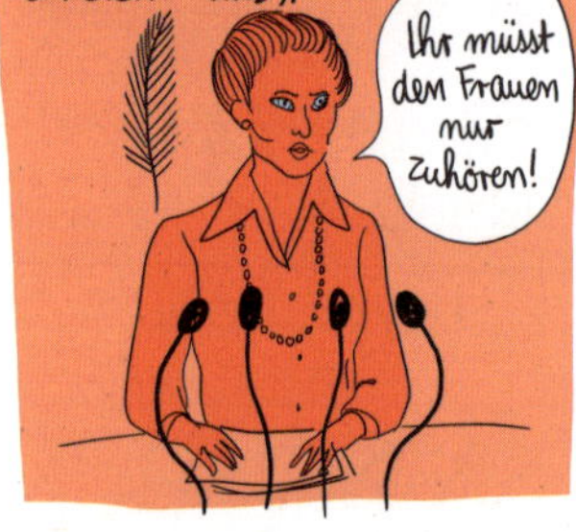

IN IHREM HAUS GEHEN NACHBARN, FREUNDE, FREUNDESFREUNDE UND AKTIVISTEN EIN UND AUS.

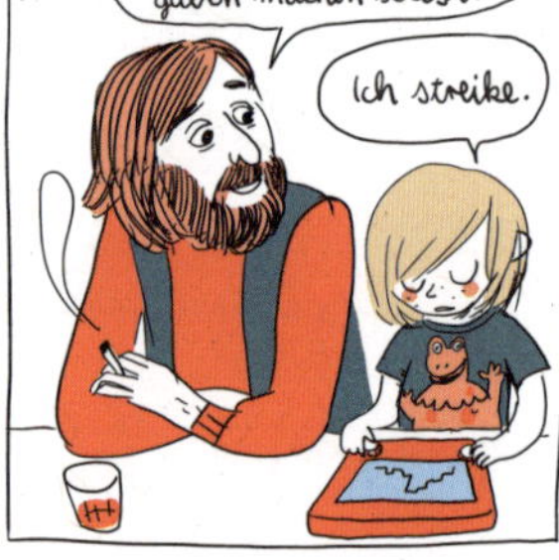

DIESE TREFFEN UND DISKUSSIONEN ERSETZEN THÉRÈSE DIE UNIVERSITÄT, DIE SIE NIE BESUCHT HAT.

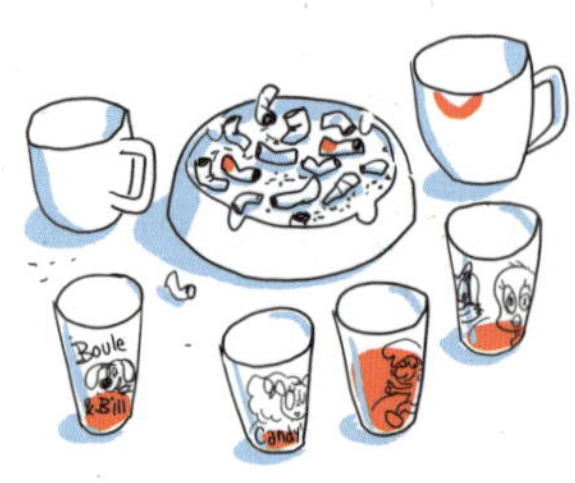

FORTAN ENGAGIERT SICH THÉRÈSE POLITISCH UND GEHT ALLE PROBLEME KÄMPFERISCH AN.

20 JAHRE SPÄTER KÜMMERT SICH THÉRÈSE UM IHRE BETTLÄGERIGE MUTTER, OBWOHL SIE SELBST BEREITS GROSSMUTTER IST (UND WAHRLICH NICHT IN GELD SCHWIMMT).

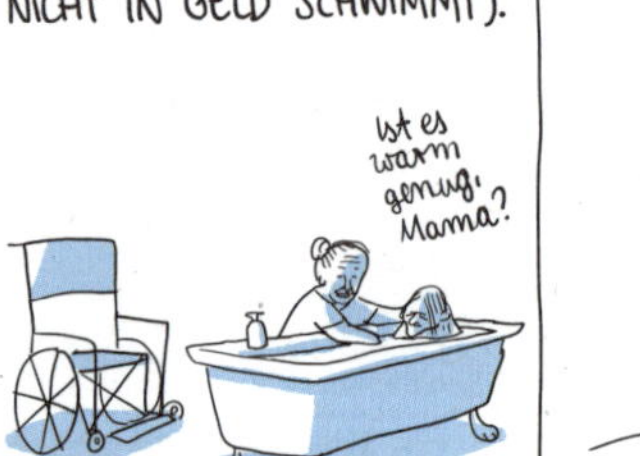

SIE GEHT AUF DEM ZAHNFLEISCH UND SCHWÖRT SICH, IHREN KINDERN DAS NICHT ANZUTUN.

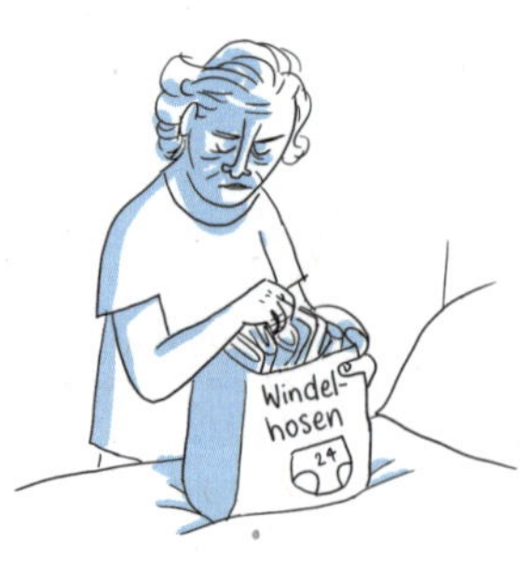

SIE TRÄUMT VON EINEM ORT, AN DEM ÄLTERE DAMEN, NACHDEM SIE SICH JAHRZEHNTELANG UM IHREN MANN UND IHRE KINDER GEKÜMMERT HABEN …

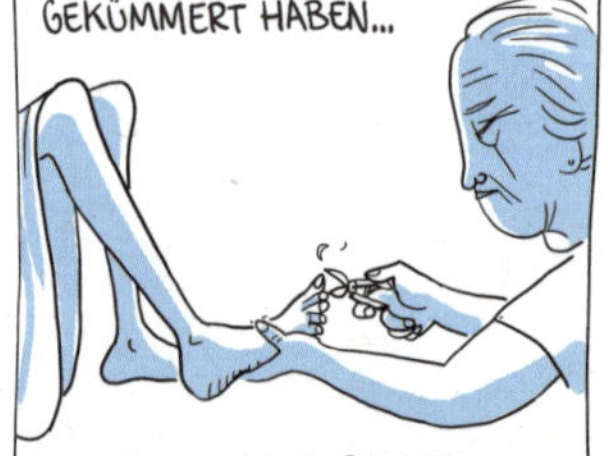

… EIN RUHIGES, SELBSTBESTIMMTES UND WÜRDEVOLLES LEBEN FÜHREN KÖNNEN.

EIN ORT, WO FRAUEN NICHT NUR ALS A) BÜRDE ODER B) WANDELNDE GELDBÖRSEN GESEHEN WERDEN, DENEN MAN KREUZFAHRTEN ANDREHT.

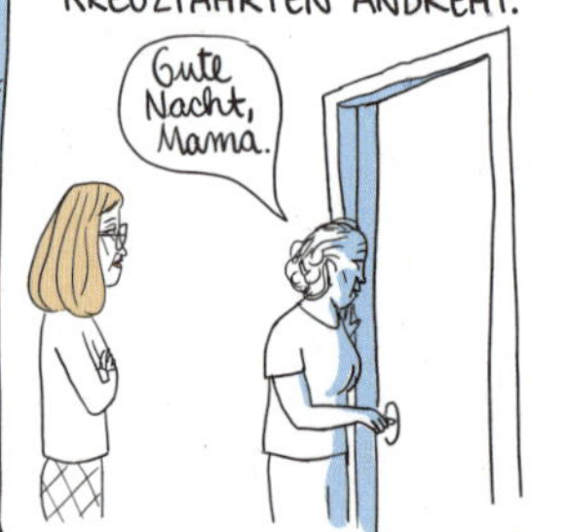

DABEI HAT THÉRÈSE DEN EINDRUCK, DASS GERADE IHRE BESTEN JAHRE BEGINNEN.

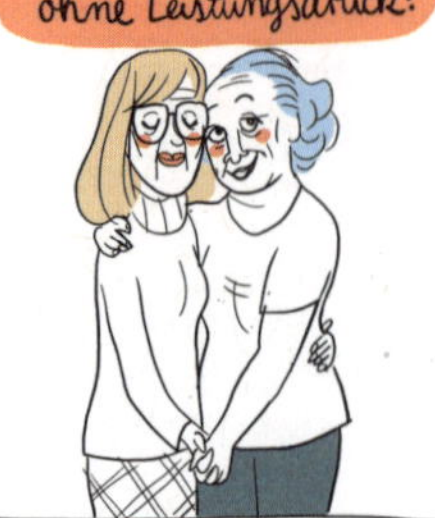

ANFANGS GLAUBT NIEMAND AN IHR GEWAGTES PROJEKT. NIEMAND WILL EIN HAUS FÜR ALTE DAMEN FINANZIEREN.

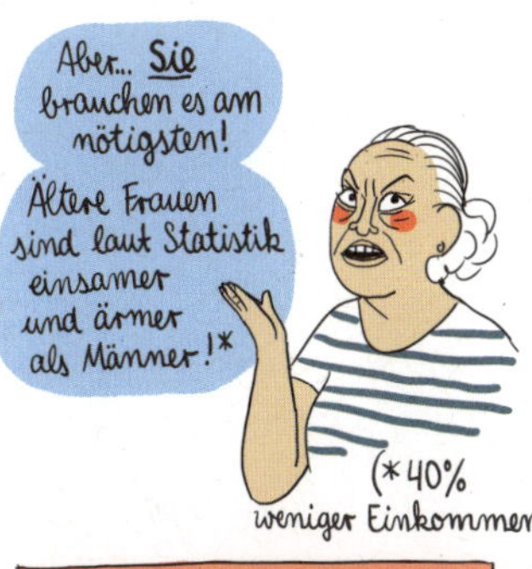

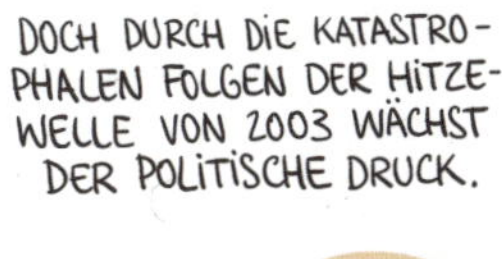

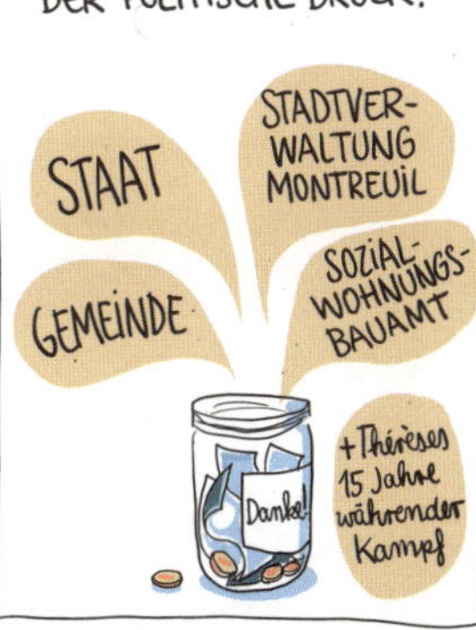

DIE STADT MONTREUIL STELLT EIN GELÄNDE, UND ENDLICH BEGINNT DER BAU:

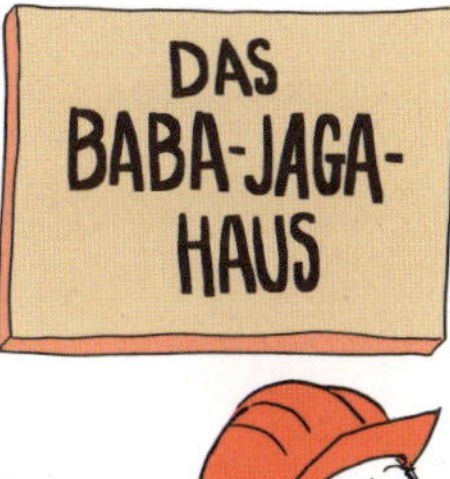

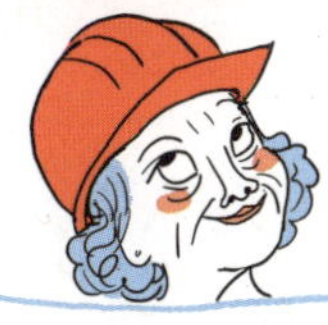

DIE BABA JAGAS SIND IN DER RUSSISCHEN FOLKLORE ALTE WALDFRAUEN, DIE PFEFFERKUCHENHÄUSER BEWOHNEN UND DEN KINDERN GESCHICHTEN ERZÄHLEN.

DOCH WEIL DIE KINDER DIE SITUATION SCHAMLOS AUSNUTZEN, UM AN IHREN HÄUSERN ZU KNABBERN, FRESSEN DIE BABA JAGAS SIE AUF.

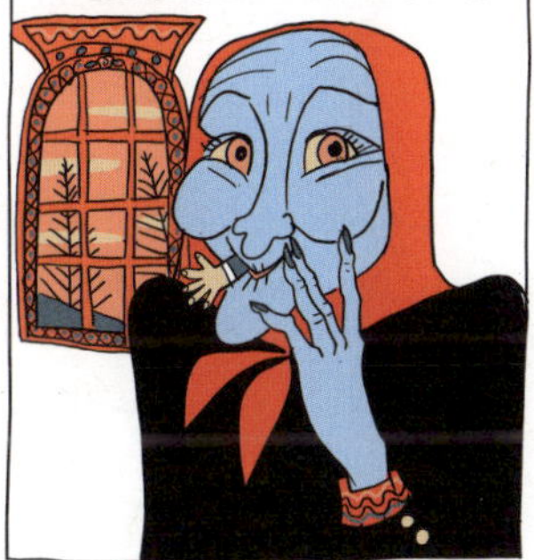

DAS BABA-JAGA-HAUS, DAS SCHLIESSLICH AUF INITIATIVE VON THÉRÈSE, MONIQUE BRAGARD UND SUZANNE GOUEFFIC ERÖFFNET, WIRD EINE ART „ANTI-ALTERSHEIM“.

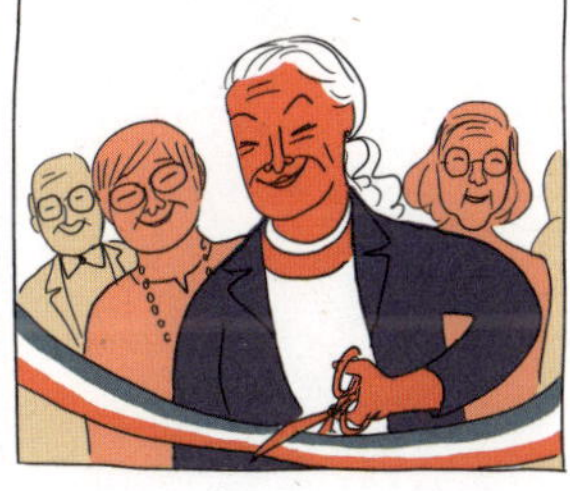

ES IST EINE SELBSTVERWALTETE RESIDENZ FÜR ÄLTERE DAMEN MIT GERINGEM EINKOMMEN, IN DER JEDE FÜR SICH LEBT (ABER DIE WÄNDE NICHT AUS PFEFFERKUCHEN SIND).

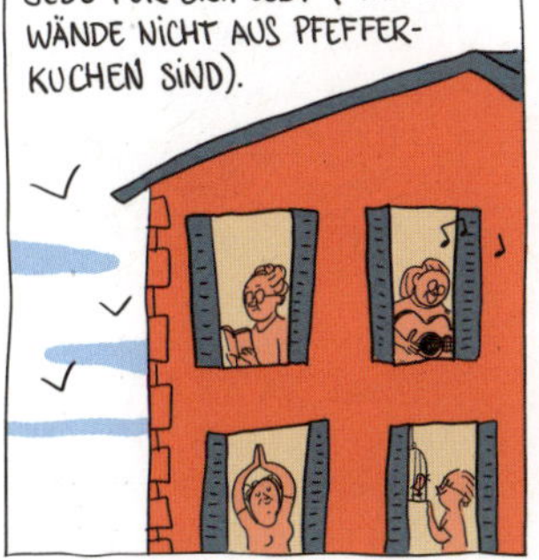

ES GIBT WEDER PFLEGEPERSONAL NOCH KRANKENZIMMER, SONDERN CA. 20 EINZELAPARTMENTS VON UNGEFÄHR 35 m² ZU EINER GERINGEN MIETE (UNTER 400€) SOWIE GEMEINSCHAFTSRÄUME.

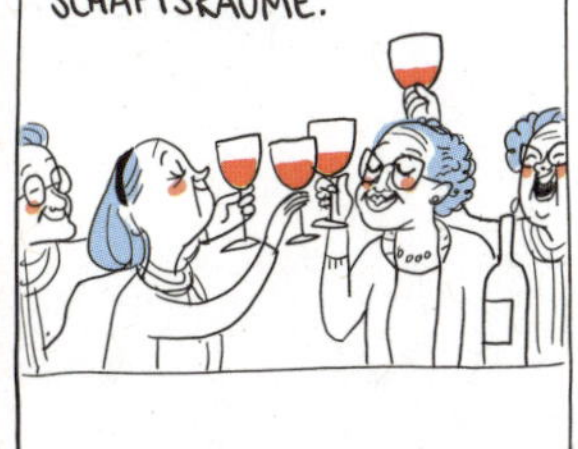

JEDE SOLL WÖCHENTLICH ZEHN STUNDEN IHRER ZEIT EINBRINGEN, UND DIE AUSGABEN WERDEN GETEILT.

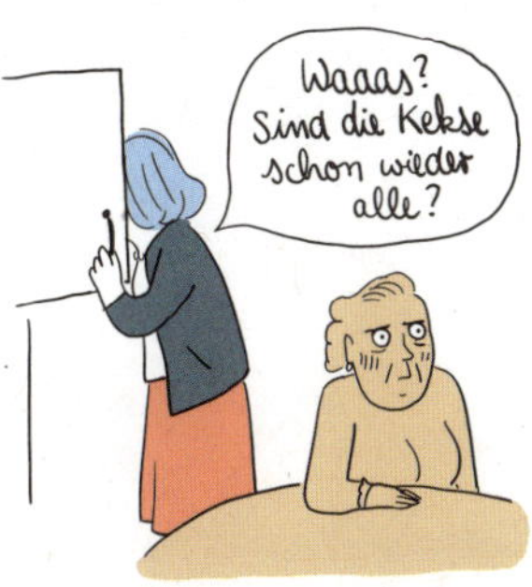

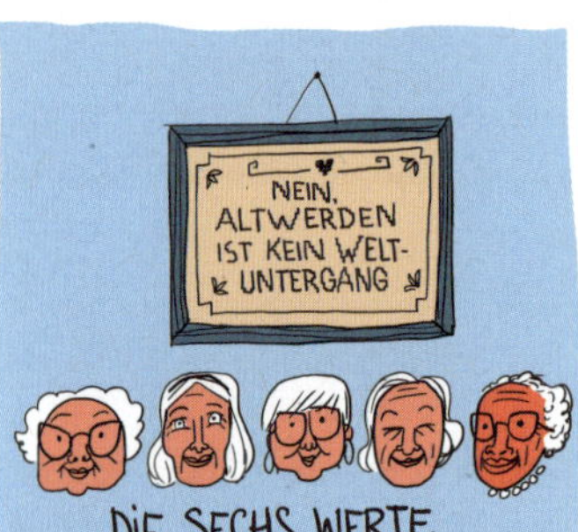

DIE SECHS WERTE DER BABA JAGAS SIND:

BÜRGERSINN, SELBSTVERWALTUNG, LAIZISMUS, ÖKOLOGIE, SOLIDARITÄT UND FEMINISMUS (SOWIESO).

DIE IDEE DAHINTER: DEN EINTRITT IN EINE PFLEGE-EINRICHTUNG SO LANGE WIE MÖGLICH HINAUSZUZÖGERN (WENN NICHT GAR ZU VERMEIDEN) UND SICH SO GUT ES GEHT SELBST ZU HELFEN.

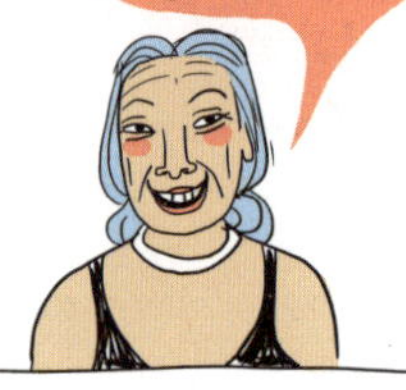

ANDERS ALS IN EINEM KLASSISCHEN ALTERSHEIM…

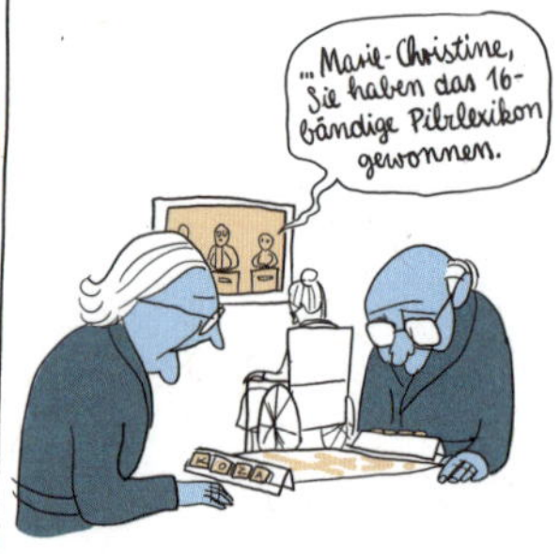

… ORGANISIEREN DIE BABA JAGAS ESSEN MIT ANWOHNERN, KONFERENZEN, DEBATTEN, AUSFLÜGE ZU AUSSTELLUNGEN…

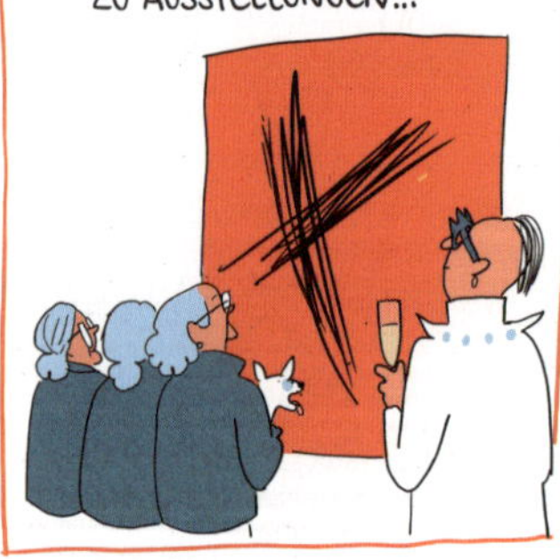

… ABER AUCH LEICHTE GYMNASTIK, ERGOTHERAPIE, AKT-ZEICHENKURSE…

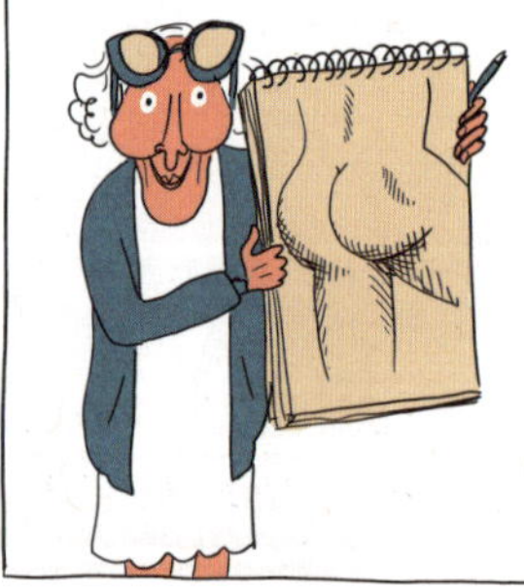

… UND SOGAR „DIE UNIVERSITÄT VOM LEBENSWISSEN DER ALTEN": EIN REGER AUSTAUSCH MIT EXPERTEN, PHILOSOPHEN.

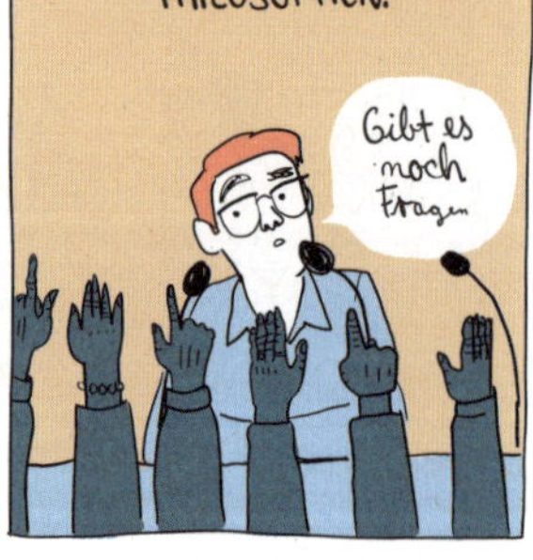

DIE EINZIGEN AUFNAHMEBEDINGUNGEN BEI DEN BABA JAGAS SIND NEBEN EINEM GERINGEN EINKOMMEN DAS ALTER (65+) UND ERFAHRUNG IM VEREINSLEBEN ODER MIT POLITISCHEM ENGAGEMENT.

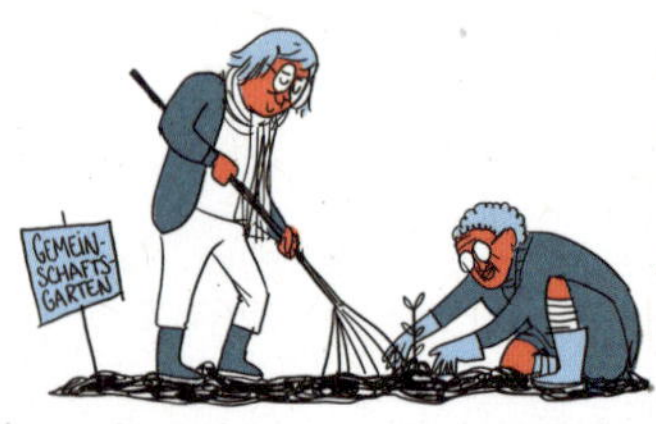

UND NATÜRLICH DIE LUST, ANDERS UND **GEMEINSAM** ÄLTER ZU WERDEN. AUCH WENN THÉRÈSE MEINT:

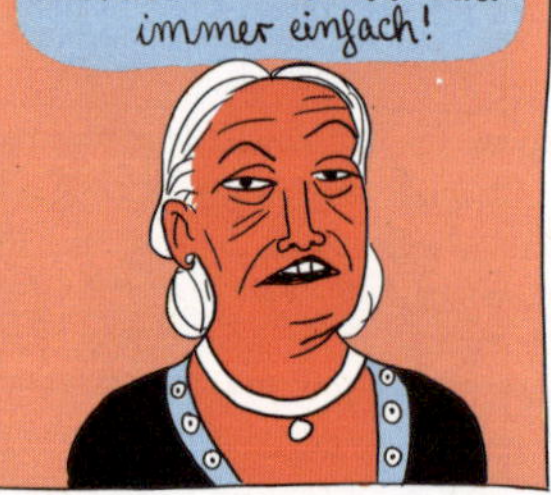

EINMAL IM VIERTELJAHR FAHREN DIE BABA JAGAS INS FERIENLAGER – EIN GELEGENTLICHER TAPETENWECHSEL MUSS SEIN.

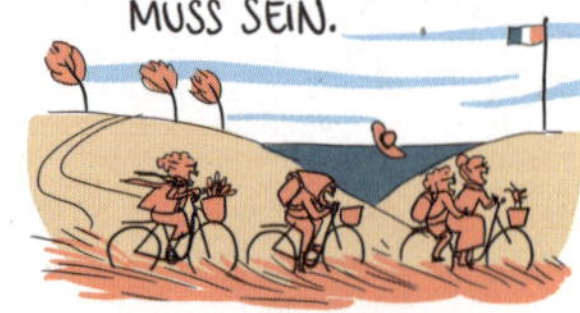

IHRE DEVISE LAUTET: „ALT WERDEN IST GUT, ABER GUT ALT WERDEN IST BESSER."

(… und: Niemals mit Wut im Bauch schlafen gehen.)

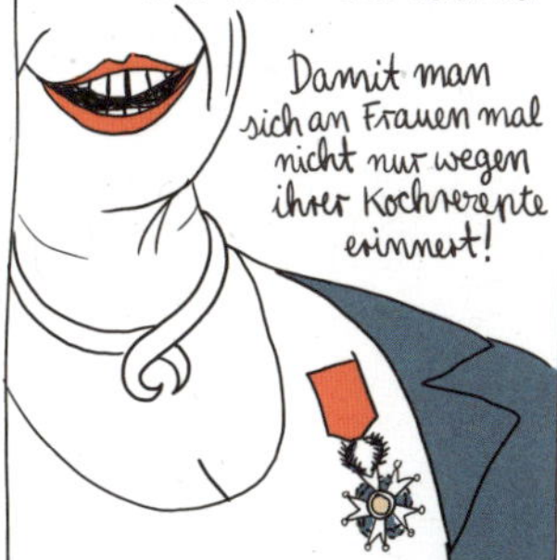

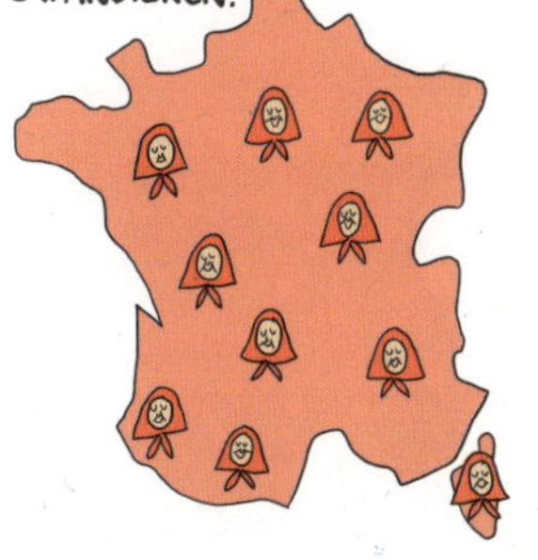

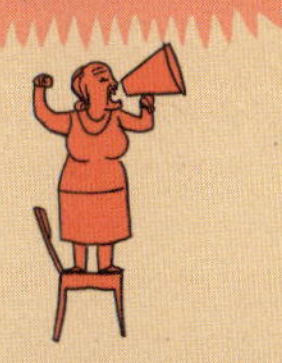

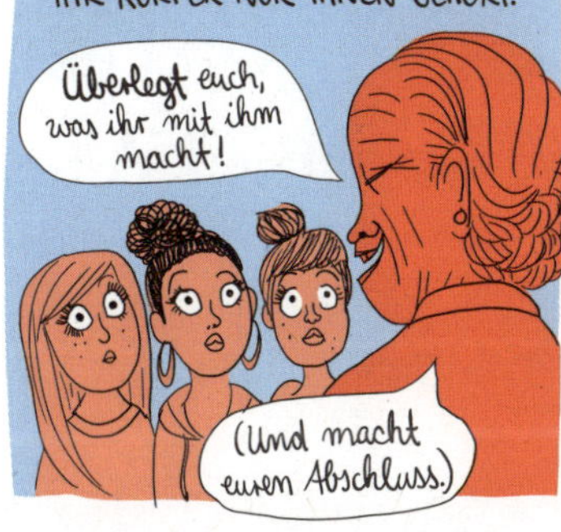

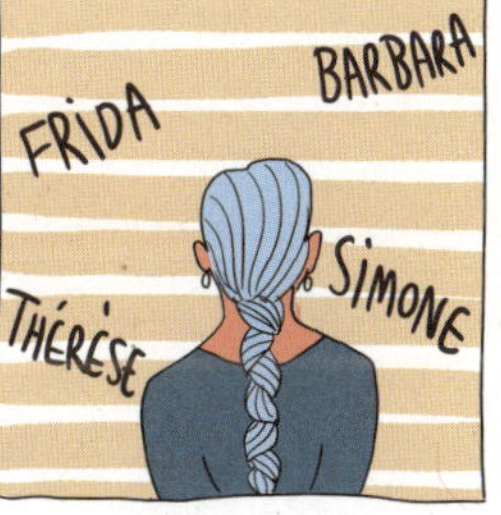

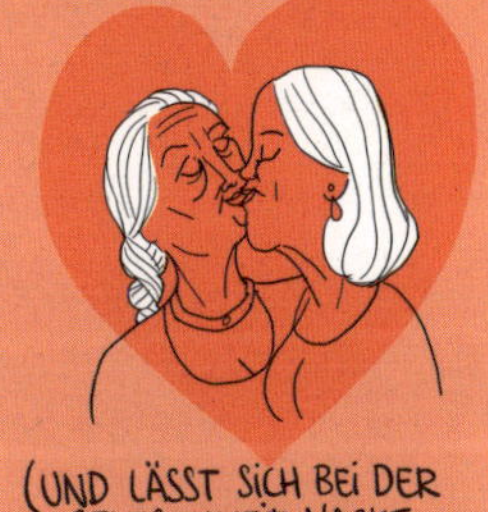

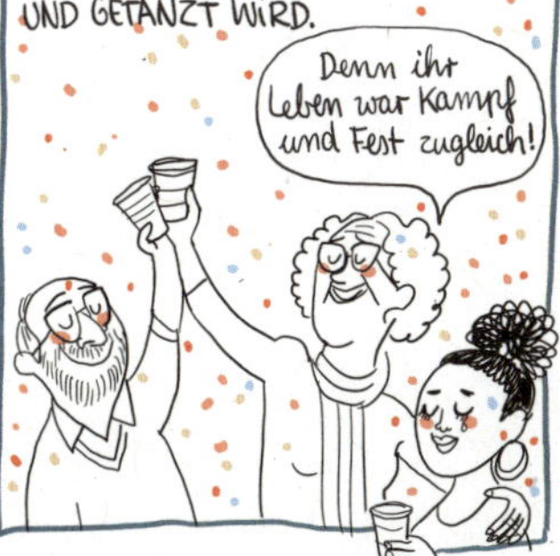

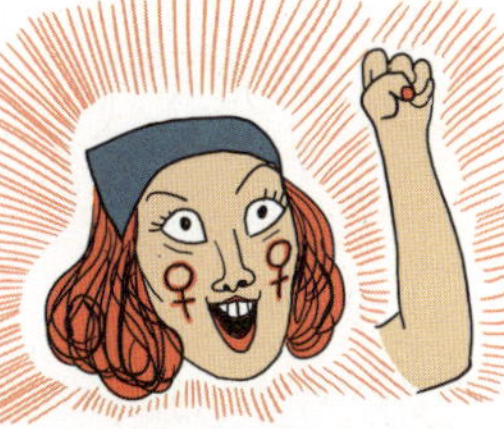

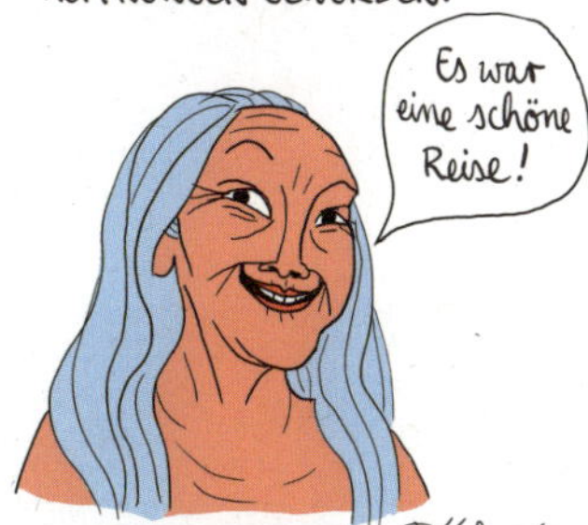

(Unbedingt lesen: „Thérèse Clerc, Antigone aux cheveux blancs" von Danielle Michel-Chich.)

Pénélope *

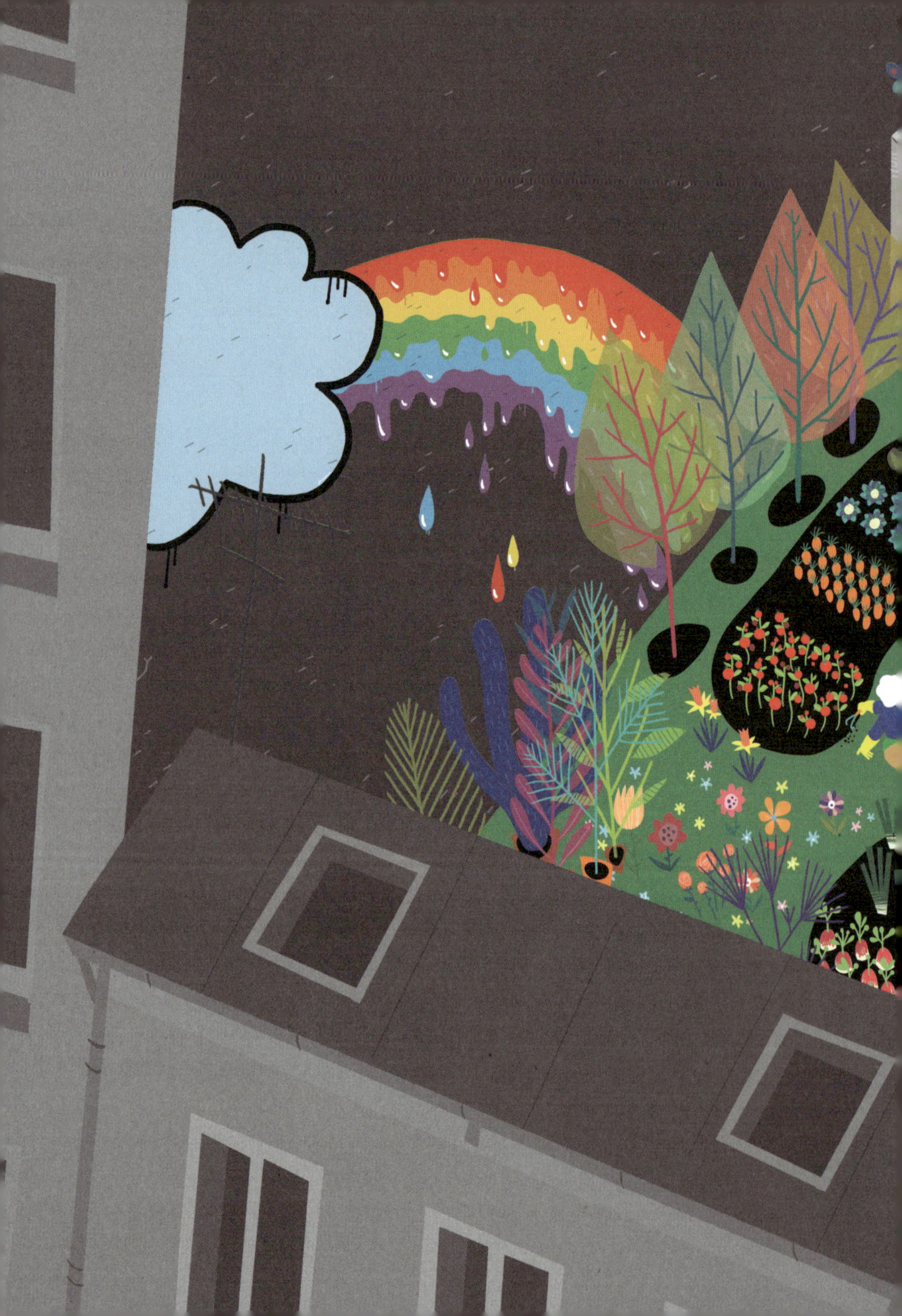

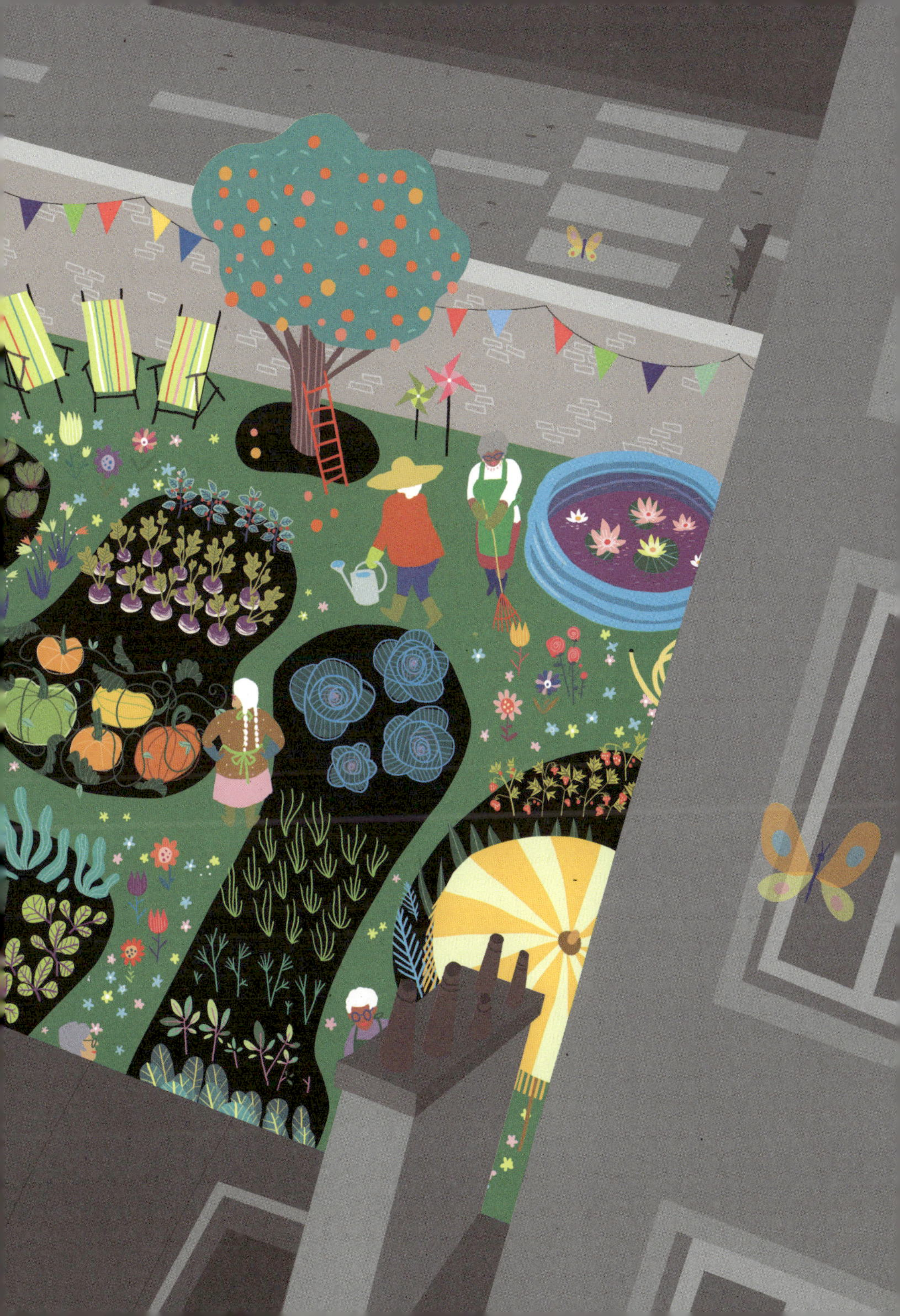

Betty Davis

Sängerin und Songwriterin

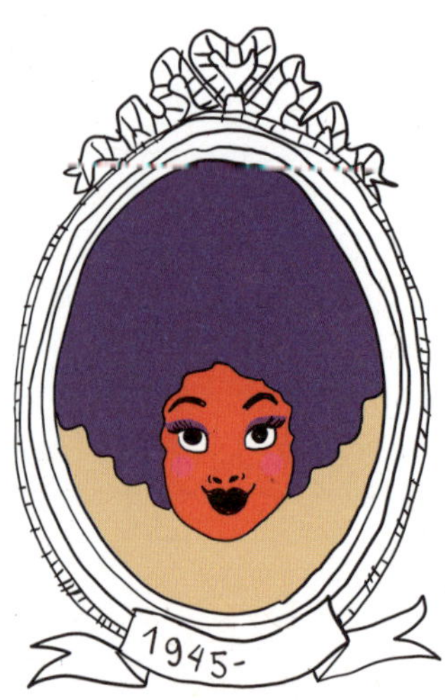

BETTY MABRY WIRD AM 26. JULI 1945 IN NORTH CAROLINA GEBOREN. SPÄTER ZIEHT DIE FAMILIE NACH PENNSYLVANIA.

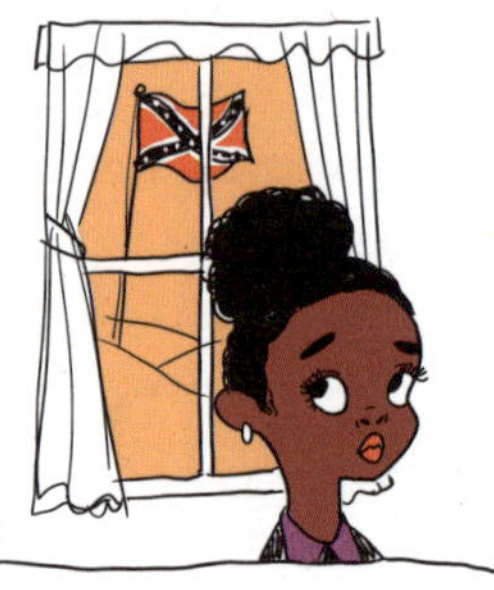

ALS KIND HÖRT SIE DIE PLATTENSAMMLUNG IHRER GROSSMUTTER HOCH UND RUNTER.

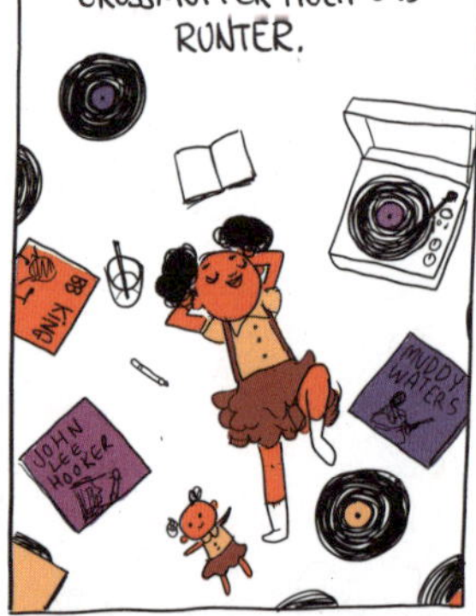

SIE SCHREIBT IHRE EIGENEN SONGS UND BEGLEITET SICH SELBST DAZU.

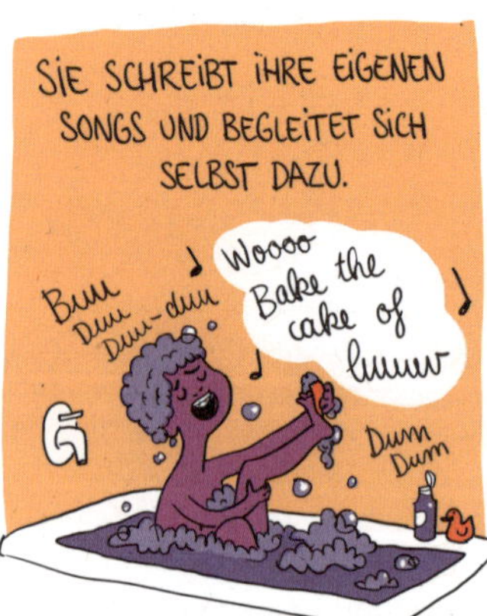

SIE ÜBERSPRINGT EINE KLASSE, MACHT MIT 15 IHREN ABSCHLUSS UND GEHT NACH NEW YORK …

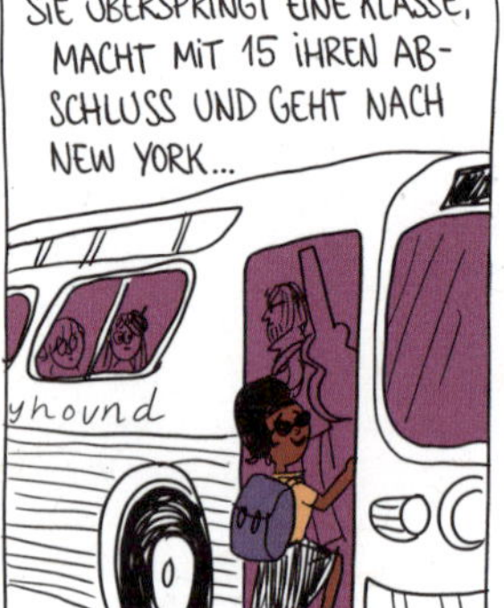

… WO SIE MODEDESIGN STUDIERT.

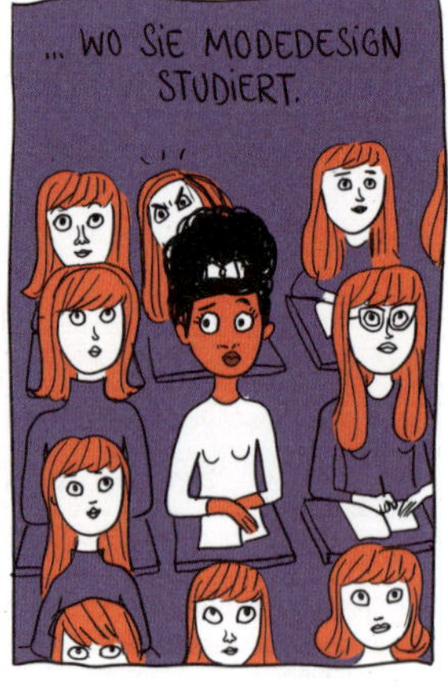

UM ETWAS GELD ZU VERDIENEN, KELLNERT SIE IN DEN EINSCHLÄGIGEN CAFÉS DER BEAT GENERATION IN GREENWICH VILLAGE …

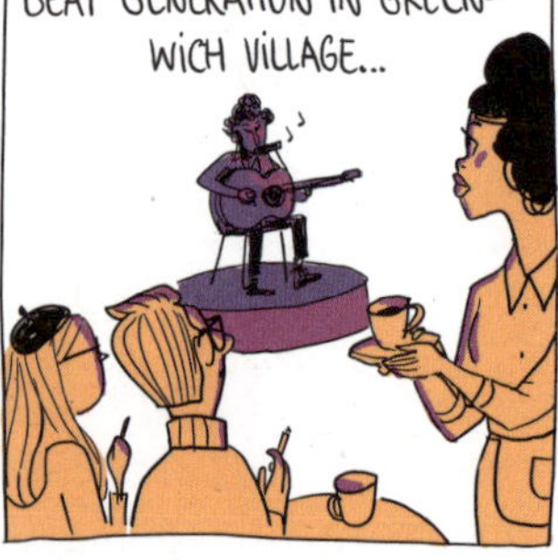

… UND ARBEITET ALS GEFRAGTES MODEL FÜR DIE RENOMMIERTE AGENTUR WILHELMINA.

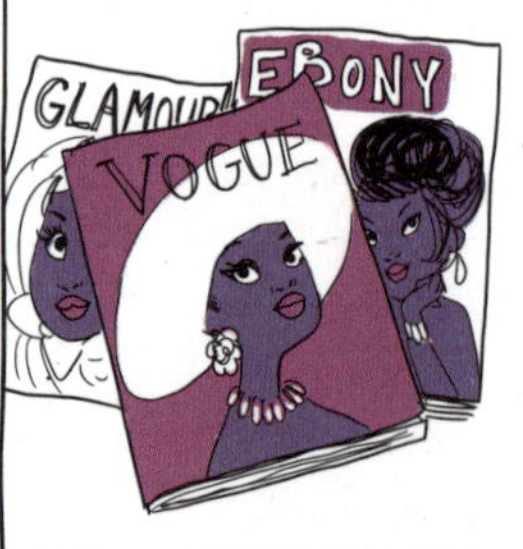

BETTY NIMMT KEINE DROGEN UND TRINKT NUR MILCH, UND TROTZDEM IST SIE MITTENDRIN IN DER WILDEN NEW YORKER MUSIK- UND MODESZENE DER 60ER-JAHRE.

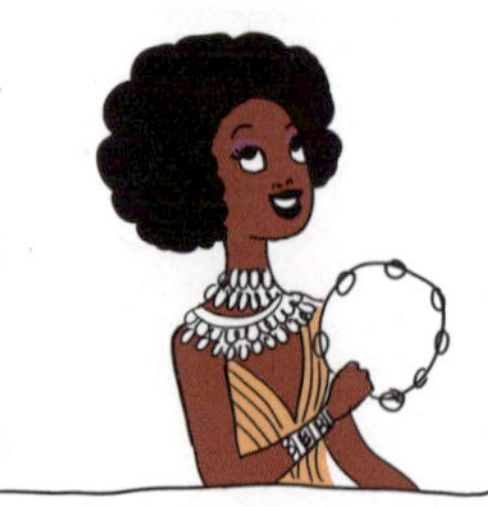

ZUSAMMEN MIT IHREN FREUNDINNEN GEHT SIE LEIDENSCHAFTLICH GERN AUF KONZERTE.

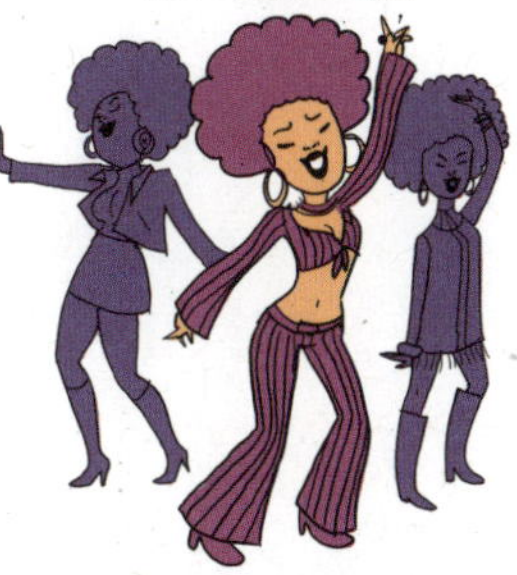

SIE SIND MIT VIELEN GROUPIES BEFREUNDET, ABER ETWAS UNTERSCHEIDET SIE VON IHNEN: SIE SIND MEHR VON DER MUSIK ALS VON DEN MUSIKERN FASZINIERT (UND SCHLAFEN NICHT SO OFT MIT IHNEN).

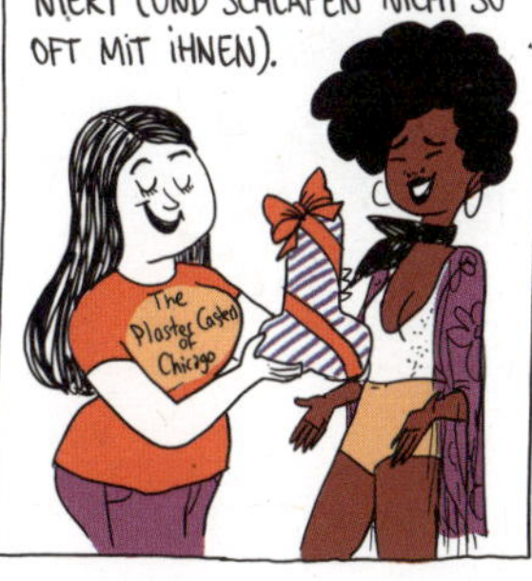

IM GRUNDE IST BETTY MIT DER GESAMTEN ROCK- UND FUNKSZENE BEFREUNDET.

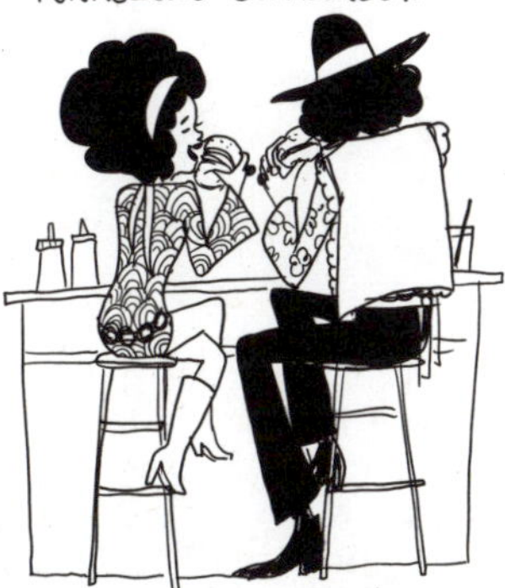

SIE NENNEN SICH DIE COSMIC LADIES.

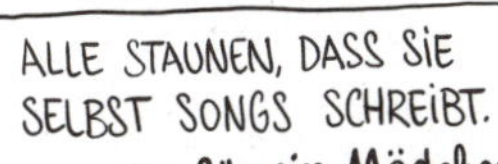

ALLE STAUNEN, DASS SIE SELBST SONGS SCHREIBT.

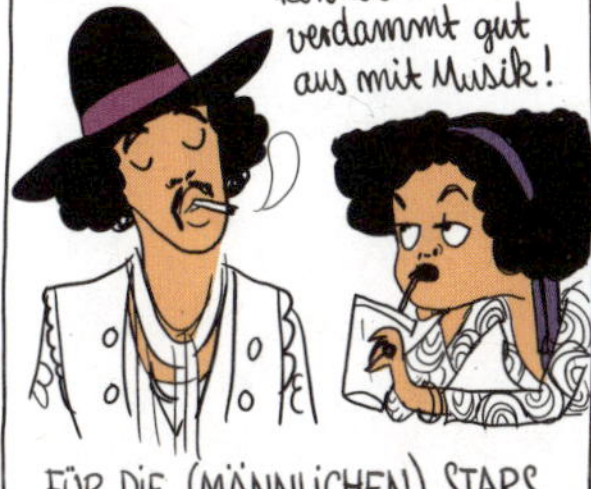

FÜR DIE (MÄNNLICHEN) STARS GILT: MÄDCHEN = GROUPIE.

IHRE FREUNDE ERMUTIGEN SIE, FÜR ANDERE ZU KOMPONIEREN, UND IHRE SONGS HABEN ERFOLG.

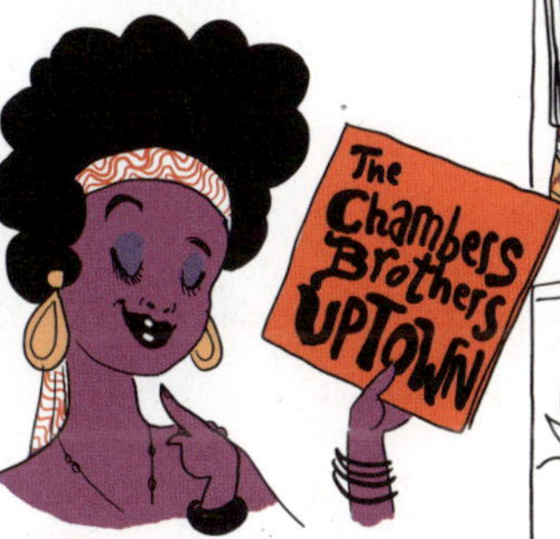

EINES TAGES GEHT SIE AUS REINER NEUGIER ZU EINEM KONZERT...

DER TROMPETER, DEN BETTY NICHT KENNT, IST MILES DAVIS. ER IST VON BETTYS AUSSTRAHLUNG ÜBERWÄLTIGT UND SCHICKT SEINEN ASSISTENTEN VOR, UM SIE AUF EINEN DRINK EINZULADEN.

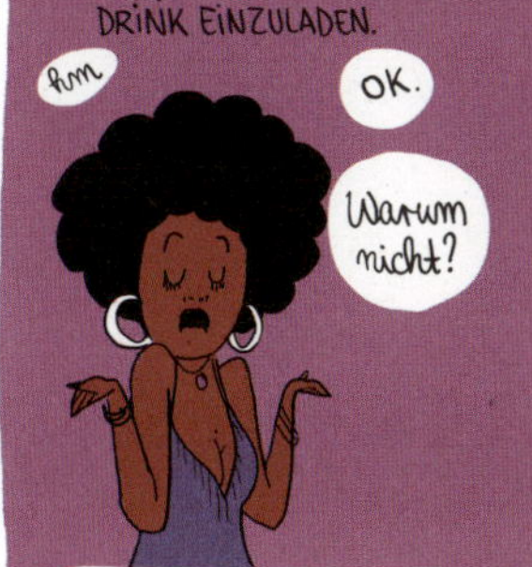

ER IST 20 JAHRE ÄLTER ALS SIE. FÜR BETTY IST ER EIN DINOSAURIER: ER MACHT ALTE-LEUTE-MUSIK UND KLEIDET SICH WIE EIN OPA. ABER SIE VERLIEBEN SICH.

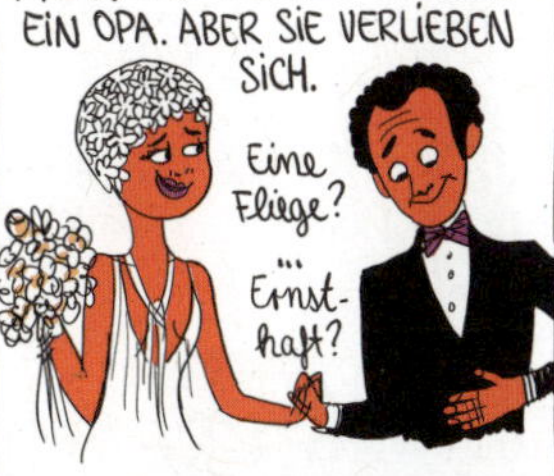

SO WIRD BETTY MABRY IM JAHR 1968 ZU BETTY DAVIS.

SIE IST SEINE MUSE. ALLES AN IHR FASZINIERT IHN: IHR TEMPERAMENT, IHR STIL, IHR MUSIKGESCHMACK.

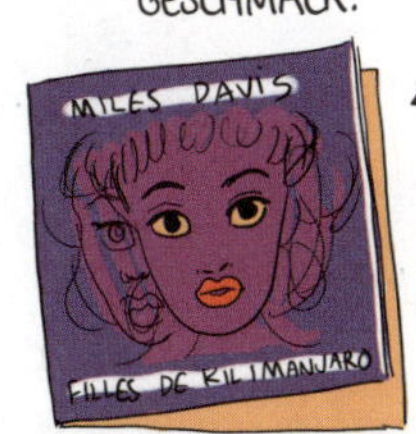

← Das Album enthält sogar einen Song mit dem Titel „Mademoiselle Mabry".

BETTY MACHT IHM ORDENTLICH DAMPF, KLEIDET IHN NEU EIN, BEGEISTERT IHN FÜR ROCKMUSIK...

... UND STELLT IHM IHRE MUSIKERFREUNDE VOR.

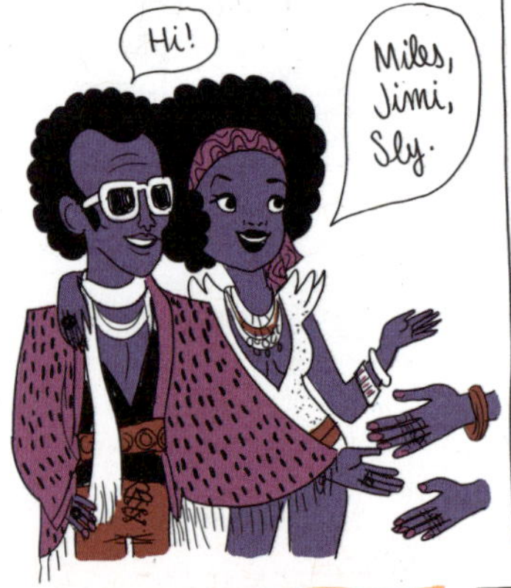

BETTY STÖSST MILES' KÜNSTLERISCHEN WANDEL AN: FÜR IHN IST DIE MUSIK, DIE SIE HÖRT, DER NEUE SOUND DER SCHWARZEN.

Blues ist was für die Weißen!

BEEINFLUSST VON ROCKMUSIK UND ELEKTROSOUNDS SCHREIBT ER DAS ALBUM „BITCHES BREW" (DER TITEL STAMMT VON BETTY), DAS SICH EINE MILLION MAL VERKAUFT.

DOCH NACH EINEM JAHR EHE IST MILES ERSCHÖPFT VON SEINER FRAU, DIE ER NICHT ZU ZÄHMEN VERMAG.

Sie ist zu jung und wild für meine alten Knochen.

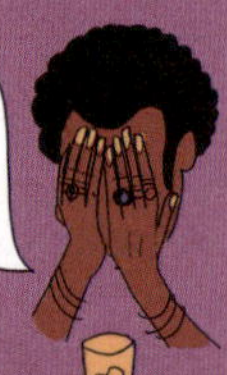

ER UNTERSTELLT IHR EIN VERHÄLTNIS MIT JIMI HENDRIX, SIE WIRFT IHM VOR, ZU AUFBRAUSEND ZU WERDEN, WENN ER GENERVT IST.

BETTY VERLÄSST IHN.

Aber das ändert nichts an meiner Meinung: Du bist VERDAMMT TALENTIERT, HÖRST DU?

DER SONG, DEN SIE FÜR DIE COMMODORES SCHREIBT, VERSCHAFFT IHNEN EINEN PLATTENVERTRAG BEI MOTOWN.

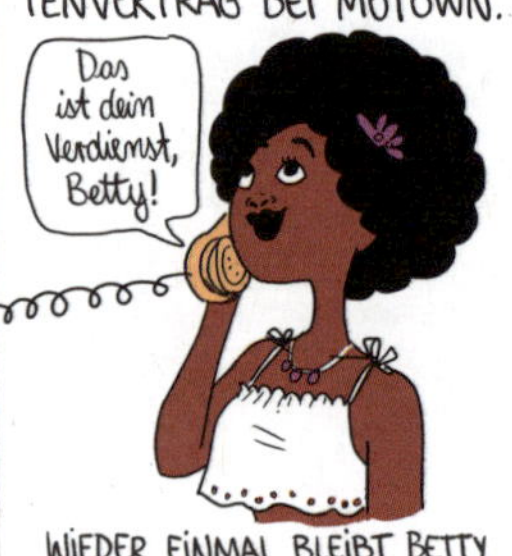

WIEDER EINMAL BLEIBT BETTY IM HINTERGRUND.

ALLMÄHLICH FRAGT SIE SICH, WARUM SIE SICH IMMER HINTER ANDEREN KÜNSTLERN VERSTECKT.

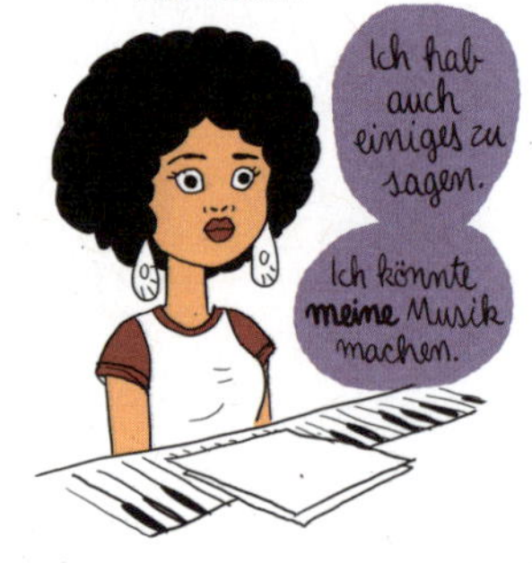

ALS MOTOWN DAVON ERFÄHRT, BIETEN SIE IHR UMGEHEND EINEN VERTRAG AN (DEN SIE ABLEHNT).

Sie wollten, dass ich ihnen alle Rechte abtrete, pff!

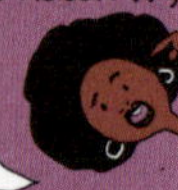

ERIC CLAPTON WILL UNBEDINGT IHRE ERSTE PLATTE PRODUZIEREN.

Ich bete dich an, Eric, aber du bist... versteh das nicht falsch... zu **Banal**.

1973 ZIEHT SIE NACH SAN FRACISCO.

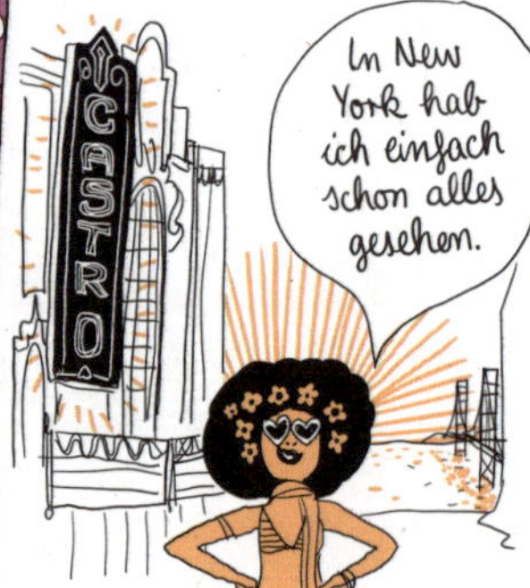

DORT FREUNDET SIE SICH MIT DER CRÈME DE LA CRÈME DES FUNK AN UND GEHT INS STUDIO.

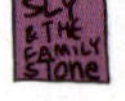

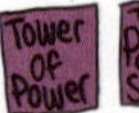

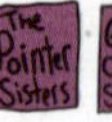

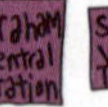

SYLVESTER

ENDLICH NIMMT SIE EIN EIGENES ALBUM AUF.

Bereit?

IHRE TEXTE LASSEN NIEMANDEN KALT.

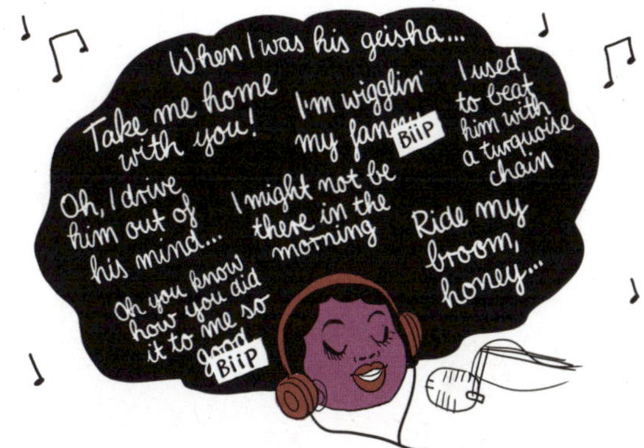

BETTY SINGT VON SEX. VON ZÄRTLICHKEIT. VON IHREM VERLANGEN UND IHREN EROBERUNGEN.

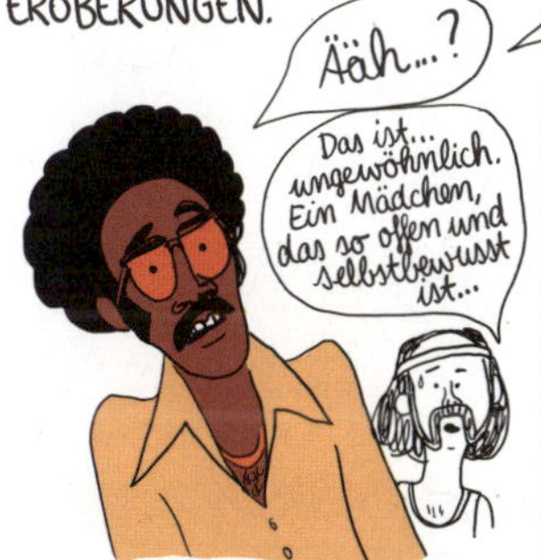

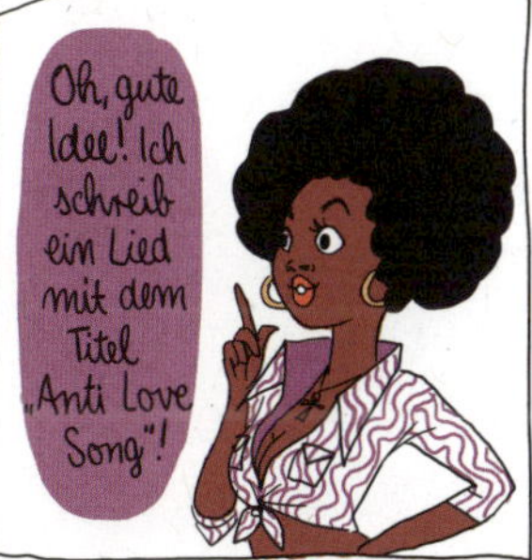

AUF DEM COVER IHRER ERSTEN PLATTE SIEHT BETTY „SÜSS" AUS UND LÄCHELT...

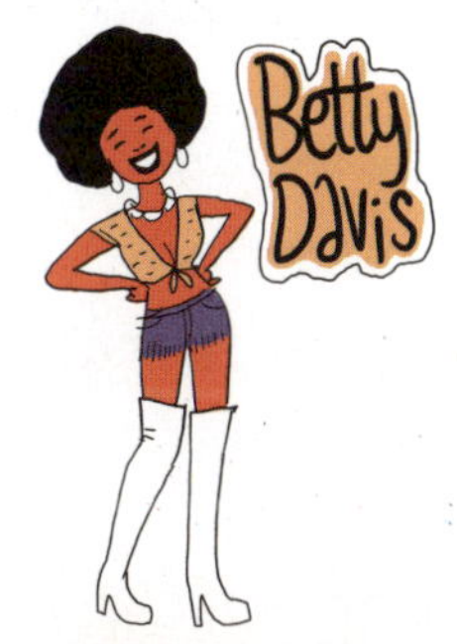

... ABER DER SOUND IST EIN SCHOCK: SIE MIAUT, FAUCHT, BRÜLLT UND JAULT.

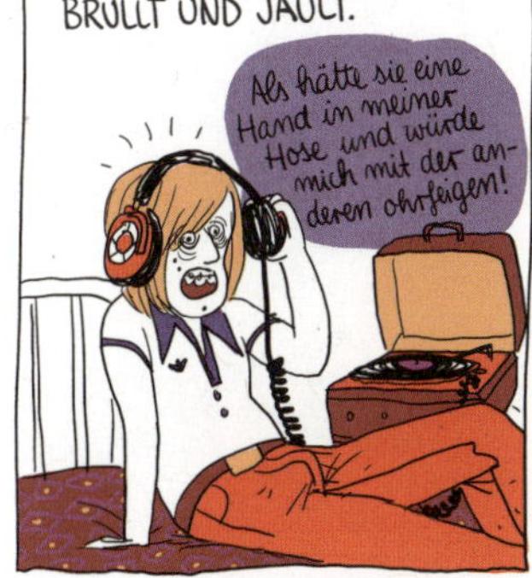

AUCH AUF DER BÜHNE GEHT ES BEI BETTY ORDENTLICH ZUR SACHE.

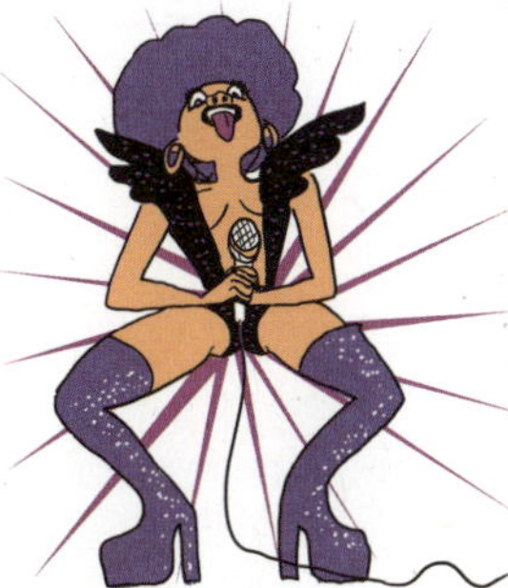

DURCH DIESES ERSTE ALBUM IST BETTY IN IHREM SELBSTBEWUSSTSEIN GESTÄRKT UND HAT LUST, EIN ZWEITES AUFZUNEHMEN. DOCH DIESMAL BESCHLIESST SIE, DIE STÜTZRÄDER ABZUNEHMEN: SIE SCHREIBT, ARRANGIERT UND PRODUZIERT GANZ ALLEIN.

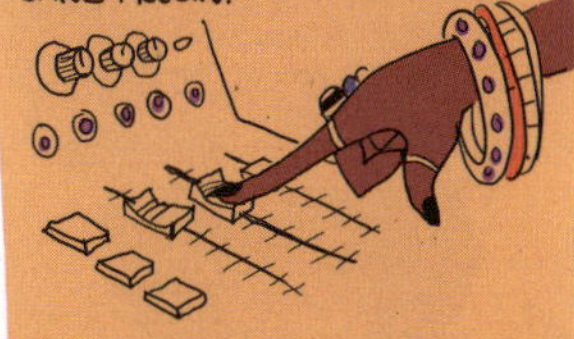

(UND IST ZU DER ZEIT WOMÖGLICH DIE EINZIGE FRAU, DIE DAS TUT.)

INZWISCHEN WEISS SIE RECHT GENAU, WELCHE KÜNSTLERISCHE RICHTUNG SIE EINSCHLAGEN WILL. SIE ARBEITET MIT UNBEKANNTEN MUSIKERN AN IHREM NÄCHSTEN ALBUM „THEY SAY I'M DIFFERENT", DAS NOCH BESSER (UND SCHRILLER) WIRD.

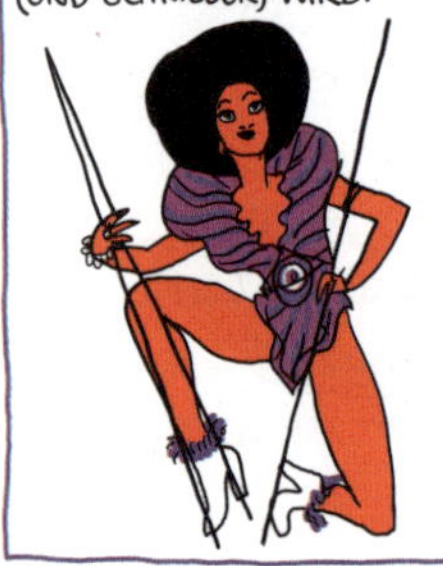

WAS DIE TEXTE BETRIFFT, KENNT SIE KEINE TABUS: SIE SINGT VON SICH, IHREN SCHWIERIGKEITEN, ERWACHSEN ZU WERDEN, VON PROSTITUTION UND VON SM.

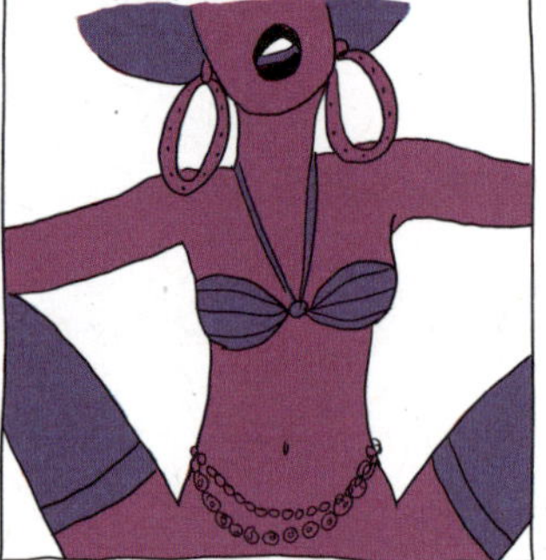

1974 KANN DIE ÖFFENTLICHKEIT ALLERDINGS NUR SCHWER MIT DIESER AUSGESTELLTEN WEIBLICHKEIT UMGEHEN. BETTYS SONGS WERDEN AUF WUNSCH DER HÖRER VON DEN PLAYLISTS DER RADIOSENDER VERBANNT.

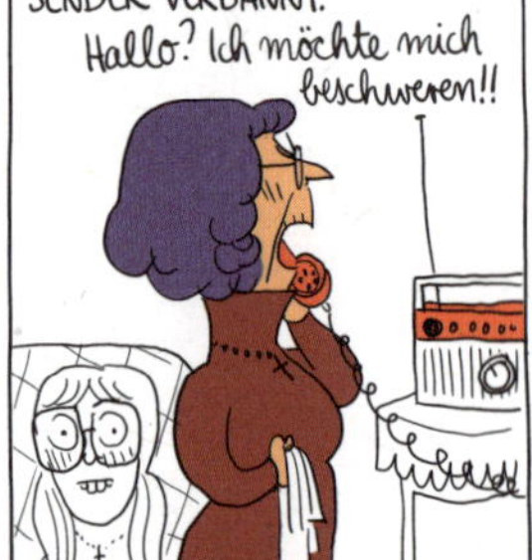

IHRE KONZERTE WERDEN VON PROTESTEN RELIGIÖSER GRUPPEN BEGLEITET. ES GIBT SOGAR BOMBENDROHUNGEN.

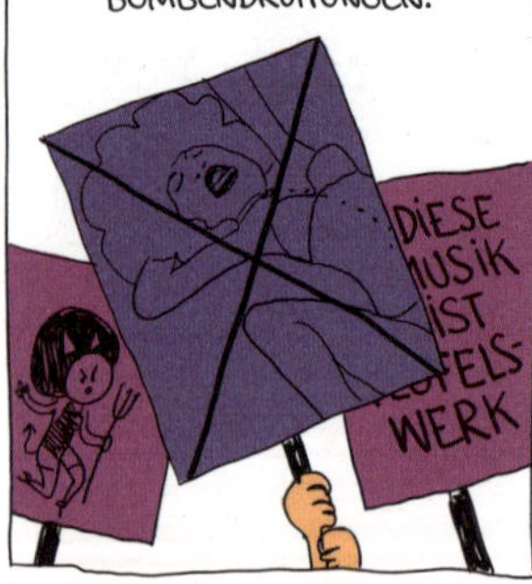

SELBST DIE NATIONAL ASSOCIATION FOR THE ADVANCEMENT OF COLORED PEOPLE (NAACP) LÄSST SIE FALLEN.

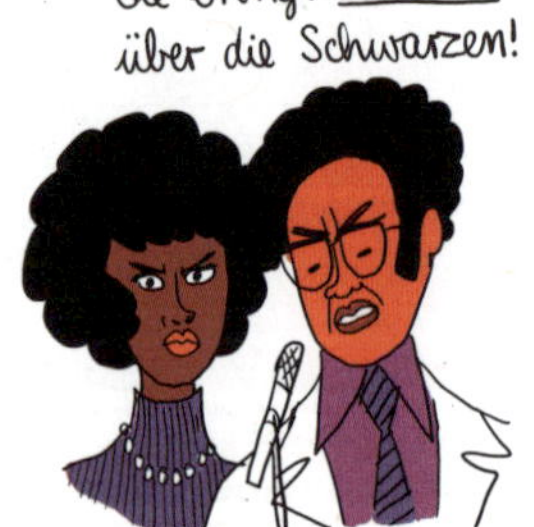

IHR PLATTENLABEL WEISS NICHTS MEHR MIT IHR ANZUFANGEN.

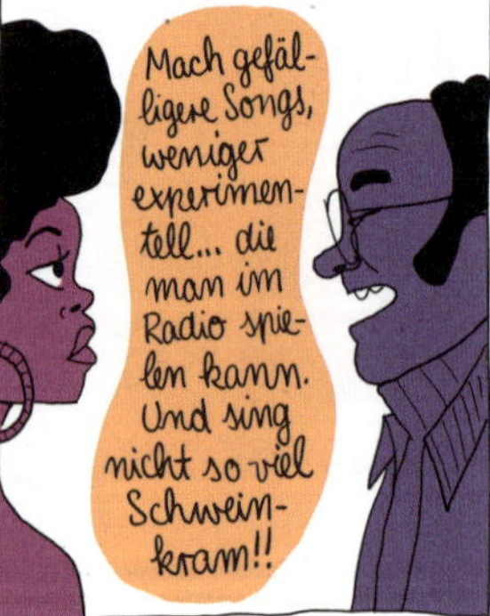

SCHLIESSLICH KOMMT SIE AUFS ABSTELLGLEIS: SIE NIMMT EIN LETZTES ALBUM AUF, DAS IHR LABEL NICHT MEHR PROMOTET. BETTY SIEHT KEINEN PENNY MEHR.

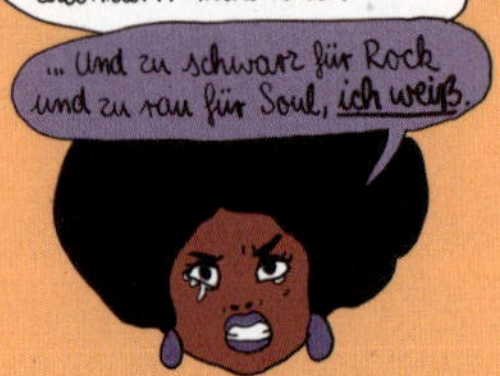

DOCH FÜR BETTY KOMMEN KÜNSTLERISCHE KOMPROMISSE NICHT IN FRAGE. DA HÖRT SIE LIEBER VON EINEM TAG AUF DEN ANDEREN GANZ AUF.

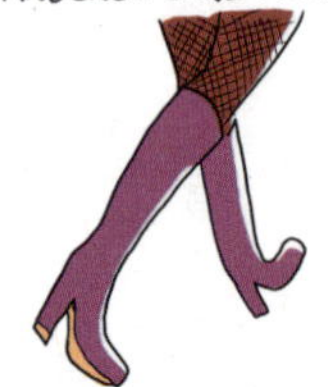

SIE KEHRT DER MUSIK DEN RÜCKEN UND GEHT ZURÜCK ZU IHREN ELTERN NACH PITTSBURGH...

... WO SIE VÖLLIG ZURÜCKGEZOGEN LEBT, INTERVIEWANFRAGEN UND JEGLICHEN KONTAKT ZUR MUSIKINDUSTRIE ODER IHREN KÜNSTLERFREUNDEN ABLEHNT, JA NICHT MAL EINEN PLATTENSPIELER ODER AUCH NUR EINE KASSETTE IM HAUS HAT...

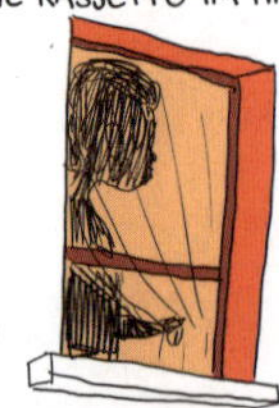

... UND DAS SEIT ÜBER DREISSIG JAHREN.

IN IHRER KURZEN KARRIERE HAT SICH BETTY NUR VON IHRER SPONTANEITÄT UND IHREM INSTINKT LEITEN LASSEN, NIEMALS VON MARKETINGKALKÜL.

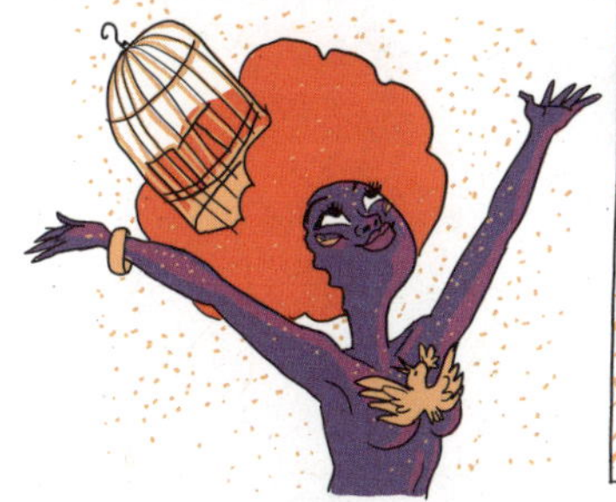

SIE HAT MUSIKALISCHE GENRE-GRENZEN GESPRENGT, FREI IHRE SEXUALITÄT ERFORSCHT UND IHRE AFROAMERIKANISCHE IDENTITÄT GEFUNDEN.

ABER VOR ALLEM HAT SIE ALLES **GANZ ALLEIN** GEMACHT:

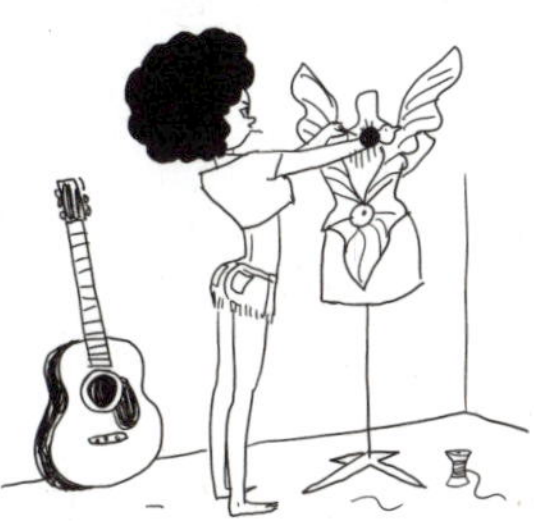

VON IHREN TEXTEN ÜBER IHRE PERFORMANCES, IHR IMAGE UND DIE WAHL IHRER MUSIKER BIS HIN ZUR PRODUKTION.

ALLES, WAS MAN SIE DAMALS NICHT SEIN LASSEN WOLLTE...

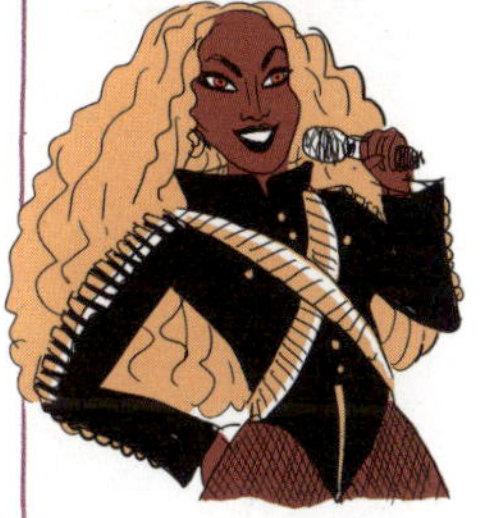

... HÄTTE SIE HEUTE ZU EINEM ERFOLGREICHEN STAR GEMACHT.

SIE WAR EINFACH IHRER ZEIT VORAUS.

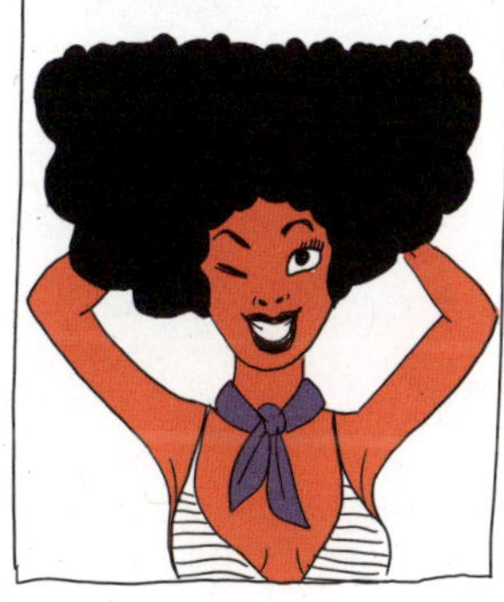

PRINCE HAT ALLES DARAN GESETZT, SIE EINMAL ZU TREFFEN (VERGEBENS). EIN INDEPENDENT-LABEL HAT IHRE PLATTEN NEU HERAUSGEBRACHT. IHRE MUSIK WURDE VON LENNY KRAVITZ, LUDACRIS, TALIB KWELI (UND VIELEN ANDEREN) GESAMPELT... DOCH NICHTS HAT IHR SCHWEIGEN BRECHEN KÖNNEN.

BIS SIE SCHLIESSLICH EINWILLIGT, SICH FÜR DIE DOKUMENTATION „NASTY GAL" ZU ÖFFNEN.

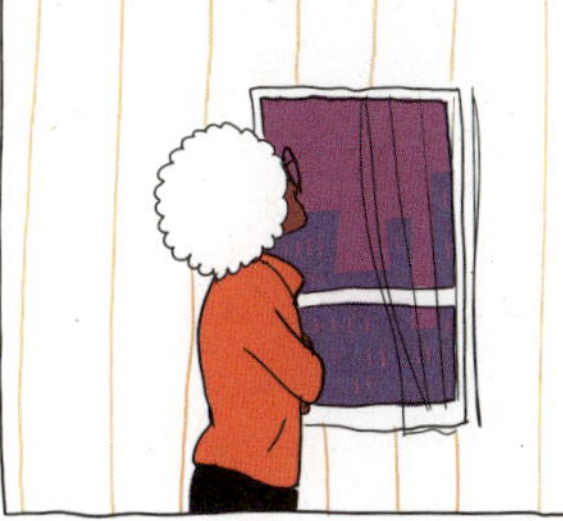

DARIN VERRÄT SIE, DASS DAS EINZIGE RELIKT IHRER JUGEND, DAS SIE SORGFÄLTIG AUFGEHOBEN HAT, EIN MANTEL IST, DEN IHR FREUND JIMI HENDRIX IHR GESCHENKT HAT...

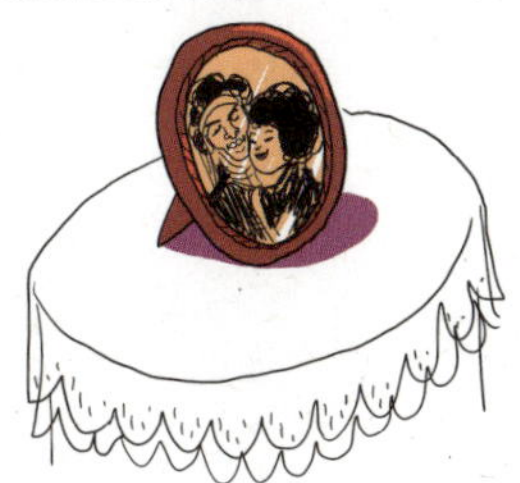

... UND DASS SIE WIEDER SONGS SCHREIBT.

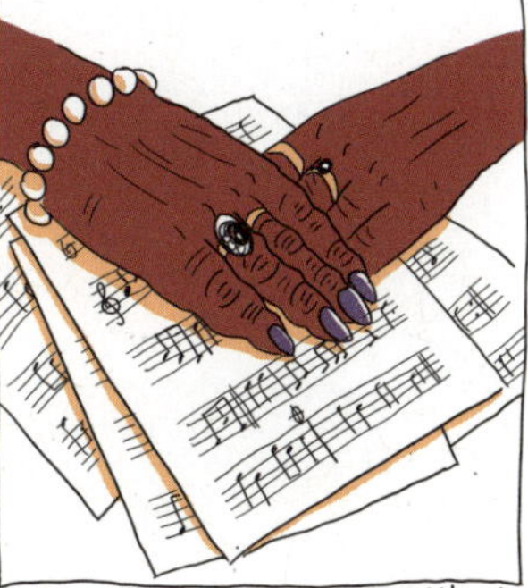

Pénélope

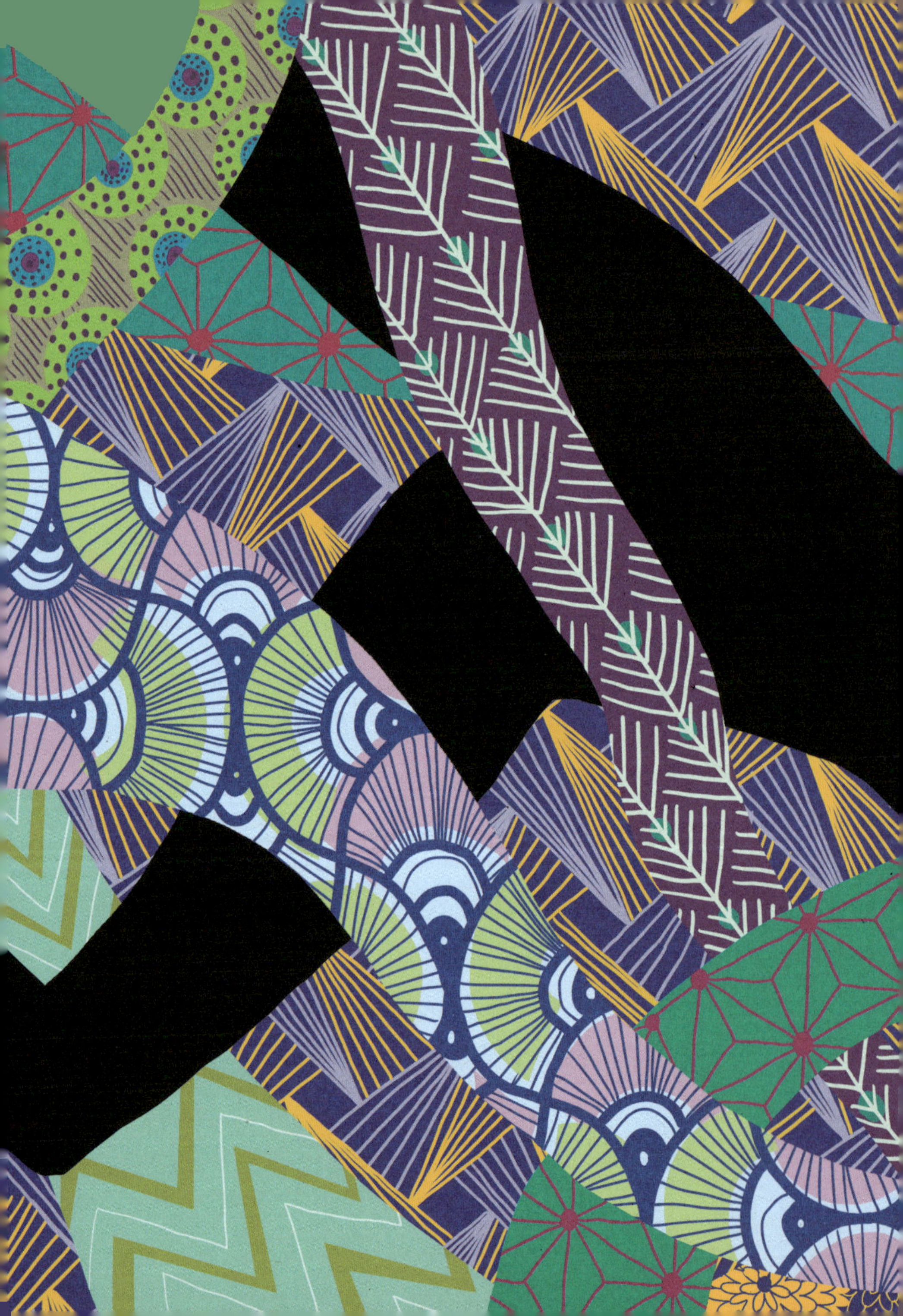

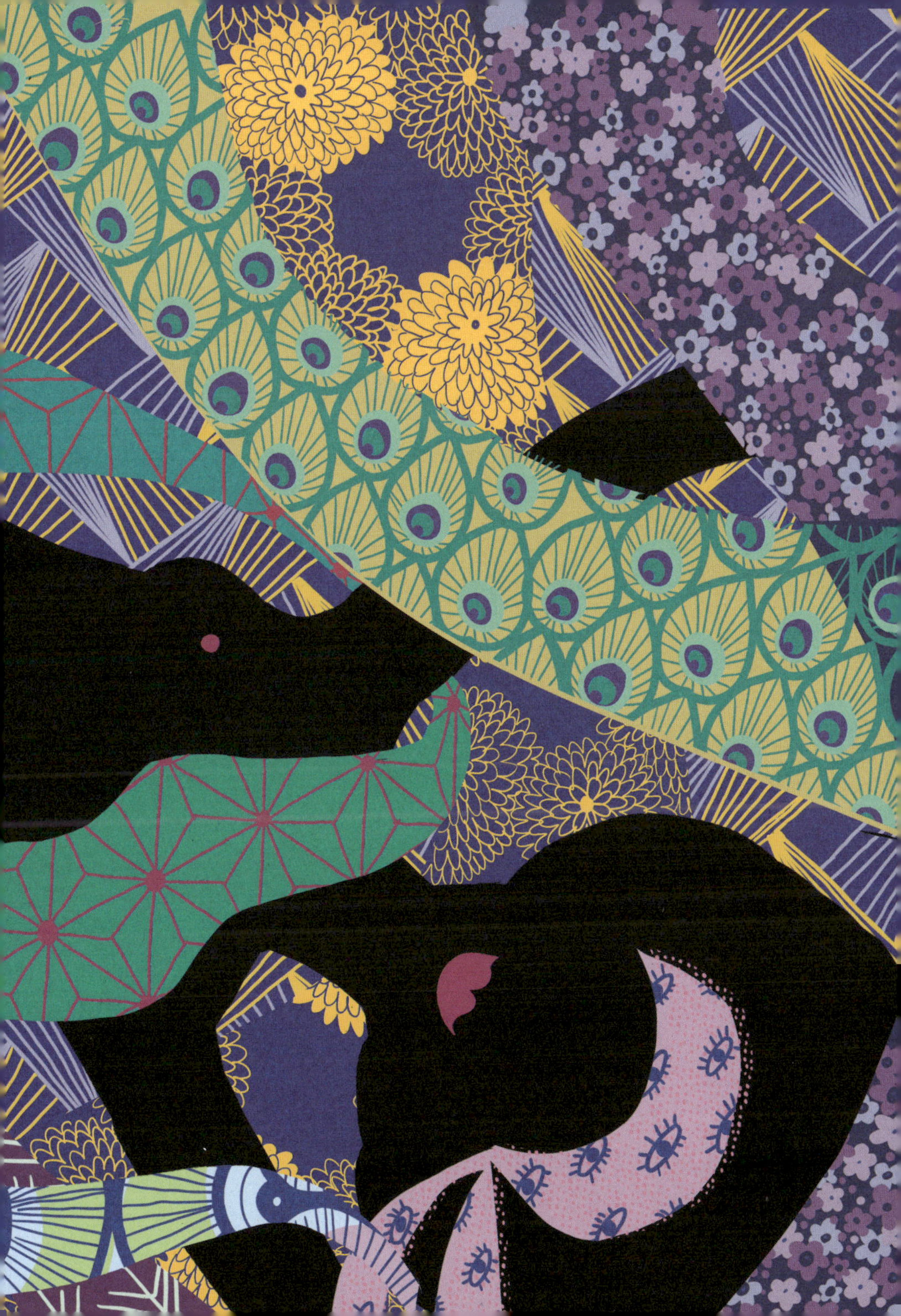

Nellie Bly

Journalistin

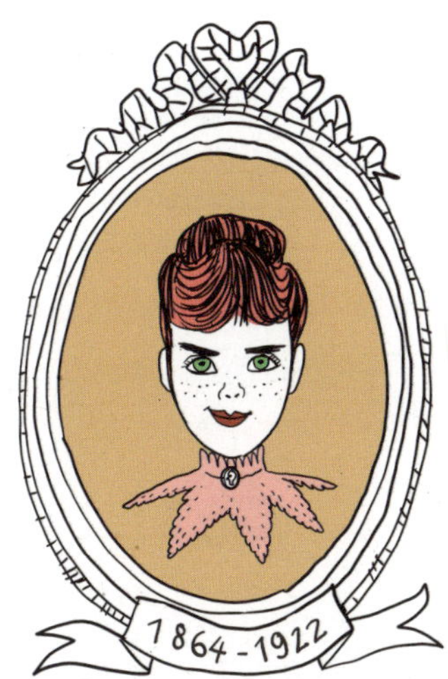

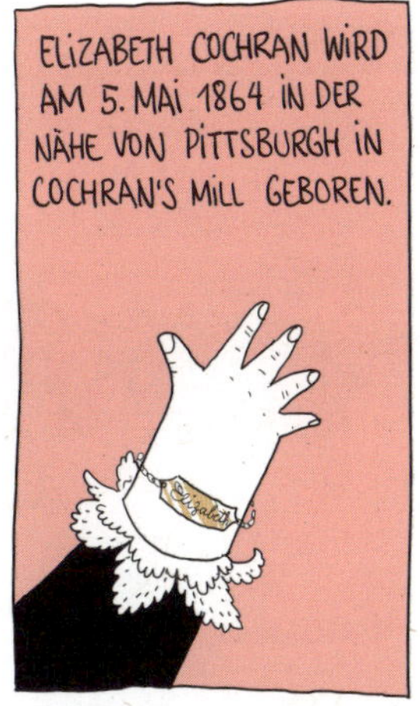

DAS DORF TRÄGT IHREN FAMILIENNAMEN AUS DEM EINFACHEN GRUND, DASS IHREM VATER MICHAEL COCHRAN DIE HÄLFTE DER LÄNDEREIEN UND MÜHLEN DER GEGEND GEHÖREN.

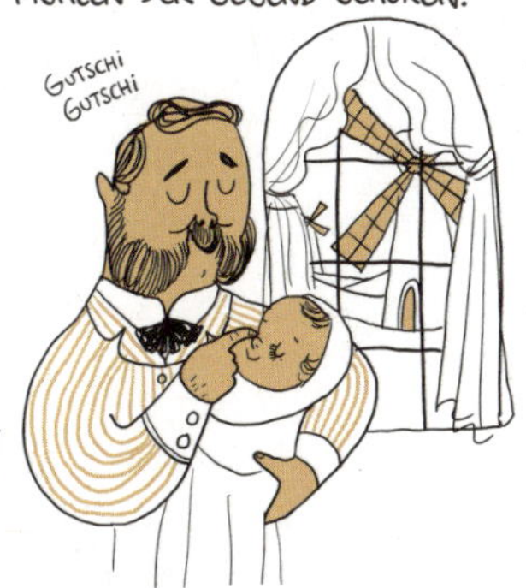

ALS IRISCHER IMMIGRANT HATTE IHR VATER MIT NICHTS ANGEFANGEN. ZEIT SEINES LEBENS HAT ER SEINEN 15 (!) KINDERN GEPREDIGT, DASS SIE HART ARBEITEN MÜSSEN.

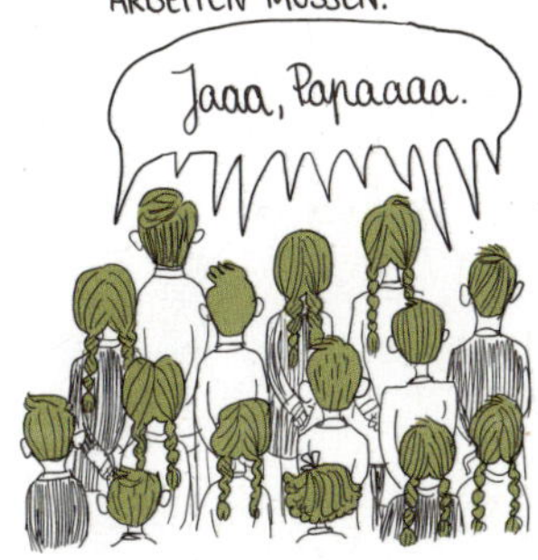

ELIZABETH STAMMT AUS DER ZWEITEN EHE IHRES VATERS. SIE WIRD „PINKY" GENANNT, WEIL SIE SICH IMMER IN ROSA KLEIDET.

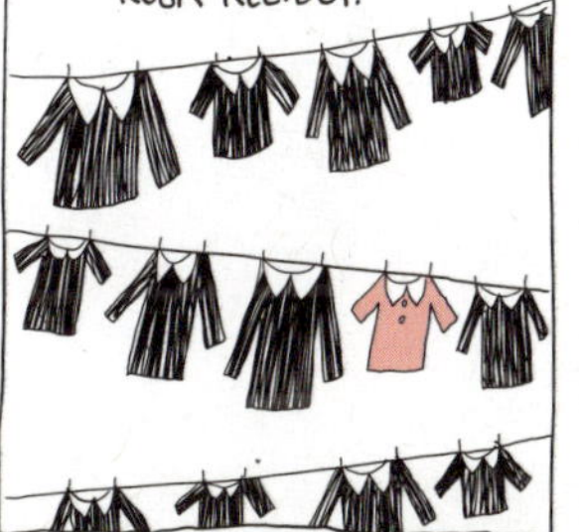

DOCH HINTER DIESER BONBONFARBENEN FASSADE STECKT DAS REBELLISCHSTE UND STURSTE COCHRAN-KIND.

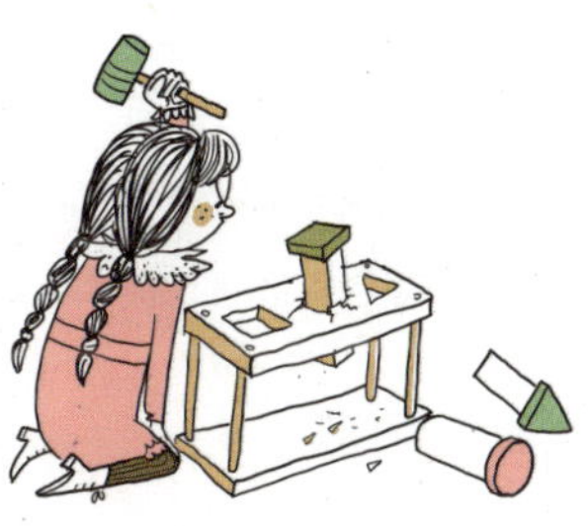

DER VATER STIRBT, ALS SIE SECHS JAHRE ALT IST. PLÖTZLICH IST DIE FAMILIE MITTELLOS.

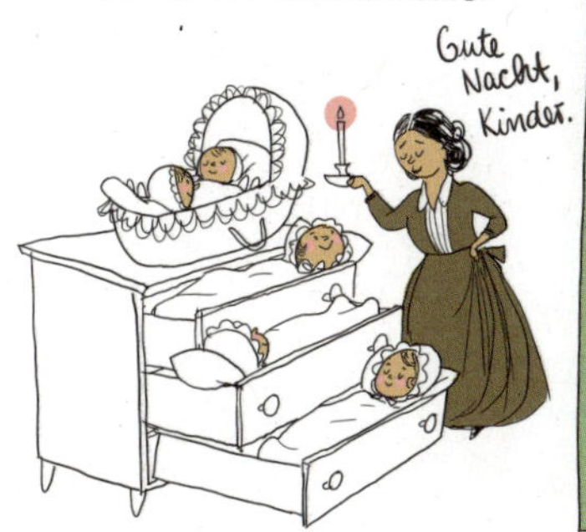

IN IHRER NOT HEIRATET IHRE MUTTER SCHNELL EINEN NEUEN MANN, UM IHRE EIGENEN FÜNF KINDER VERSORGEN ZU KÖNNEN.

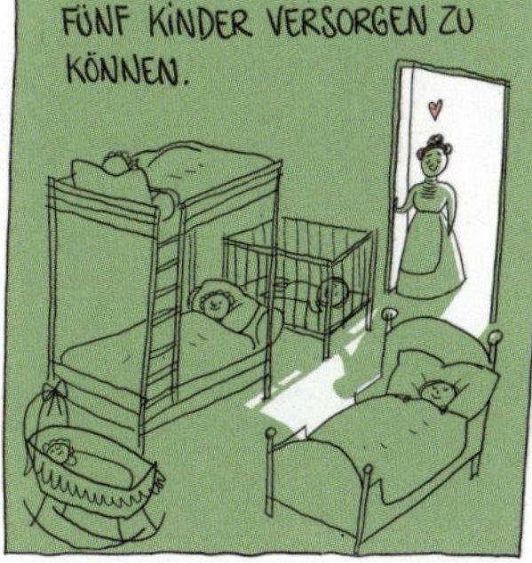

ABER SIE HAT PECH: ER IST ALKOHOLIKER UND SCHLÄGT SIE.

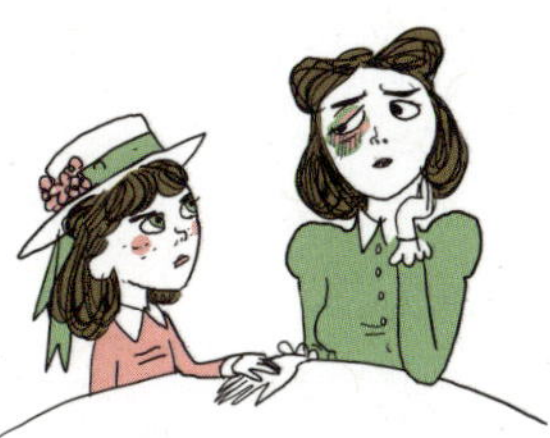

SIE BESCHLIESST, DIE SCHEIDUNG EINZUREICHEN.

DAMALS EINE HEIKLE ANGELEGENHEIT: DAMIT DAS GERICHT DIE SCHEIDUNG BEWILLIGT, MUSS SIE IN DEN ZEUGENSTAND.

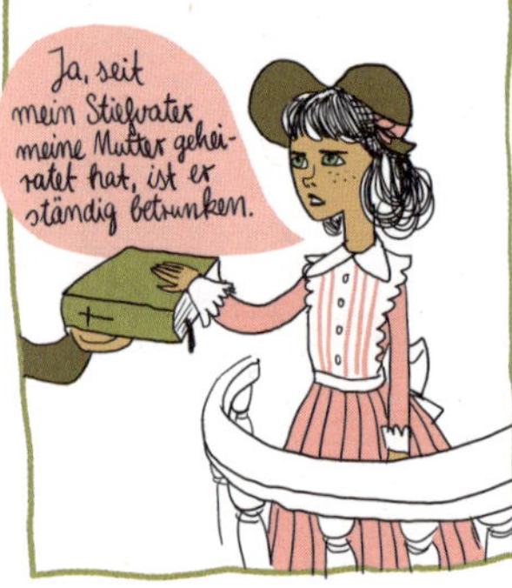

DIE WITWE COCHRAN UND IHRE KINDER FANGEN WIEDER BEI NULL AN.

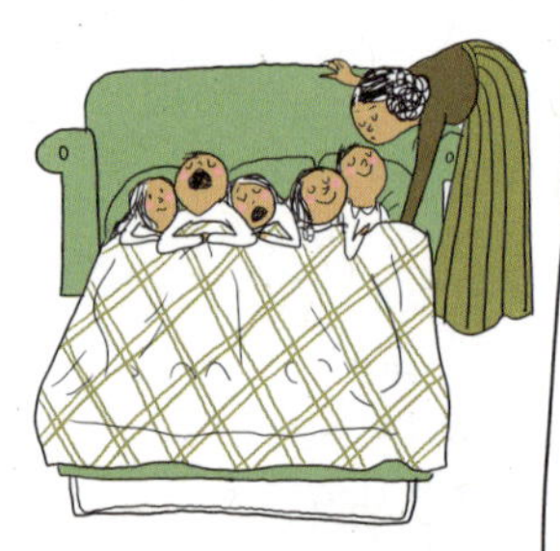

PINKY MUSS ARBEITEN, WENN SIE IHRER MUTTER HELFEN WILL. ALLERDINGS IST DIE AUSWAHL AN BERUFEN FÜR MÄDCHEN RECHT BEGRENZT.

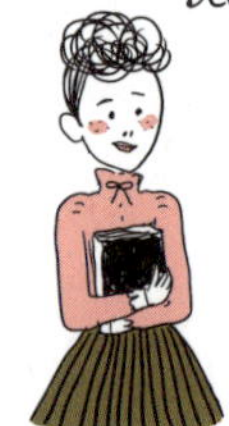

MIT 15 BEGINNT SIE DAHER EINE AUSBILDUNG ZUR LEHRERIN.

ALS SIE NACH EINEM SEMESTER KEINEN PENNY MEHR FÜR DIE SCHULGEBÜHREN HAT, WIRD SIE FORTGESCHICKT.

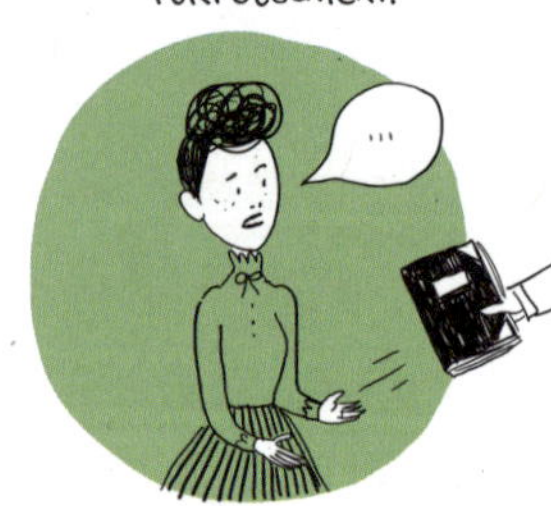

Und WIE zum Geier soll ein Mädchen da zurechtkommen?!!

EINES TAGES LIEST ELIZABETH IM „PITTSBURGH DISPATCH" EINEN ARTIKEL, DER SIE (WIE SO OFT) AUS DER FASSUNG BRINGT: „WOZU MÄDCHEN GUT SIND".

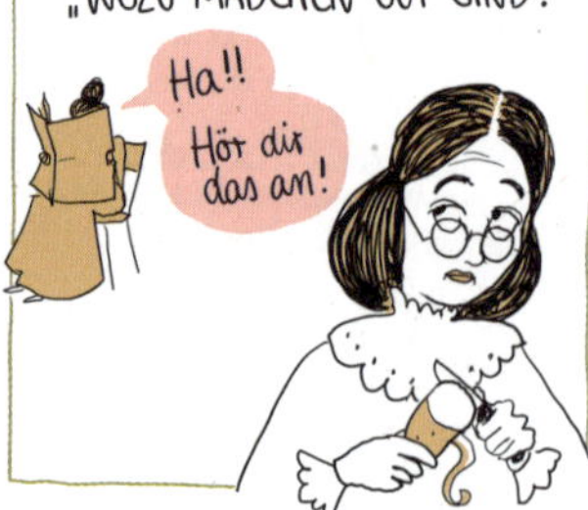

„Mädchen gehören ins Haus. Sie sollen nähen und sich um die Kinder kümmern. Sonst gerät die Gesellschaft aus den Fugen. **Eine werktätige Frau ist wider die Natur.**"

EHE SIE VOR WUT EXPLODIERT, NIMMT PINKY DIE FEDER ZUR HAND UND VERFASST EINE GEPFEFFERTE ANTWORT AN DEN HERAUSGEBER DES SCHMIERBLATTS.

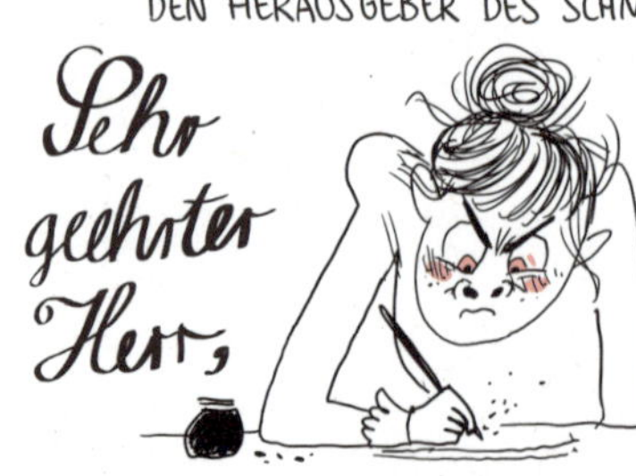

DER AMÜSIERTE HERAUSGEBER DES „DISPATCH“ VERÖFFENTLICHT NICHT NUR DEN BRIEF, SONDERN FORDERT DAS MYSTERIÖSE „WÜTENDE KLEINE WAISENKIND“ AUF, SICH BEI DER ZEITUNG ZU MELDEN, WENN ES SICH TRAUE.

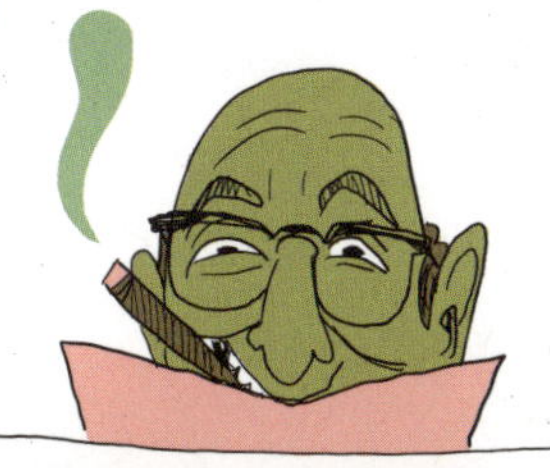

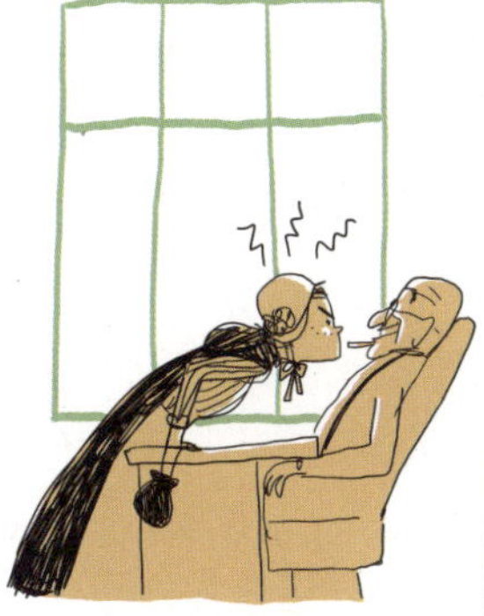

ER BIETET IHR AN, FÜR IHN ZU SCHREIBEN.

(ABER UNTER EINEM SERIÖSEREN NAMEN ALS PINKY.)

Gut... mal überlegen... Es gibt da dieses Lied, das ich mag, „Nelly Bly“.

(ER SCHREIBT IHN FEHLERHAFT AUF.)

DAS TRIFFT SICH GUT, DENN NELLIE HAT DIESEN LEUTEN, DIE NICHTS VOM WAHREN LEBEN WISSEN, NOCH <u>VIELES</u> ZU ERZÄHLEN.

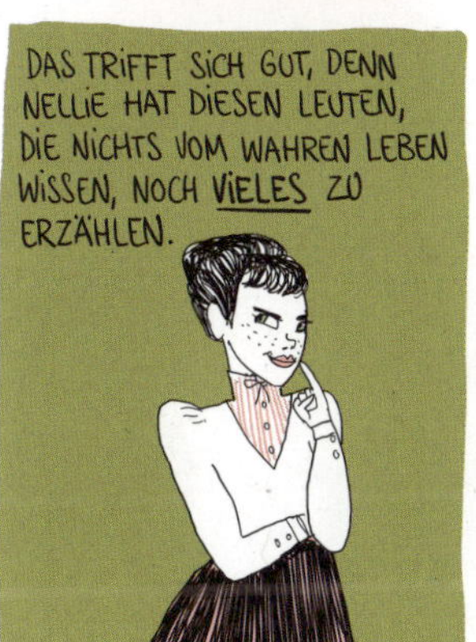

IHRE ERSTEN ARTIKEL SCHREIBT SIE ÜBER DIE ARMUT VON ARBEITERINNEN, DEN KAMPF EINER FRAU, DIE SICH SCHEIDEN LASSEN WILL, UND DIE ARBEITSBEDINGUNGEN IN EINER PITTSBURGHER FABRIK.

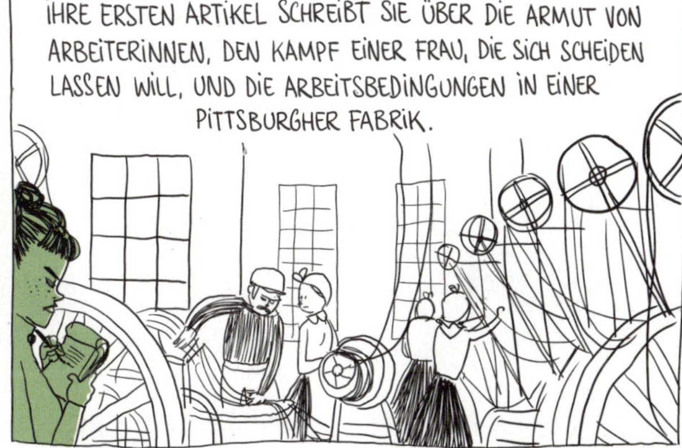

IHRE „HINTER-DEN-KULISSEN“-REPORTAGEN WERDEN VON DEN LESERN VERSCHLUNGEN. DIE ZEITUNG FORDERT NACHSCHUB.

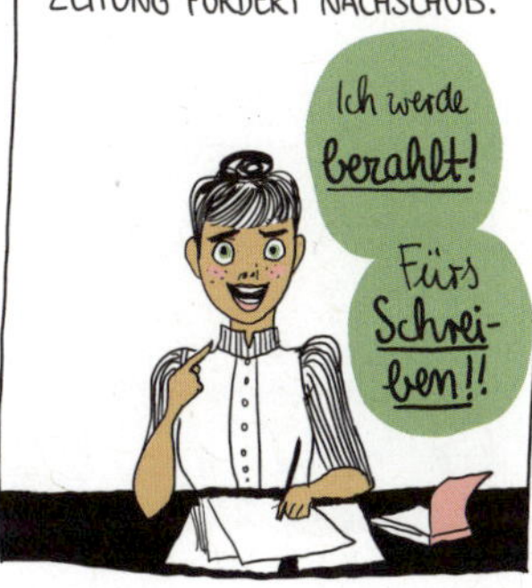

NUR DEN INDUSTRIELLEN GEFÄLLT NICHT, DASS JEMAND ÜBER DIE SCHLECHTEN ARBEITSBEDINGUNGEN IN IHREN FABRIKEN BERICHTET.

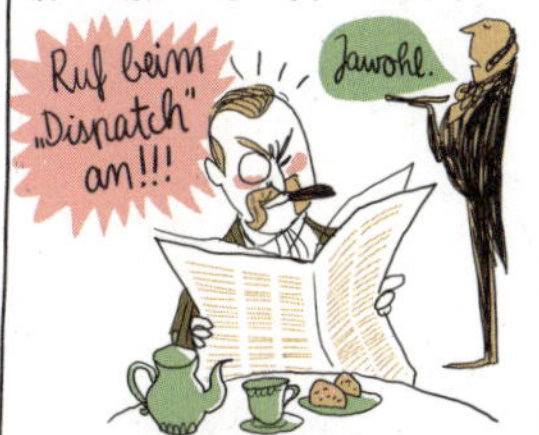

DIE UNTERNEHMEN DROHEN DAMIT, KEINE ANZEIGEN MEHR IM „DISPATCH“ AUFZUGEBEN.

DIE REDAKTION SCHLÄGT NELLIE DARAUF GROSSZÜGIG EINE JOURNALISTISCHE UMORIENTIERUNG VOR: DIE FRAUEN-RUBRIK.

Gärtnern, Schnittmuster...

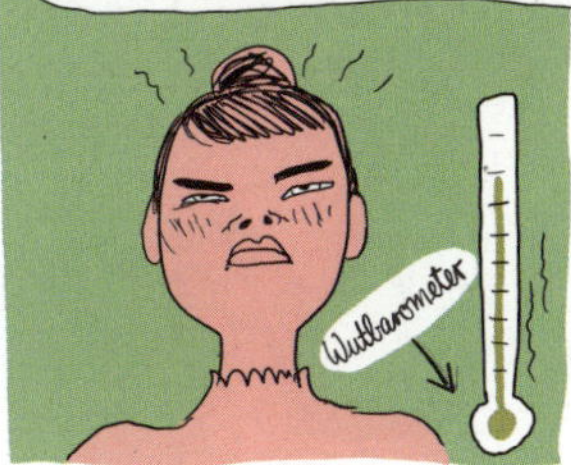

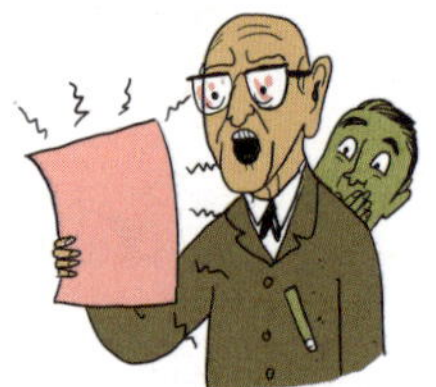
NELLIE REICHT SCHNELL IHREN ERSTEN ARTIKEL EIN, DEN SIE MIT EINER KLEINEN PERSÖNLICHEN NACHRICHT GARNIERT
(UND DER ZUGLEICH ALS KÜNDIGUNGSSCHREIBEN FUNGIERT).

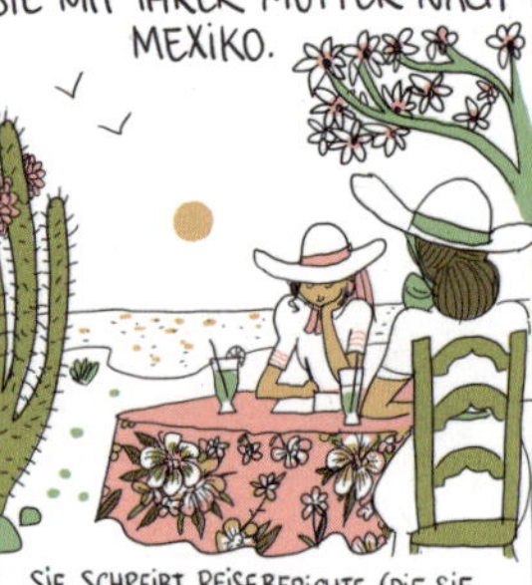
UM EINMAL RAUSZUKOMMEN (UND WEIL SIE ENDLICH ETWAS GELD VERDIENT HAT), REIST SIE MIT IHRER MUTTER NACH MEXIKO.
SIE SCHREIBT REISEBERICHTE (DIE SIE TROTZDEM NOCH DER ZEITUNG SCHICKT).

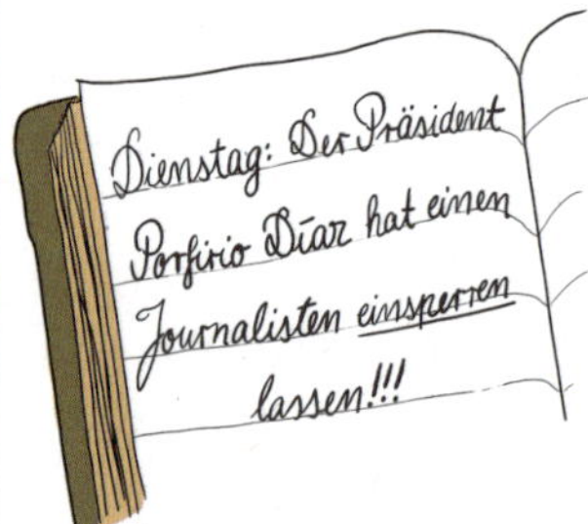
DOCH SIE KANN NICHT ANDERS: SIE SCHAFFT ES EINFACH NICHT, NUR TRAUMHAFTE LANDSCHAFTEN ZU BESCHREIBEN.
Dienstag: Der Präsident Porfirio Diaz hat einen Journalisten einsperren lassen!!!

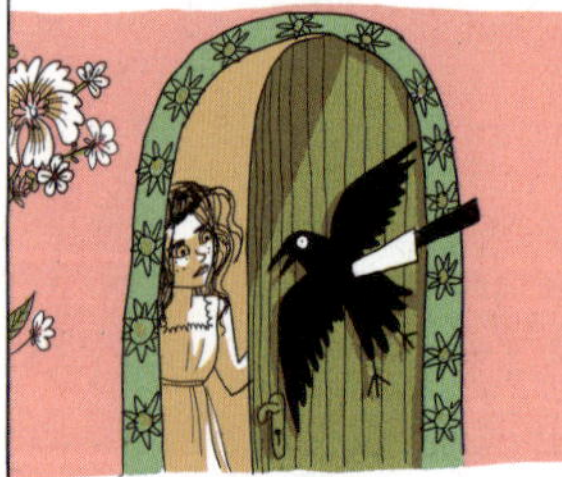
NACH SECHS MONATEN FINDEN NELLIES FERIEN IN MEXIKO EIN ABRUPTES ENDE.
MAN BEFÖRDERT SIE ZUR GRENZE.

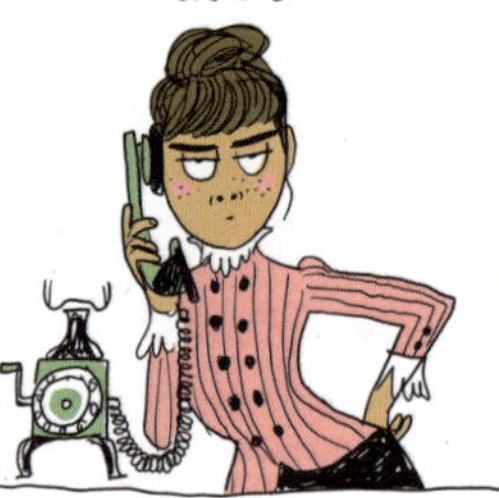
TROTZ IHRER MUTIGEN VOR-ORT-BERICHTERSTATTUNG HAT DER „DISPATCH" BEI IHRER RÜCKKEHR IMMER NOCH NICHTS BESSERES FÜR SIE.

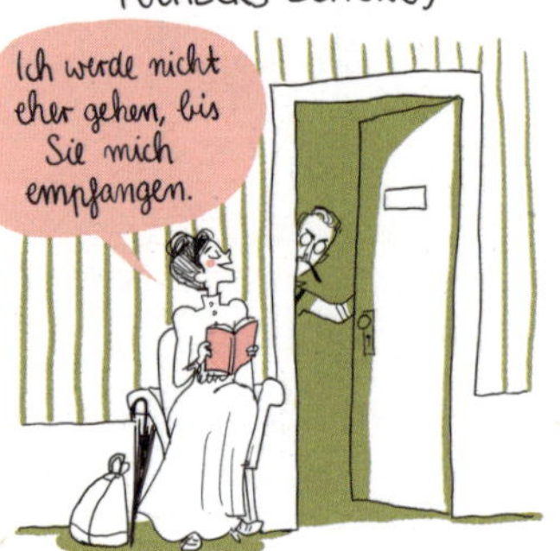
ALSO SETZT SIE ALLES AUF EINE KARTE UND STELLT SICH BEI DER „NEW YORK WORLD" VOR (JOSEPH PULITZERS ZEITUNG).
Ich werde nicht eher gehen, bis Sie mich empfangen.

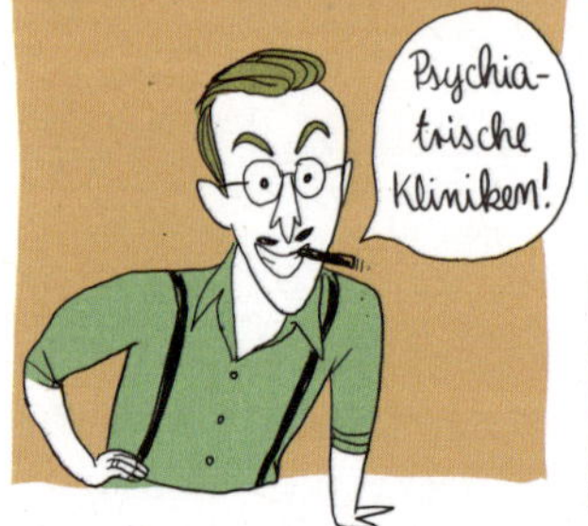
MEHR, UM SIE ZU ENTMUTIGEN, BESTELLT PULITZER BEI IHR EINEN ARTIKEL ÜBER EIN UNTERHALTSAMES SUJET:
Psychiatrische Kliniken!

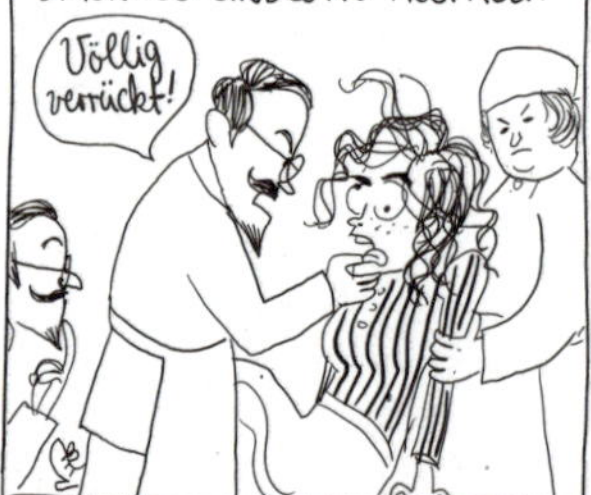
NELLIE GEHT NACH HAUSE UND ÜBT DEN GANZEN ABEND GRIMASSEN VOR DEM SPIEGEL. DANN LÄSST SIE SICH VON DIVERSEN ÄRZTEN UNTERSUCHEN, DEREN DIAGNOSE EINDEUTIG AUSFÄLLT:
Völlig verrückt!

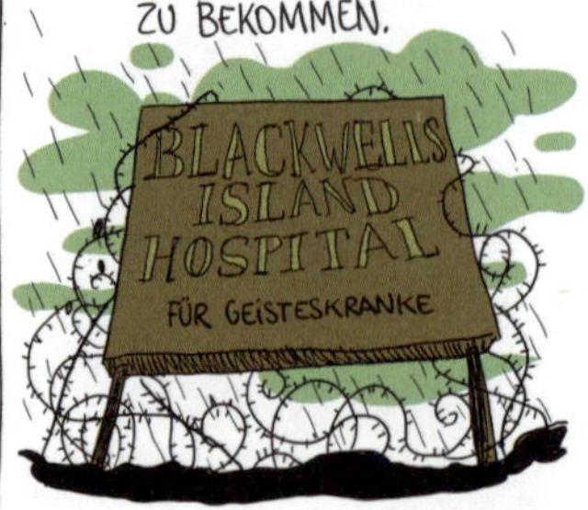
ES GELINGT IHR (MIT ERSCHRECKENDER LEICHTIGKEIT), EINGEWIESEN ZU WERDEN, UND SO EINBLICK IN EIN FURCHTBARES FRAUENIRRENHAUS ZU BEKOMMEN.
BLACKWELLS ISLAND HOSPITAL
FÜR GEISTESKRANKE

SIE FINDET DORT TRAURIGE ZUSTÄNDE VOR: DIE PATIENTINNEN WERDEN BELEIDIGT, GESCHLAGEN, FIXIERT, GEFOLTERT UND BEKOMMEN KAUM ZU ESSEN.

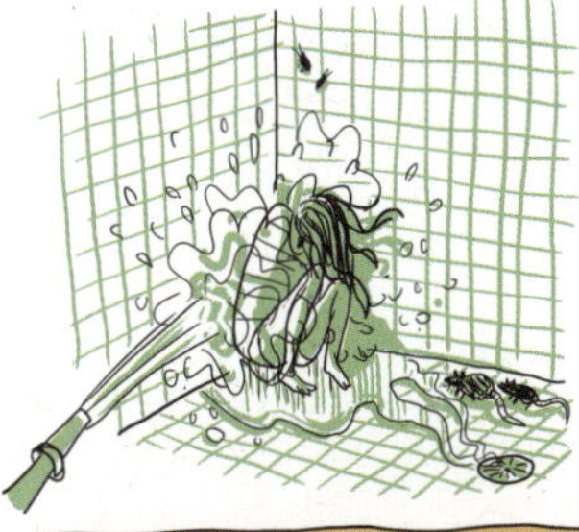

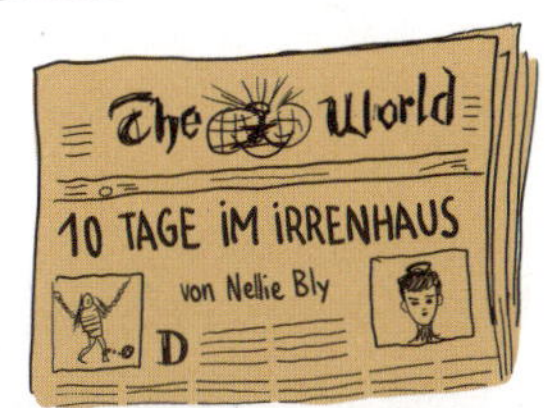

IHRE REPORTAGE ERSCHEINT AUF DER TITELSEITE. ES IST EIN LANDESWEITER SKANDAL: DIE BEHÖRDEN LEITEN UNTERSUCHUNGEN EIN, ES FOLGEN GERICHTSPROZESSE UND EINE DRASTISCHE BUDGETERHÖHUNG FÜR PSYCHIATRISCHE KLINIKEN.

NUN HAT NELLIE IHRE STELLE BEI DER „WORLD" UND MIT 23 JAHREN IHR MARKENZEICHEN GEFUNDEN:

DEN INVESTIGATIVEN JOURNALISMUS.

NELLIES ARTIKEL ZEICHNEN ZWEI DINGE AUS. EINERSEITS DIE COURAGIERTE THEMENWAHL: LOBBYS, ZUGANG ZU ÄRZTLICHER VERSORGUNG FÜR DIE ARMEN, MISSHANDELTE GEFANGENE ...

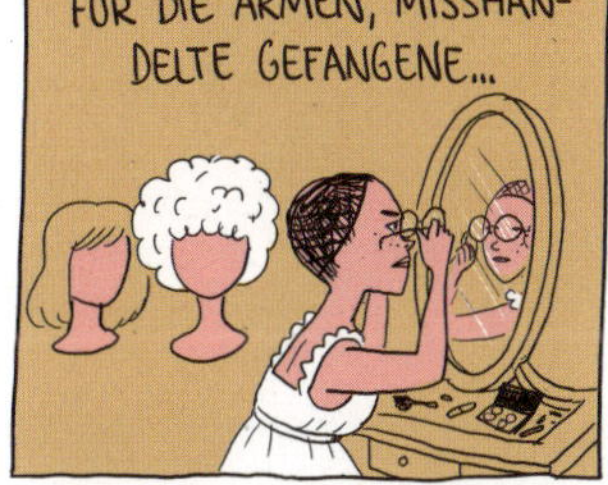

(KURZ GESAGT, ALLES WAS SIE EMPÖRT)

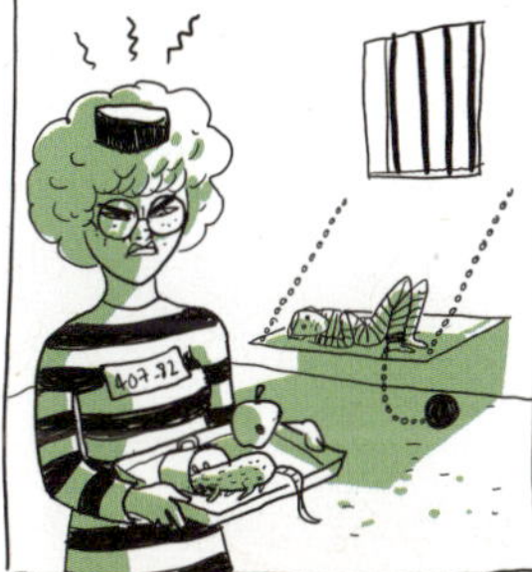

... ABER VOR ALLEM EIN SOZIALER BLICKWINKEL: NELLIE IST DAMALS DIE EINZIGE JOURNALISTIN, DIE SICH AUF DIE SEITE DER STRÄFLINGE, DER ARMEN, DER STREIKENDEN ETC. STELLT.

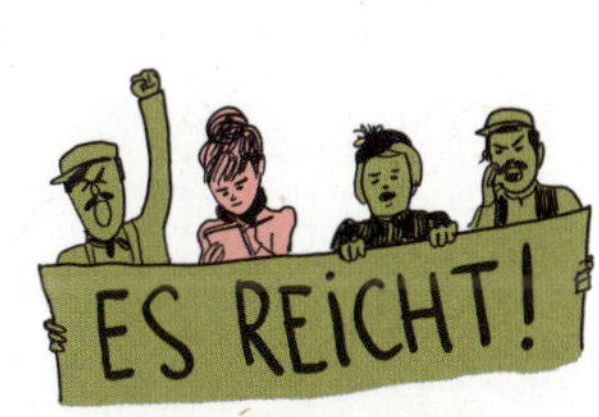

IHR NAME ALLEIN REICHT, UM AUFLAGE ZU MACHEN, ABER SIE WEISS AUCH, DASS SIE SICH PERMANENT ÜBERTREFFEN MUSS, UM IHRE POSITION ZU BEHAUPTEN. DA HAT SIE EINES TAGES EINE VERRÜCKTE IDEE:

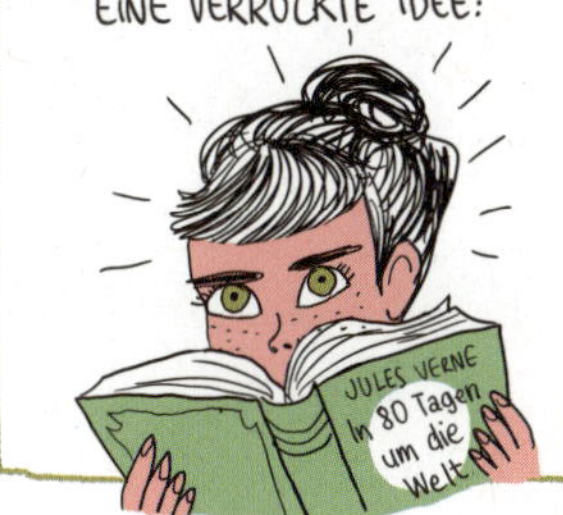

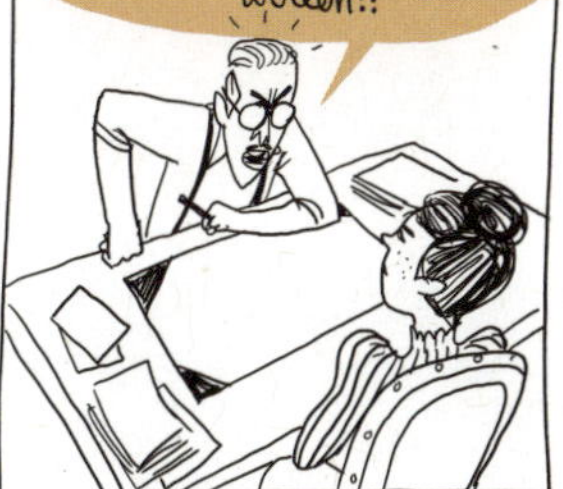

ABER DA KENNT ER NELLIE BLY SCHLECHT.

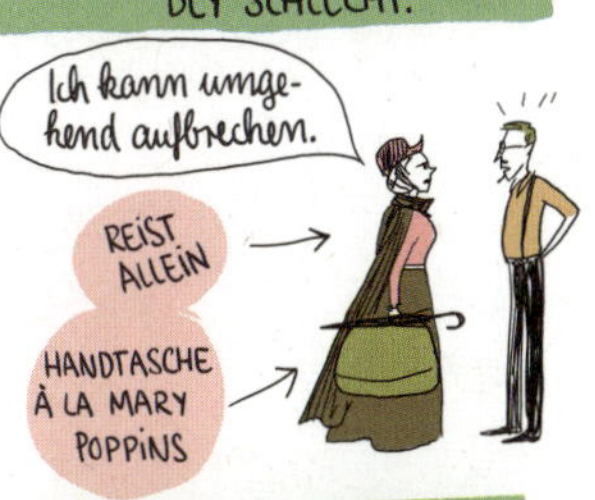

AM 14. NOVEMBER 1889 VERLÄSST SIE NEW YORK MIT DER AUGUSTA VICTORIA.

PER SCHIFF, ZUG UND HEISSLUFTBALLON DURCHQUERT SIE ENGLAND, CEYLON, JAPAN...

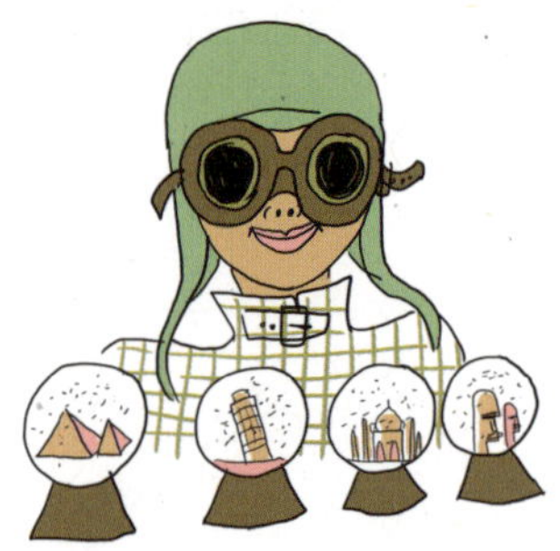

SIE MACHT EINEN ABSTECHER NACH FRANKREICH, WO SIE JULES VERNE IN AMIENS TRIFFT.

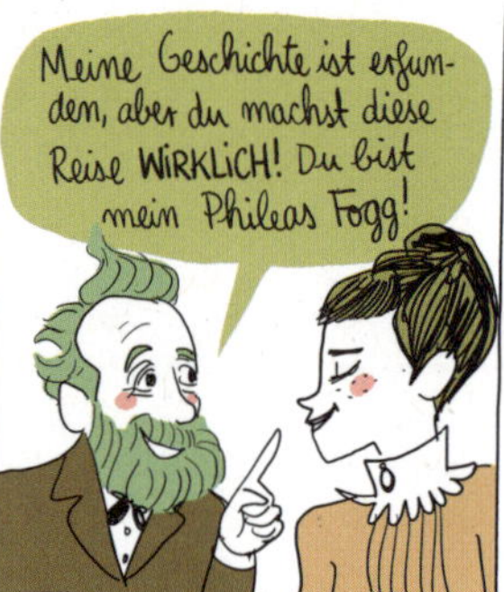

DANK TELEGRAFIE HÄLT NELLIE DIE PRESSE ÜBER ALLE ETAPPEN IHRER EXPEDITION AUF DEM LAUFENDEN.

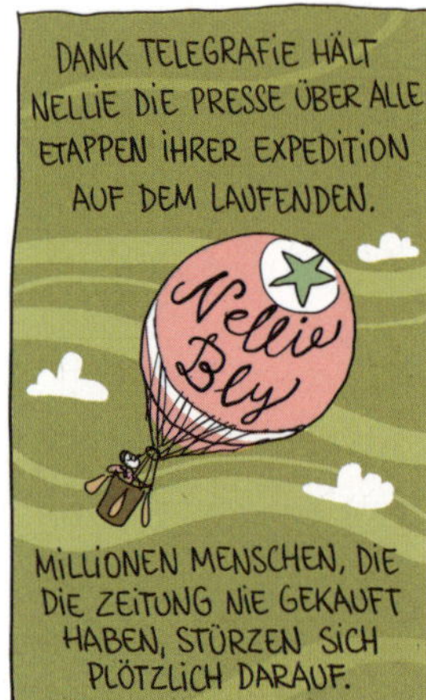

MILLIONEN MENSCHEN, DIE DIE ZEITUNG NIE GEKAUFT HABEN, STÜRZEN SICH PLÖTZLICH DARAUF.

ÜBERALL WERDEN WETTEN ABGESCHLOSSEN:

WIRD NELLIE BLY IHRE REISE UM DIE WELT IN 80 TAGEN GELINGEN?

KAUM EINER HÄTTE DARAN GEGLAUBT, ABER AM 25. JANUAR 1890 ERREICHT NELLIE NEW YORK. SIE SCHREIBT EIN BUCH (UND BRINGT SOGAR EIN BRETTSPIEL HERAUS).

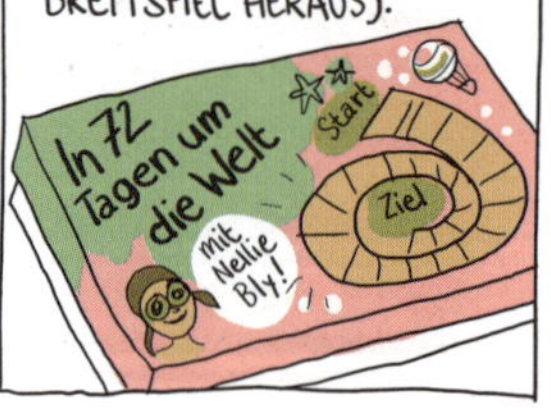

JULES VERNE BEGLÜCKWÜNSCHT SIE IN DER PRESSE.

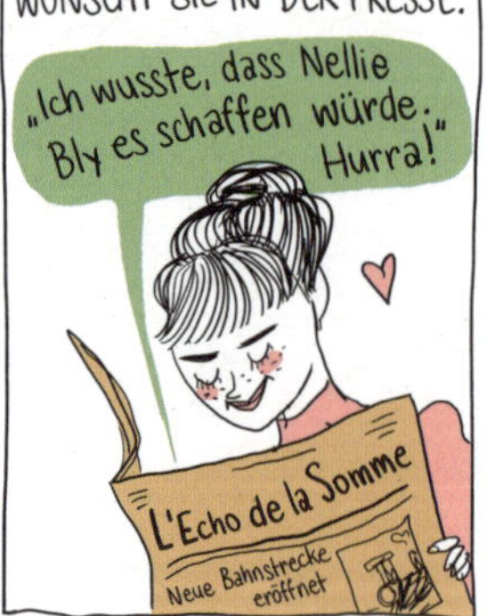

LEIDER STIRBT ZU DIESER ZEIT IHR BRUDER. SIE BESCHLIESST, SEINE WITWE UND SEINE KINDER FINANZIELL ZU UNTERSTÜTZEN.

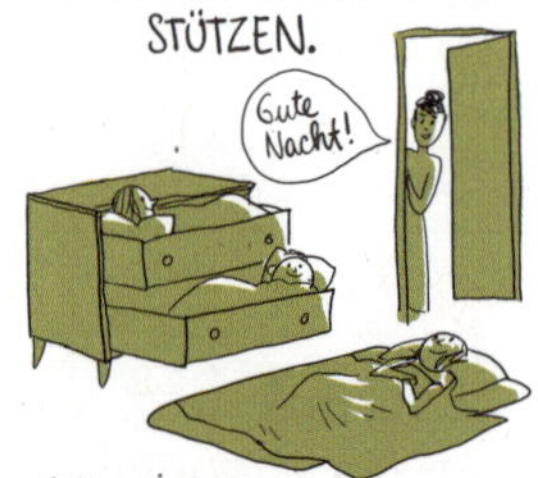

UND WIEDER WIRD DAS GELD KNAPP.

DA LERNT SIE DURCH ZUFALL EINEN REICHEN INDUSTRIELLEN KENNEN (40 JAHRE ÄLTER ALS SIE), DER SIE UNBEDINGT HEIRATEN MÖCHTE.

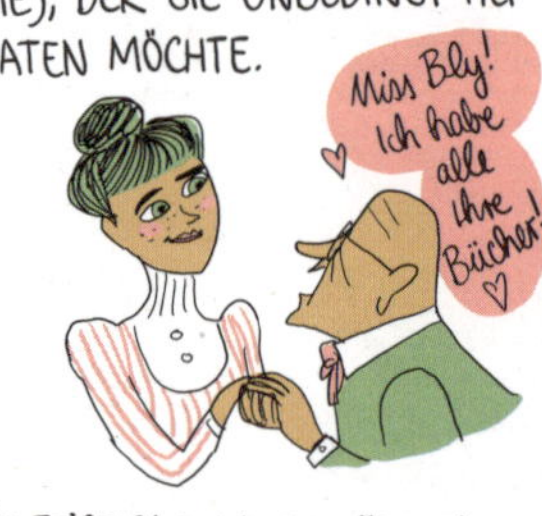

SIE ZEIGT SICH NICHT WÄHLERISCH.

EINIGE JAHRE NACH IHRER HOCHZEIT STIRBT ER, UND NELLIE MUSS DEN LADEN ALLEIN AM LAUFEN HALTEN.

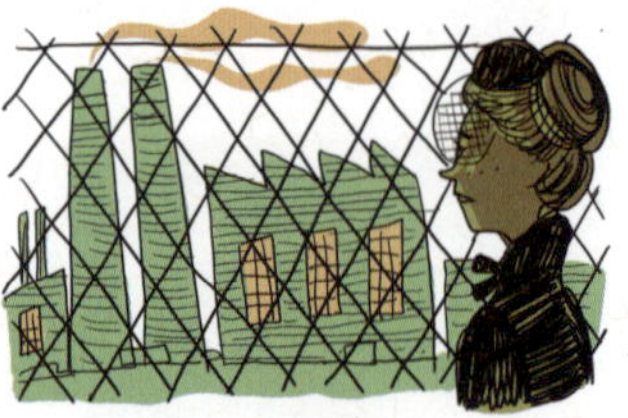

DIE FABRIK STELLT METALLFÄSSER HER.

NELLIE ERFINDET EINE NEUE MILCHKANNE UND LÄSST SIE PATENTIEREN – DAS UNTERNEHMEN FLORIERT.

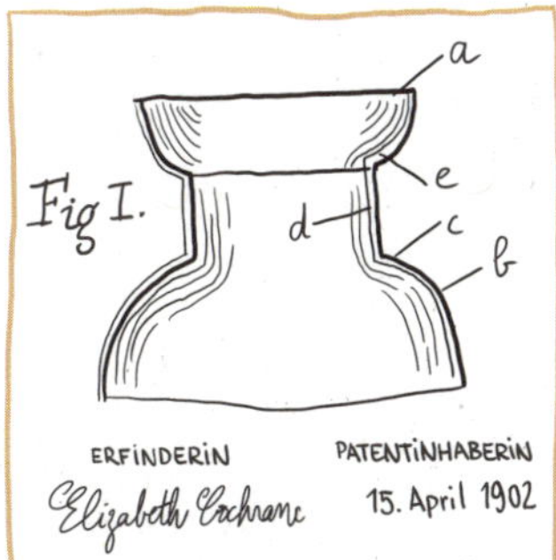

UND SO KANN NELLIE FÜR IHRE ARBEITER BEDINGUNGEN SCHAFFEN, WIE SIE FÜR DIE DAMALIGE ZEIT UNERHÖRT SIND: KRANKENVERSICHERUNG, GUTE LÖHNE UND SOGAR EINE BIBLIOTHEK.

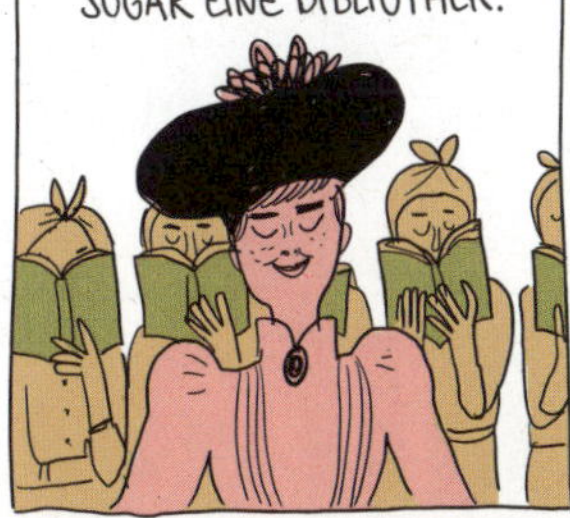

DOCH ALS DER ERSTE WELTKRIEG AUSBRICHT, JUCKT ES SIE IN IHREN JOURNALISTINNENFINGERN.

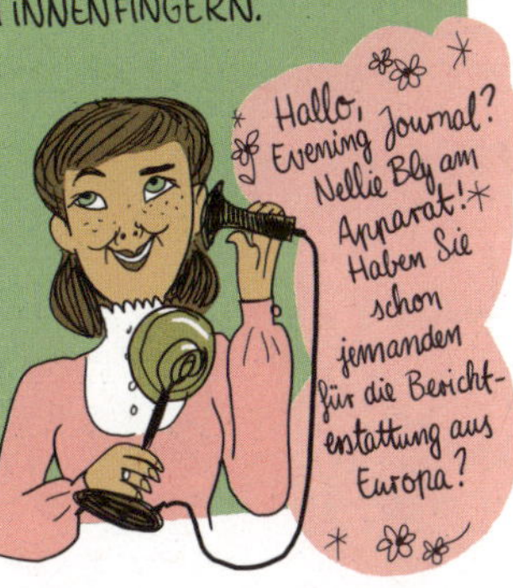

SIE REIST NACH ÖSTERREICH UND WIRD DIE ERSTE WEIBLICHE KRIEGSBERICHTERSTATTERIN.

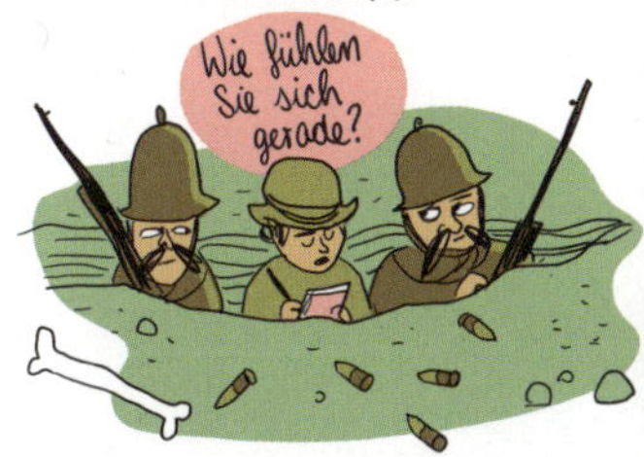

MEHRERE JAHRE LANG BERICHTET SIE VON DER FRONT.

WÄHREND IHRER ZEIT AUF DEM ALTEN KONTINENT SCHREIBT SIE AUCH VIEL ÜBER DIE SUFFRAGETTEN.

VOTES FOR WOMEN!

(IM ÜBRIGEN SAGT SIE VORAUS, DASS DIE AMERIKANERINNEN DIESEM BEISPIEL BALD FOLGEN WERDEN.)

1920 KEHRT SIE NACH NEW YORK ZURÜCK UND BEKOMMT EINE FESTE KOLUMNE BEI DER ZEITUNG, DIE SICH AUS IHRER FORTWÄHRENDEN EMPÖRUNG ÜBER KORRUPTION, DAS LEBEN DER ARBEITER, RECHTE DER WAISEN UND ANDERE UNGERECHTIGKEITEN NÄHRT.

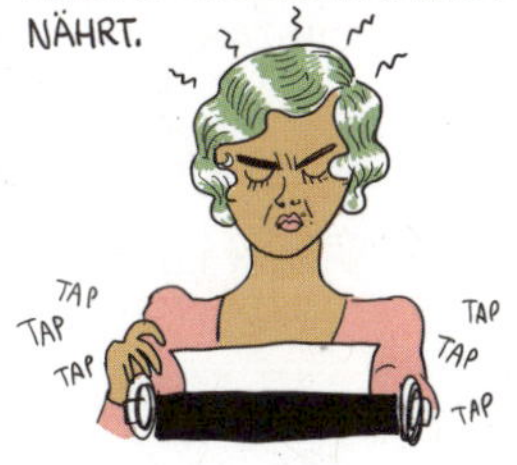

ZWEI JAHRE SPÄTER STIRBT SIE MIT 57 JAHREN AN EINER LUNGENENTZÜNDUNG.

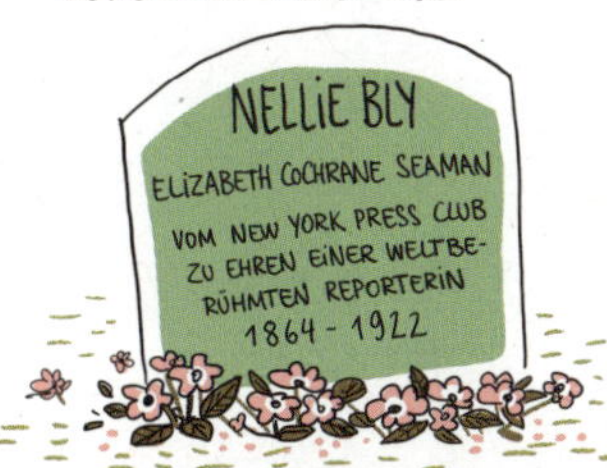

IHR GRAB BEFINDET SICH AUF DEM WOODLAWN-FRIEDHOF IN DER BRONX.

AM TAG NACH IHREM TOD VERMELDET DIE PRESSE DAS ABLEBEN DER „GRÖSSTEN JOURNALISTIN AMERIKAS" UND WÜRDIGT DIE PIONIERIN DES INVESTIGATIVEN JOURNALISMUS.

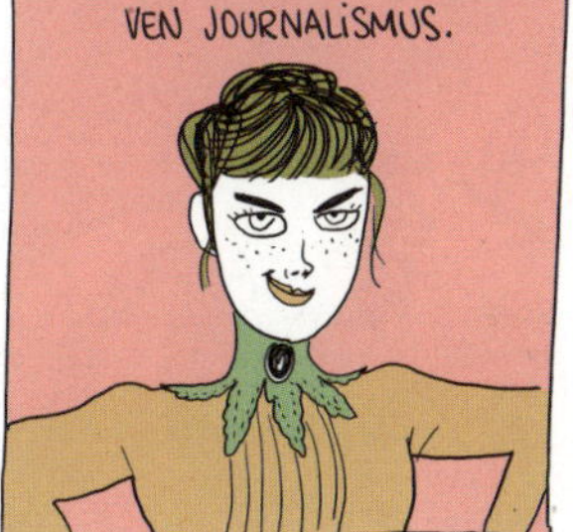

JEDES JAHR VERGIBT DER NEW YORK PRESS CLUB DEN NELLIE-BLY-PREIS AN BESONDERS KÜHNE JUNGE JOURNALISTEN.

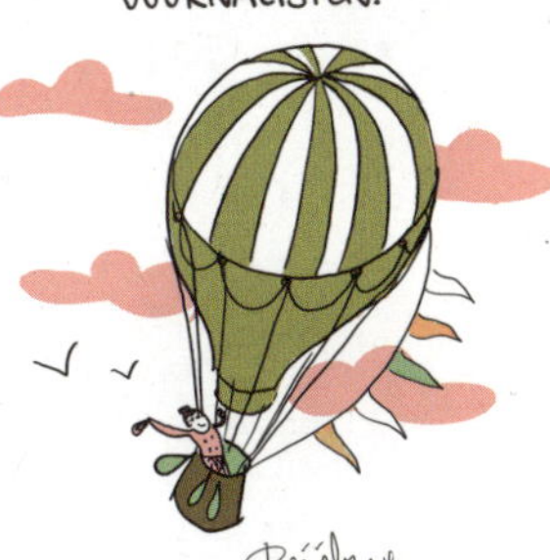

Pénélope

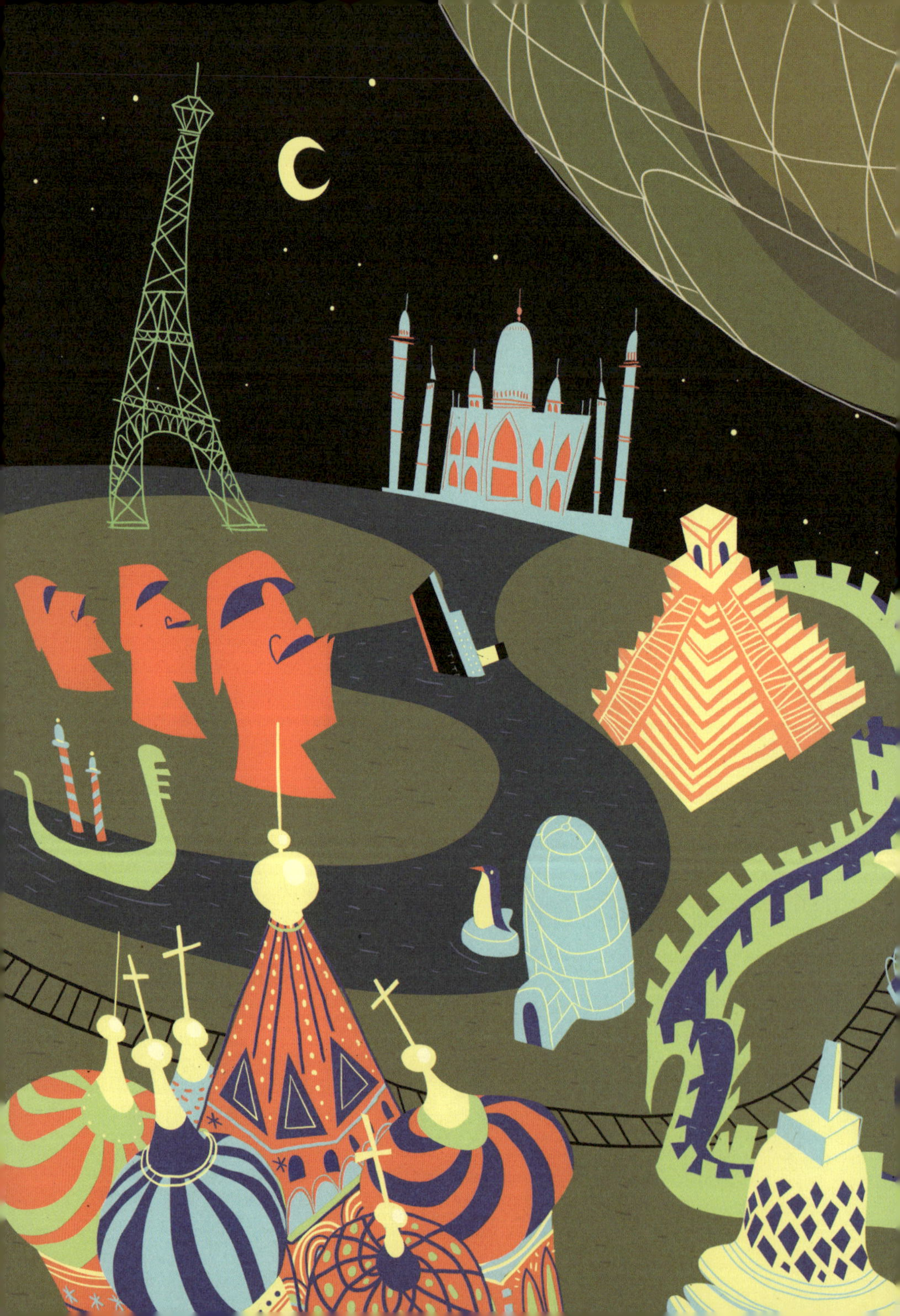

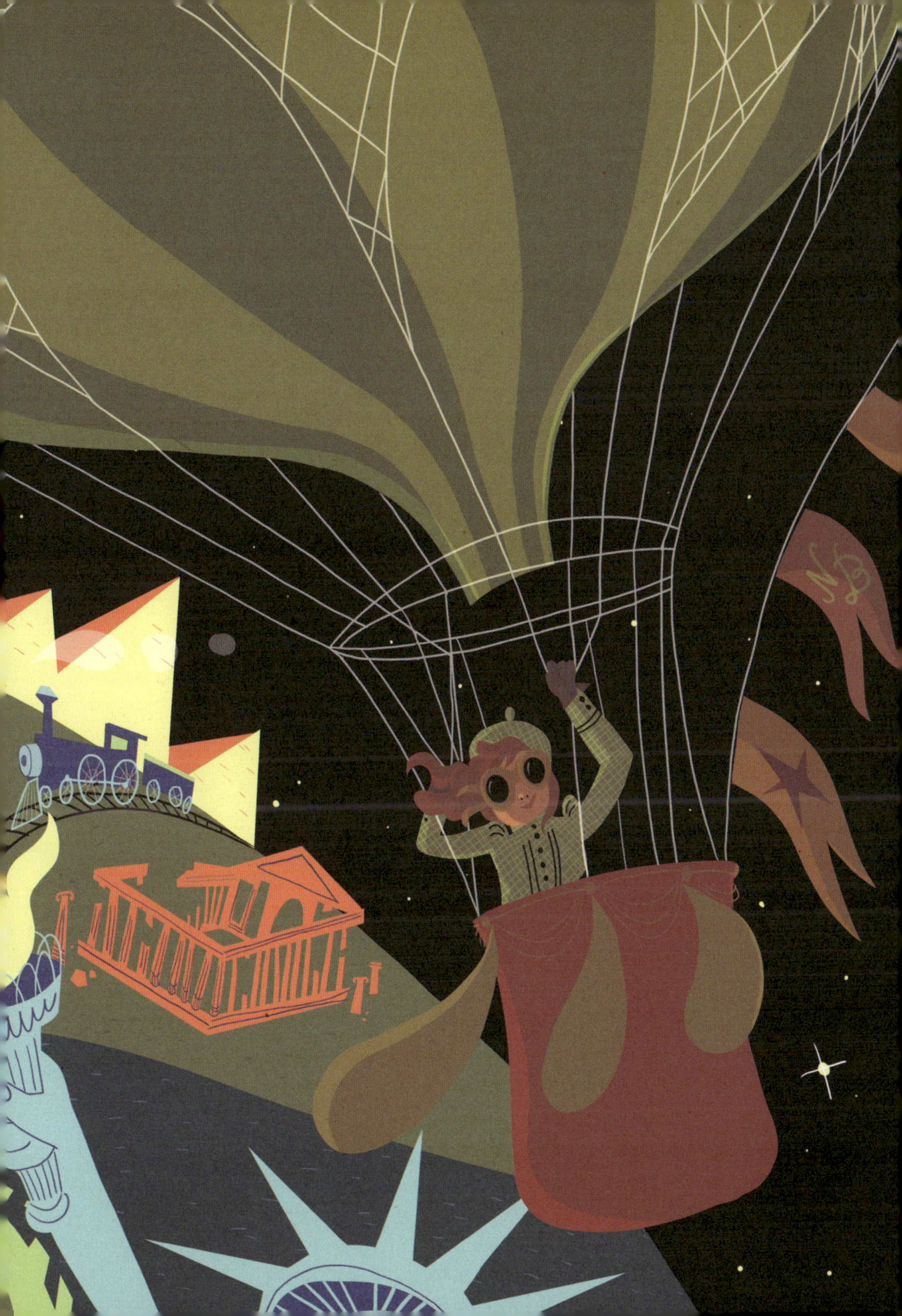
NB

Phoolan Devi

Banditenkönigin

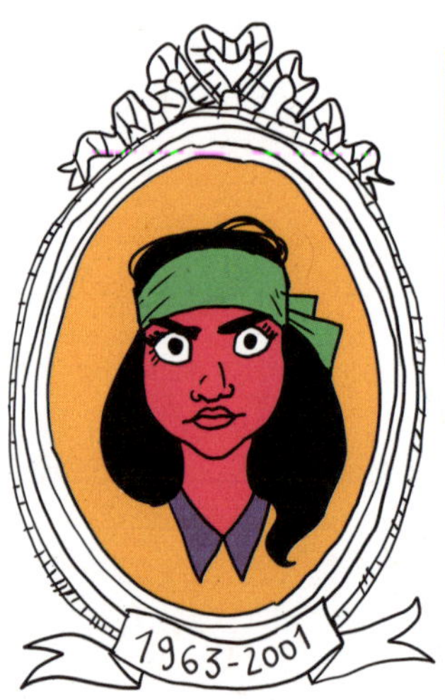

PHOOLAN WIRD AM TAG DES BLUMENFESTES IN DER LÄNDLICHEN (UND BEVÖLKERUNGSREICHSTEN) INDISCHEN PROVINZ UTTAR PRADESH GEBOREN.

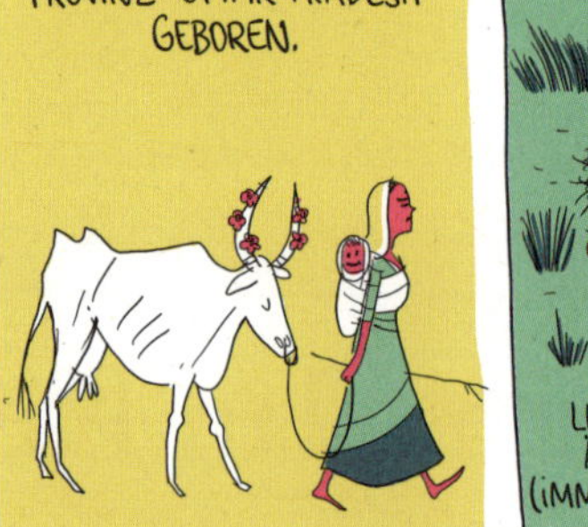

IHRE FAMILIE GEHÖRT DEN MALLAH AN, EINER NIEDRIGEN FISCHER-KASTE.

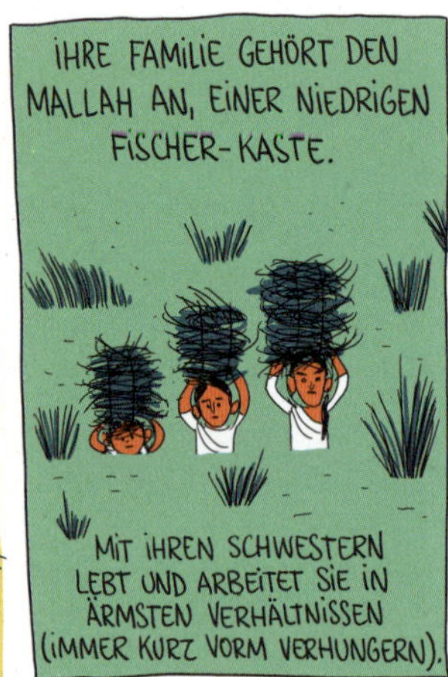

MIT IHREN SCHWESTERN LEBT UND ARBEITET SIE IN ÄRMSTEN VERHÄLTNISSEN (IMMER KURZ VORM VERHUNGERN).

IHR VATER ERDULDET JAMMERND SEIN SCHICKSAL.

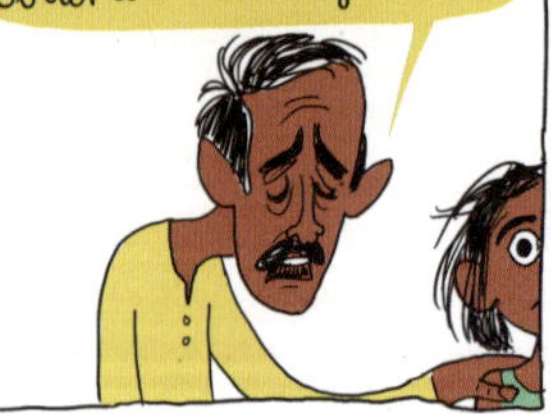

IHRE MUTTER SCHWANKT ZWISCHEN WUT UND REUE, SIE GEBOREN ZU HABEN.

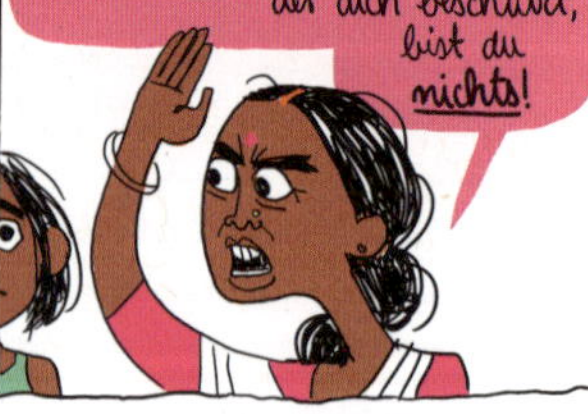

AUF IHRER FAMILIE LIEGT EIN FLUCH: SCHON DREI MÄDCHEN, UND DIE MUTTER IST WIEDER SCHWANGER.

Wenn es wieder ein Mädchen ist, muss es sterben!

(NATÜRLICH IST ES WIEDER EIN MÄDCHEN. PHOOLAN STIEHLT BEIM NACHBARN MILCH UND RETTET IHM DAS LEBEN.)

SIE HABEN EINEN EINZIGEN SOHN. ER GEHT ZUR SCHULE. SEINE SCHWESTERN NICHT.

Nein, Phoolan! Ihr müsst lediglich lernen, euch **von Gefahren fernzuhalten!**

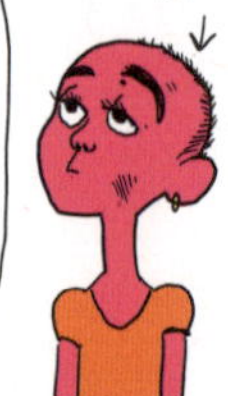

WELCHE GEFAHREN? HYÄNEN? BLITZE? PHOOLAN VERSTEHT NICHT RECHT.

BESONDERS VOR EINER MYSTERIÖSEN GEFAHR WARNT DIE MUTTER SIE IMMER WIEDER:

- Geht nie allein aufs Feld zum Pipimachen.
- Bleibt niemals stehen, wenn euch ein Mann ruft.
- Rennt, wenn er euch die Straße versperrt.
- Bedeckt euren Körper.

DAS HEISST FÜR PHOOLAN, SIE MUSS LERNEN, SICH ZU VERSTECKEN, WEGZURENNEN, AUF BÄUME ZU KLETTERN...

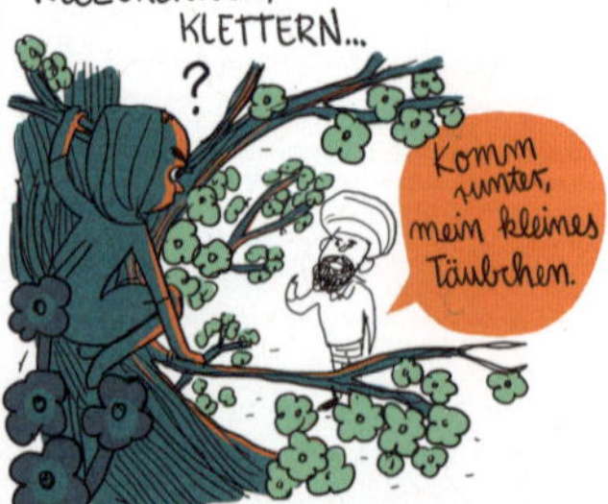

... SO LANGE, BIS IHRE ELTERN GENÜGEND GELD FÜR DIE MITGIFT HABEN UND SIE VERHEIRATEN KÖNNEN.

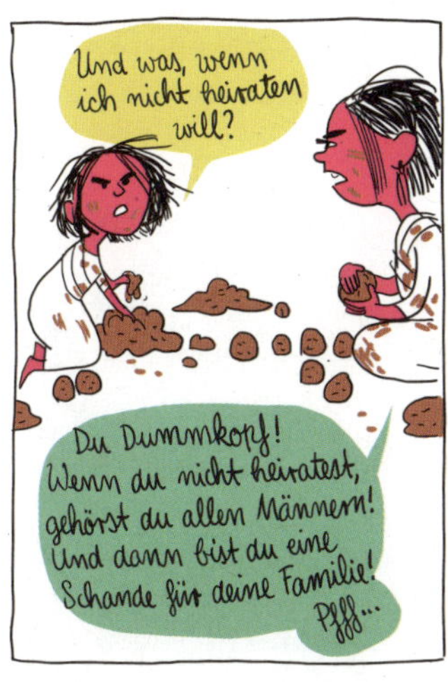

IHR VATER WIRD STÄNDIG VON DER HERRSCHENDEN KASTE DES DORFES, DEN THAKUR, BESTOHLEN UND GESCHLAGEN.

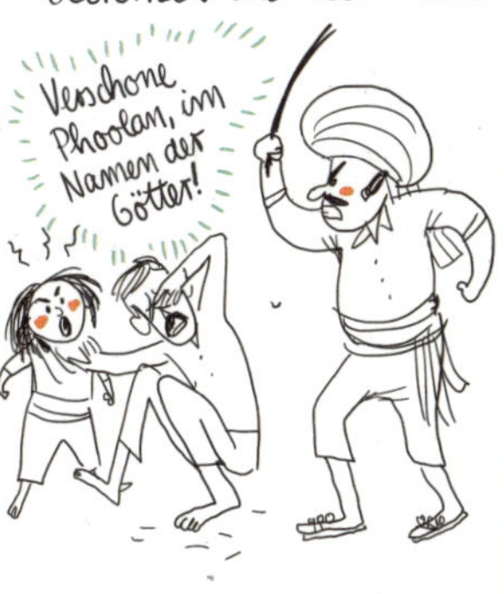

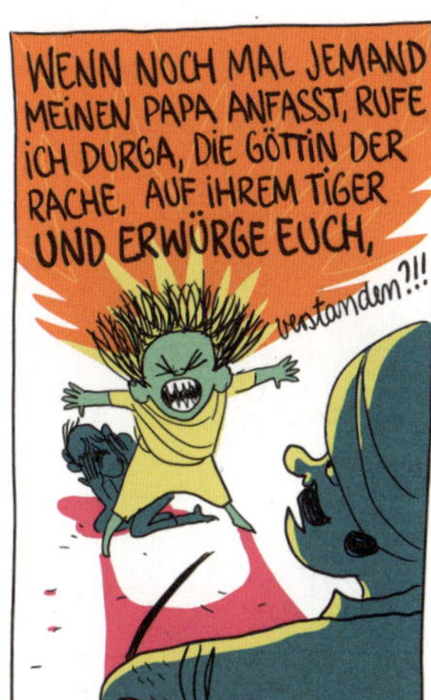

PHOOLAN IST NICHT EBEN DIE HÜBSCHESTE DER VIER SCHWESTERN UND BEKOMMT ALS SCHWER ZU VERHEIRATENDE AM WENIGSTEN ZU ESSEN.

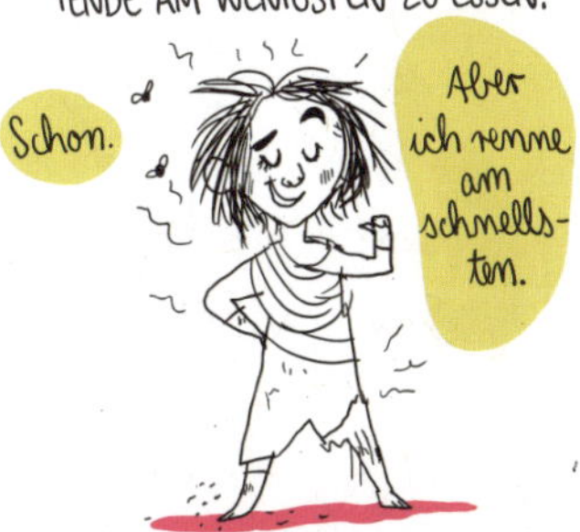

DOCH EINES SCHÖNEN SOMMERTAGES KÄMMEN DIE ELTERN IHR DIE HAARE UND ZIEHEN IHR EINEN FUNKELNDEN SARI AN: ENDLICH HABEN SIE EINEN MANN FÜR SIE GEFUNDEN.

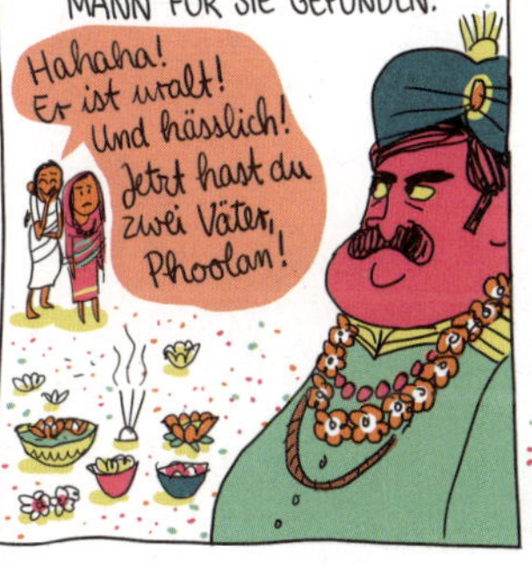

Du wirst sehen, nun wird sich dein Leben verändern. Aber noch nicht gleich, keine Sorge! Du bleibst bei uns, bis du 16 bist!

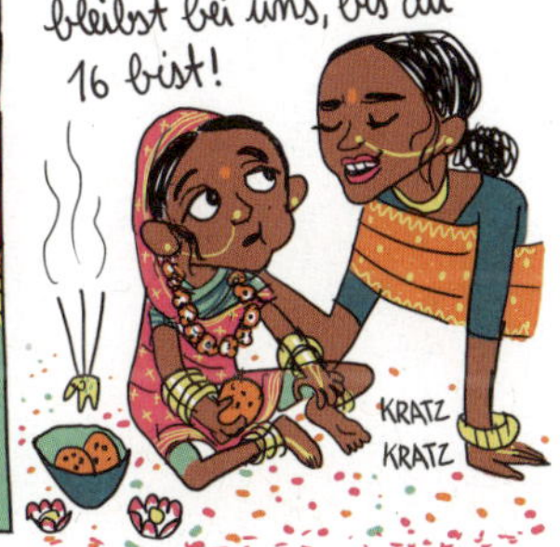

DOCH AM TAG NACH IHRER HOCHZEIT BELAUSCHT PHOOLAN EINEN STREIT ZWISCHEN IHREN ELTERN UND IHREM BRÄUTIGAM:

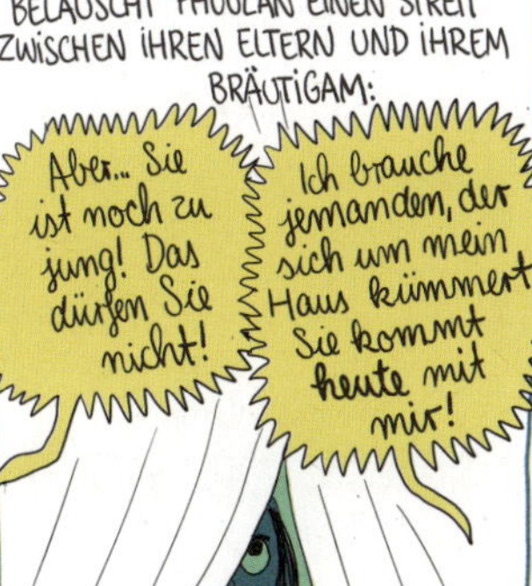

Weint nicht, ich komme ja wieder!

IN IHREM NEUEN ZUHAUSE MUSS SIE PUTZEN, KOCHEN UND MIT DEN HUNDEN AUF DEM BODEN SCHLAFEN.

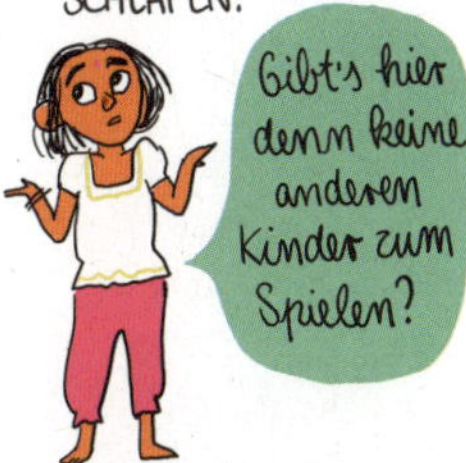

SIE IST 10 JAHRE ALT UND WEISS NICHT, WO DIE BABYS HERKOMMEN.

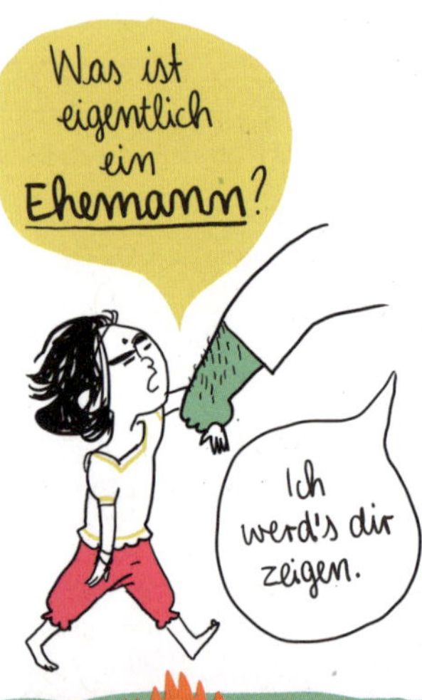

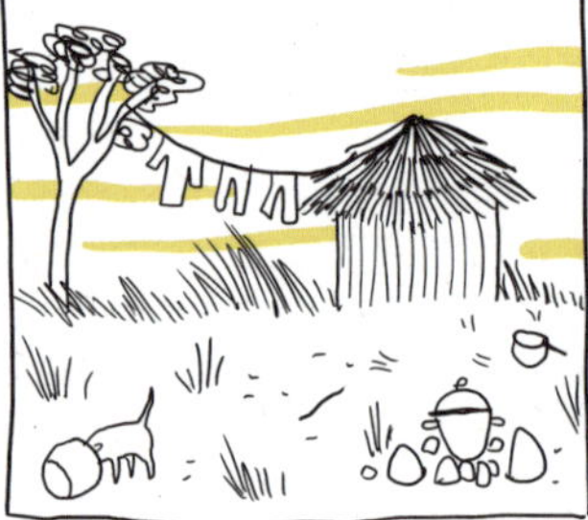

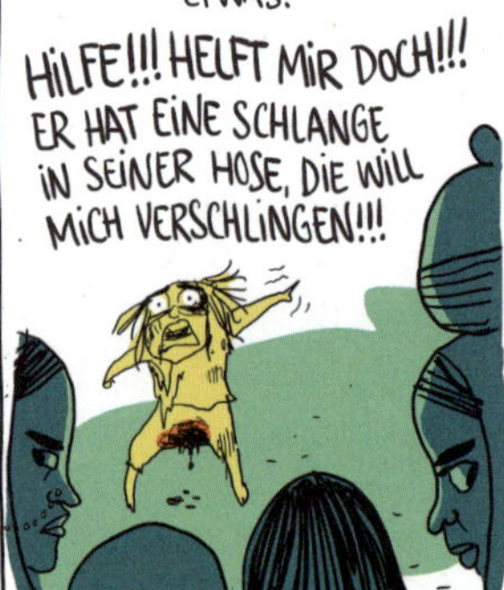

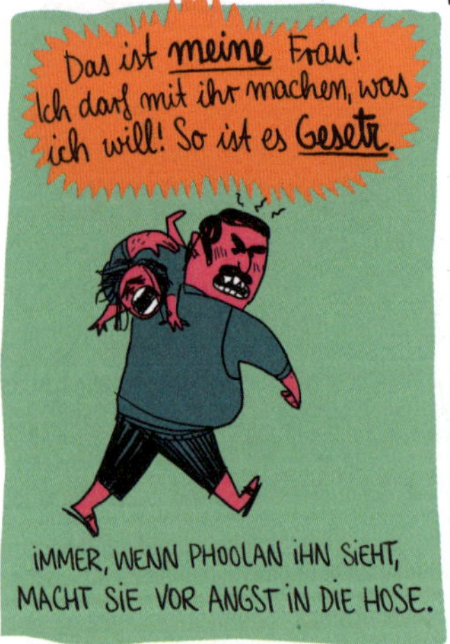

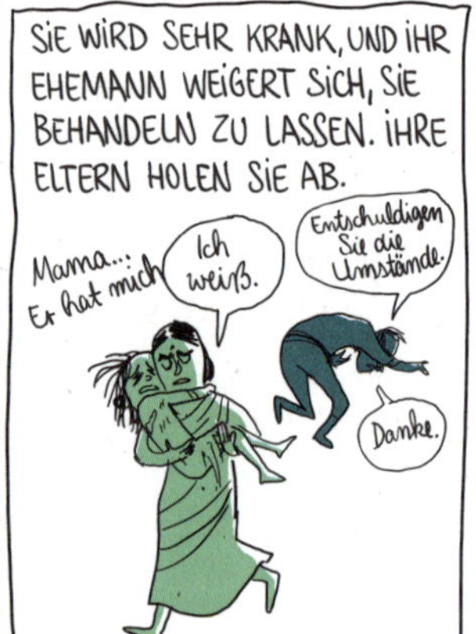

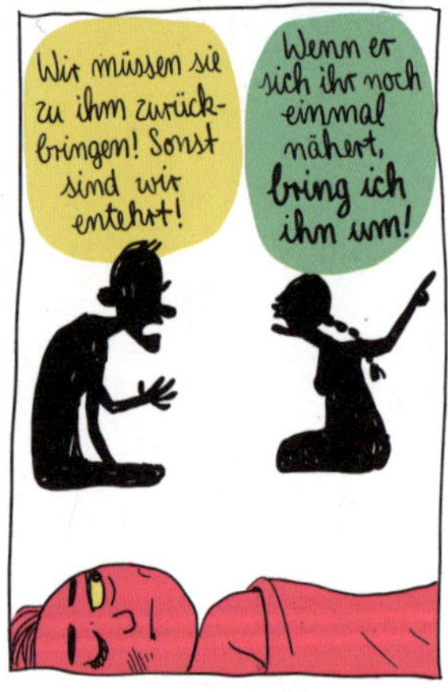

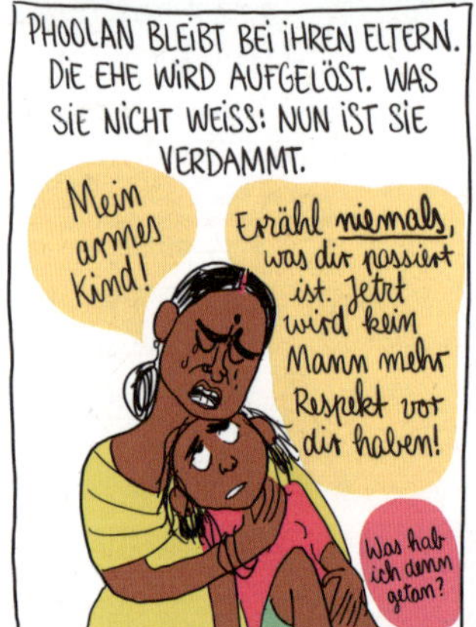

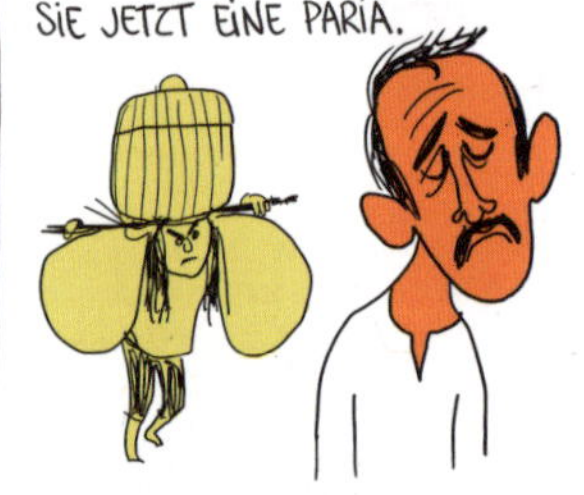

FÜR IHRE ELTERN IST PHOOLANS LEBEN ZERSTÖRT.

Weißt du, entehrte Mädchen wie du werfen sich meist in den Yamuna.

Aber ich hab nichts getan!!

SIE WIRD RASEND VOR WUT.

WO NUN SOWIESO ALLES ZU SPÄT IST, GIBT SIE SICH LIEBER IHRER WUT HIN, SELBST WENN DAS GANZE DORF SIE FÜR VERRÜCKT ERKLÄRT.

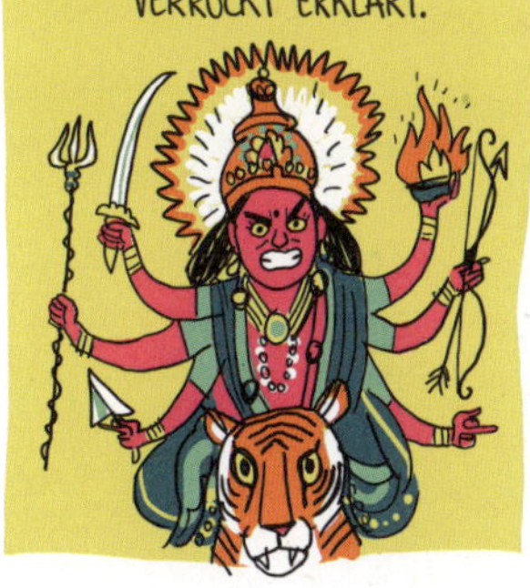

DER MACHT DER REICHEN MÄNNER KANN PHOOLAN NUR IHREN HASS UND DIE ENERGIE DER VERZWEIFLUNG ENTGEGENSETZEN.

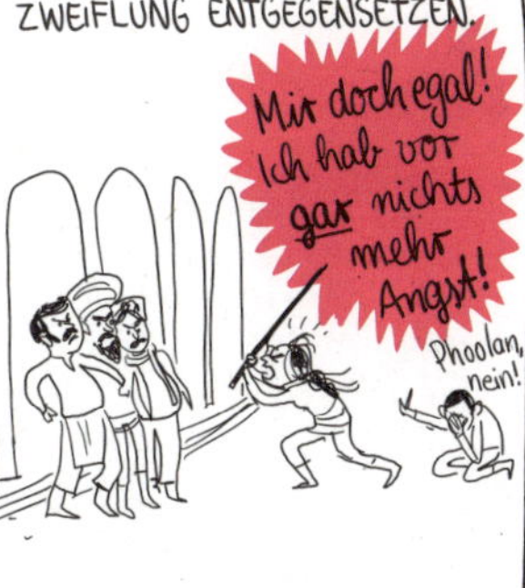

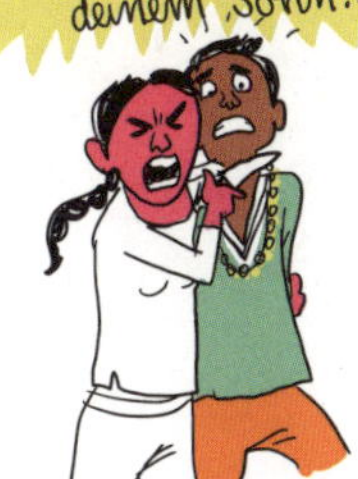

DIE THAKUR SIND AUSSER SICH, DASS EIN MÄDCHEN SICH IHNEN WIDERSETZT, KÖNNEN SIE NICHT DULDEN.

UM IHR EINE LEKTION ZU ERTEILEN, UMZINGELN SIE SIE UND SCHLAGEN SIE VOR DEN AUGEN IHRER ELTERN. DANN ÜBERGEBEN SIE PHOOLAN DER POLIZEI UND BEHAUPTEN, SIE GEHÖRE ZU DEN DACOITS…

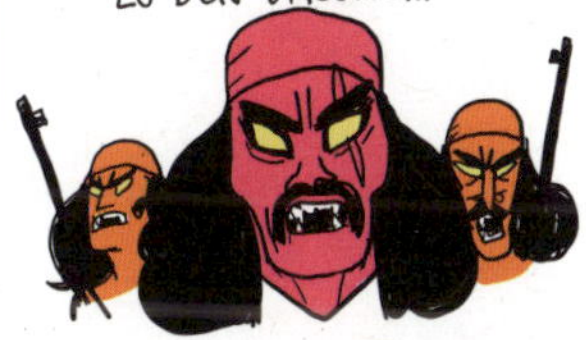

… DEN BLUTRÜNSTIGEN BANDITEN, DIE DURCH DEN DSCHUNGEL ZIEHEN UND DIE DÖRFER PLÜNDERN.

PHOOLAN WIRD FESTGENOMMEN. SIE KANN WEDER LESEN NOCH SCHREIBEN UND WEISS NICHT, WAS SIE UNTERZEICHNET.

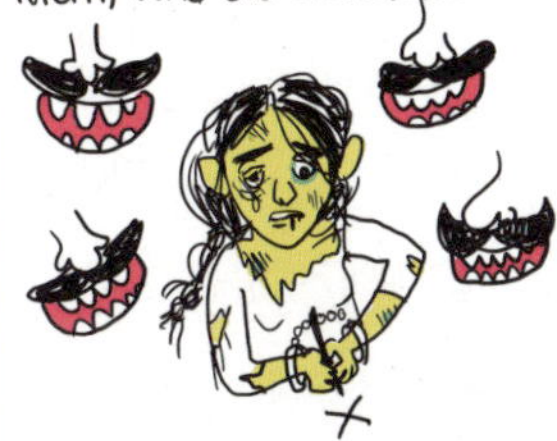

SIE IST 12 POLIZISTEN AUSGELIEFERT.

DIE KETTEN SIE IN EINER ZELLE AN EINEN STUHL UND VERGEWALTIGEN SIE EINER NACH DEM ANDEREN, DREI TAGE LANG.

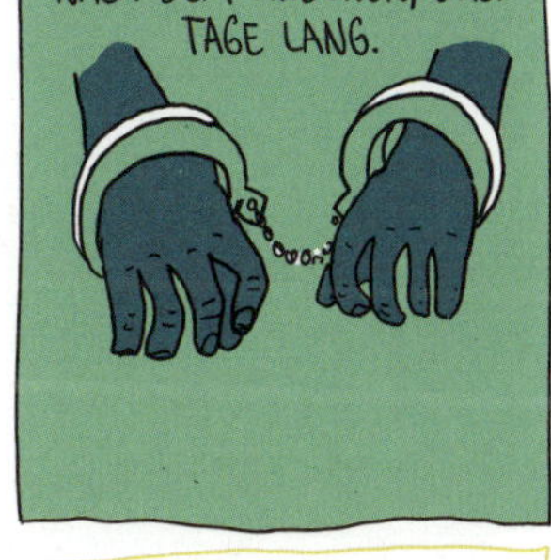

DANN WERFEN SIE SIE AUF DIE STRASSE. PHOOLAN KEHRT NACH HAUSE ZURÜCK. SIE FÜHLT SICH WIE VERSTEINERT.

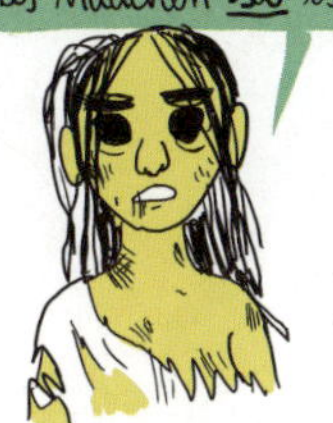

DIE NACHRICHT VERBREITET SICH WIE EIN LAUFFEUER. MÄNNER JEDEN ALTERS KOMMEN VON WEIT HER, DENN DAS BERÜHMTE MALLAH-MÄDCHEN IST NUN FREIWILD.

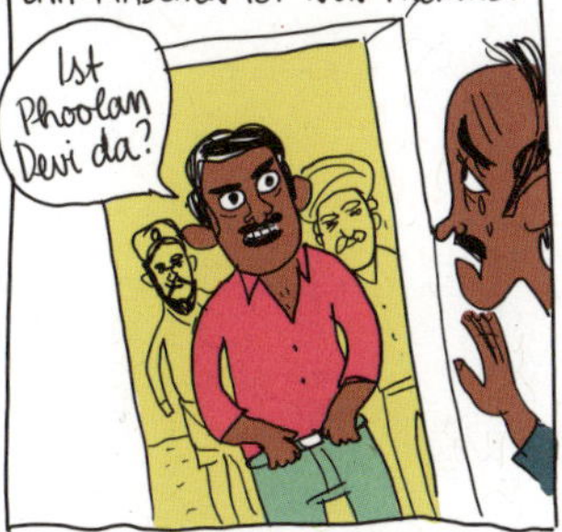

AUSSERDEM DARF SIE NICHT ZUM BRUNNEN GEHEN, DA SIE „UNREIN" IST. DA WIRD DAS JUNGE MÄDCHEN **ENDGÜLTIG** RASEND VOR WUT.

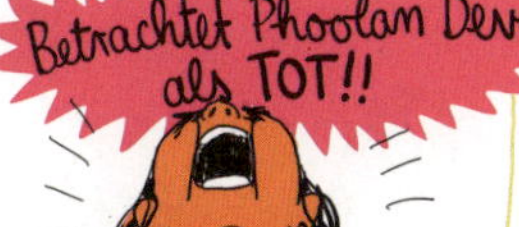

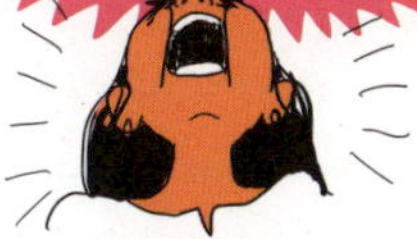

(NIEMAND WAGT ES MEHR, SIE ZU BEHELLIGEN.)

MONATELANG VERSUCHEN DIE THAKUR ALLES, UM PHOOLAN ZU BRECHEN.

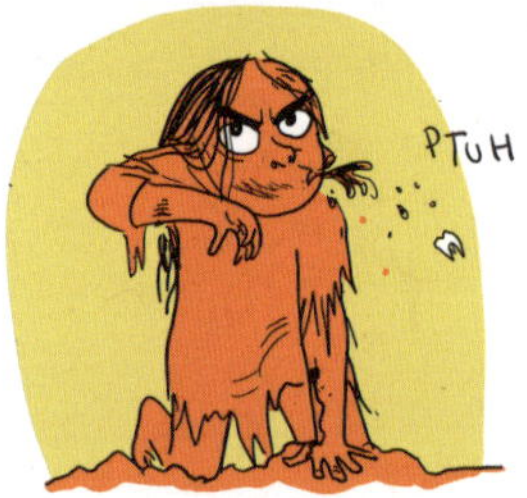

DOCH SIE WIRD NUR NOCH ZÄHER UND AUFSÄSSIGER.

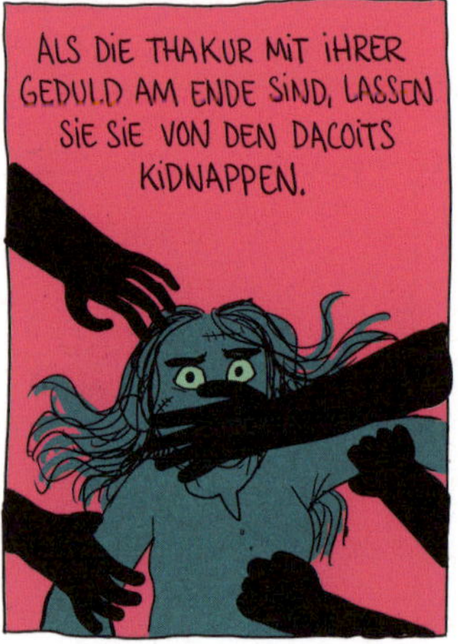

SIE MUSS DIE GANZE NACHT BARFUSS DURCH DEN DSCHUNGEL MARSCHIEREN. PHOOLAN HAT SOLCHE ANGST, DASS SIE ES NICHT MAL WAGT, DEN KOPF ZU HEBEN.

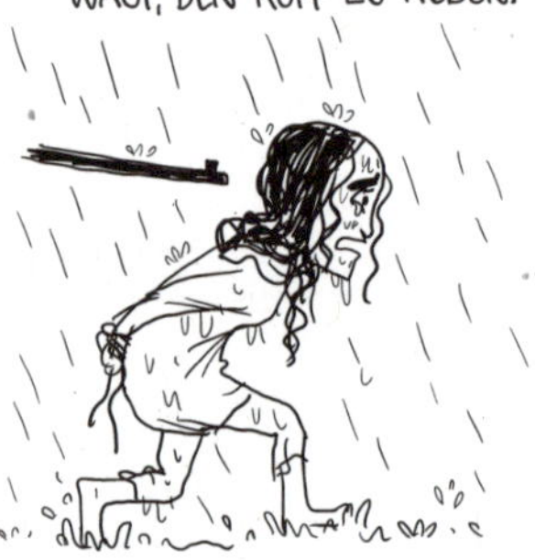

SEIT SIE KLEIN IST, HAT SIE SO VIELE GESCHICHTEN VON DIESEN BLUTGIERIGEN MONSTERN GEHÖRT, DASS SIE NUR DARAUF WARTET, JEDEN MOMENT VERGEWALTIGT/ GETÖTET/ VERSCHLUNGEN ZU WERDEN.

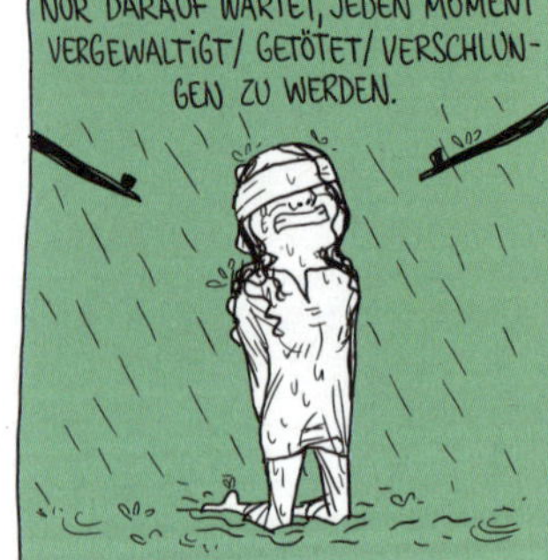

DOCH STATTDESSEN STREITEN SIE NUR – SIE WISSEN OFFENBAR NICHT, WAS SIE MIT IHR MACHEN SOLLEN.

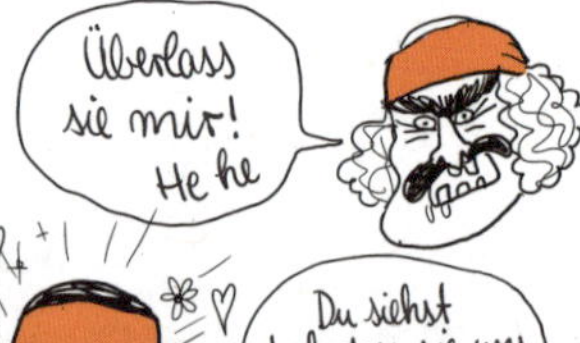

DER HÄSSLICHE ALTE VERSUCHT SIE BEI DER ERSTBESTEN GELEGENHEIT ZU VERGEWALTIGEN, DOCH ER WIRD IM LETZTEN MOMENT DAVON ABGEHALTEN.

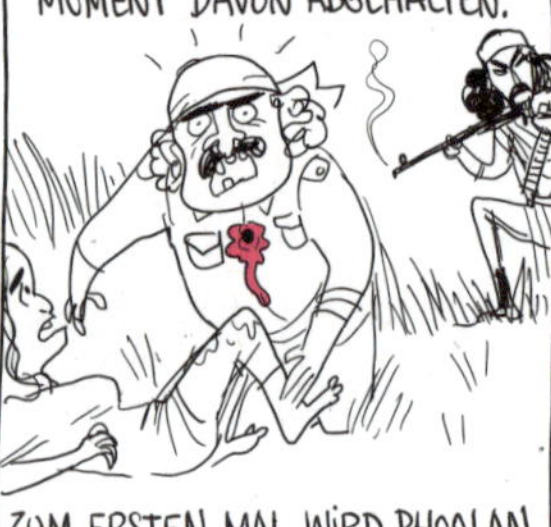

ZUM ERSTEN MAL WIRD PHOOLAN VON EINEM MANN VERTEIDIGT.

ER GIBT IHR WASSER.
ER IST NETT ZU IHR.
ER IST EIN MALLAH WIE SIE.

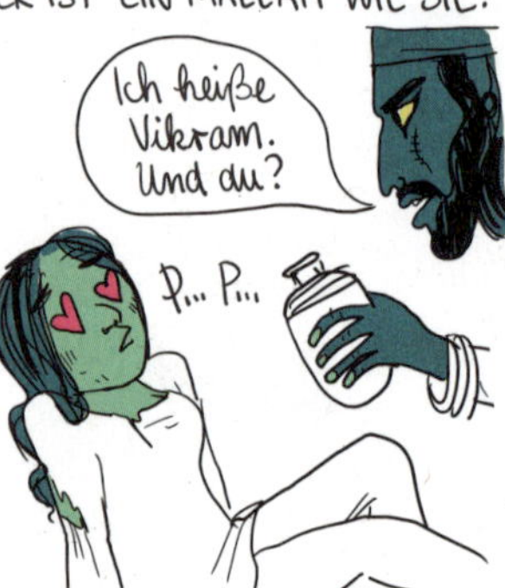

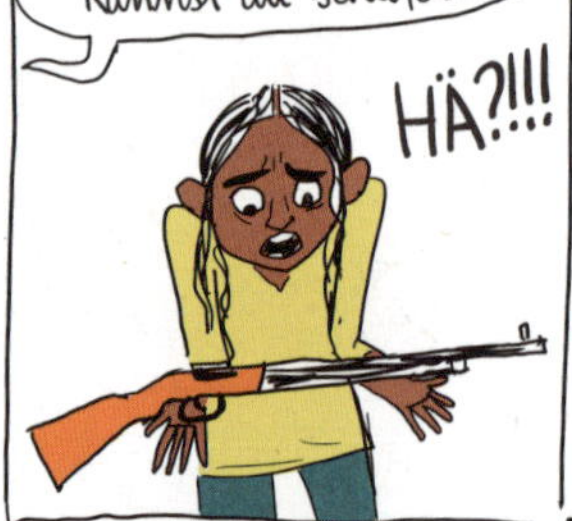

PHOOLAN FOLGT DEN DACOITS UND SIEHT, DASS SIE DIE REICHEN NUR BESTEHLEN, UM IHRE BEUTE AN DIE ARMEN ZU VERTEILEN.

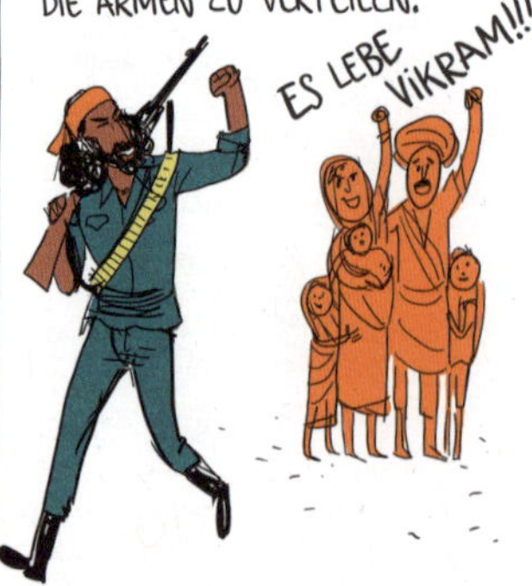

DEN BANDITEN SCHEINT ES EGAL ZU SEIN, DASS PHOOLAN EIN MÄDCHEN IST. PARADOXERWEISE FÜHLT SIE SICH ZUM ERSTEN MAL IN IHREM LEBEN ABSOLUT SICHER.

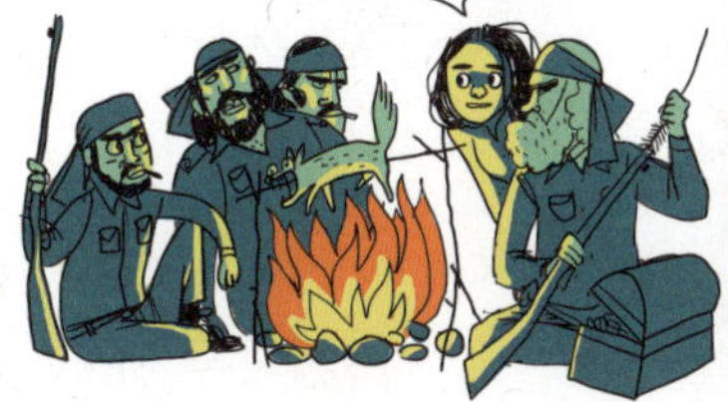

NUN JA, NICHT **ALLEN** IST ES EGAL.

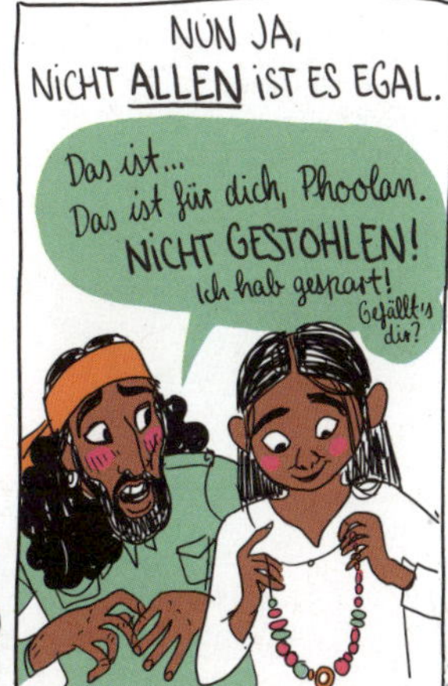

PHOOLAN IST 16, VIKRAM 22.

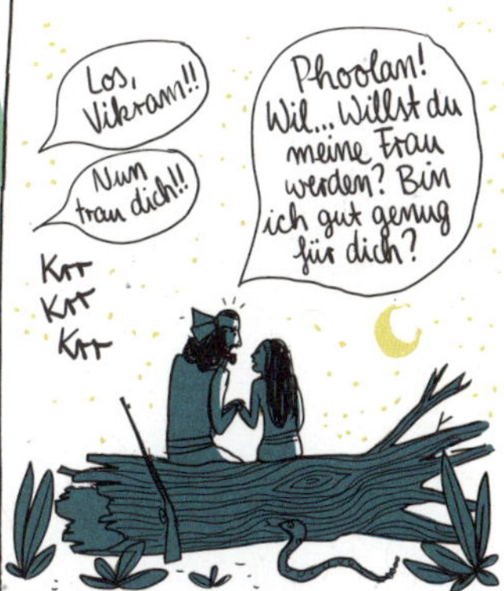

PHOOLAN WIRD SEINE FRAU UND ERZÄHLT IHM **ALLES**.

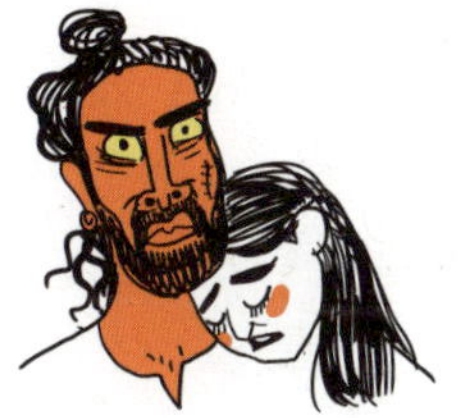

VIKRAM GIBT IHR DAS VERSPRECHEN, DASS DIE DACOITS UND ER SIE RÄCHEN WERDEN.

SIE BEGINNEN MIT EINEM KLEINEN HÖFLICHKEITSBESUCH BEI IHREM ERSTEN EHEMANN.

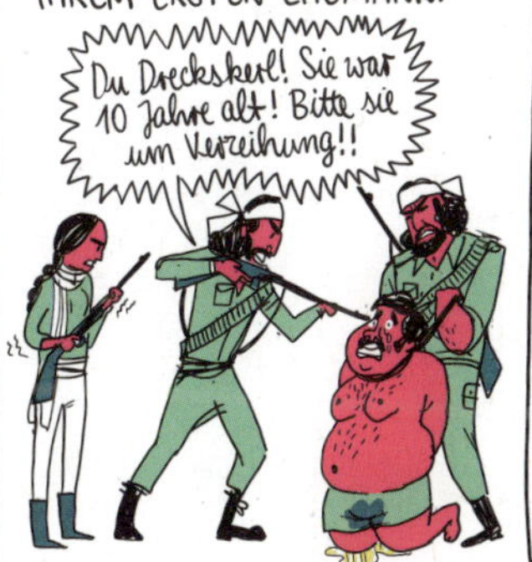

"DAS PASSIERT EINEM, WENN MAN EIN KIND HEIRATET!!"

DER DSCHUNGEL IST NUN PHOOLANS ZUFLUCHTSORT UND DIE DACOITS IHRE FAMILIE.

SIE LERNT SCHIESSEN, TRÄGT DIE UNIFORM DER DACOITS SAMT STIRNBAND UND GELOBT, IHREN EHRENKODEX ZU BEFOLGEN UND FÜR DIE SCHWACHEN ZU KÄMPFEN. PHOOLAN SIEHT SICH ALS INKARNATION DER GÖTTIN DURGA UND KÜNDIGT AUCH JEDEN IHRER ANGRIFFE SO AN (UND ZWAR STETS MIT DERSELBEN VERVE).

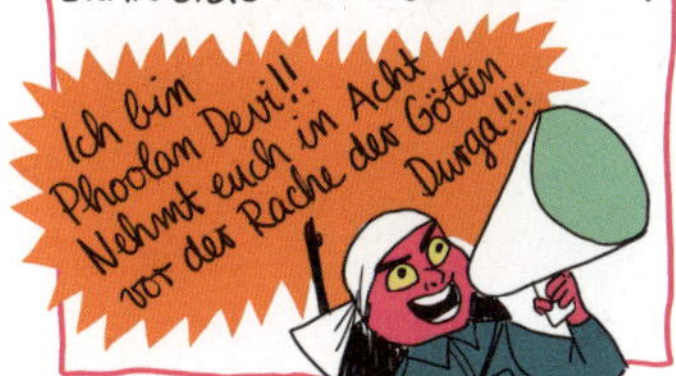

IN ALLEN DÖRFERN BEJUBELN DIE ARMEN PHOOLAN UND VIKRAM, DIE ROBIN HOODS VON UTTAR PRADESH (OBWOHL DIE POLIZEI EIN KOPFGELD AUF SIE AUSGESETZT HAT), UND UNTERSTÜTZEN SIE.

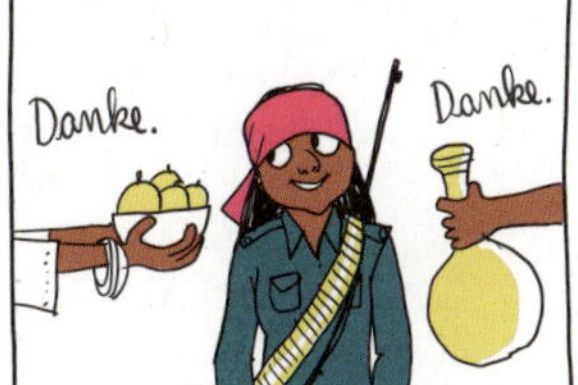

HEIMLICH GEHT PHOOLAN IN IHREM DORF VORBEI (WO SIE NUN JEDER FÜRCHTET), UM VIKRAM IHREN ELTERN VORZUSTELLEN.

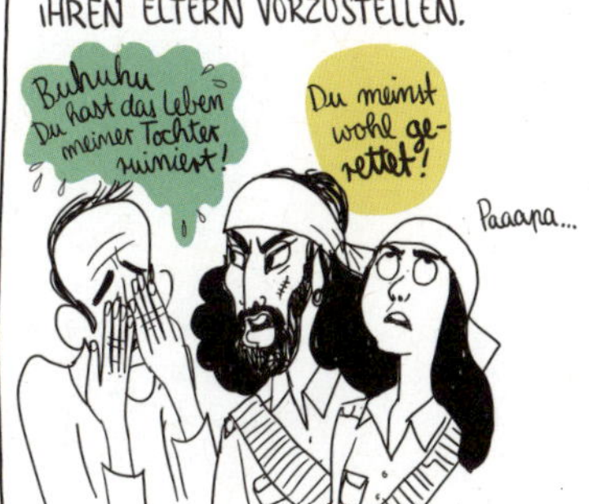

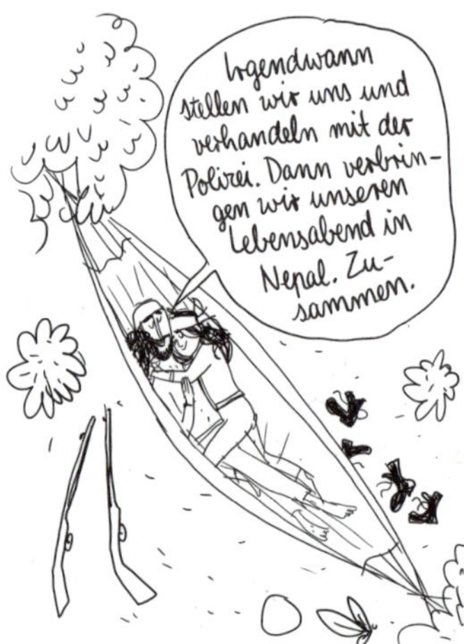

DOCH SRI RAM, EIN RIVALISIERENDER BANDENCHEF (UND THAKUR), IST WÜTEND, DASS EIN MALLAH **UND** EINE FRAU DIE DACOITS ANFÜHREN. EINES NACHTS GREIFT ER AN.

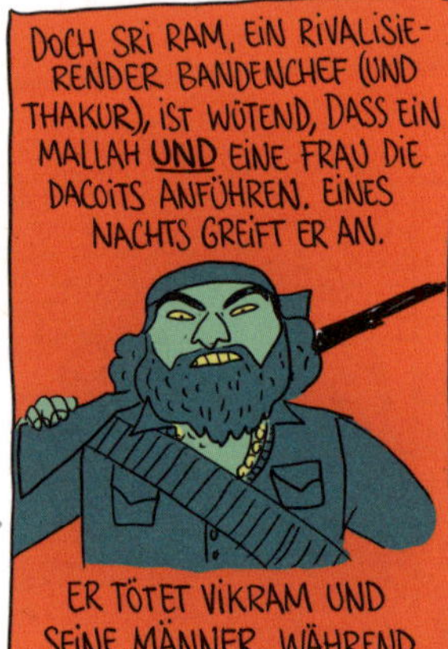

ER TÖTET VIKRAM UND SEINE MÄNNER, WÄHREND SIE SCHLAFEN.

PHOOLAN WIRD VERSCHONT, BEGREIFT ABER SOFORT, DASS DAS NICHTS GUTES HEISST.

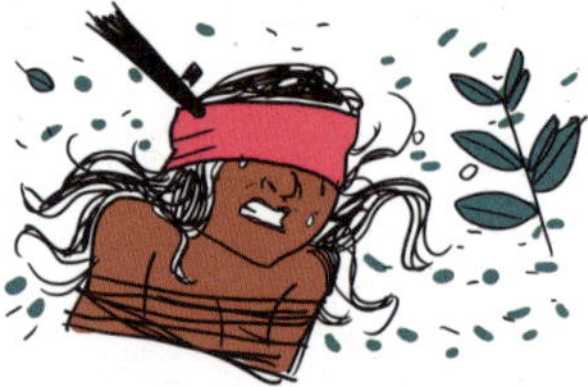

UM SIE ZU DEMÜTIGEN UND DARAN ZU ERINNERN, WO SIE HINGEHÖRT, TUT SRI RAM ETWAS SCHLIMMERES, ALS SIE ZU TÖTEN.

ER ZERRT SIE NACKT DURCH DIE UMLIEGENDEN DÖRFER UND WIRFT SIE ALLEN MÄNNERN ZUM FRASS VOR.

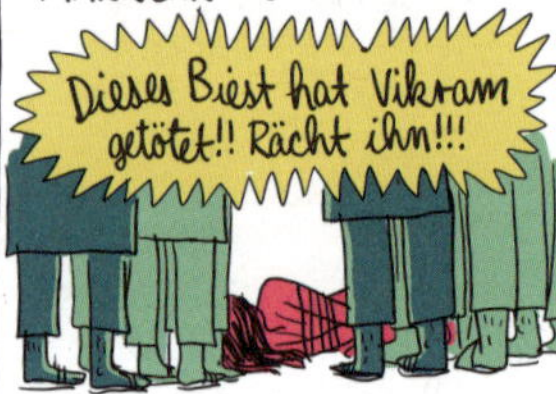

23 TAGE LANG GEHT IHR KÖRPER VON EINEM ZUM ANDEREN.

EIN BRAHMANE HAT MITLEID MIT IHR UND VERHILFT IHR ZUR FLUCHT (EHE SRI RAM IHN LEBENDIG VERBRENNT).

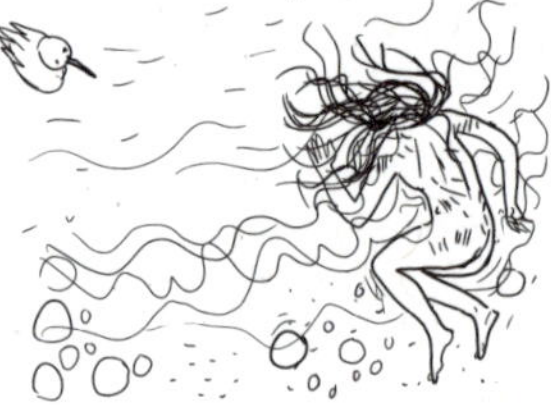

INNERLICH IST SIE TOT. NUR DIE WUT HÄLT SIE AM LEBEN.

PHOOLAN IST NUR NOCH EINE MASCHINE.
SIE EMPFINDET NICHTS MEHR.

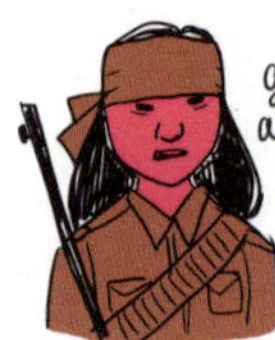

SIE IST 17 JAHRE ALT UND GRÜNDET EINE NEUE BANDE, MIT EINEM EINZIGEN ZIEL: IHRE HENKER ZU VERFOLGEN.

WO MAN SIE RUFT, WÜTEN SIE UND IHRE MANNEN SCHONUNGSLOS, UM VERGEWALTIGER ZU BESTRAFEN, VON DENEN ES SO VIELE IN DEN DÖRFERN GIBT.

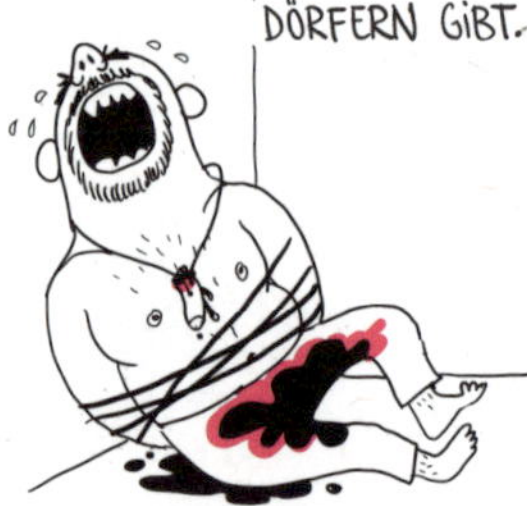

FÜR ARME FRAUEN WIRD SIE ZUR IKONE.

JEMAND KOMMT IHR ZUVOR UND TÖTET IHREN FEIND, SRI RAM, UM EINE RECHNUNG ZU BEGLEICHEN.

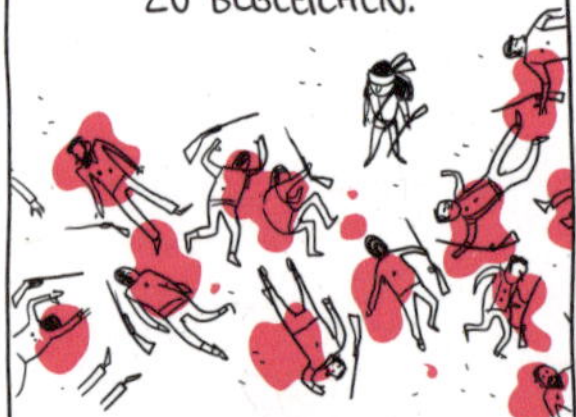

ABER SIE KANN FAST 20 SEINER KOMPLIZEN (ALLES THAKUR) STELLEN UND TÖTEN.

DIESMAL SETZT DIE POLIZEI HUBSCHRAUBER EIN, UM SIE ZU FASSEN. DIE PRESSE SPRICHT NUR NOCH VON DER „BANDITENKÖNIGIN", UND IHRE FESTNAHME WIRD ZUM POLITIKUM. IRGENDWANN HAT PHOOLAN IHRE RACHE GESTILLT UND IST ERSCHÖPFT.

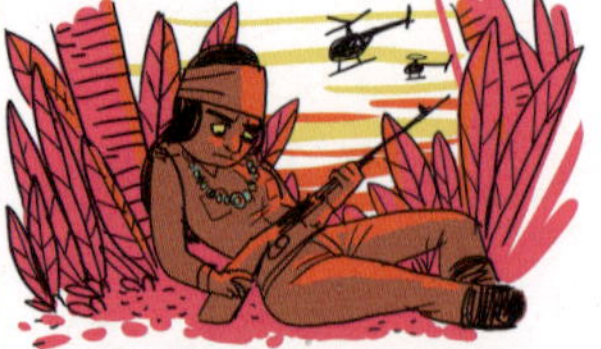

DIE ZEIT IST GEKOMMEN, SICH ZU ERGEBEN.

SIE HANDELT DIE BEDINGUNGEN AUS: LAND FÜR IHRE ELTERN, EINE GARANTIE FÜR IHRE SICHERHEIT, EINEN FAIREN PROZESS FÜR IHRE MANNEN. DANN LEGT SIE IHRE WAFFEN IM RAHMEN EINER GROSSEN ÖFFENTLICHEN ZEREMONIE NIEDER.

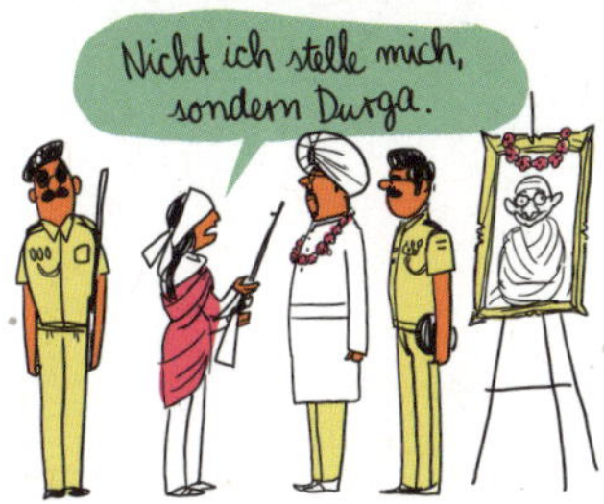

DIE MENSCHENMENGE SKANDIERT IHREN NAMEN BIS ZUM TIHAR-GEFÄNGNIS IN DELHI.

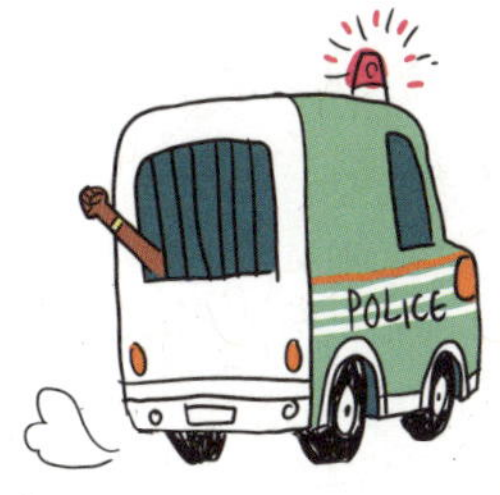

DORT WARTET SIE ELF JAHRE LANG AUF IHREN PROZESS.

DANN DREHT SICH DER WIND FÜR DIE NIEDRIGEN KASTEN. AUS WAHLTAKTISCHEN GRÜNDEN LÄSST DIE REGIERUNG DIE ANKLAGE GEGEN DIE VOLKSHELDIN FALLEN.

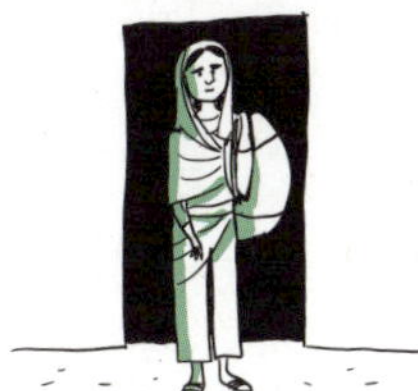

MIT UNTERSTÜTZUNG DER SOZIALISTISCHEN PARTEI SAMAJWADI KOMMT PHOOLAN MIT 31 JAHREN FREI.

DIE PARTEI WIRBT UM DIE BELIEBTE MALLAH.

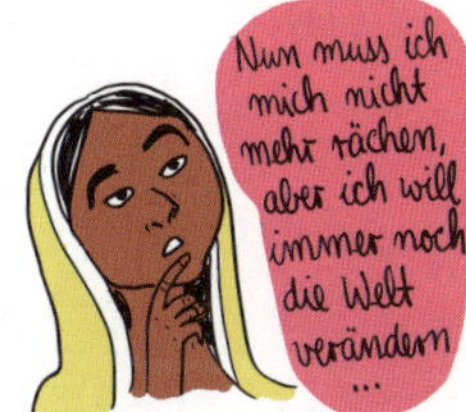

WEIL PHOOLAN ENTSCHLOSSEN IST, DEN UNTERDRÜCKTEN IHRE STIMME ZU LEIHEN, STELLT SIE SICH ZUR WAHL.

UND SO ZIEHT IM JAHR 1996 DIE EINSTIGE BANDITENKÖNIGIN INS PARLAMENT EIN.

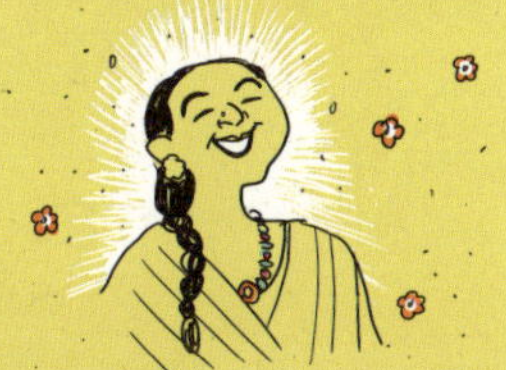

SIE LÄSST ÜBER GESETZE ZUM SCHUTZ DER ARMEN UND DER FRAUEN ABSTIMMEN UND WIRD SOGAR FÜR DEN FRIEDENSNOBELPREIS VORGESCHLAGEN.

NATÜRLICH WERFEN IHR DIE FUNDAMENTALISTISCHEN HINDUS STEINE IN DEN WEG.

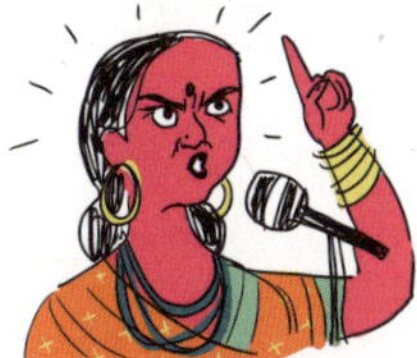

ABER VOR ALLEM DIE THAKUR HABEN PHOOLANS FREISPRUCH UND IHRE WAHL NOCH IMMER NICHT VERDAUT UND WOLLEN IHREN KOPF.

ALS SIE AM 25. JULI 2001 VON EINER PARLAMENTSSITZUNG KOMMT, WIRD SIE VOR IHREM HAUS VON ZWEI KUGELN IN DEN KOPF GETROFFEN.

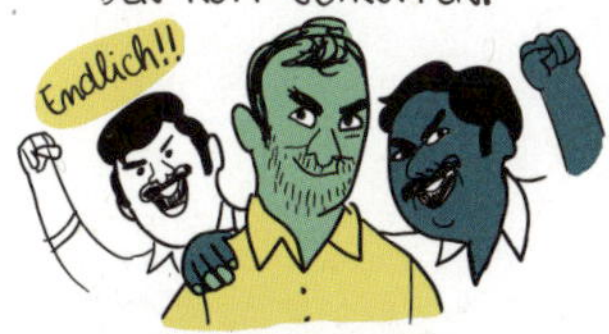

SHER SINGH RANA, EIN THAKUR, BEKENNT SICH STOLZ ZU DEM MORD UND WIRD ZU EINEM HELDEN SEINER KASTE.

DOCH PHOOLANS TOD LÖST EINE VOLKSERHEBUNG AUS, UND IHR MÖRDER WIRD SCHLIESSLICH ZU LEBENSLANGER HAFT (EBENFALLS IM TIHAR-GEFÄNGNIS) VERURTEILT.

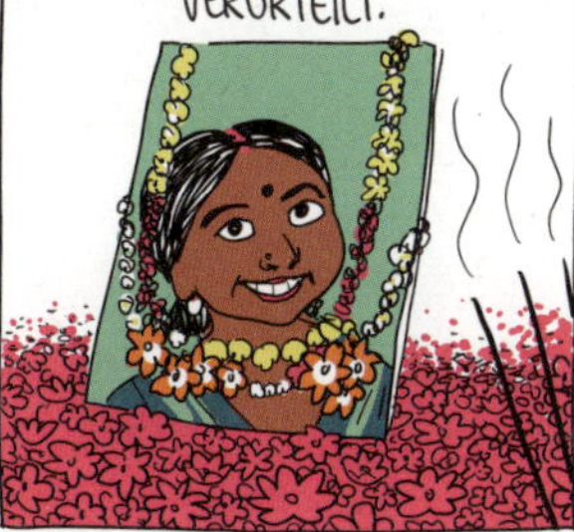

OB DURCH DURGAS WUT ODER AUF LEGALEM WEG – PHOOLAN HAT NIEMALS AUFGEHÖRT, DAS GESETZ DES SCHWEIGENS UND DEN OBSKURANTISMUS IN INDIEN ZU BEKÄMPFEN.

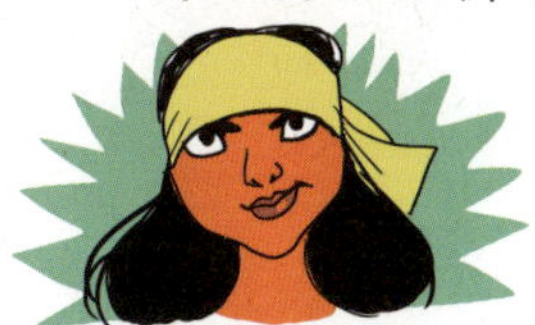

WER WEISS, WELCHE BERGE SIE NOCH VERSETZT HÄTTE, WÄRE SIE ÄLTER GEWORDEN ALS 38 JAHRE.

Pénélope*

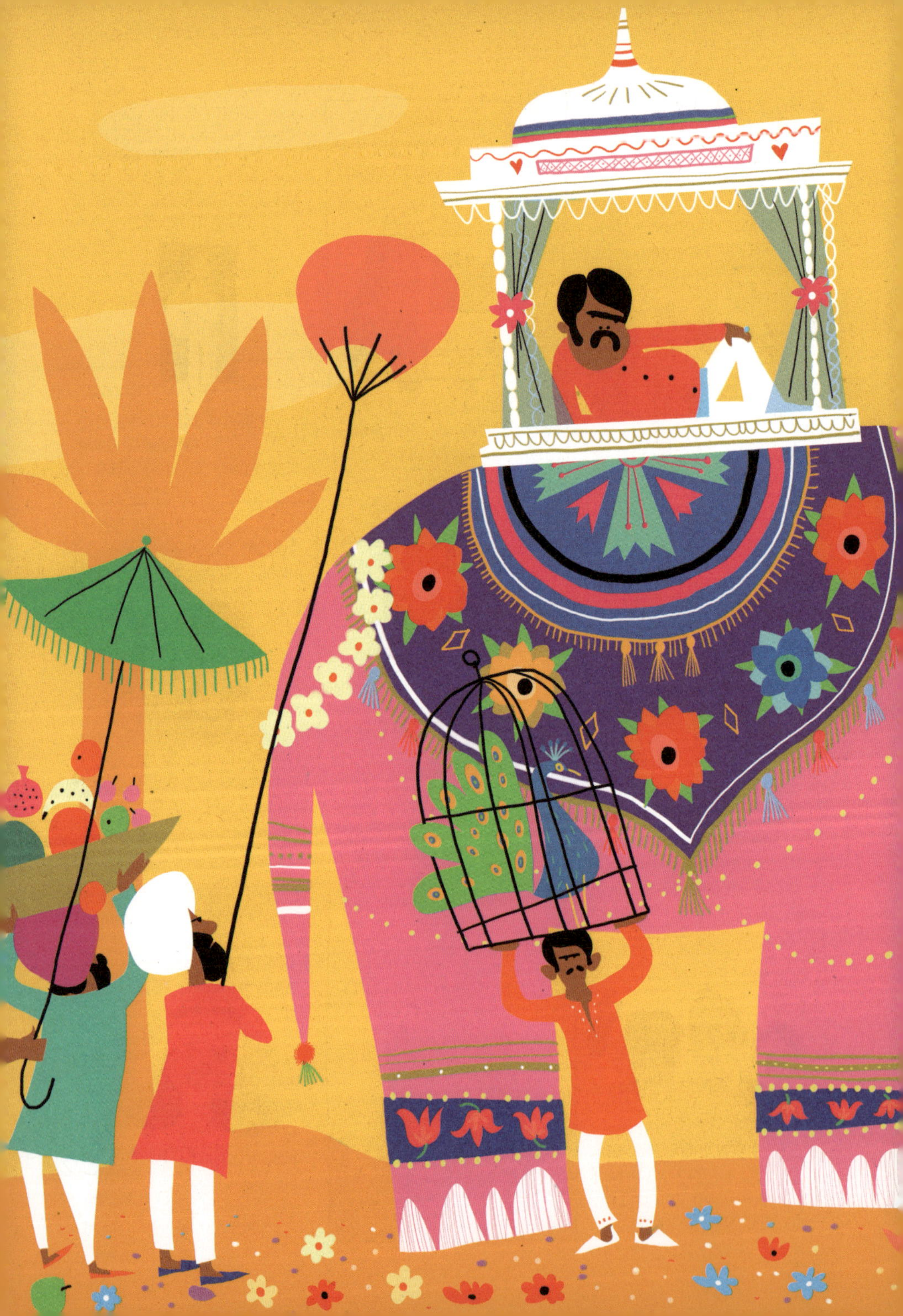

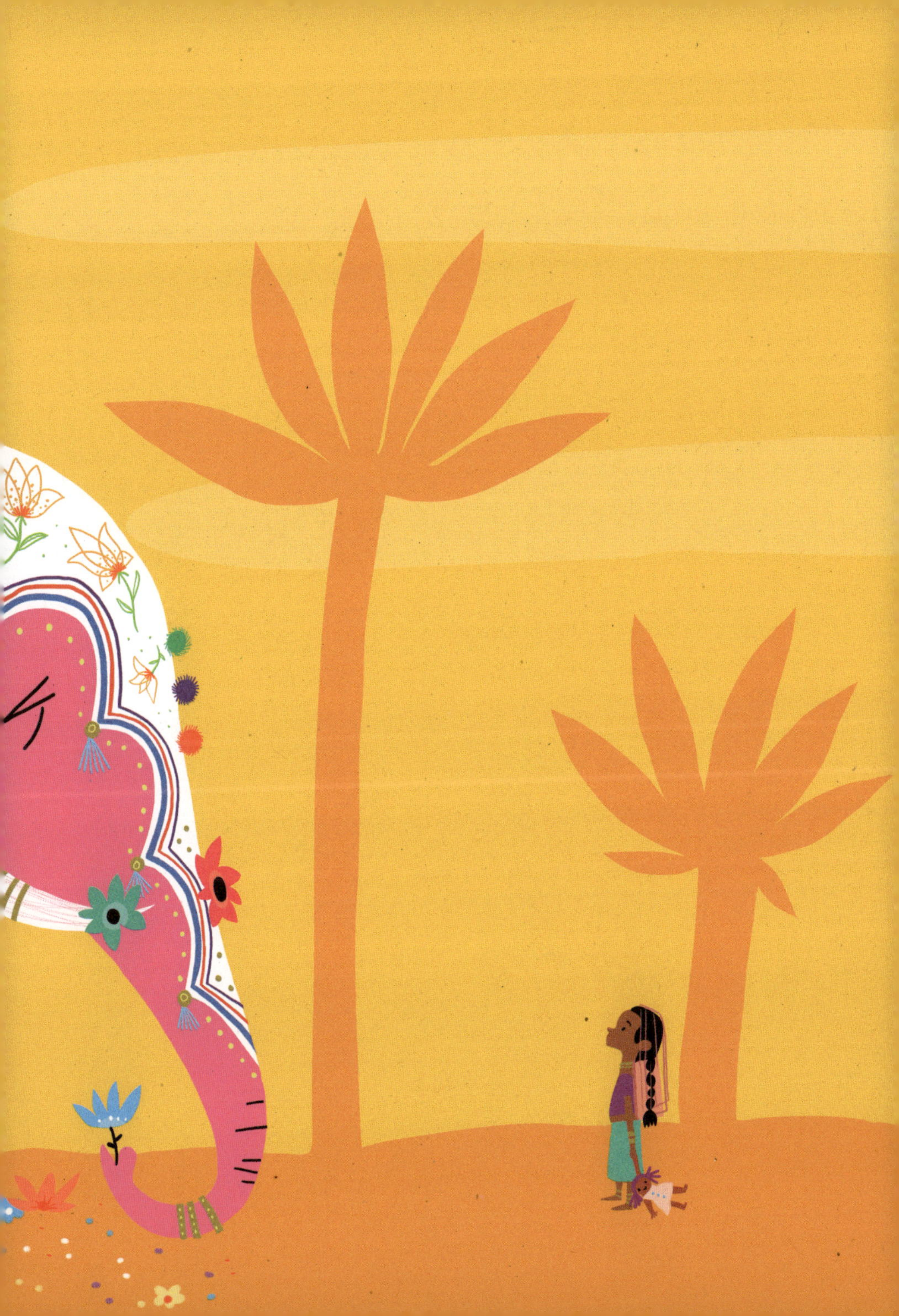

The Shaggs

Rockstars

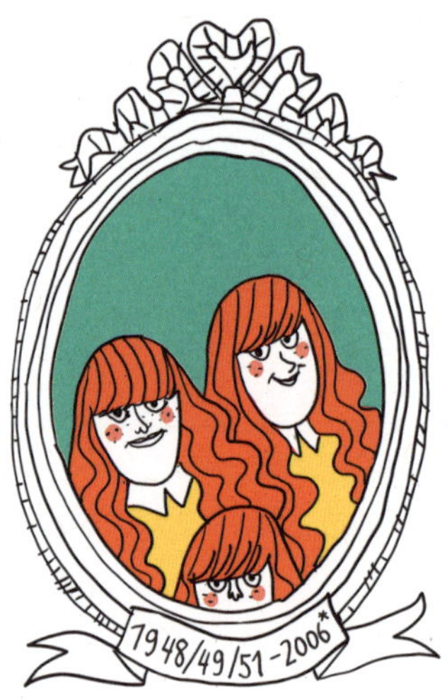

AUSTIN WIGGIN JR. IST EIN SEHR ABERGLÄUBISCHER JUNGER MANN, DER SICH OFT VON SEINER MUTTER AUS DER HAND LESEN LÄSST.

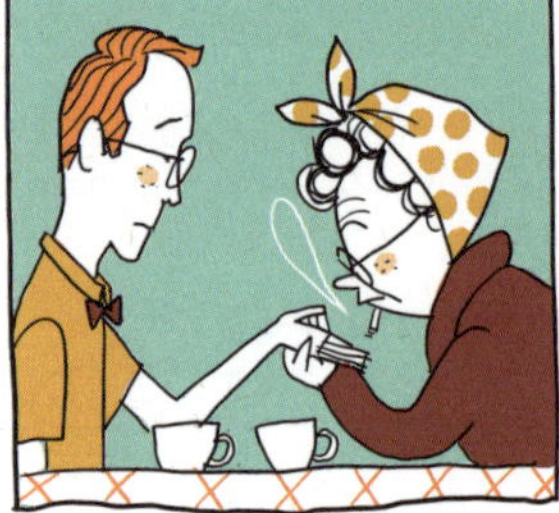

SIE SAGT IHM DREI DINGE VORAUS:

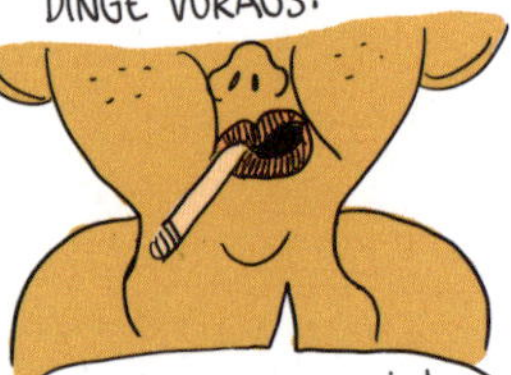

- Deine Ehefrau wird blond sein.
- Ihr bekommt zwei Söhne und
- drei Töchter, die berühmte Musikerinnen werden.

EIGENTLICH MACHT SICH AUSTIN NICHT VIEL AUS MUSIK.

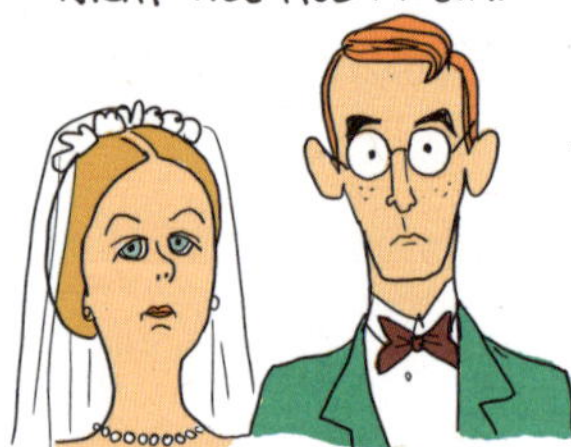

TATSÄCHLICH IST DIE FRAU, DIE ER HEIRATET, BLOND. AUCH ANNIE MACHT SICH NICHT VIEL AUS MUSIK.

SIE BEKOMMEN ZWEI SÖHNE UND VIER TÖCHTER, DIE ALLE IN FREMONT, NEW HAMPSHIRE, GEBOREN WERDEN.

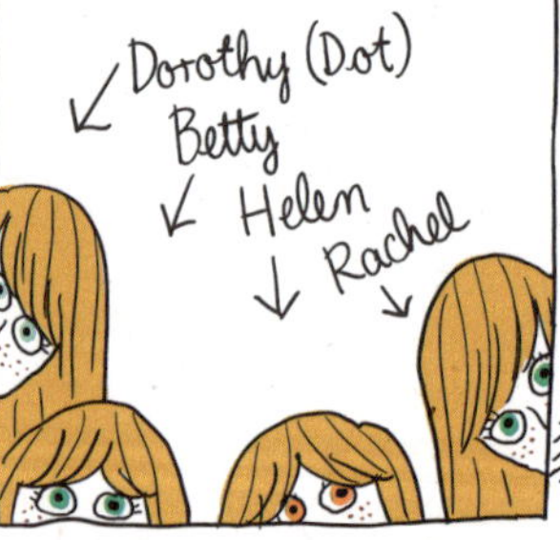

FREMONT IST EINE TRISTE KLEINSTADT, DIE RECHT ABGELEGEN IST UND IN DER SICH ALLE EINWOHNER ETWAS ÄHNELN.

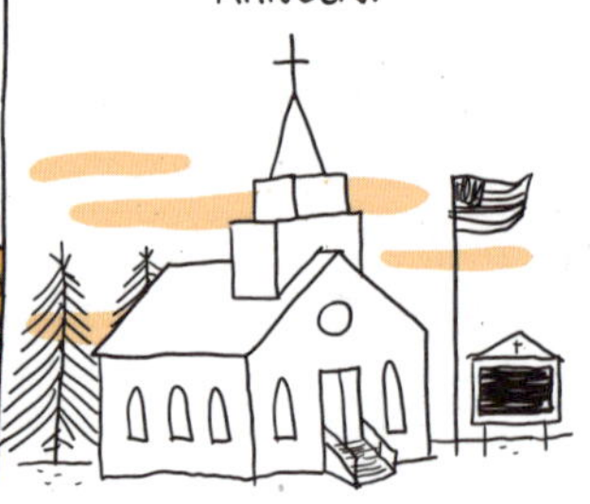

AUSTIN ARBEITET IN EINER TEXTILFABRIK, WÜRDE ABER GERN EINMAL VOR SEINEN NACHBARN GLÄNZEN.

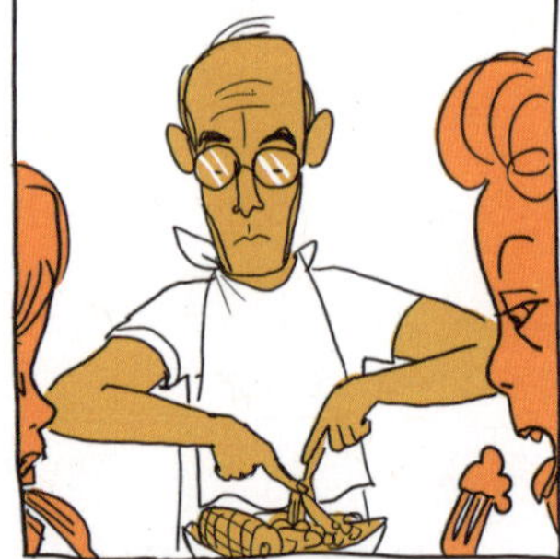

DA ERINNERT ER SICH AN DIE DRITTE PROPHEZEIUNG SEINER MUTTER UND VERKÜNDET SEINEN TÖCHTERN EINES ABENDS:

Ihr werdet eine Band gründen.

SIE SIND ÜBERRASCHT – KEINE VON IHNEN MACHT SICH VIEL AUS MUSIK, UND IHR VATER HATTE IHNEN IMMER VERBOTEN, AUF KONZERTE ZU GEHEN.

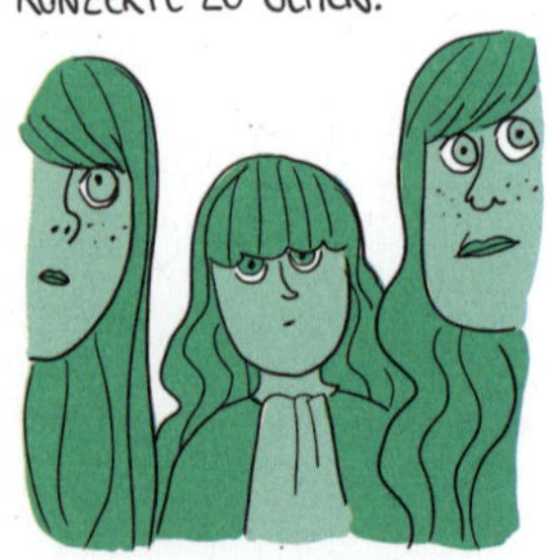

* Helen Wiggin starb 2006

DEN DREI ÄLTEREN KAUFT ER INSTRUMENTE UND TEILT JEDER EINES ZU.

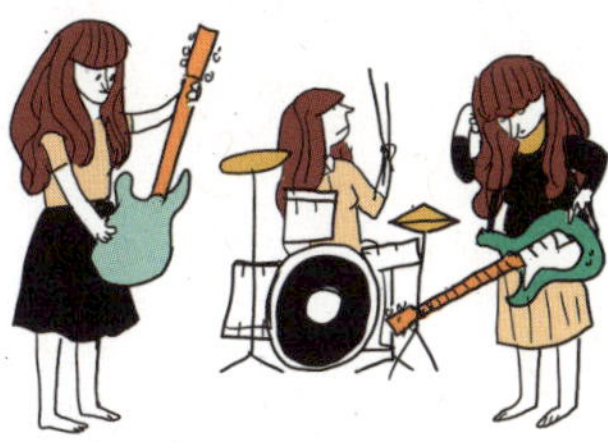

DANN VERDONNERT ER SIE DAZU, SONGS ZU SCHREIBEN.

DOT SCHREIBT ÜBER DAS, WAS SIE KENNT: HALLOWEEN, IHRE ENTLAUFENE KATZE FOOT FOOT, IHRE ELTERN...

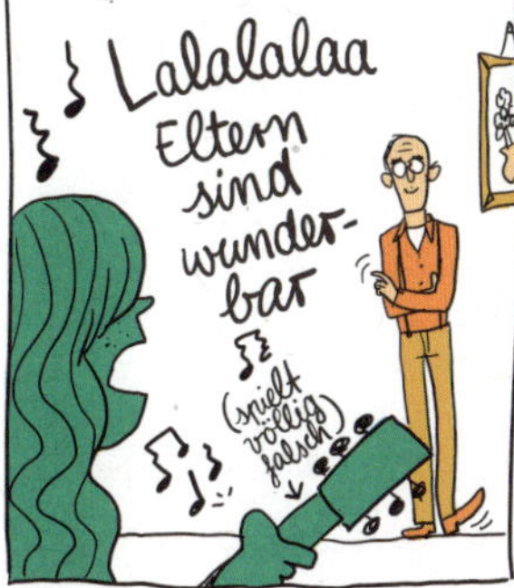

UM IHRER KARRIERE AUF DIE SPRÜNGE ZU HELFEN, MELDET AUSTIN SIE ZU EINEM TALENTWETTBEWERB AN. SEINE TÖCHTER SIND BEUNRUHIGT.

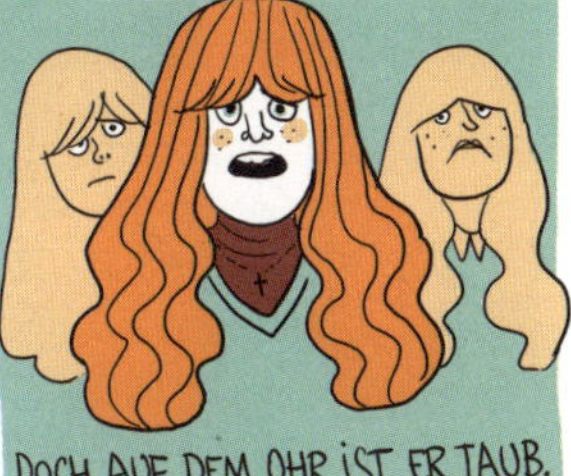

DOCH AUF DEM OHR IST ER TAUB.

ER TAUFT SIE „THE SHAGGS", IN ANLEHNUNG AN EINE BELIEBTE FRISUR DER ZEIT, UND LÄSST SIE AUFTRETEN.

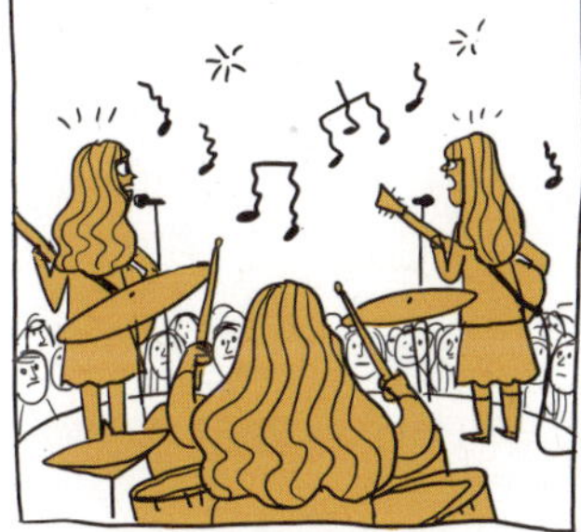

DER SAAL TOBT VOR LACHEN, SIE WERDEN AUSGEBUHT UND MIT ALLEM MÖGLICHEN BESCHMISSEN.

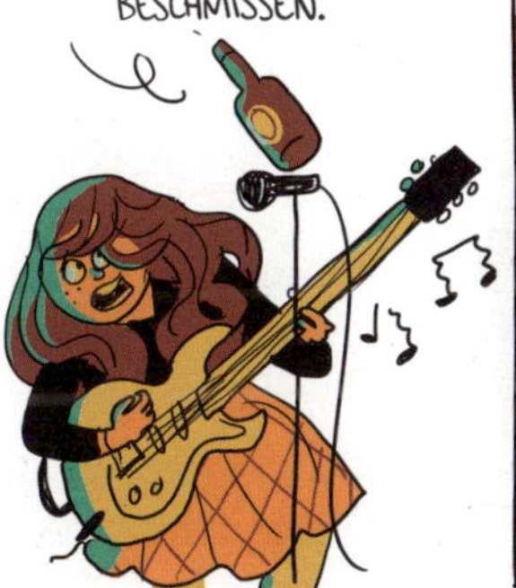

AUF DEM HEIMWEG IST IHR VATER WÜTEND, ABER DIE SCHMACH HAT SEINEN ENTSCHLUSS NUR GEFESTIGT.

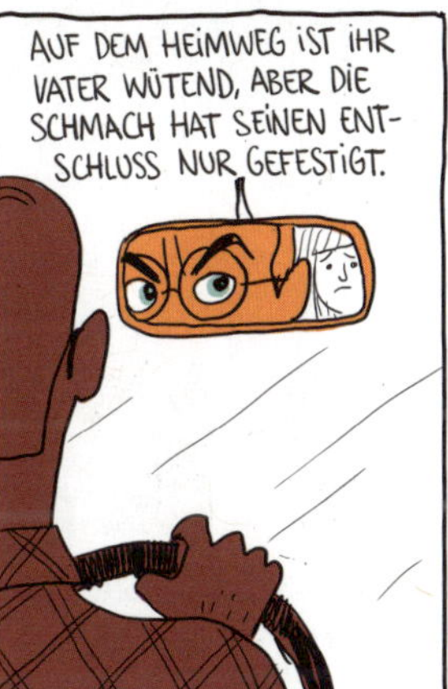

Das soll euch eine Lektion sein!! Ihr müsst euch ins Zeug legen, wenn ihr berühmt werden wollt!

Aber wir **wollen nicht** berühmt werden

Scht.

KEINE DER SCHWESTERN WAGT ES, SICH DEM VATER ZU WIDERSETZEN.

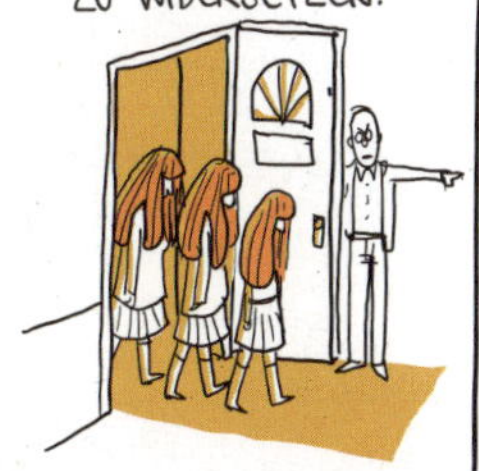

UND DAMIT SIE SICH INS ZEUG LEGEN, FORDERT ER MEHR DISZIPLIN VON IHNEN.

ER NIMMT SIE VON DER SCHULE, DAMIT SIE SICH GANZ AUF IHRE MUSIK KONZENTRIEREN.

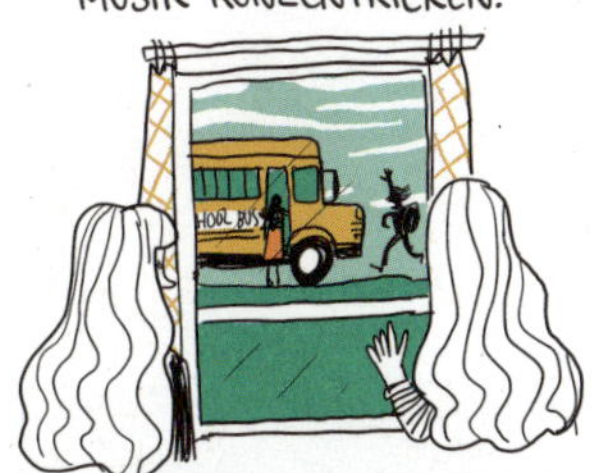

SIE WAREN NOCH NIE BESONDERS BELIEBT, ABER DURCH DEN HAUSUNTERRICHT HABEN SIE NUN GAR KEIN SOZIALES LEBEN MEHR.

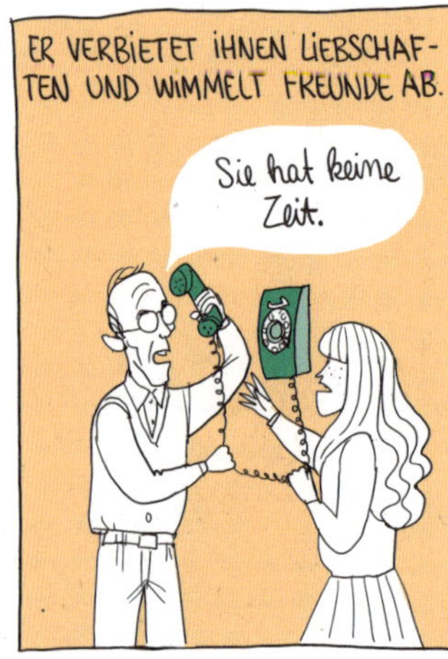
ER VERBIETET IHNEN LIEBSCHAFTEN UND WIMMELT FREUNDE AB.
Sie hat keine Zeit.

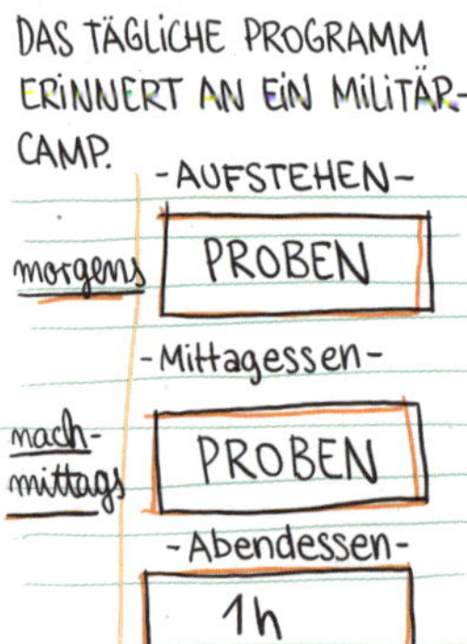
DAS TÄGLICHE PROGRAMM ERINNERT AN EIN MILITÄRCAMP.
-AUFSTEHEN-
morgens
PROBEN
-Mittagessen-
nachmittags
PROBEN
-Abendessen-
1h SPORT
-Schlafen-

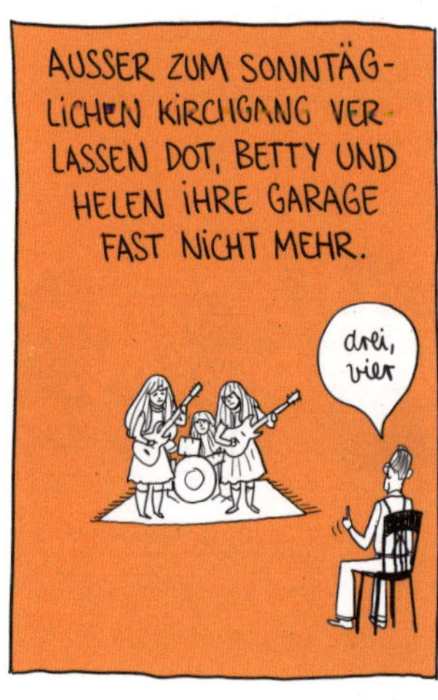
AUSSER ZUM SONNTÄGLICHEN KIRCHGANG VERLASSEN DOT, BETTY UND HELEN IHRE GARAGE FAST NICHT MEHR.
drei, vier

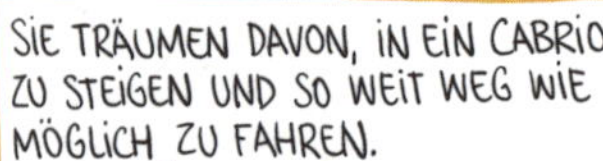
SIE TRÄUMEN DAVON, IN EIN CABRIO ZU STEIGEN UND SO WEIT WEG WIE MÖGLICH ZU FAHREN.

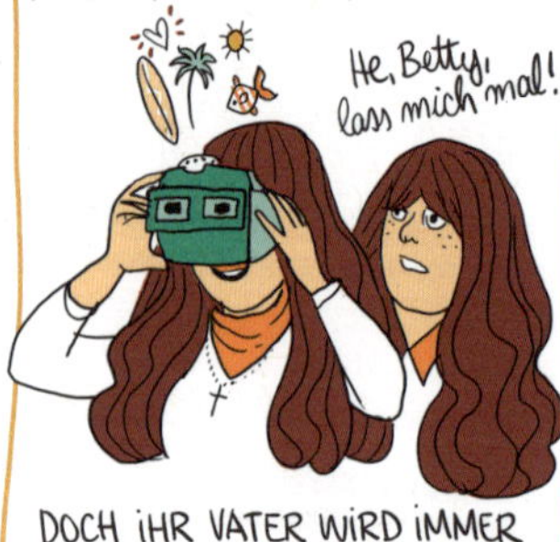
He, Betty, lass mich mal!
DOCH IHR VATER WIRD IMMER HERRISCHER UND DRILLT SIE NOCH MEHR.

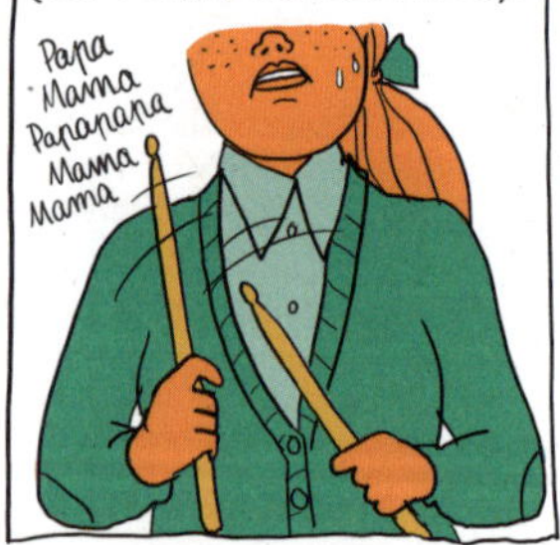
UND SIE GEBEN **WIRKLICH** ALLES: SIE VERSUCHEN VERZWEIFELT, BESSER ZU WERDEN, UM IHREM VATER ZU GEFALLEN UND SEINEN TRAUM ZU ERFÜLLEN (UND UM IHRE RUHE ZU HABEN).
Papa Mama Papapapa Mama Mama

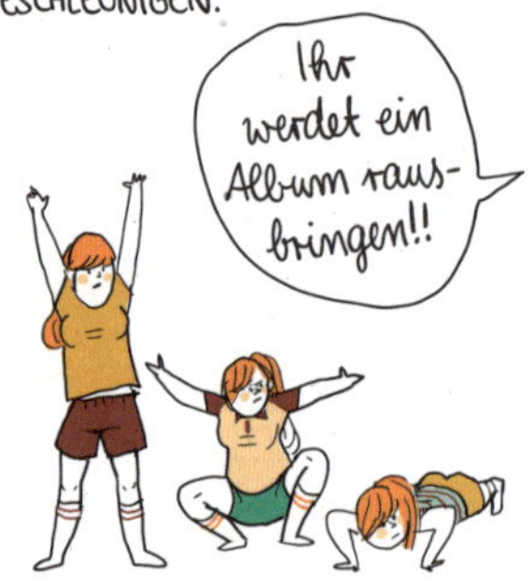
DOCH WEIL AUSTIN SICH ÄRGERT, DASS ES NICHT VORANGEHT, BESCHLIESST ER, DIE DINGE ZU BESCHLEUNIGEN.
Ihr werdet ein Album rausbringen!!

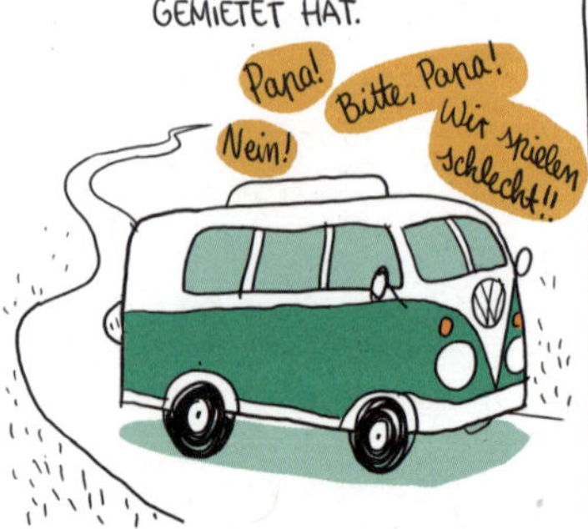
DIE GANZE FAMILIE FÄHRT ALSO NACH MASSACHUSETTS, WO AUSTIN EIN PROFESSIONELLES TONSTUDIO GEMIETET HAT.
Papa!
Nein!
Bitte, Papa!
Wir spielen schlecht!!

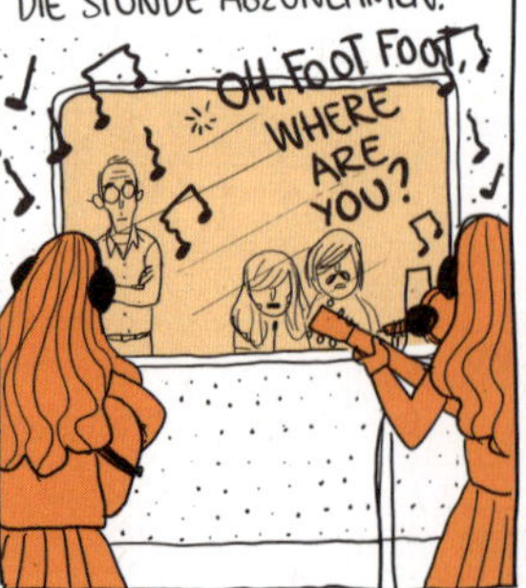
ALS DIE TONTECHNIKER DIE MÄDCHEN SPIELEN HÖREN, FÜHLEN SIE SICH SCHLECHT, DEN ARMEN LEUTEN 60 DOLLAR DIE STUNDE ABZUNEHMEN.
OH, FOOT FOOT, WHERE ARE YOU?

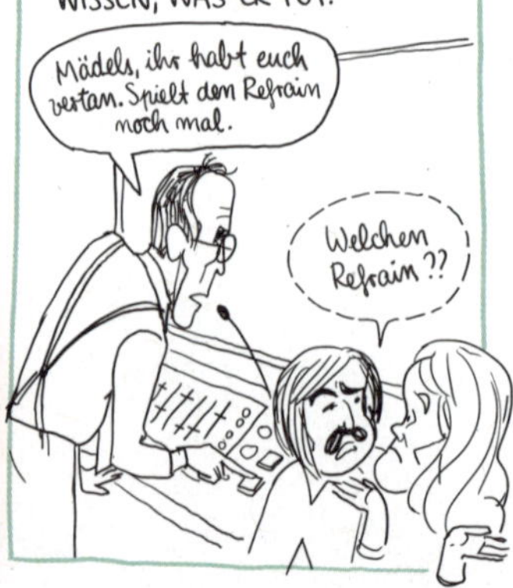
AUSTIN ABER SCHEINT ZU WISSEN, WAS ER TUT.
Mädels, ihr habt euch vertan. Spielt den Refrain noch mal.
Welchen Refrain??

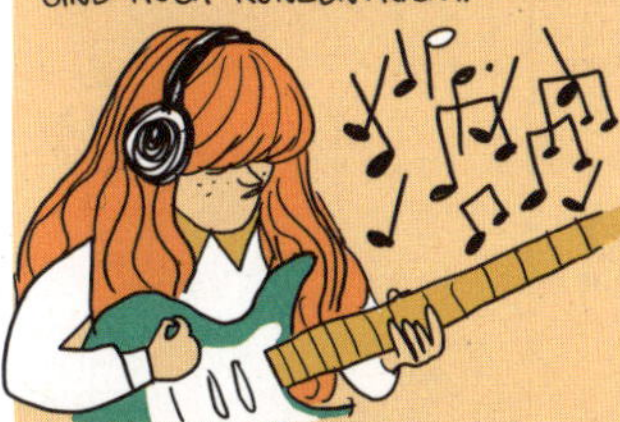

ES KLINGT, ALS WÄRE JEDE IN EINEM ABGETRENNTEN RAUM, WO SIE NICHT HÖRT, WAS DIE ANDEREN SPIELEN. MANCHMAL TREFFEN SIE ZUFÄLLIG DIESELBE NOTE. DENNOCH SPIELEN SIE NICHT EINFACH IRGENDWAS: NICHTS IST IMPROVISIERT, SIE SIND HOCH KONZENTRIERT.
DAS IST EINFACH **IHRE** MUSIK.

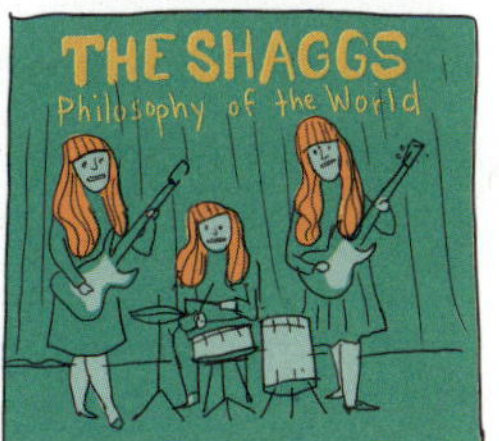

DIE 12 TITEL, DIE SIE AUFNEHMEN, WERDEN AUF EIN ALBUM GEPRESST, DESSEN COVER EIN MERKWÜRDIGES STEIFES FOTO ZIERT.
THE SHAGGS
Philosophy of the World
KEINER DER TONTECHNIKER MÖCHTE AUF DEM BACKCOVER VON „PHILOSOPHY OF THE WORLD" GENANNT WERDEN.

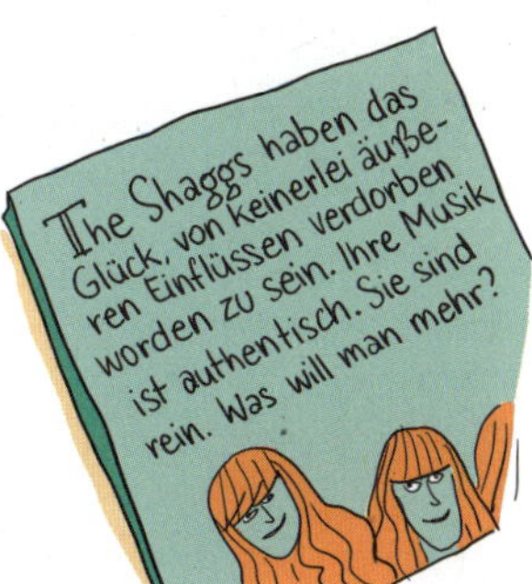

STATTDESSEN VERFASST AUSTIN (DER NUN ALS BANDMANAGER AUFTRITT) EINEN KLEINEN BEGLEITTEXT.
The Shaggs haben das Glück, von keinerlei äußeren Einflüssen verdorben worden zu sein. Ihre Musik ist authentisch. Sie sind rein. Was will man mehr?

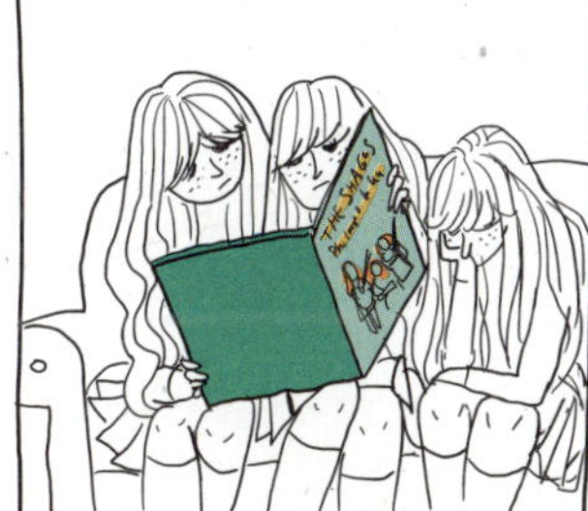

The Shaggs lieben euch, und sie lieben es, für euch zu spielen. Sie tun, was sie lieben!
THE SHAGGS

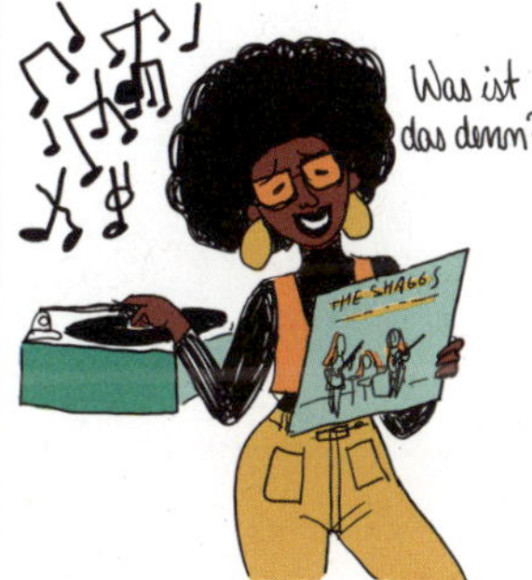

AUSTIN BOMBARDIERT DIE RADIOSENDER MIT SEINER PLATTE, ABER KEINER LÄSST SICH ÜBERZEUGEN.
Was ist das denn?
THE SHAGGS

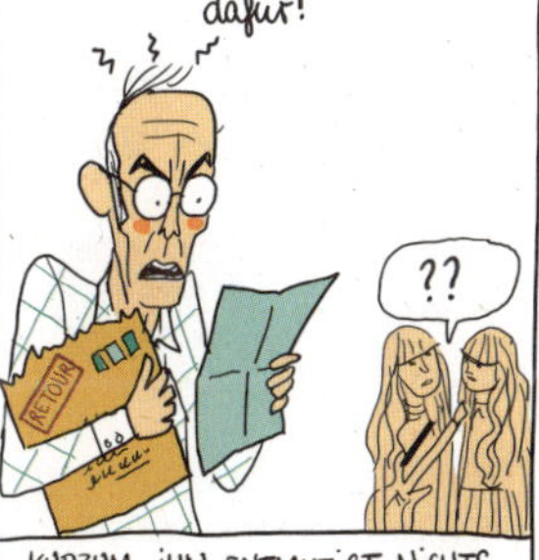

Bitte was? Unsere Musik ist „zu simpel"?! Ich glaube eher, die sind zu dämlich dafür!
RETOUR
??
KURZUM, IHN ENTMUTIGT NICHTS.

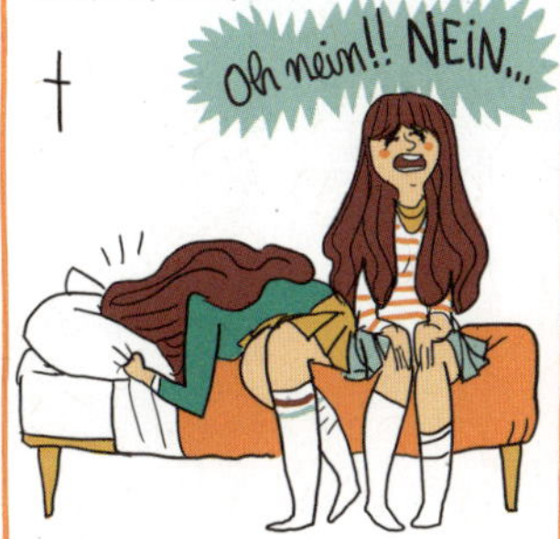

DA DIE MEDIEN IHN NICHT UNTERSTÜTZEN, SETZT ER AUF DAS PUBLIKUM UND MIETET DIE FREMONT NEW HAMPSHIRE TOWN HALL.
Oh nein!! NEIN...

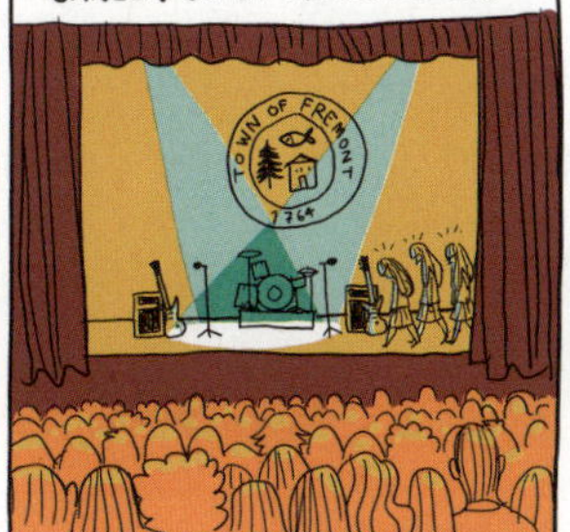

ER HANDELT EIN REGELMÄSSIGES ENGAGEMENT AUS: SO ERDULDEN DIE WIGGIN-SCHWESTERN ÜBER JAHRE DIE SCHMACH, VOR DER GANZEN STADT AUFZUTRETEN.
TOWN OF FREMONT
1764

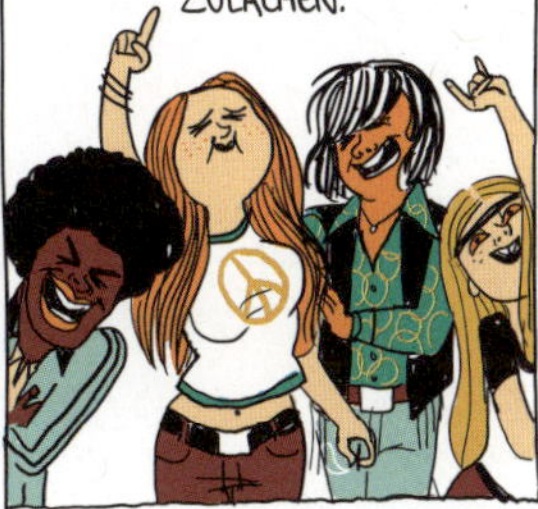

JEDER AUFTRITT IST EINE HARTE PRÜFUNG FÜR SIE: FÜR DIE TEENIES (MIT DENEN SIE EINST ZUR SCHULE GINGEN) WERDEN IHRE KONZERTE ZU EINEM WOCHENEND-RITUAL; DAS EREIGNIS, UM SICH KAPUTTZULACHEN.

AUSTIN POSTIERT SICH JEDES MAL SO IM SAAL, DASS ER ALLES BEOBACHTEN KANN. ZU HAUSE ERFOLGT DANN STETS EINE DETAILLIERTE AUSWERTUNG.

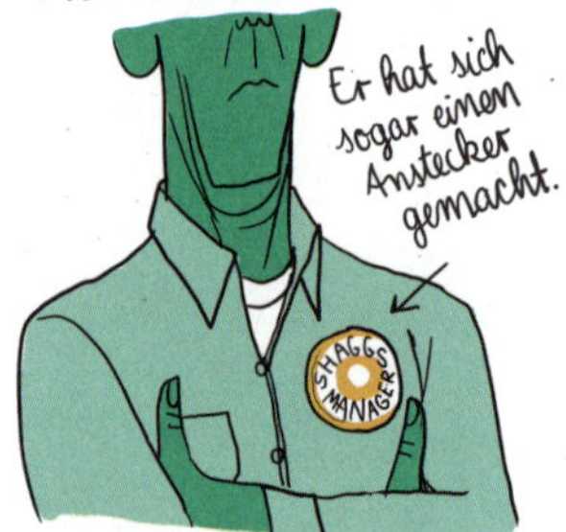

ER IST DER EINZIGE WIGGIN, DER NICHT MITBEKOMMT, DASS DIE SHAGGS EIN OBJEKT DES HOHNS SIND.

DEN MÄDCHEN BLEIBT NICHTS ÜBRIG, ALS DAS ALLES ÜBER SICH ERGEHEN ZU LASSEN UND ZU VERSUCHEN, BESSER ZU WERDEN.

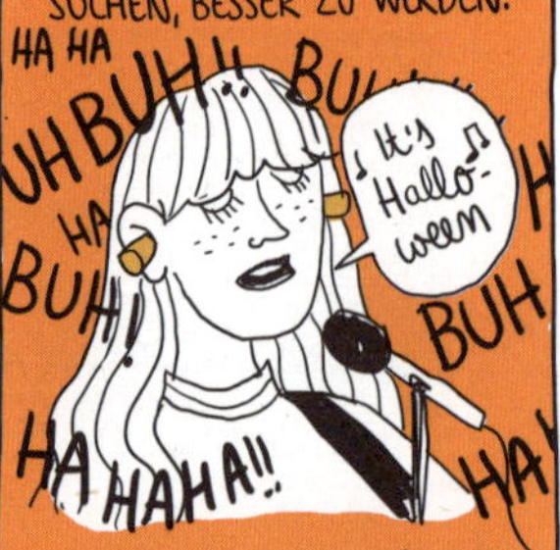

JAHR FÜR JAHR SPIELEN SIE TAPFER WEITER UND LERNEN, DEN SPOTT ZU IGNORIEREN.

DIE REBELLISCHSTE UNTER DEN SCHWESTERN, HELEN, LERNT BEI DEN KONZERTEN SOGAR JEMANDEN KENNEN, DEN SIE UNBEOBACHTET BEI JEDEM AUFTRITT WIEDERSIEHT.

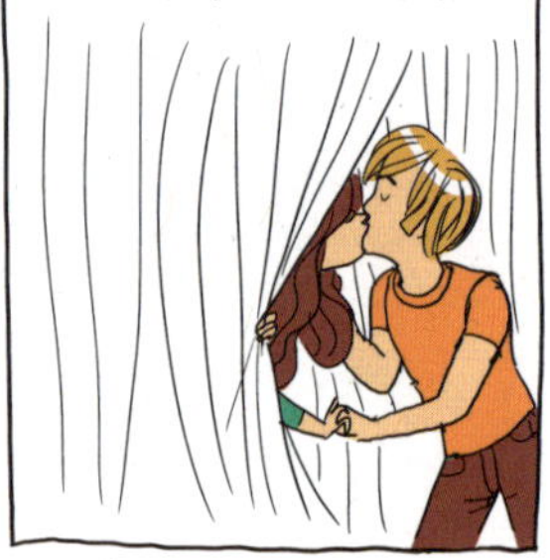

ES GELINGT IHNEN TATSÄCHLICH, HEIMLICH ZU HEIRATEN. DOCH HELEN LEBT WEITER IM ELTERNHAUS, WEIL SIE ANGST HAT, ES IHREM VATER ZU BEICHTEN.

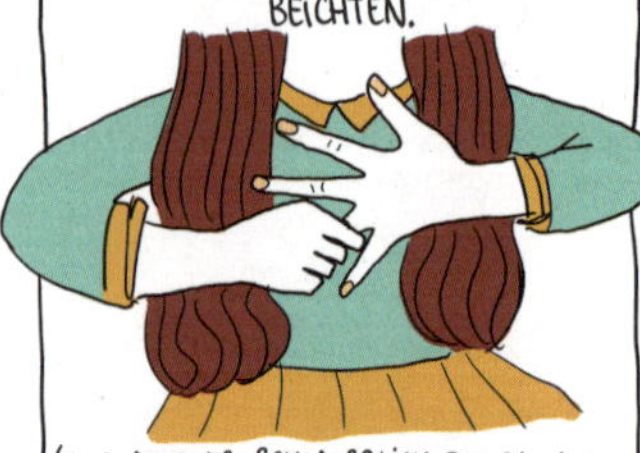

(ALS DER ES SCHLIESSLICH RAUSKRIEGT, VERTREIBT ER SEINEN SCHWIEGERSOHN MIT EINEM JAGDGEWEHR.)

DAS BRINGT DAS MASS ZUM ÜBERLAUFEN: DIE SCHWESTERN GESTEHEN EINANDER (NATÜRLICH NUR UNTER SICH), DASS SIE IHRE BAND, IHRE MUSIK, IHRE GANZE EXISTENZ HASSEN.

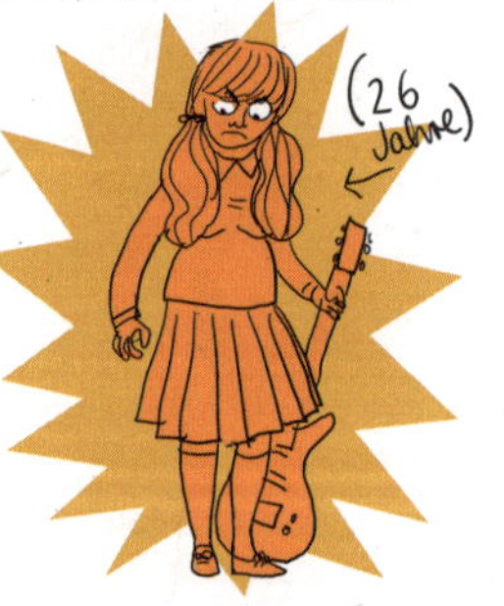

UND DANN WIRD AUSTIN PLÖTZLICH VON EINEM HERZINFARKT DAHINGERAFFT.

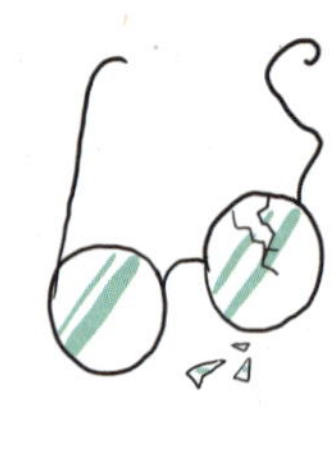

ER STIRBT MIT 47 JAHREN, IM KREISE SEINER KINDER, DENEN ES NICHT GELUNGEN IST, SEINEN TRAUM VOM RUHM ZU VERWIRKLICHEN.

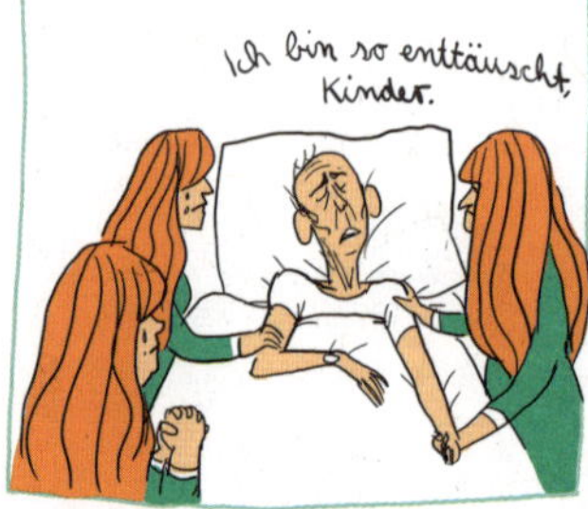

FÜR DIE JUNGEN FRAUEN IST ES DER TAG DER BEFREIUNG. SIE HABEN DURCHGEHALTEN UND ZEHN JAHRE LANG IHR BESTES GEGEBEN. DABEI HABEN SIE EINEN GROSSTEIL IHRER JUGEND GEOPFERT.

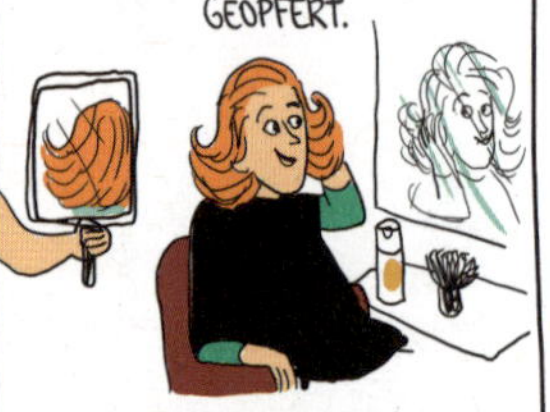

ABER ES IST VORBEI.

IHRE INSTRUMENTE RÜHREN SIE NIE WIEDER AN. SIE ZIEHEN UM, ARBEITEN, HEIRATEN, BEKOMMEN KINDER.

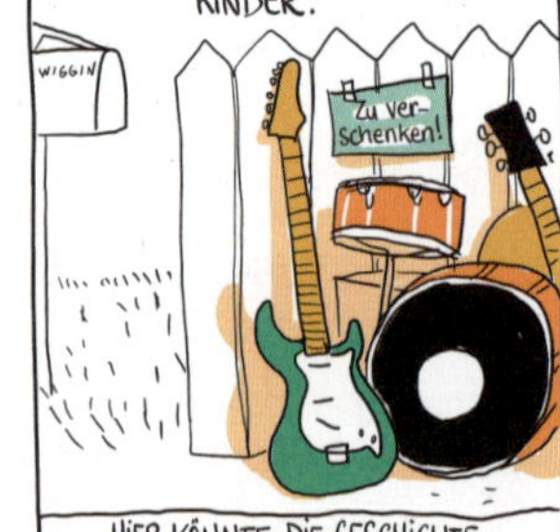

HIER KÖNNTE DIE GESCHICHTE ZU ENDE SEIN.

DOCH JAHRE SPÄTER HAT EIN INDEPENDENT-LABEL DIE IDEE, „PHILOSOPHY OF THE WORLD" NEU AUFZULEGEN.

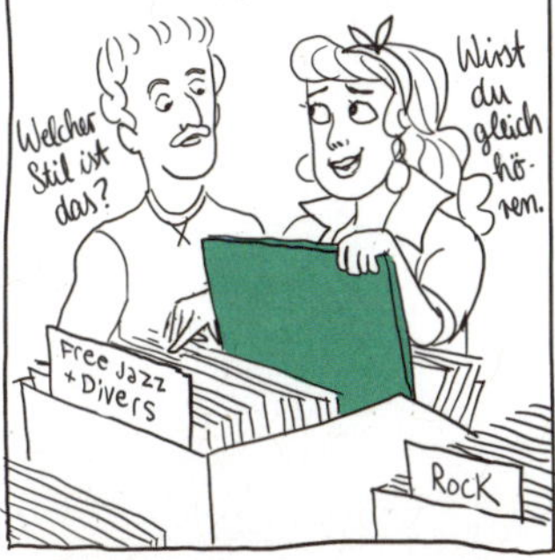

DIESMAL STÜRZT SICH DIE PRESSE NEUGIERIG DARAUF.

IM SCHLECHTEN...

Das ist ein Witz!! Ein paar Studiomusiker, die sich einen Scherz erlauben! Man sieht doch, dass das Kerle mit Perücken sind.

... WIE IM GUTEN SINN.

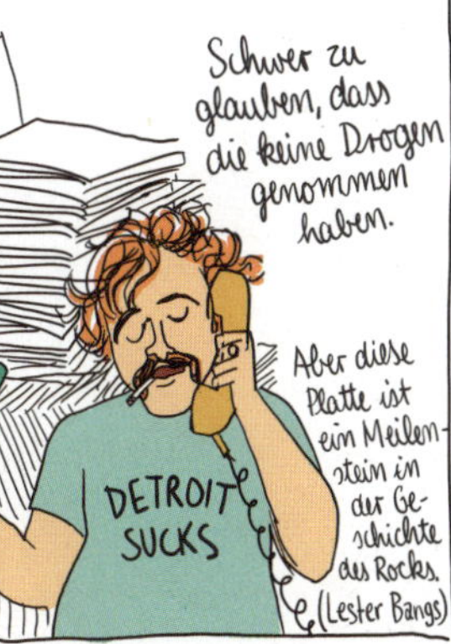

DIE ALTERNATIVE-ROCK-SZENE FEIERT IHRE SPONTANEITÄT, IHRE ERNSTHAFTE NAIVITÄT, IHRE ROHE UNSCHULD.

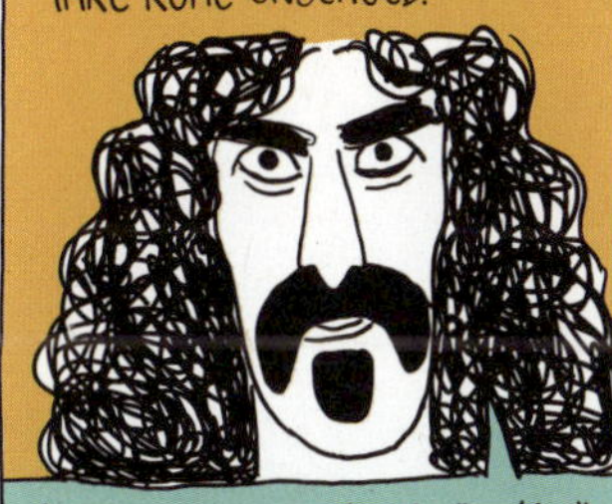

„Sie sind besser als die Beatles."

DER „ROLLING STONE" IST BEGEISTERT UND PROPHEZEIT IHNEN DAS „COMEBACK DES JAHRES".

Comeback? Aber wir waren doch noch nie irgendwo!

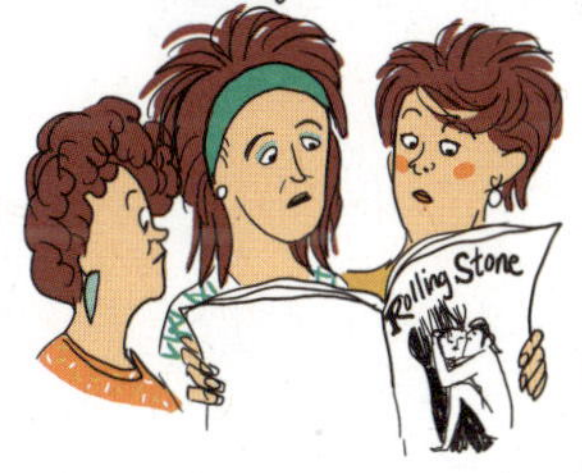

HEUTE WOLLEN DIE VERBLIEBENEN WIGGIN-SCHWESTERN (HELEN IST 2006 VERSTORBEN) NICHTS MEHR MIT MUSIK ZU TUN HABEN. AUSSER DOT, DIE 2013 EIN SOLOALBUM VERÖFFENTLICHT HAT.

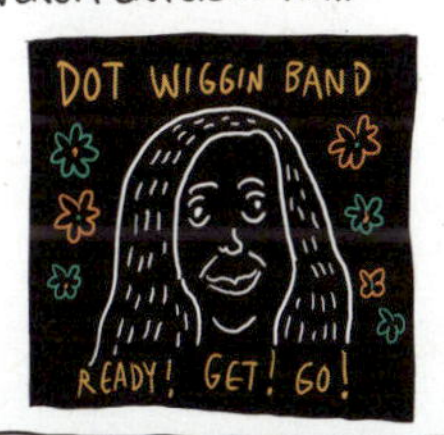

Ob die Menschen uns wirklich gut finden oder sich über uns lustig machen? Ehrlich, das ist uns egal. Wir waren vielleicht nicht die Besten, aber wir haben unser Bestes gegeben und wir haben es mit ganzem Herzen getan.

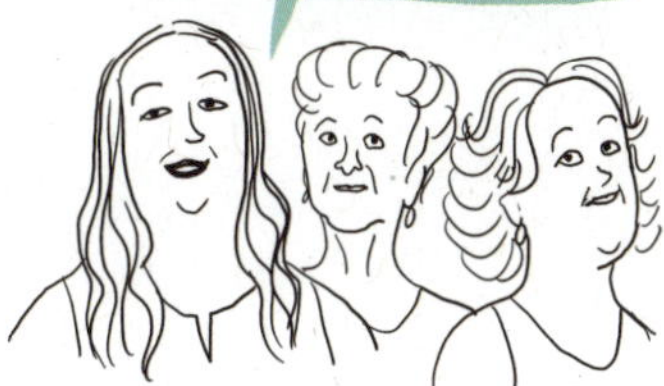

KURT COBAIN SAGTE VON DEN SHAGGS, DASS SIE ZU DEN KÜNSTLERN GEHÖREN, DIE IHN MIT IHRER INTUITIVEN MUSIK AM MEISTEN BEEINFLUSST HABEN.

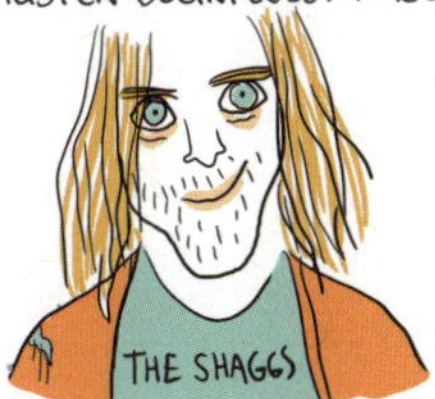

UND DOT BEKOMMT NOCH IMMER FANPOST AUS DER GANZEN WELT.

EINE ORIGINALAUSGABE VON „PHILOSOPHY OF THE WORLD" WURDE KÜRZLICH BEI EINER AUKTION FÜR 5000 DOLLAR VERKAUFT.

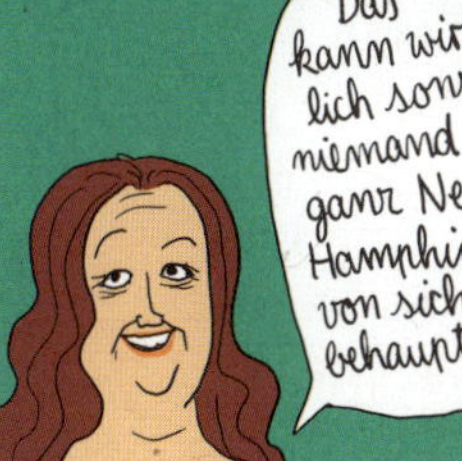

Pénélope*

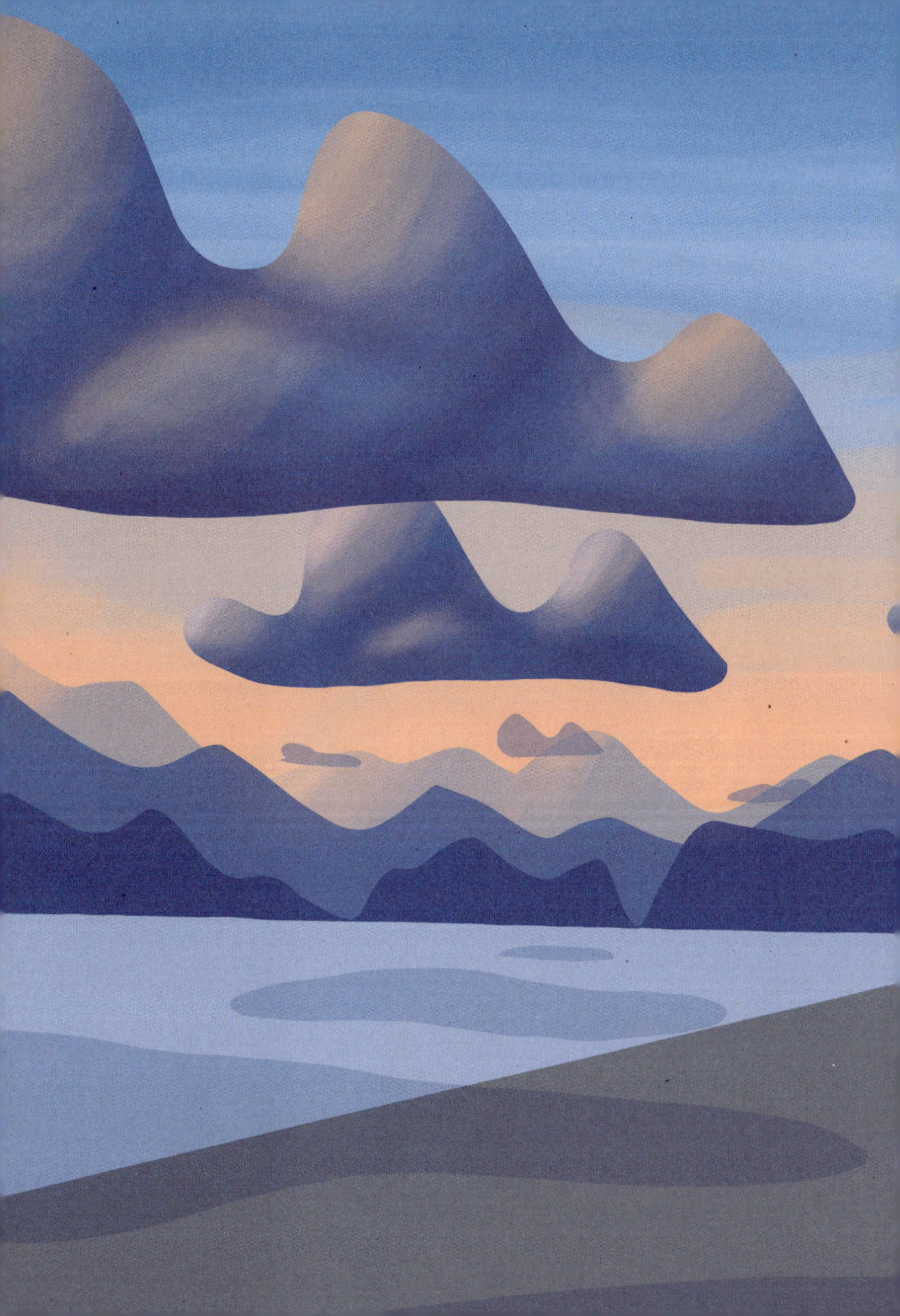

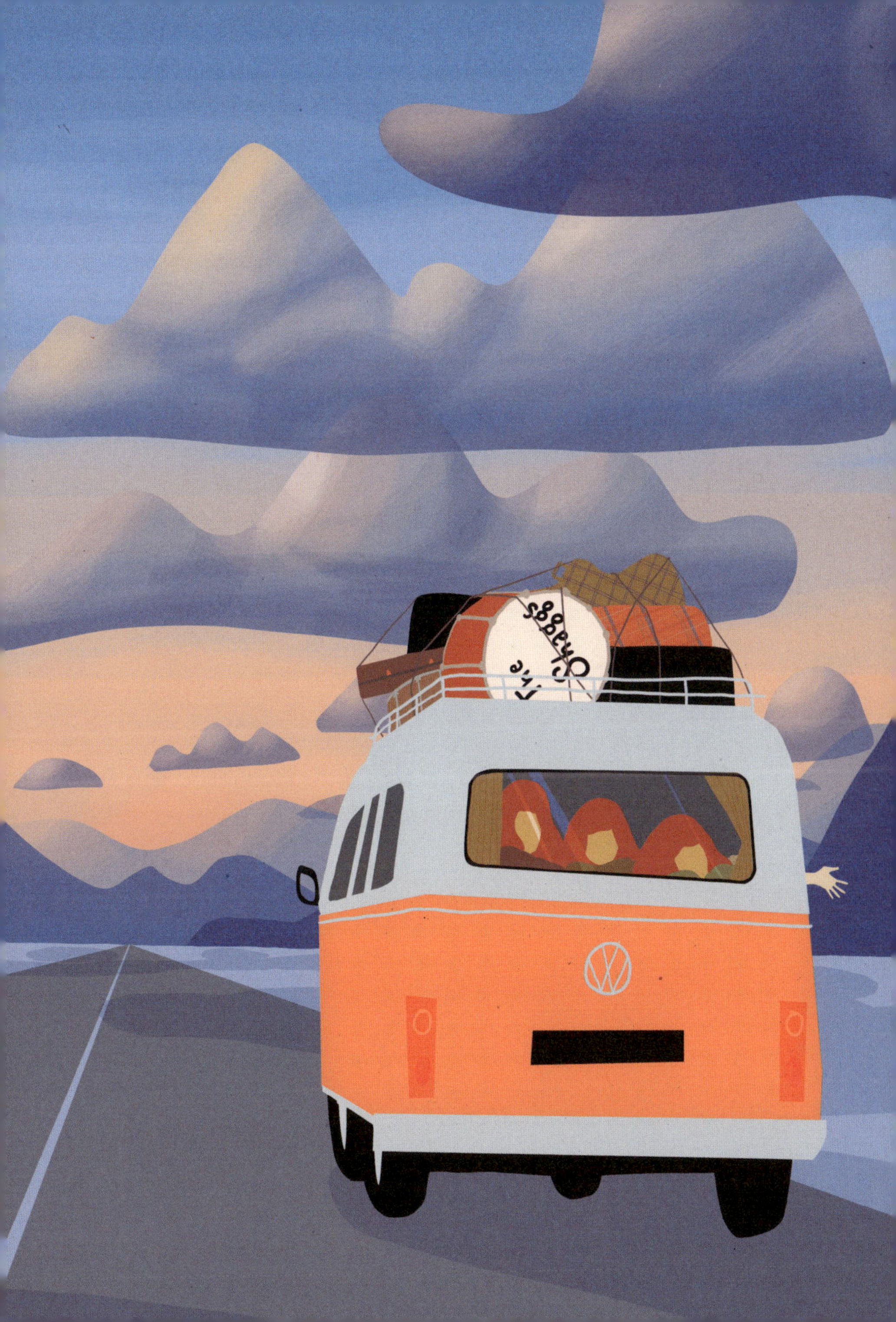

Katia Krafft

Vulkanologin

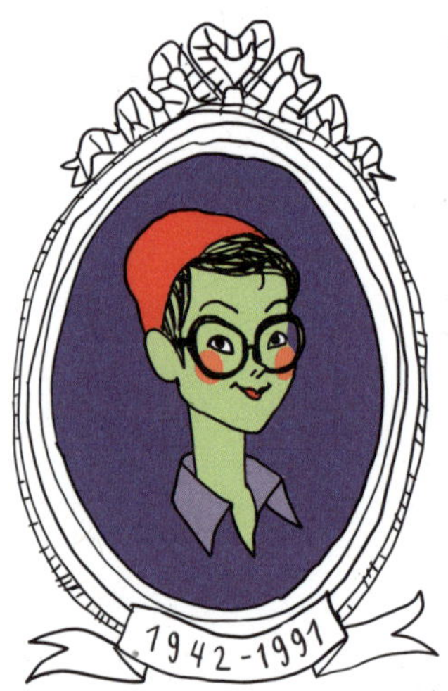

CHARLES UND MADELEINE CONRAD, EIN FABRIKARBEITER UND EINE GRUNDSCHULLEHRERIN, LEBEN IM ELSASS.

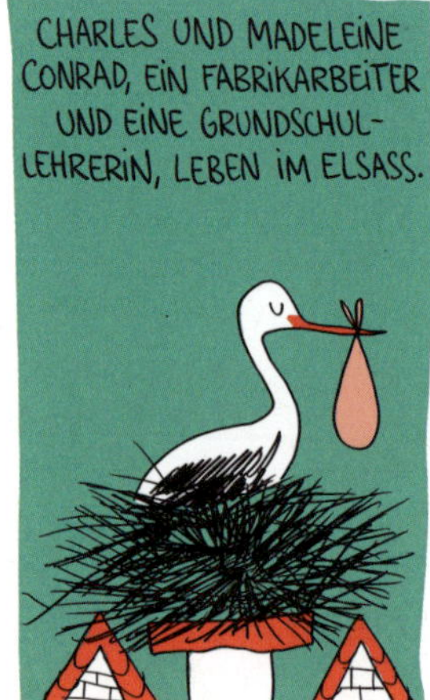

AM 17. APRIL 1942 BEKOMMEN SIE EINE KLEINE TOCHTER, DIE MADELEINE KATIA NENNEN MÖCHTE.

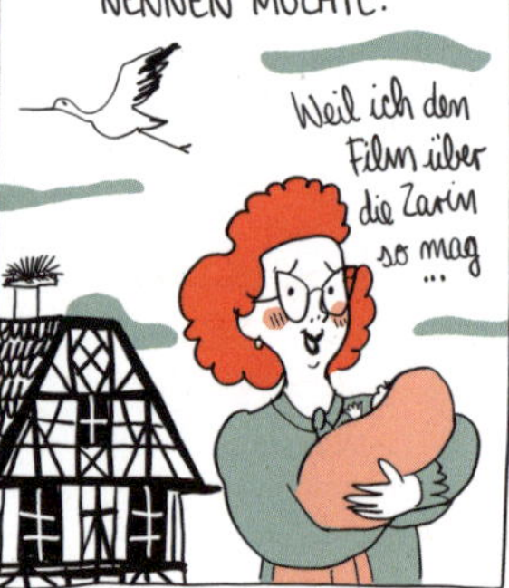

DOCH EIN RUSSISCH KLINGENDER NAME IST 1942 KEIN GUTER START INS LEBEN, UND SO BEKOMMT SIE OFFIZIELL DEN NAMEN CATHERINE.

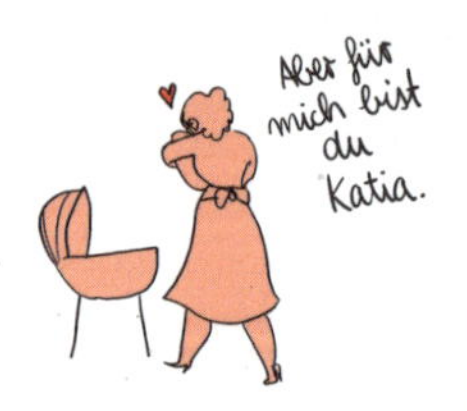

KATIA IST EINE KLEINE DRAUFGÄNGERIN UND INTERESSIERT SICH NUR FÜR JUNGSSPIELE.

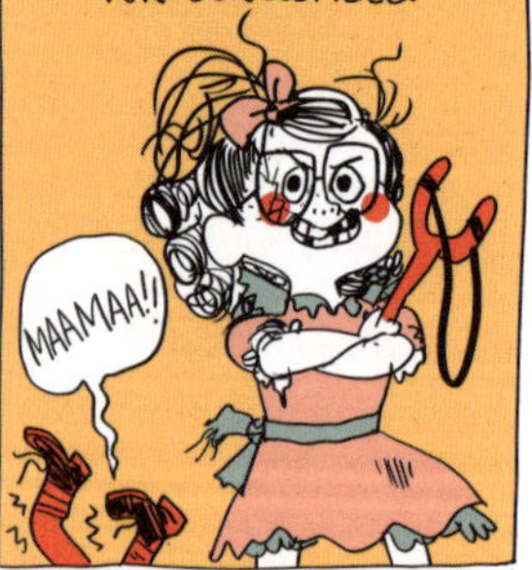

IHRER MUTTER IST SIE EIN BISSCHEN ZU WILD. DIE WÜNSCHT SICH, DASS KATIA AUCH LEHRERIN WIRD, UND SCHICKT SIE INS KLOSTER, IN DER HOFFNUNG, DASS MAN SIE DORT ZÄHMT.

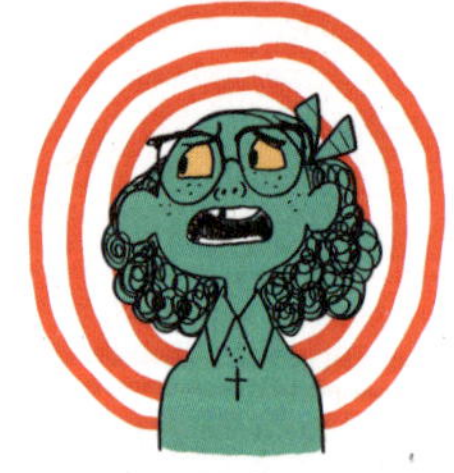

DER AUFENTHALT BEWIRKT JEDOCH GENAU DAS GEGENTEIL: ER HINTERLÄSST BEI KATIA EINE TIEFE ABNEIGUNG GEGEN AUTORITÄTEN UND BLINDE FRÖMMIGKEIT.

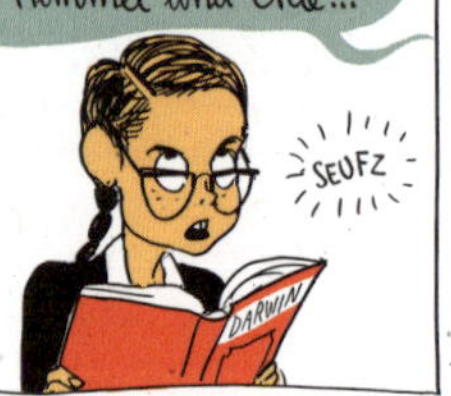

DENN KATIA HAT NUR EINE RELIGION: DIE WISSENSCHAFT.

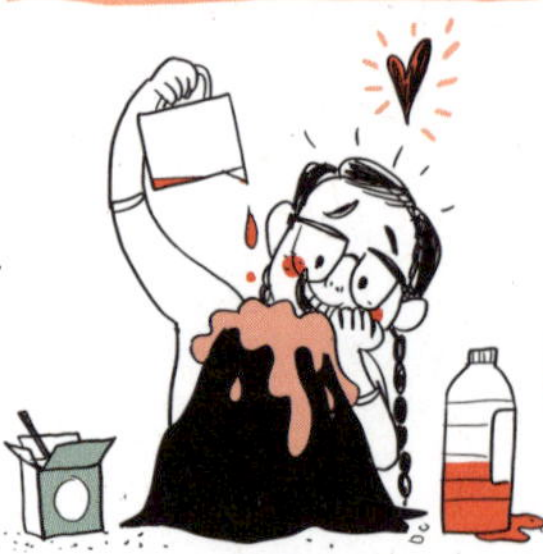

ALS TEENAGER VERKÜNDET SIE IHREN ELTERN, DASS SIE ENTWEDER VULKANOLOGIN ODER KRIMIAUTORIN WERDEN MÖCHTE.

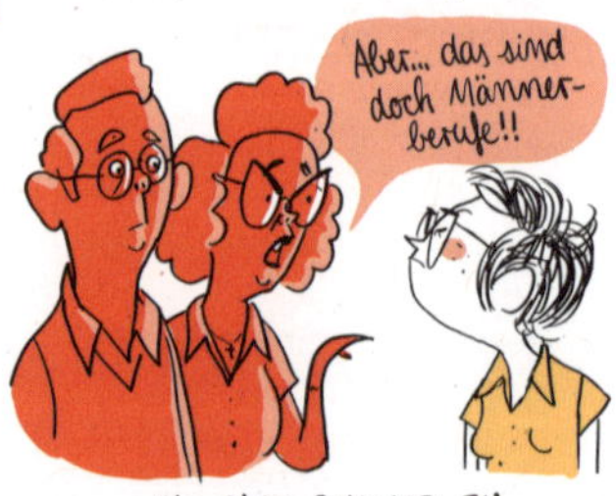

DIE SIND SCHWER ZU ÜBERZEUGEN.

ZUM 18. GEBURTSTAG ERFÜLLEN SIE IHR TROTZDEM EINEN SEHNLICHEN WUNSCH: EINE REISE ZUM ÄTNA.

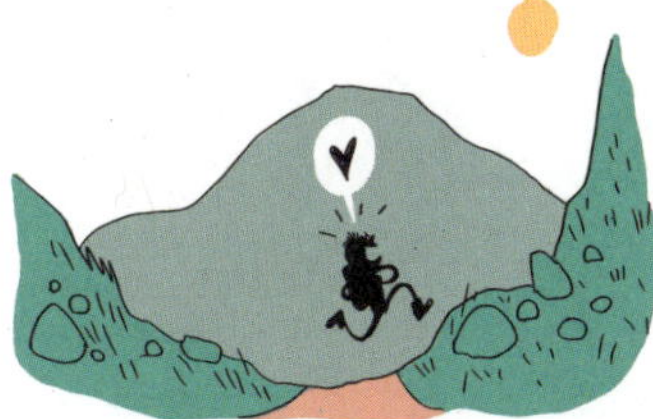

EINE WOCHE LANG SAMMELT KATIA VULKANISCHE BOMBEN. ES WERDEN DIE SCHÖNSTEN FERIEN IHRES LEBENS.

NACH IHRER RÜCKKEHR KOMMT SIE EINFACH NICHT ZUR RUHE. EINES TAGES FINDET IHR VATER SOGAR HERAUS, DASS SIE SICH ABENDS HEIMLICH AUS DEM HAUS SCHLEICHT...

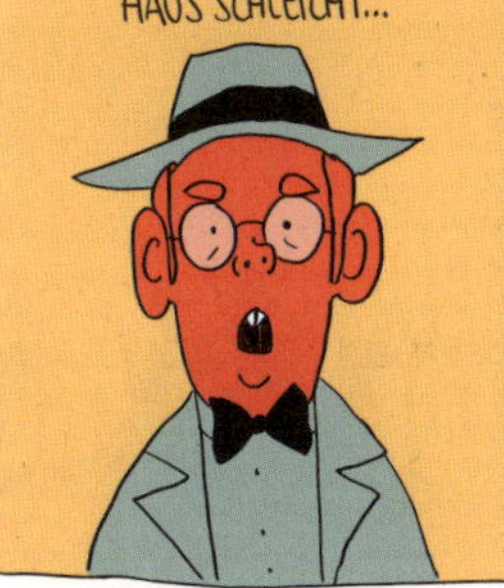

... UND AN EINEM MOTORRADWETTBEWERB IN EINER TODESKUGEL TEILNIMMT.

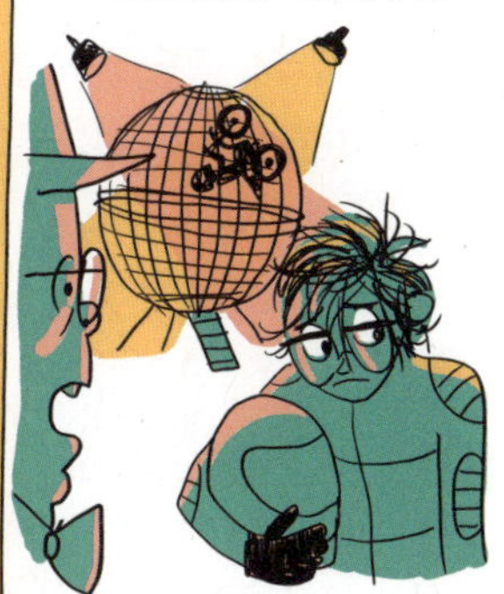

DA SCHLAGEN IHR IHRE ELTERN EINEN KOMPROMISS VOR:

Mach ein **Frauen**studium, danach kannst du tun, was du willst.

OK.

KATIA HÄLT SICH AN DIE ABMACHUNG.

SIE WIRD GRUNDSCHULLEHRERIN.

DANN LEHRERIN FÜR MATHEMATIK UND NATURWISSENSCHAFTEN.

UND MACHT SCHLIESSLICH EIN DIPLOM IN CHEMIE.

Okay, okay! Du hast gewonnen!! Geh schon und studier deine Vulkane!!

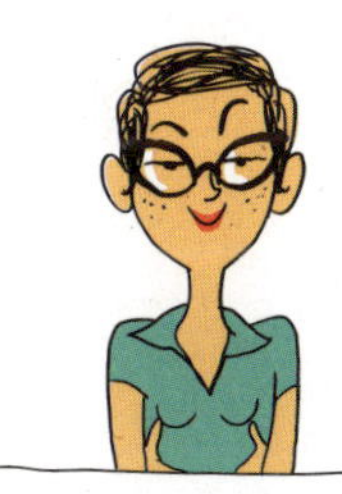

KATIA IST EIN ARBEITSTIER, PRAGMATISCH UND STRUKTURIERT; IHR ERSTES PRAKTIKUM MACHT SIE BEIM CNRS*.

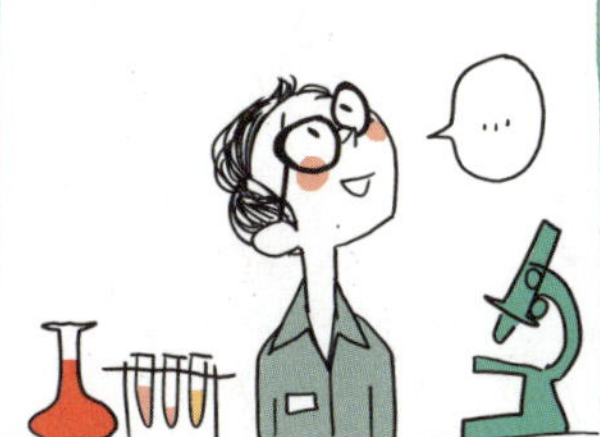

MIT 20 BEKOMMT SIE VOM PREMIERMINISTER JACQUES CHABAN-DELMAS EIN STIPENDIUM DER STIFTUNG MARCEL BLEU STEIN-BLANCHET ÜBERREICHT.

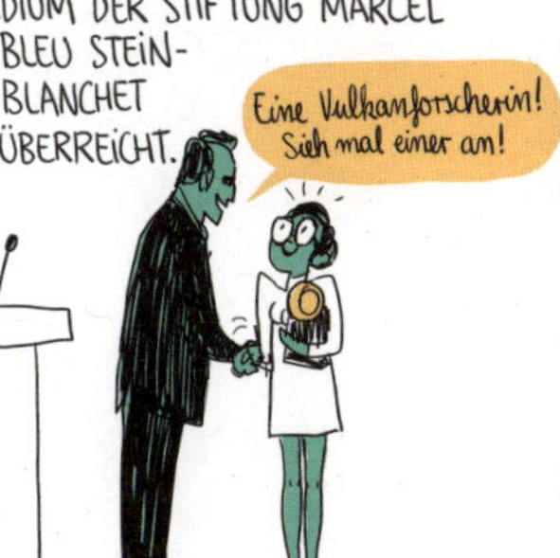

EINES TAGES SAGT EIN STUDIENFREUND ZU IHR:

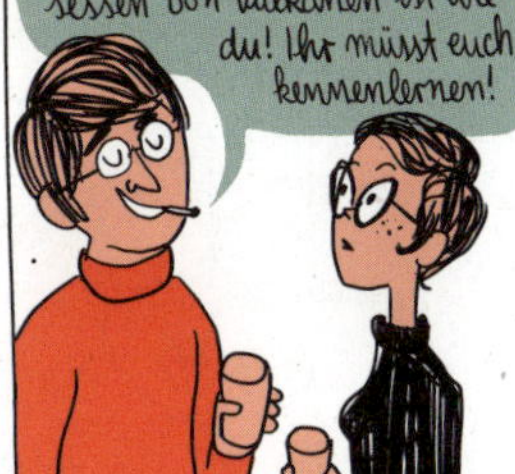

* Centre national de la recherche scientifique; französische nationale Forschungsgesellschaft

KATIA STIMMT EINEM VULKANOLOGEN-BLIND-DATE ZU.

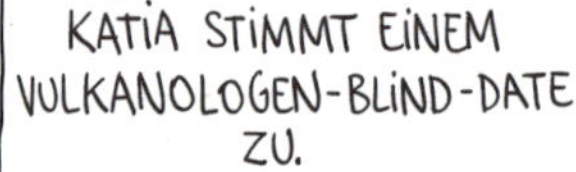

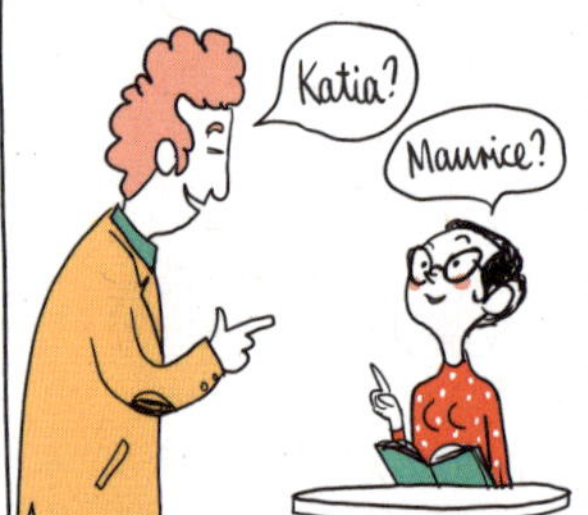

ER HEISST MAURICE KRAFFT UND HAT, GENAU WIE SIE, EINEN STARKEN ELSÄSSISCHEN AKZENT.

DAMALS INTERESSIERT SICH NIEMAND FÜR VULKANOLOGIE. KATIA UND MAURICE KÖNNEN IHR GLÜCK KAUM FASSEN.

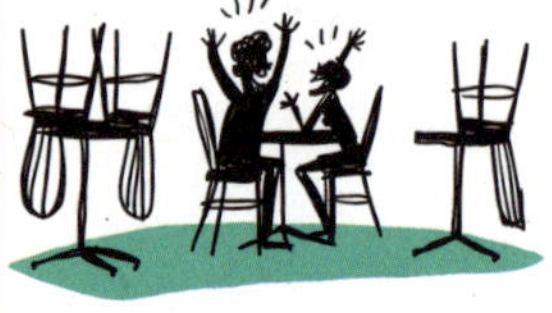

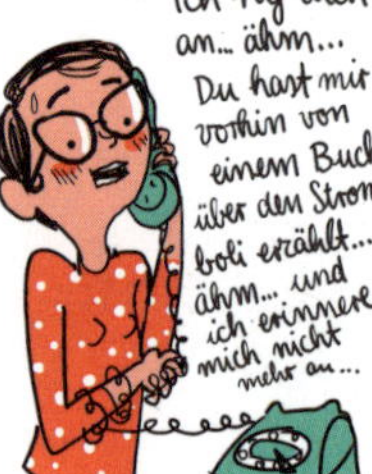

SIE HEIRATEN 1970.

IN IHREN FLITTERWOCHEN SAMMELN SIE VULKANSCHLACKEPROBEN.

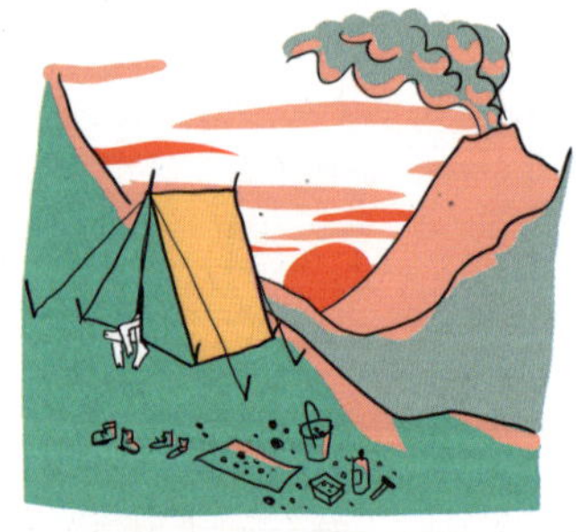

NACH IHRER RÜCKKEHR BAUEN SIE IHR KLEINES HAUS ZU EINER RICHTIGEN FORSCHUNGSSTATION UM.

Pass auf, Maurice, in der Kanne ist noch Salzsäure.

DAS TEUFELSDUO NENNT SICH:

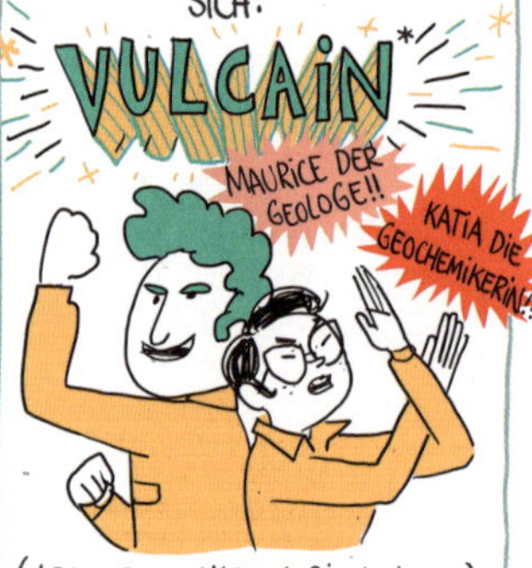

(ABER GELD HABEN SIE KEINES.)

UND SO SIEHT IHR ARBEITSALLTAG AUS:

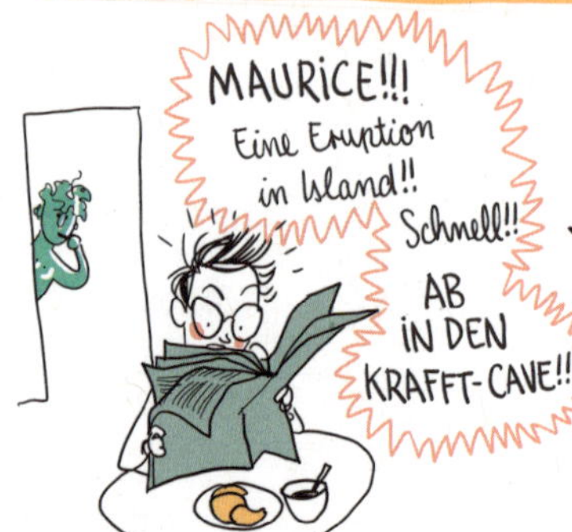

SIE BETTELN BEI DER GEMEINDE, BEI MUSEEN UND SOGAR BEI IHREN ELTERN UM GELD.

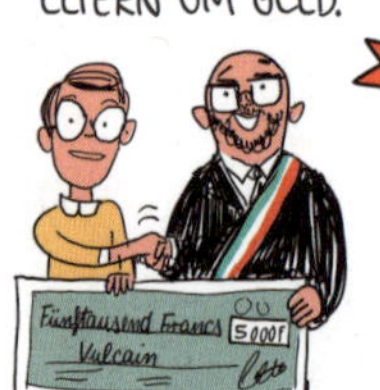

(MIT IHREM STREBER-LOOK IST ES FÜR KATIA EIN LEICHTES, BEI POLITIKERN VERTRAUEN ZU ERWECKEN.)

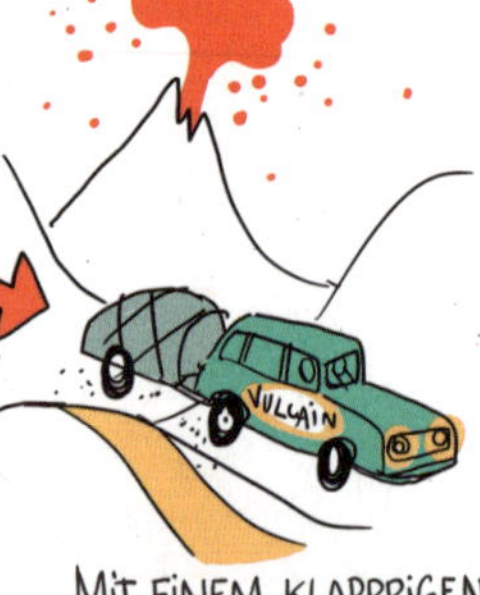

MIT EINEM KLAPPRIGEN R4 SAMT ANHÄNGER BRECHEN SIE AUF ZU IHRER MISSION.

* französisch für Vulcanus, den Gott des Feuers

SIE ERLEBEN HAUTNAH DEN AUSBRUCH DES ELDFELL, DER DIE HÄUSER EINER GANZEN STADT UNTER SEINER ASCHE BEGRÄBT.

ZURÜCK IN FRANKREICH BERICHTEN SIE VON DER ISLÄNDISCHEN KATASTROPHE.

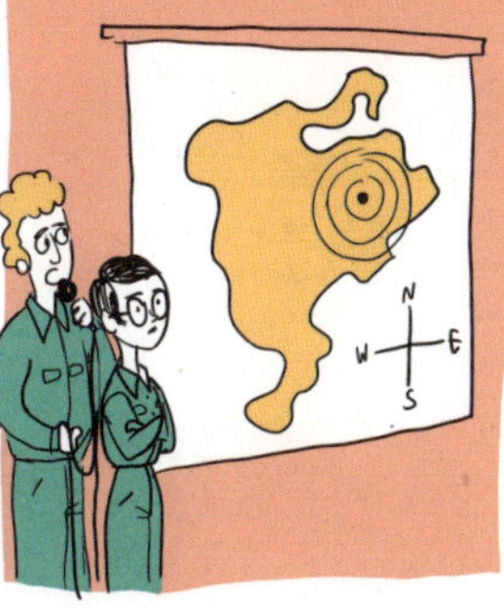

ZUR GLEICHEN ZEIT MOKIERT SICH HAROUN TAZIEFF (DEN SIE BEIDE BEWUNDERN) ÜBER DIE PRIMITIVEN GEGENMASSNAHMEN DER BEWOHNER.

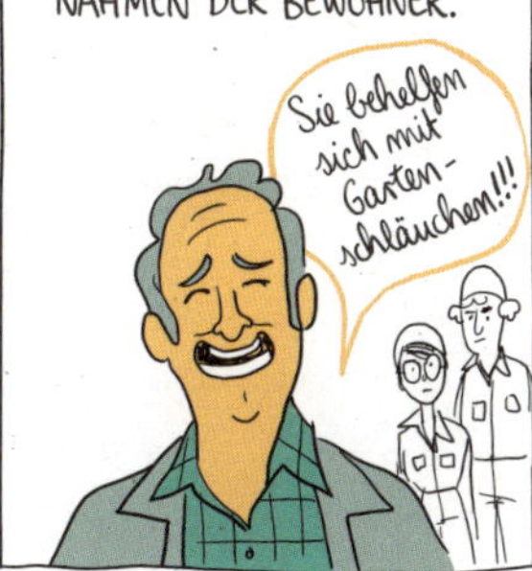

DIE KRAFFTS BESCHLIESSEN, IRGENDWIE GELD AUFZUTREIBEN.

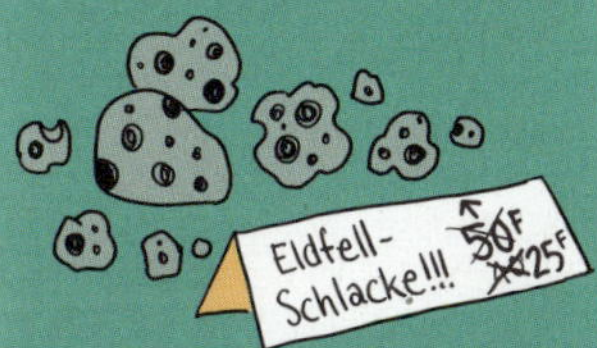

UND ÜBERGEBEN DEM ISLÄNDISCHEN BOTSCHAFTER DIE GESAMMELTEN 12000 FRANCS.

TAZIEFF ÄRGERT SICH ÜBER DIE ZWEI MARKETINGBEGABTEN JUNGSPUNDE, DIE IHM IN DEN MEDIEN DIE SHOW STEHLEN.

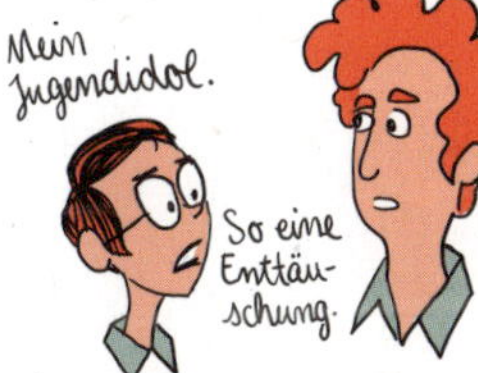

(ER WIRD FORTAN KEINE GELEGENHEIT AUSLASSEN, SCHLECHT ÜBER SIE ZU REDEN.)

VON NUN AN HABEN DIE KRAFFTS DREI JOBS:

- Gelder auftreiben
- spontan aufbrechen, um auf der ganzen Welt Vulkanausbrüche zu „jagen"
- der Öffentlichkeit die Ergebnisse ihrer Forschung zu präsentieren.

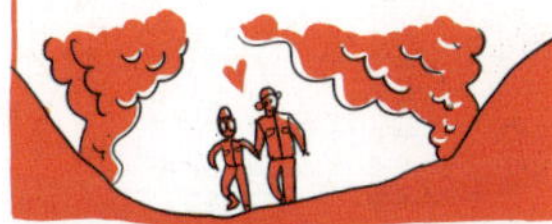

WENN SIE WOLLEN, DASS NIEMAND SIE VERSTEHT, REDEN SIE INDONESISCH MITEINANDER. SIE ACHTEN IMMER DARAUF, ELSÄSSISCHE LEBERWURST FÜRS FRÜHSTÜCK MITZUNEHMEN, WO SIE AUCH HINFAHREN.

(Selbst wenn sie oft nur das Tauwasser auf ihrem Zelt zu trinken haben.)

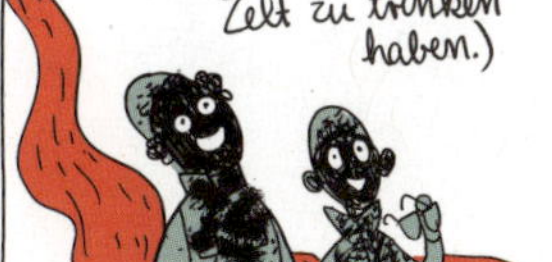

TROTZ DER EXTREMEN BEDINGUNGEN NÄHERN SIE SICH DEM KRATER STETS UNERSCHROCKEN UND MIT BEGEISTERUNG...

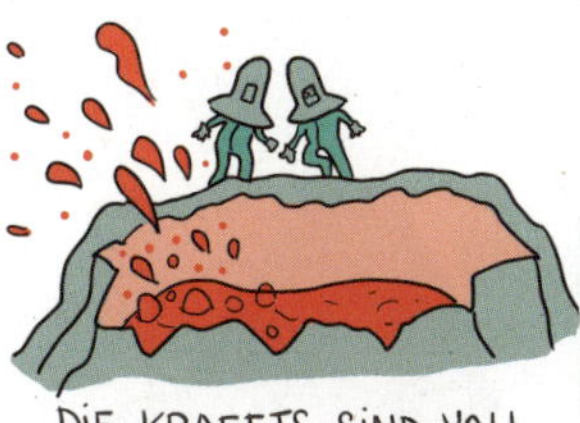

... DIE KRAFFTS SIND VOLLKOMMEN IM EINKLANG MITEINANDER.

KATIA LEBT IHREN KINDHEITSTRAUM MIT DER EINZIGEN PERSON AUF DER WELT, MIT DER SIE IHN TEILEN KANN.

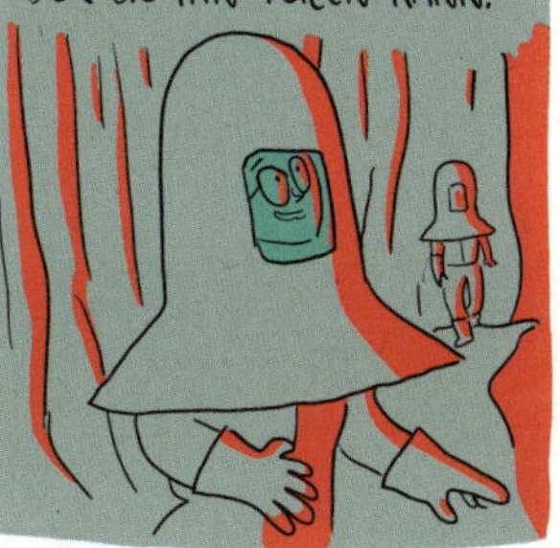

MAURICE MACHT AUFZEICHNUNGEN, KATIA FOTOGRAFIERT, FILMT UND ENTNIMMT DIE PROBEN.

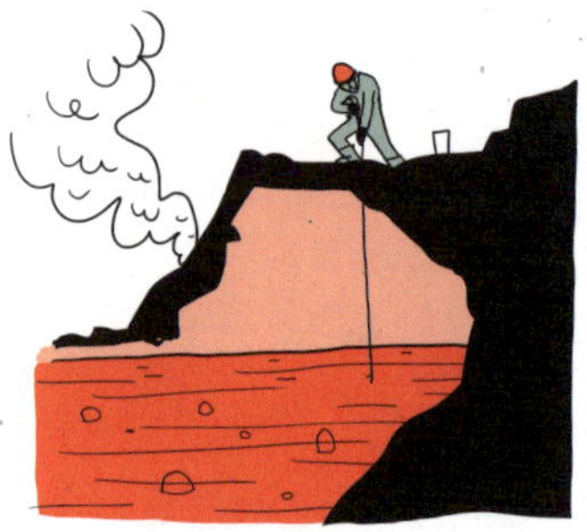

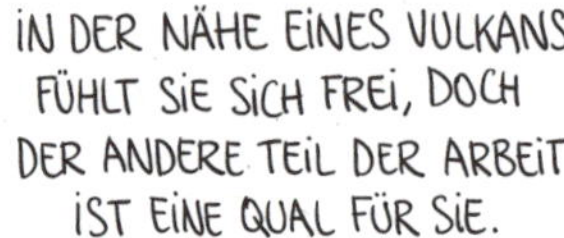

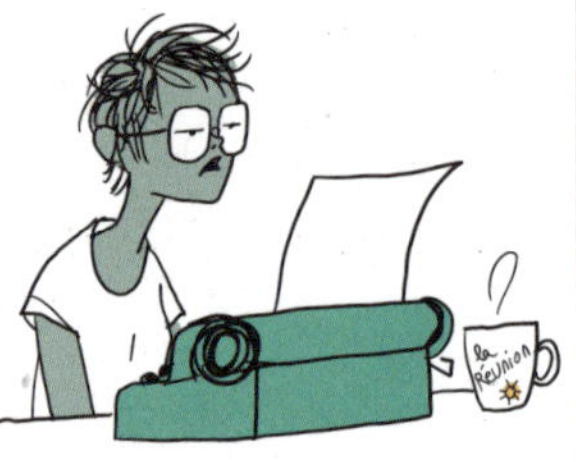

DURCH DAS LEBEN FÜR DIE VULKANE IST KATIA ETWAS WELTFREMD GEWORDEN. GESELLSCHAFTLICHE VERPFLICHTUNGEN LANGWEILEN SIE ZU TODE (AUCH WENN DIE EIN NOTWENDIGES ÜBEL SIND).

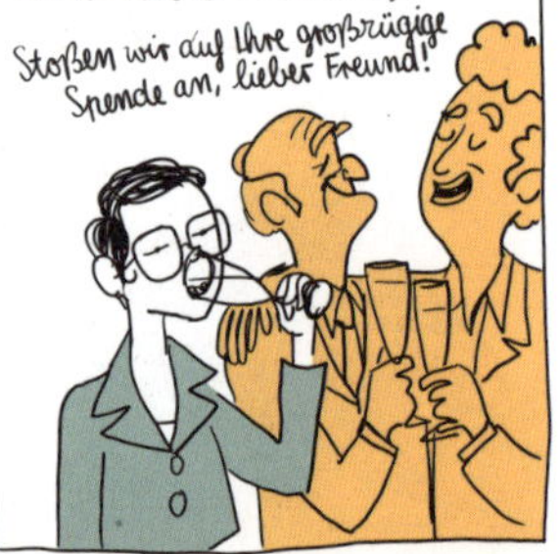

DA SIE VON ZURÜCKHALTENDER NATUR IST, LÄSST SIE MAURICE DEN SCHLANGENBESCHWÖRER GEBEN, UM GELDER AUFZUTREIBEN.

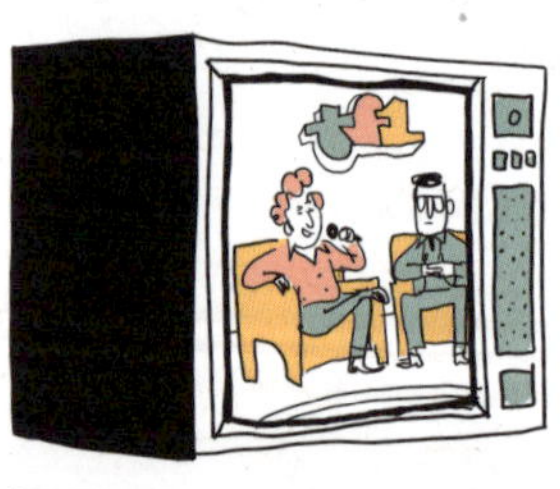

DAFÜR ANTWORTET SIE ALLEN KINDERN, DIE IHR FANBRIEFE SCHREIBEN, WEIL SIE ETWAS WEITERGEBEN WILL.

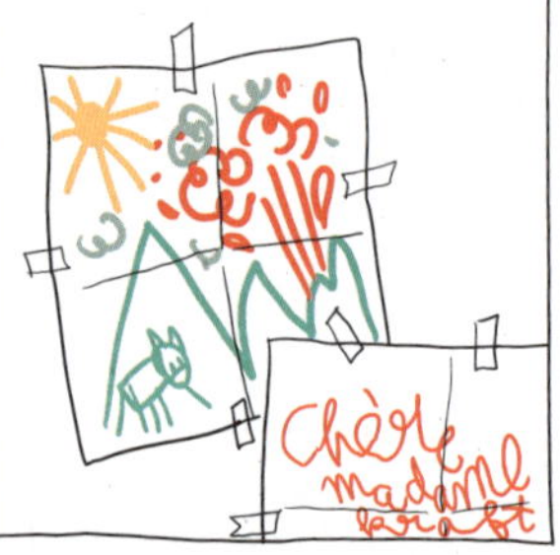

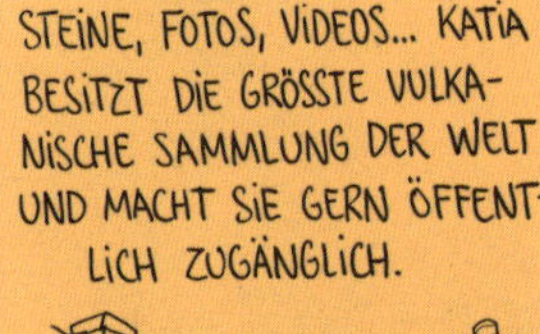

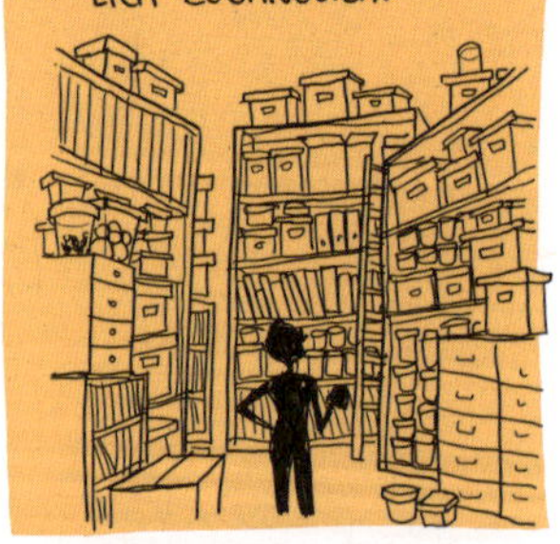

SIE HÄLT VORTRÄGE, PRODUZIERT DOKUMENTARFILME UND GRÜNDET AUF LA RÉUNION, NUR EIN PAAR KILOMETER VOM PITON DE LA FOURNAISE, EIN VULKANMUSEUM.

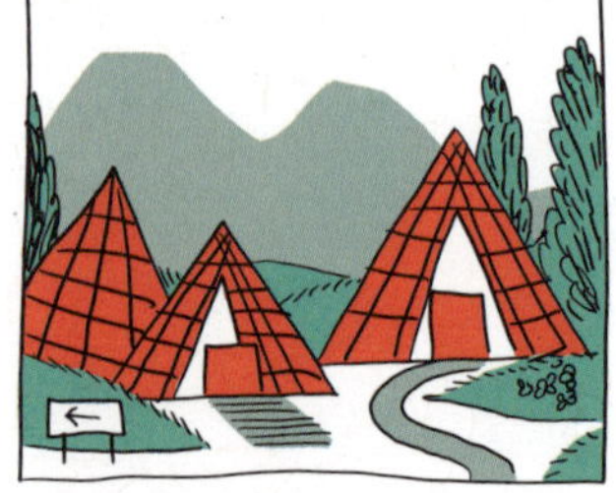

DOCH VOR ALLEM MACHT SIE SICH GEDANKEN ÜBER DIE VERANTWORTUNG IHRES BERUFS: TROTZ ZUNEHMENDEM WISSEN ÜBER VULKANE WURDE BISHER KAUM ETWAS GETAN, UM DIE GEFAHREN EINZUDÄMMEN.

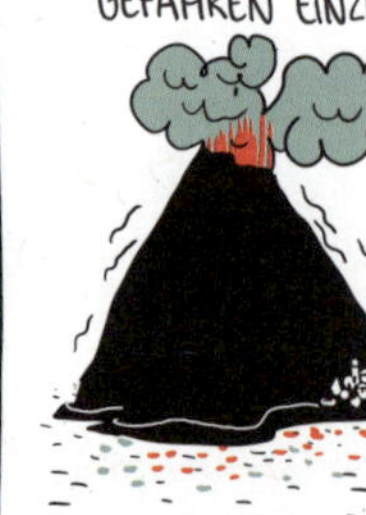

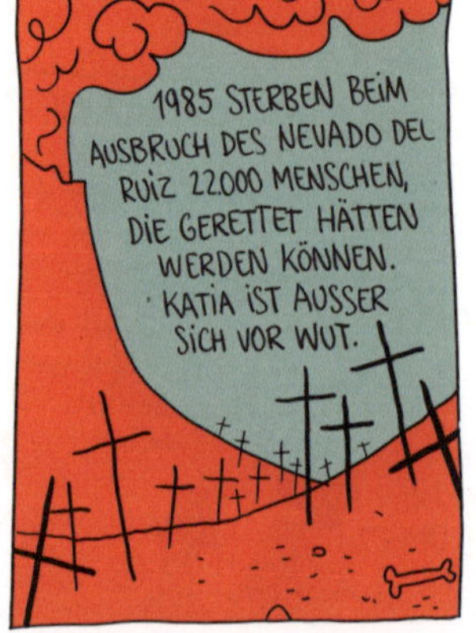

SIE BESCHLIESST, IHRE AUFKLÄRUNGSARBEIT NEU AUSZURICHTEN UND PRODUZIERT LEHRFILME ÜBER DIE RISIKEN VON VULKANEN FÜR DIE BETROFFENEN MENSCHEN.

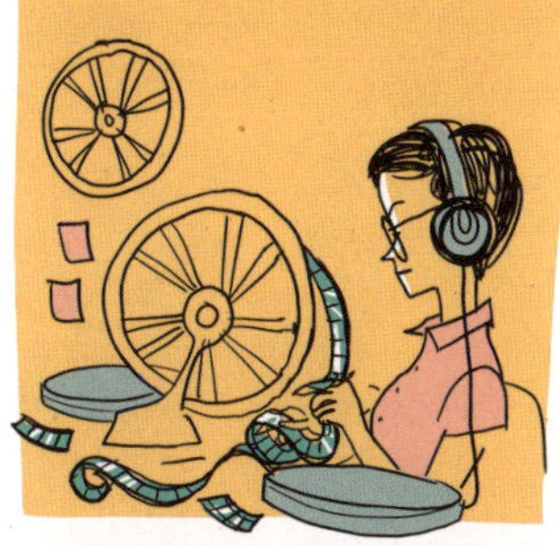

DIE UNESCO UNTERSTÜTZT DIE VERBREITUNG DIESER FILME, DIE TAUSENDE LEBEN RETTEN.

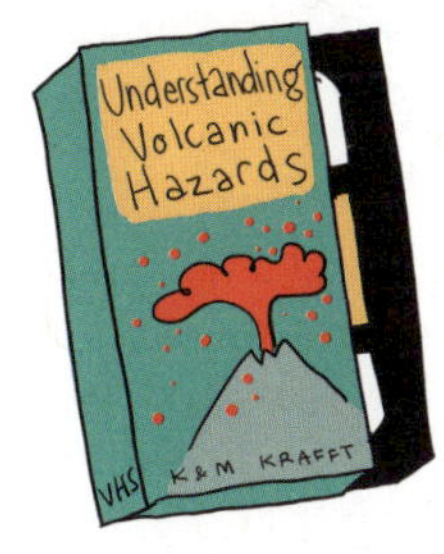

KATIA UND IHR MANN ERLEBEN INNERHALB VON 25 JAHREN 175 ERUPTIONEN (NUR NICHT IN DER UDSSR: ZUTRITT VERBOTEN!), UND JEDES MAL WAGEN SIE SICH EIN BISSCHEN NÄHER RAN.

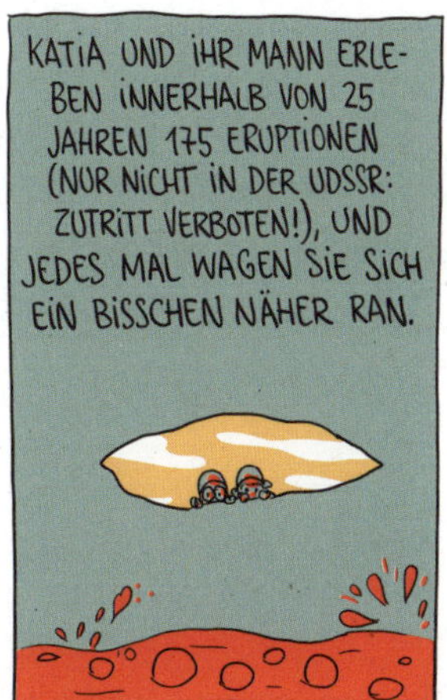

HAROUN TAZIEFF SAGT, DASS GUTE ABENTEURER IN IHREM BETT STERBEN UND DIE ANDEREN NUR BEKOMMEN, WAS SIE VERDIENEN.

Dann gehöre ich tausendmal lieber zu den Schlechten.

AM 3. JUNI 1991 STERBEN DIE KRAFFTS BEIM ABGANG EINES PYROKLASTISCHEN STROMS AM JAPANISCHEN VULKAN UNZEN, DEN KATIA UNBEDINGT VON NAHEM FILMEN WOLLTE.

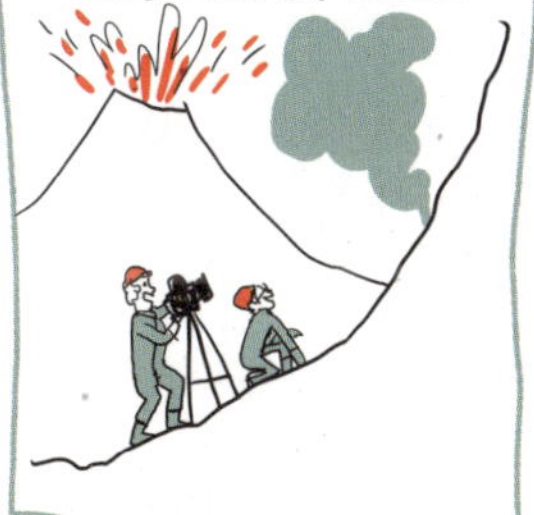

DIE BEIDEN „VULKANTEUFEL" WAREN SICH DER GEFAHR VOLLKOMMEN BEWUSST. SIE ERKLÄRTEN SOGAR EINMAL, DASS SIE STETS MIT DEM TOD RECHNETEN, ABER DAS SEI DIE SACHE WERT.

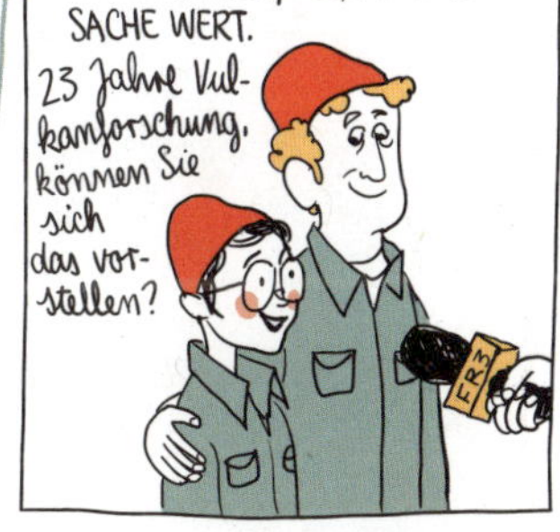

EIN GROSSTEIL DER EXPONATE ZUM VULKANISMUS IM FRANZÖSISCHEN NATURKUNDEMUSEUM IST KATIA ZU VERDANKEN.

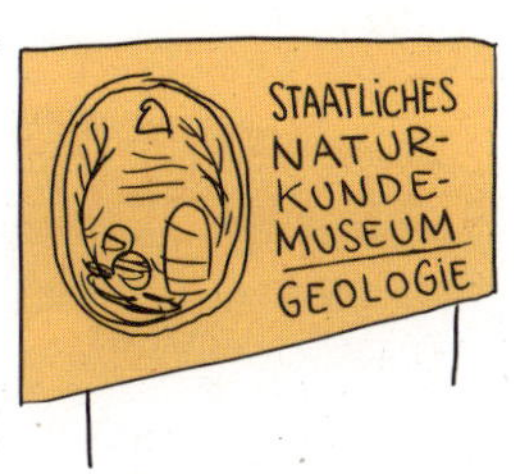

WAS COUSTEAU FÜR DIE MEERESFORSCHUNG WAR, WAR KATIA FÜR DIE VULKANOLOGIE. IHRE PIONIERARBEIT HAT WELTWEIT MÄDCHEN INSPIRIERT.

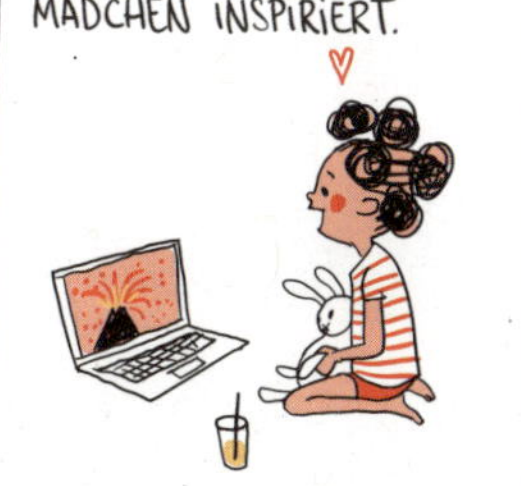

UND SO KANN HEUTE NIEMAND MEHR BEHAUPTEN, DASS VULKANOLOGIE EIN REINER MÄNNERBERUF SEI.

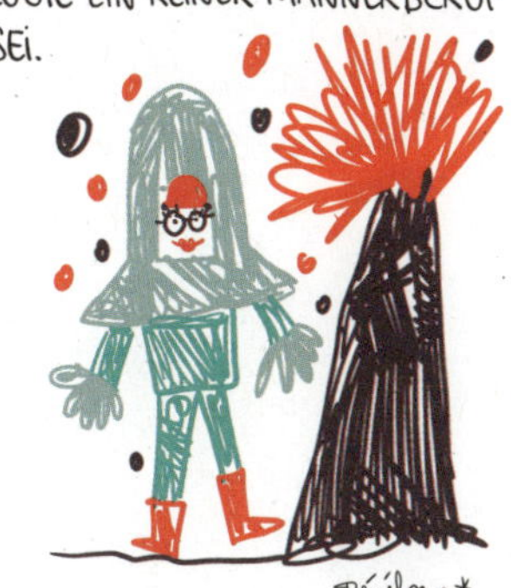

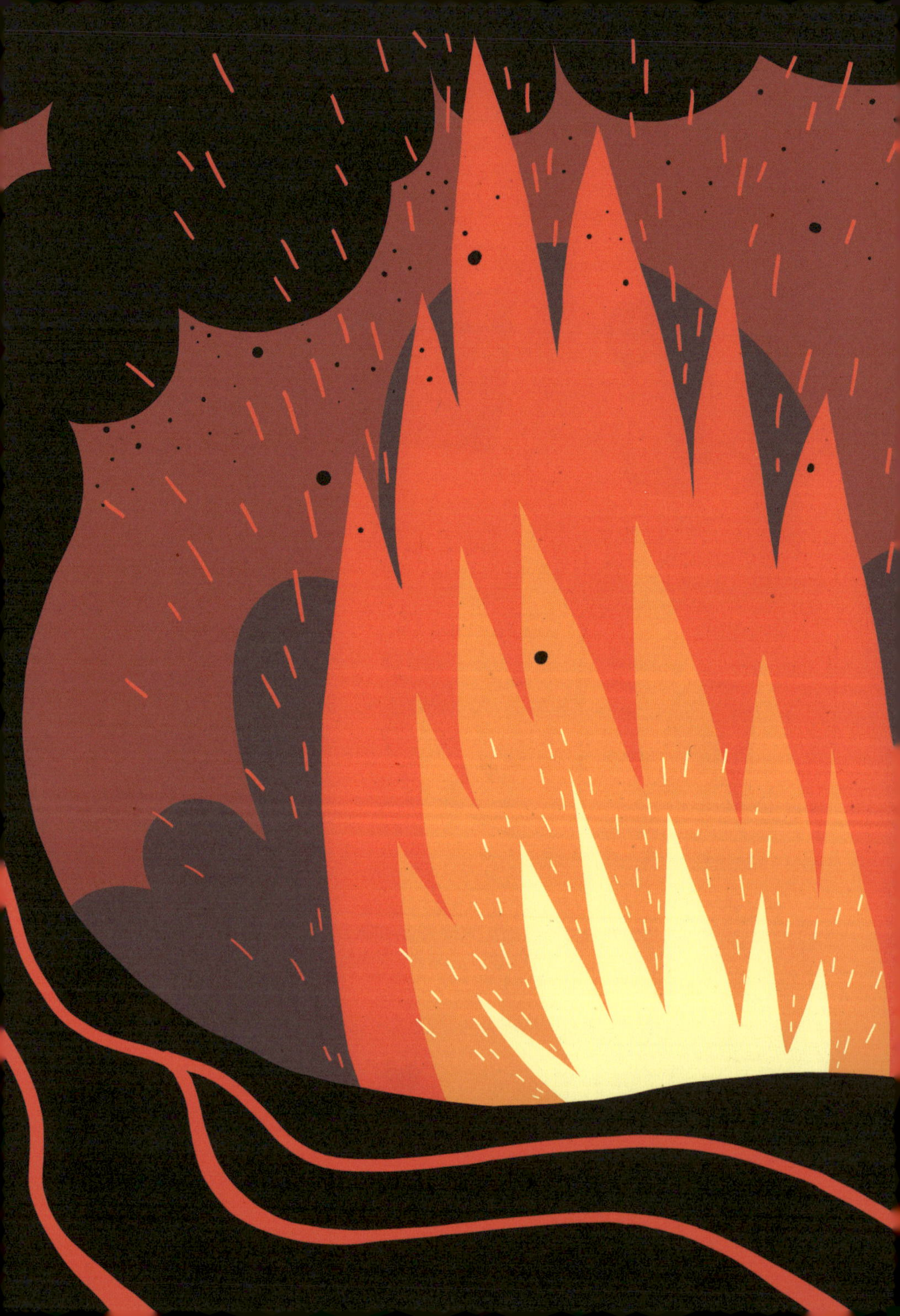

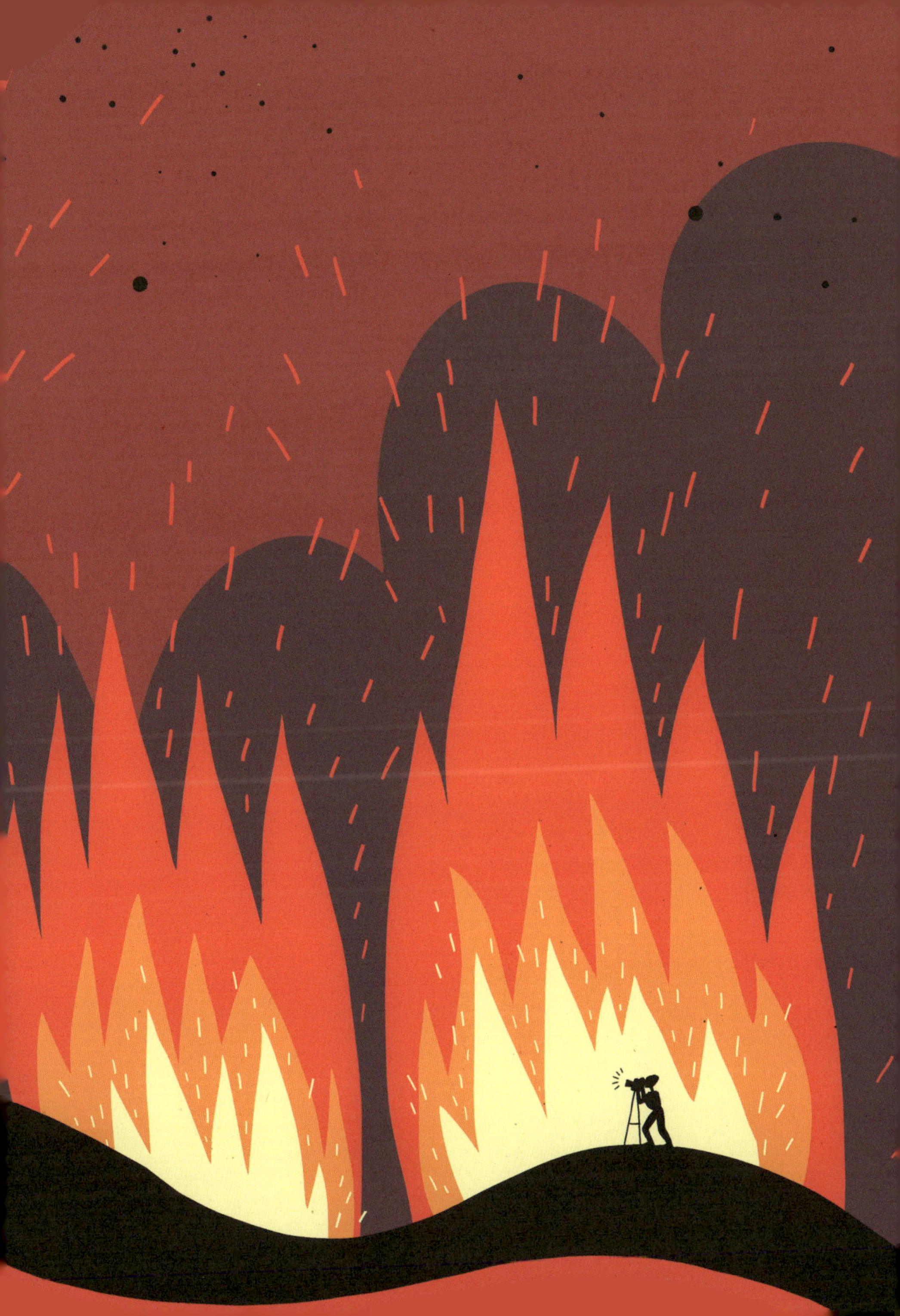

Jesselyn Radack

Anwältin

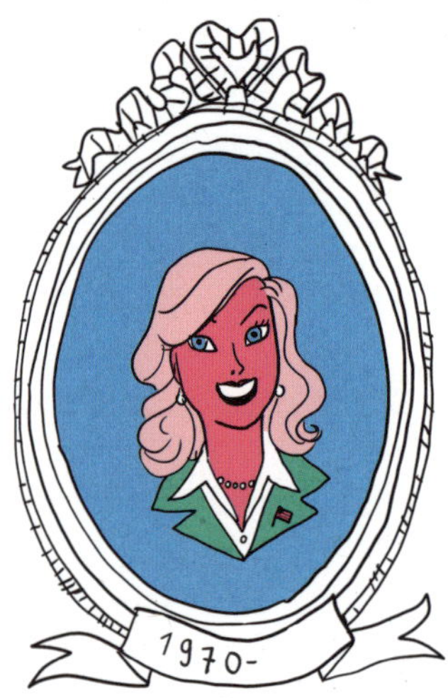

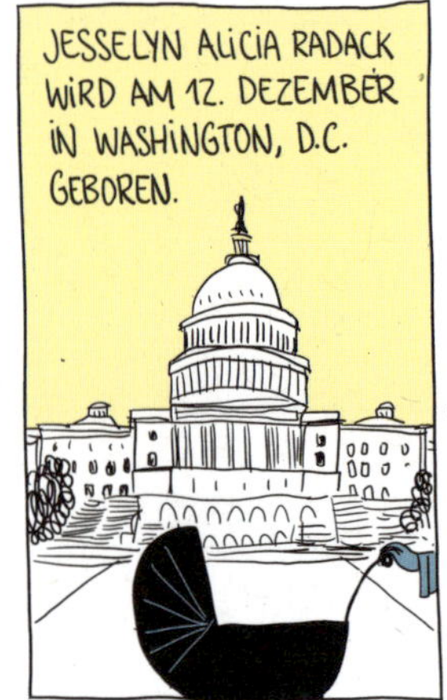

MIT 22 SCHLIESST SIE IHR STUDIUM DER AMERIKANISTIK, POLITIKWISSENSCHAFT UND WOMEN'S STUDIES AN DER BROWN-UNIVERSITY ALS JAHRGANGSBESTE AB.

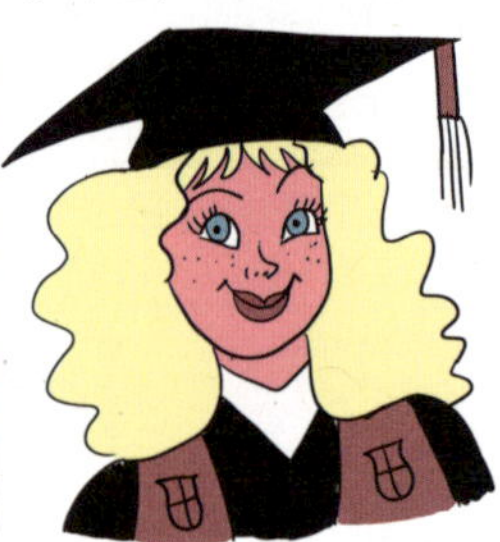

DANACH SCHIEBT SIE NOCH EIN STUDIUM IN YALE HINTERHER.

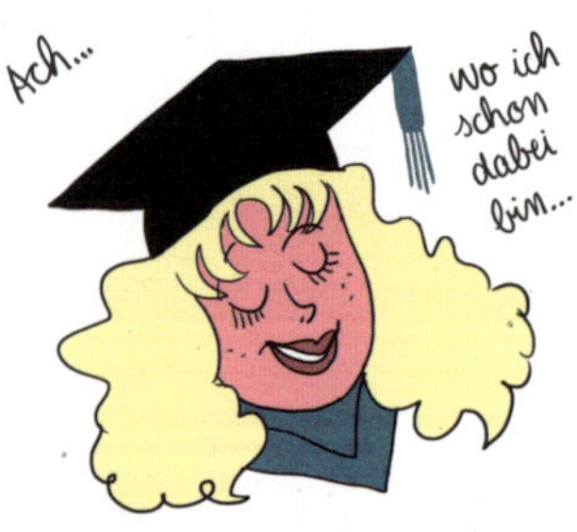

SIE TRÄUMT VON EINER STELLE IM JUSTIZMINISTERIUM, WO SIE AUF DER „RICHTIGEN" SEITE KÄMPFEN KÖNNTE.

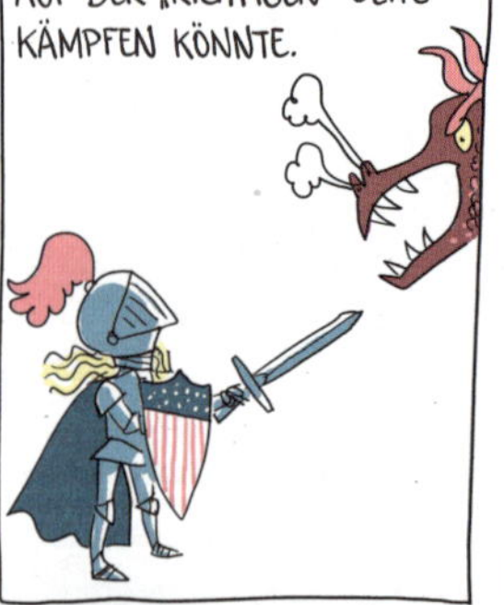

1995 ERREICHT SIE IHR ZIEL. VIER JAHRE SPÄTER VERSTÄRKT SIE DIE NEUE ETHIKKOMMISSION DES MINISTERIUMS.

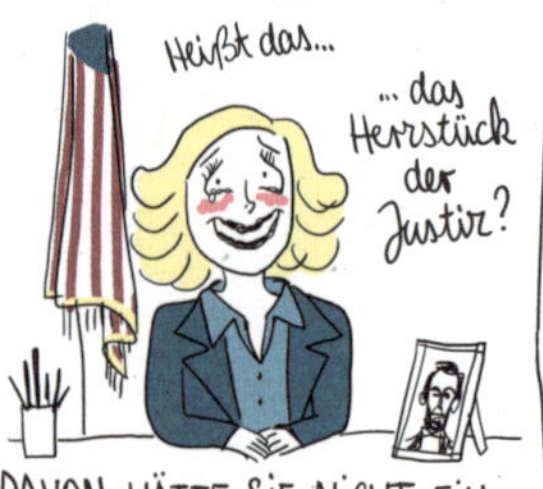

DAVON HÄTTE SIE NICHT EINMAL ZU TRÄUMEN GEWAGT.

DOCH DANN GERÄT AMERIKA AN EINEM SEPTEMBERMORGEN IM JAHR 2001 PLÖTZLICH AUS DEN FUGEN.

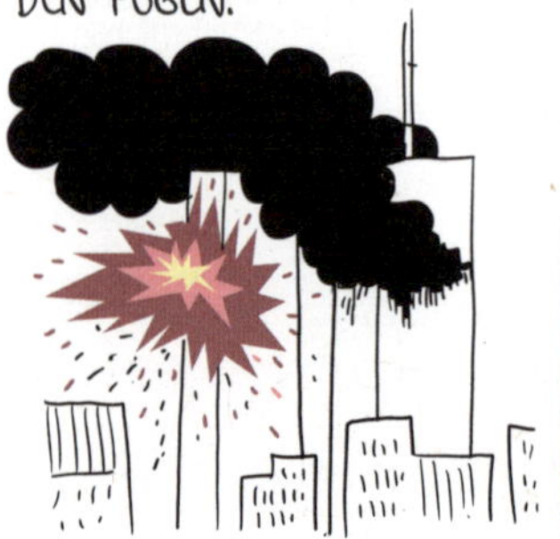

IN NUR WENIGEN WOCHEN WERDEN SICH DIE FRONTEN FÜR DEN RECHTSSTAAT VERHÄRTEN: ES GIBT KEINE GRAUZONEN MEHR.

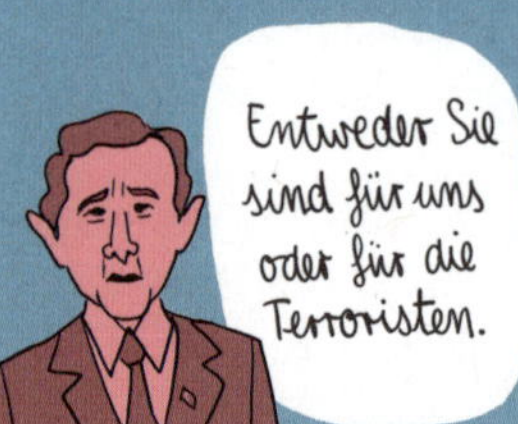

SO KOMMT ES, DASS EINES TAGES DIE ANTITERROR-ABTEILUNG BEI JESSELYN ANRUFT.

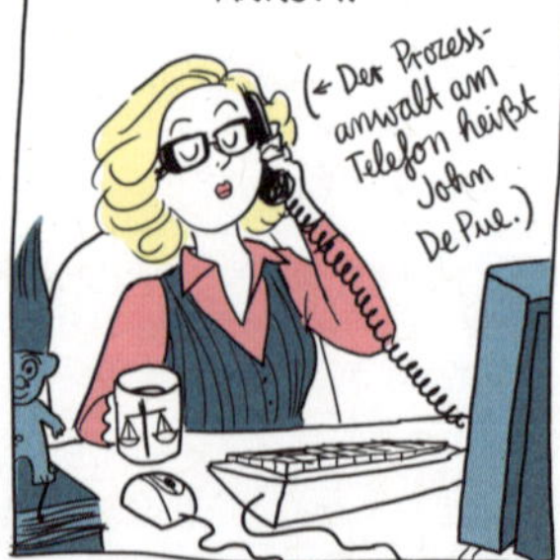

ER STECKT IN DER KLEMME UND BRAUCHT IHREN RAT: DAS FBI HAT IN AFGHANISTAN EINEN AMERIKANER FESTGENOMMEN, DER AUF DER SEITE DER TALIBAN KÄMPFTE.

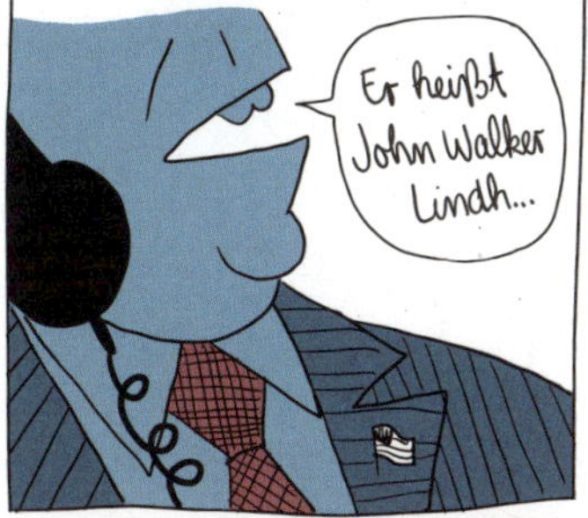

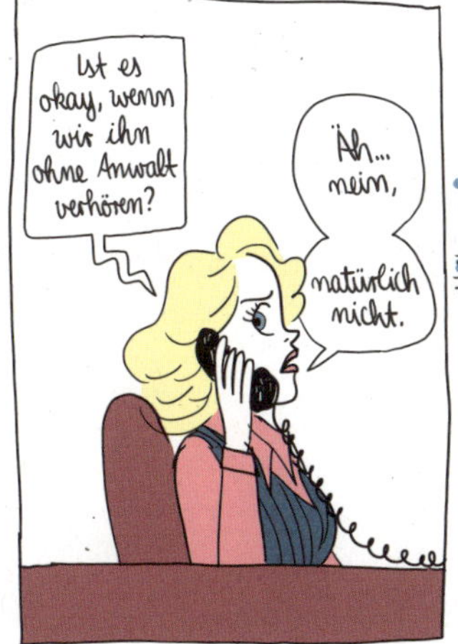

DOCH DREI TAGE SPÄTER RUFT SIE DERSELBE STAATSANWALT NOCH EINMAL AN:

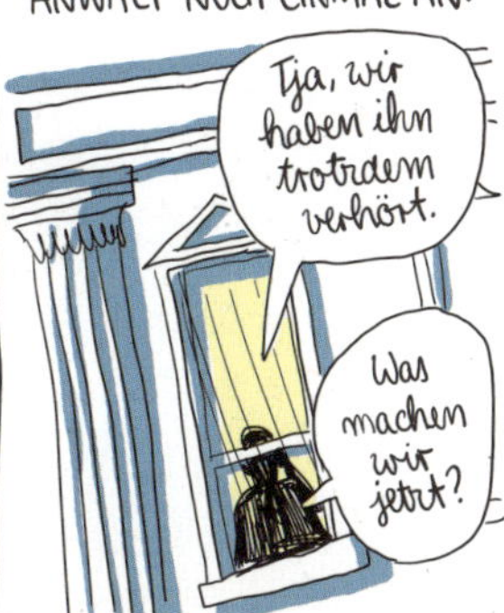

JESSELYN WEISS, DASS DIESES VORGEHEN ILLEGAL WAR. DESHALB RÄT SIE, DIE ZEUGENAUSSAGE UNTER VERSCHLUSS ZU HALTEN UND SIE **NUR** FÜR INFORMATIONEN ÜBER AL-QAIDA ZU VERWENDEN.

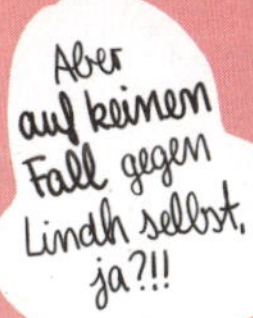

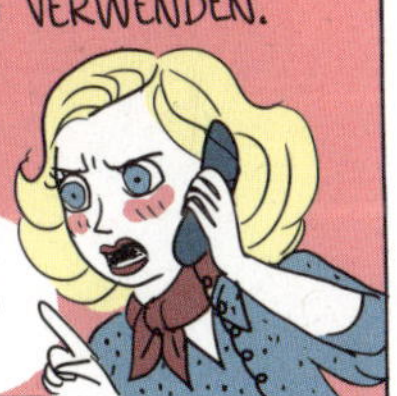

DENNOCH VERKÜNDET DER JUSTIZMINISTER IN EINER SCHILLERNDEN PRESSEKONFERENZ, MAN HABE EINEN TERRORISTEN GEFASST UND WERDE IHM DEN PROZESS MACHEN.

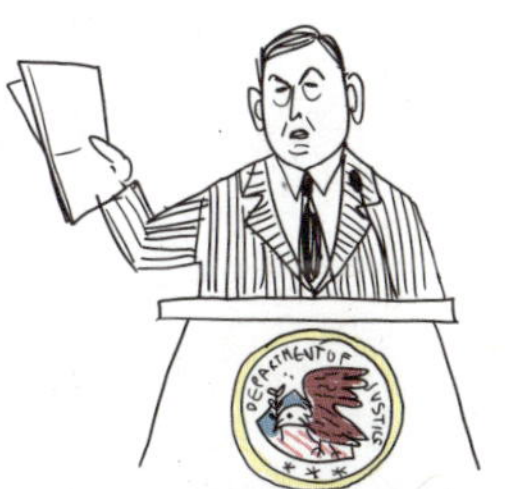

ÜBERALL WERDEN DIE BILDER DES „AMERIKANISCHEN TALIBAN" GEZEIGT.

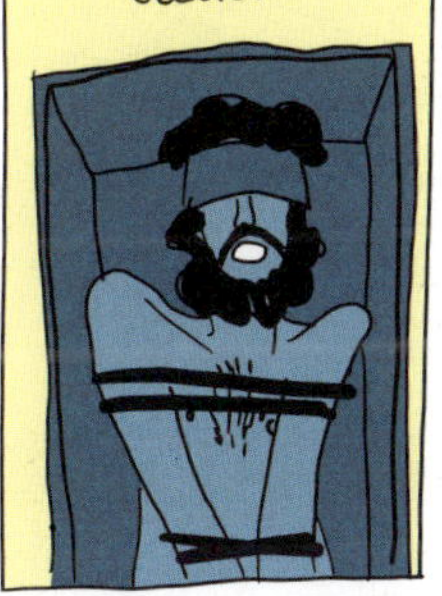

GEFESSELT, NACKT UND MIT EINER KUGEL IM BEIN – KEINE FRAGE, WIE SEIN VERHÖR ABGELAUFEN WAR.

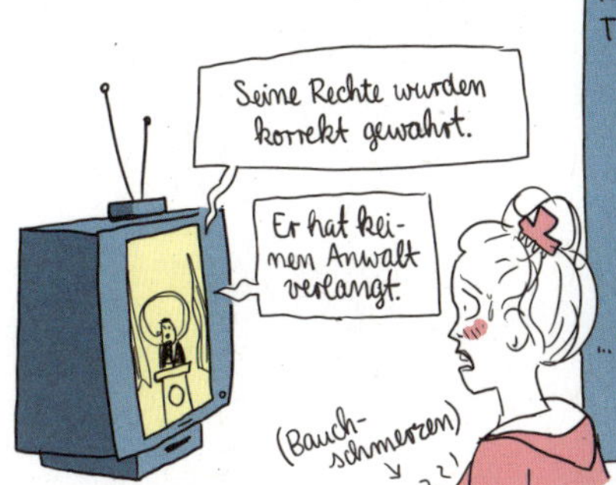

EIN UNTER FOLTER ERZWUNGENES GESTÄNDNIS: DER ERSTE TERRORVERDÄCHTIGE NACH 9/11 HAT EINE KOLLEKTIVE HYSTERIE AUSGELÖST...

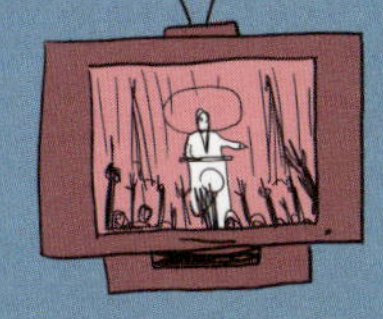

... UND DIE REGIERUNG UNTER GEORGE W. BUSH WILL EIN EXEMPEL STATUIEREN.

JESSELYN IST VÖLLIG DURCHEINANDER: IHR GLAUBE AN DEN RECHTSSTAAT IST SCHWER ERSCHÜTTERT.

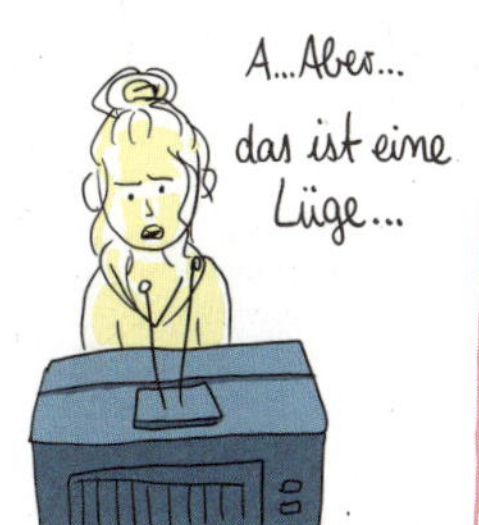

AM FOLGENDEN MORGEN GEHT SIE ZU IHRER VORGESETZTEN, UM SIE ZU INFORMIEREN. DEREN REAKTION IST UNMISSVERSTÄNDLICH:

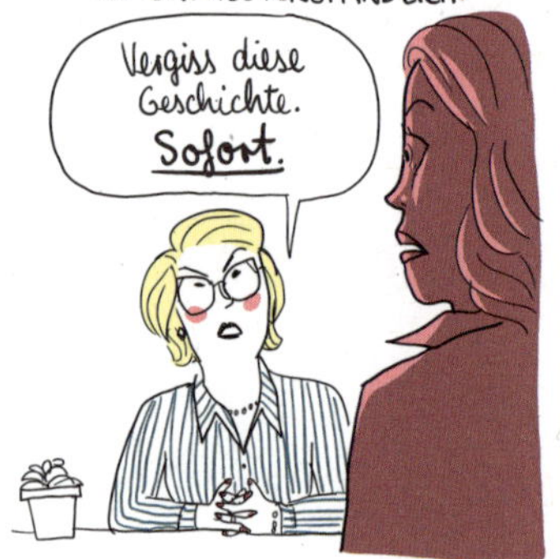

ANSCHLIESSEND ERHÄLT SIE ZWEI NACHRICHTEN VOM ANKLAGEVERTRETER IM FALL LINDH. ER BITTET SIE UM EINE BESTÄTIGUNG, DASS SIE ZWEI MAILS ZU DEM FALL GESCHICKT HAT.

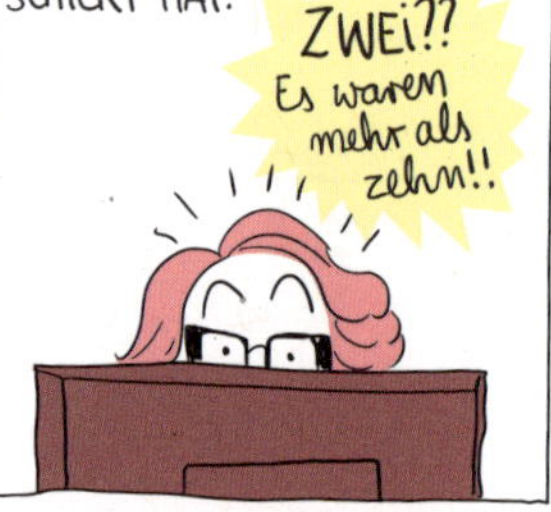

NUR, DASS DIESE KORRESPONDENZ (IN DER SIE DAS FBI AUF DIE UNRECHTMÄSSIGKEIT SEINES VERHÖRS HINWEIST) VERSCHWUNDEN IST.

Keine Treffer (0)

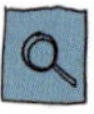

LANGSAM BEGREIFT SIE, DASS MAN DIE ANGELEGENHEIT VERTUSCHEN WILL.

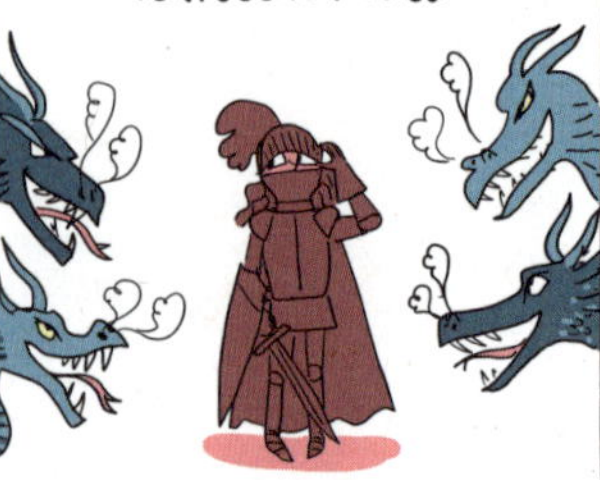

DASS IHRE LEUTE DIE ANGELEGENHEIT VERTUSCHEN WOLLEN.

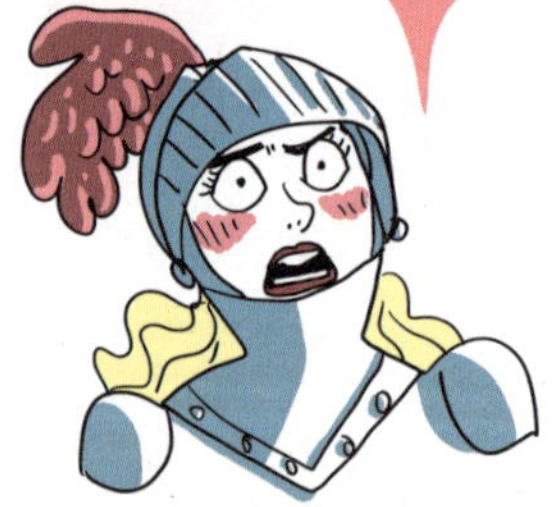

SIE RUFT DEN IT-SUPPORT, DEM ES GELINGT, 14 E-MAILS WIEDERHERZUSTELLEN.

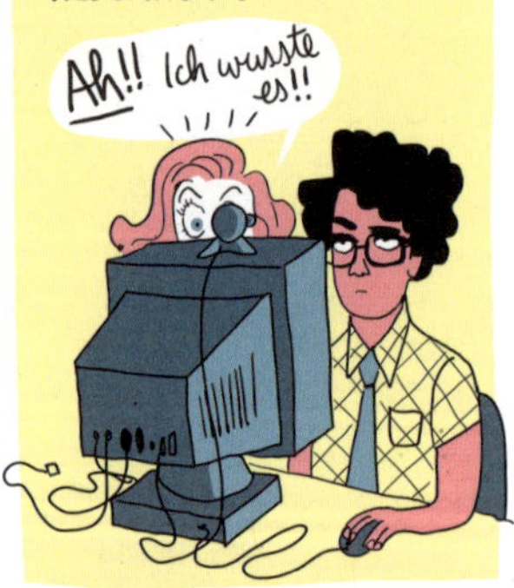

SIE DRUCKT SIE AUS UND LEGT SIE IHRER VORGESETZTEN TROTZDEM VOR (NICHT OHNE VORHER KOPIEN GEMACHT ZU HABEN, FÜR DEN FALL, DASS SIE WIEDER AUF MYSTERIÖSE WEISE VERSCHWINDEN)...

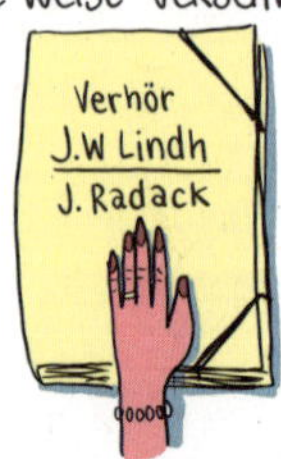

... DANN KÜNDIGT SIE EMPÖRT IHREN TRAUMJOB.

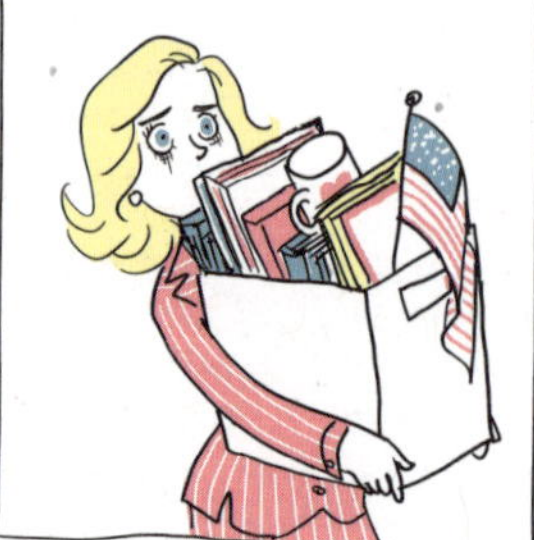

SIE FÄNGT IN EINER PRIVATEN ANWALTSKANZLEI AN, WIRD ZUM DRITTEN MAL SCHWANGER UND SCHLÄGT EIN NEUES KAPITEL AUF.

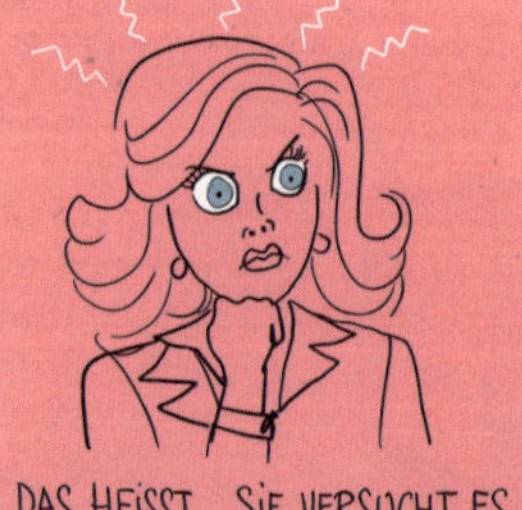

DAS HEISST... SIE VERSUCHT ES.

DIE SACHE LÄSST JESSELYN EINFACH NICHT LOS. WIE ZU ERWARTEN, HAT DAS MINISTERIUM DEN FALL NIE WEITERVERFOLGT.

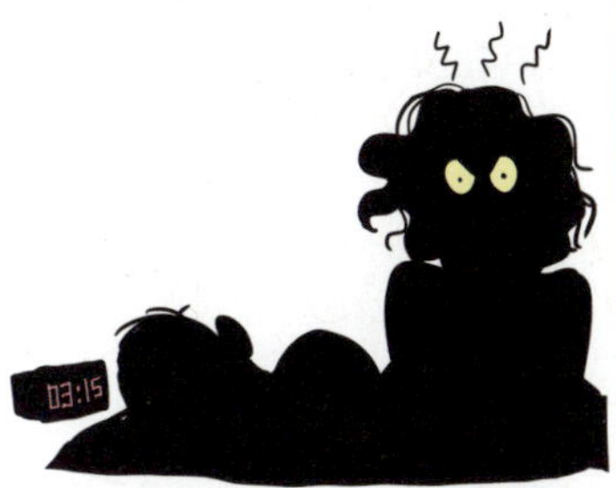

DIE ZEIT VERGEHT. ALS SIE ES NICHT MEHR AUSHÄLT, LÄSST SIE DIE E-MAILS DER „NEWSWEEK" ZUKOMMEN (MIT DER BITTE UM GEHEIMHALTUNG IHRES NAMENS).

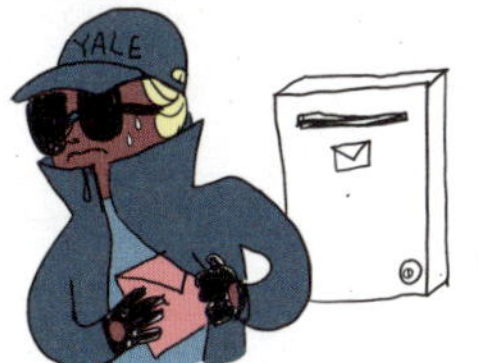

DIE GESCHICHTE LÖST EINEN SKANDAL AUS (UND DIE INFORMANTIN IST SCHNELL AUSGEMACHT).

JESSELYN WOLLTE EINFACH IHRE INTEGRITÄT WAHREN.

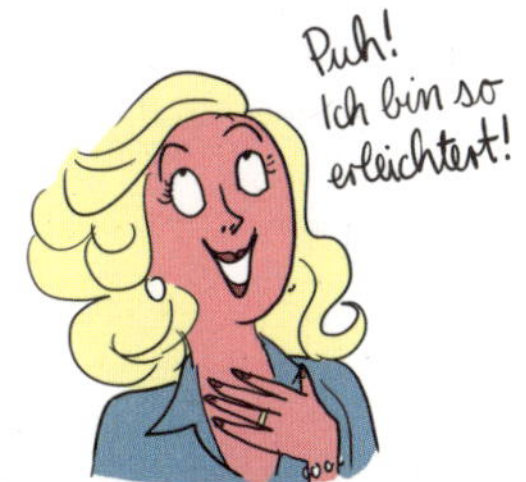

WAS SIE NICHT AHNT: SIE HAT EINE KRIEGSMASCHINERIE GEGEN SICH IN GANG GESETZT.

ZUNÄCHST WIRD SIE INFORMIERT, DASS STRAFRECHTLICHE UNTERSUCHUNGEN GEGEN SIE LAUFEN (UND SIE AUS DER ANWALTSKAMMER AUSGESCHLOSSEN WERDEN KANN).

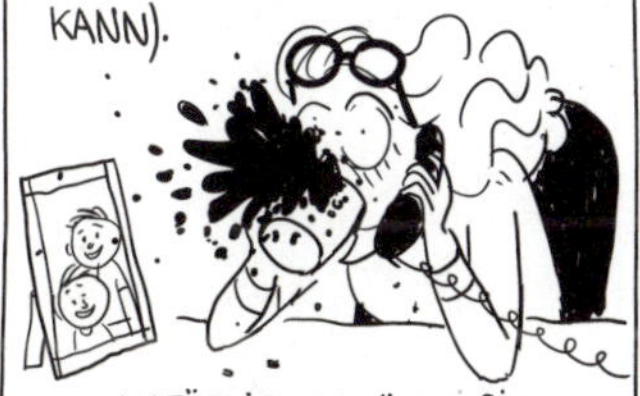

NATÜRLICH ERFÄHRT SIE DEN GENAUEN GRUND DER ERMITTLUNGEN NICHT.

DANN INFORMIERT DAS JUSTIZMINISTERIUM DIE KANZLEI, IN DER SIE GERADE ANGEFANGEN HAT, WEN SIE DA EINGESTELLT HABEN:

„... eine Kriminelle, die Akten stiehlt."

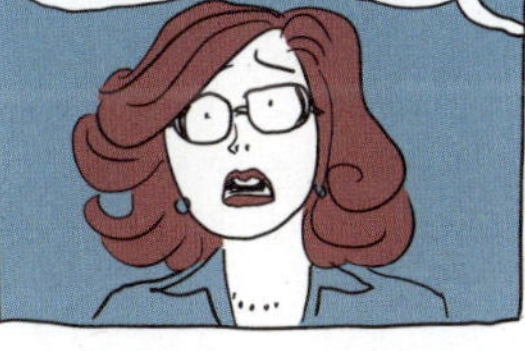

SELBSTVERSTÄNDLICH WIRD SIE BEURLAUBT (UND IST SEHR SCHNELL PLEITE).

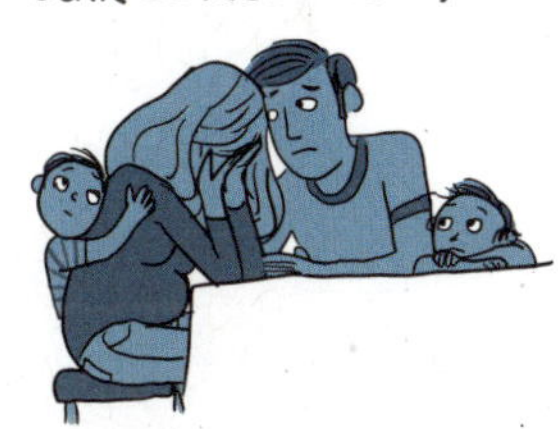

AUSSERDEM MUSS SIE FESTSTELLEN, DASS IHR PLÖTZLICH UNTERSAGT IST, EIN FLUGZEUG ZU BETRETEN.

JESSELYN GLAUBT SICH IN EINEM ALBTRAUM: SIE, DIE NICHT MAL EINEN KUGELSCHREIBER AUS EINEM HOTELZIMMER KLAUEN KÖNNTE, WIRD VON ERMITTLERN BEDRÄNGT.

Sagen Sie uns sofort, was Sie wissen, oder wir lassen Ihr Haus durchsuchen!

IN DER PRESSE BEZEICHNET DAS MINISTERIUM SIE ALS LÜGNERIN. VERRÄTERIN. SCHLECHTE AMERIKANERIN.

DAVON ABGESEHEN, DASS DIESE ANSCHULDIGUNGEN IHRE CHANCEN GEFÄHRDEN, JEMALS WIEDER EINEN JOB ZU FINDEN, IST ES DAS SCHLIMMSTE, WAS MAN JESSELYN VORWERFEN KANN.

ew York Times

NICHT NUR, DASS SIE UNTER DRUCK (UND OHNE GELD) LEBT; DIE ANGST LÖST AUCH SKLEROSE-SCHÜBE AUS (SIE LEIDET SEIT DEM STUDIUM UNTER DIESER KRANKHEIT).

DIE SITUATION HAT SICH SCHLEICHEND UMGEKEHRT: OBWOHL SIE SICH NICHTS VORZUWERFEN HAT, IST SIE GEZWUNGEN, ANWÄLTE ZU IHRER VERTEIDIGUNG ZU ENGAGIEREN (DIE SIE IHR LETZTES GELD KOSTEN).

Sie haben das Problem einfach verlagert.

Jetzt bin **ich** die Zielscheibe. Und niemand spricht mehr davon, was ich **ihnen** vorgeworfen habe.

EINES TAGES WIRD SIE GEWARNT, DASS DIE POLIZEI SIE ZU HAUSE FESTNEHMEN WIRD. VOR DEN NACHBARN UND IHREN KINDERN.

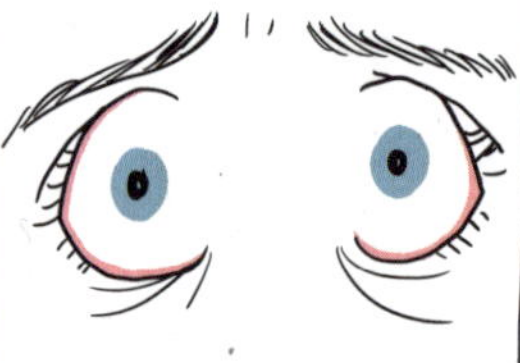

IN DIESER NACHT HAT JESSELYN EINE FEHLGEBURT.

SIE WEISS, DASS DIE REGIERUNG BUSH IHR NICHT VERZEIHT, DASS SIE GEREDET HAT, UND ALLES DARAN SETZT, SIE ZU ZERSTÖREN. SIE IST EINE STAATSFEINDIN, WEIL SIE DIE WAHRHEIT GESAGT HAT.

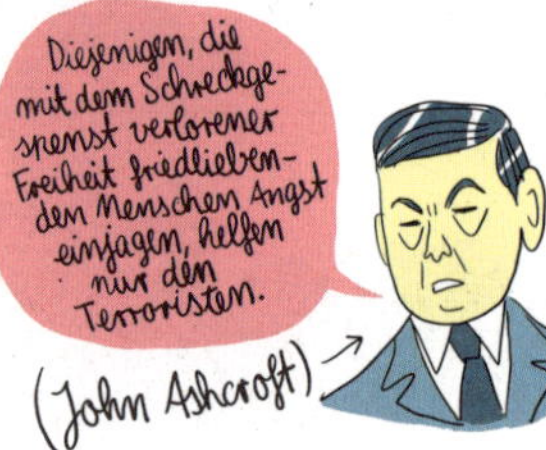

SELBST FÜR JESSELYN, DIE MUSTERSCHÜLERIN, DIE DIE INSTITUTIONEN ACHTET, IST DAS ZU VIEL.

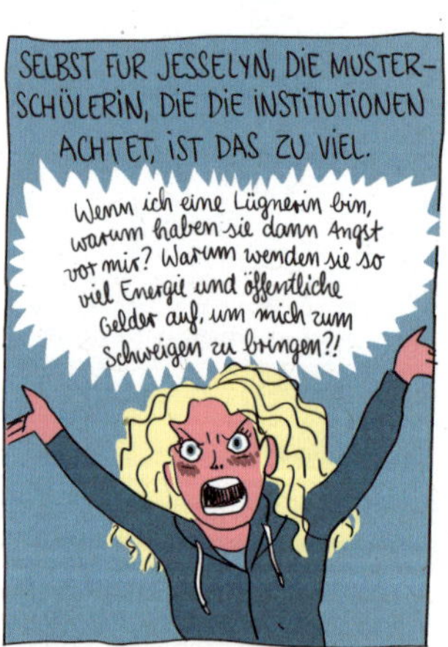

SCHLIESSLICH WIRD DIE ANKLAGE FALLENGELASSEN.

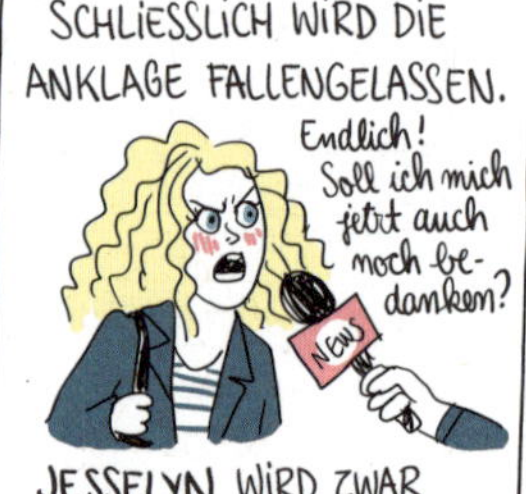

JESSELYN WIRD ZWAR **NICHT** VERURTEILT, ABER SIE FINDET HERAUS, DASS VIELE (EX-) STAATSANGESTELLTE AUS DENSELBEN GRÜNDEN VERFOLGT WERDEN.

DIE WUT GEWINNT WIEDER DIE OBERHAND, UND SIE SCHWÖRT SICH: FORTAN WIRD SIE IHR LEBEN DER VERTEIDIGUNG VON WHISTLEBLOWERN WIDMEN (UND NIE WIEDER SCHWEIGEN).

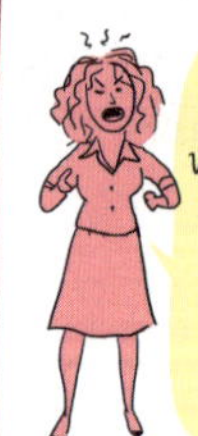

Wenn man mir als studierter, weißer Amerikanerin derart schaden kann, will ich mir gar nicht ausmalen, was diese Regierung anderen Landsleuten antut!

SIE BIETET BETROFFENEN IHRE HILFE AN, DENN SIE WEISS, DASS UNGEHORSAM (DEM CHEF ODER DER REGIERUNG GEGENÜBER) MEHR ALS DIE KARRIERE KOSTEN KANN.

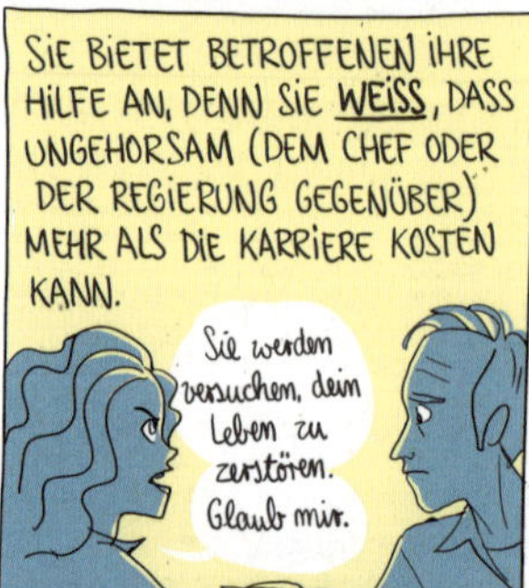

SIE VERTEIDIGT ZAHLREICHE WHISTLEBLOWER: VOM EHEMALIGEN NSA-ANGESTELLTEN THOMAS DRAKE ÜBER JOHN KIRIAKOU (DER DIE FOLTERMETHODEN DER CIA PUBLIK GEMACHT HAT) BIS HIN ZU EDWARD SNOWDEN.

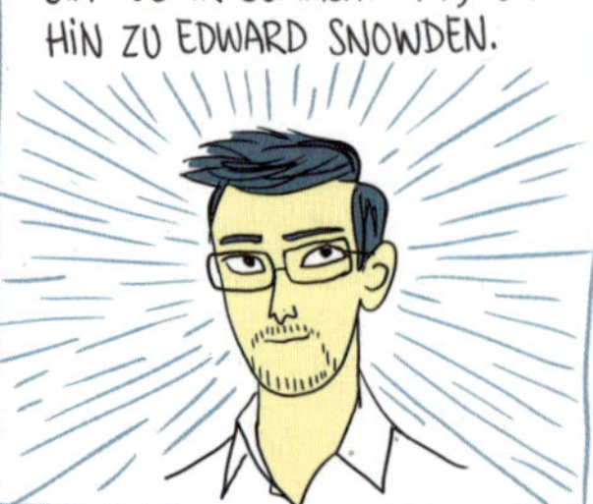

WEIL JENE ZUM SCHWEIGEN GEBRACHT WERDEN SOLLEN, KLÄRT SIE AN DEREN STELLE DIE ÖFFENTLICHKEIT AUF UND TRITT IMMER WIEDER IN DEN MEDIEN AUF.

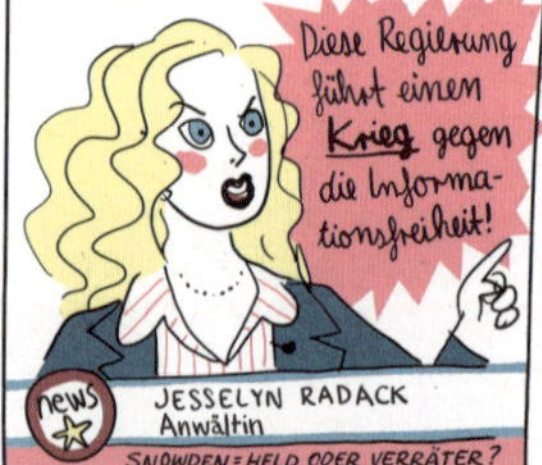

FÜR SIE FÄNGT DER KAMPF ERST AN, DENN UNTER OBAMA WURDEN SIEBEN WHISTLEBLOWER VERURTEILT (UNTER BERUFUNG AUF DEN ESPIONAGE ACT VON 1917).

Er geht noch weiter als Bush!! Er sperrt sie sogar ein! Und den habe ich unterstützt und gewählt!!

YES WE DID

2014 ERSCHEINT DIE DOKUMENTATION „SILENCED", DIE VON JESSELYNS KAMPF (UND DEM VIELER ANDERER) ERZÄHLT.

Die Ansicht, man müsste sich zwischen persönlicher Freiheit und nationaler Sicherheit entscheiden, ist eine Schande. Ein Land, das Demokratie will, muss Transparenz schaffen.

GEMEINSAM MIT EHEMALIGEN REGIERUNGSMITARBEITERN, JOURNALISTEN UND WHISTLEBLOWERN GRÜNDET SIE EINE INFORMATIONSPLATTFORM MIT QUELLENSCHUTZ.

AUSGESTATTET MIT EINER AUSGEFEILTEN VERSCHLÜSSELUNGSTECHNIK SOLL „EXPOSEFACTS" WHISTLEBLOWER ERMUTIGEN, IHRE UNTERLAGEN HOCHZULADEN, DIE ANSCHLIESSEND AUSGEWERTET UND SICHER DEN MEDIEN ÜBERGEBEN WERDEN.

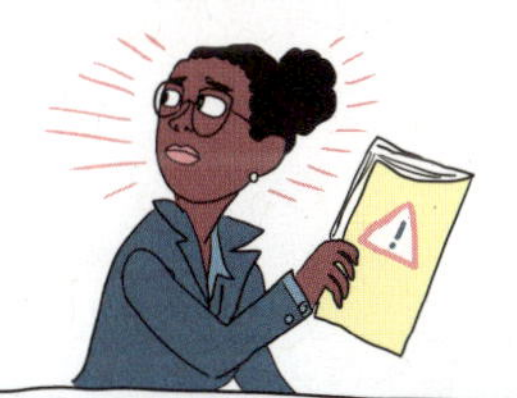

ENDE 2015 STARTET JESSELYN „WHISPER" (THE WHISTLEBLOWER AND SOURCE PROTECTION PROGRAM), EIN PROJEKT, DAS WHISTLEBLOWERN JURISTISCHE HILFE UND VERSCHLÜSSELUNGSPROGRAMME BIETET.

„WHISPER" FINANZIERT SICH ÜBER SPENDEN UND EINEN ONLINESHOP.

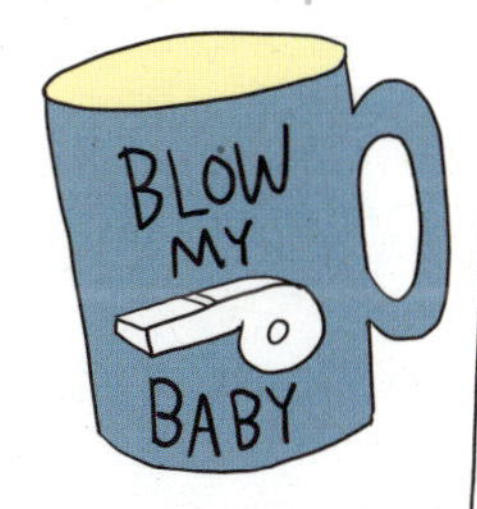

DIE JUNGE, HOCHQUALIFIZIERTE IDEALISTIN, DIE DEM STAAT DIENEN WOLLTE, IST INZWISCHEN VÖLLIG DESILLUSIONIERT.

Seinem Land zu dienen heißt nicht, ihm blind zu gehorchen. Die wahren Hüter der Demokratie sind die Whistleblower. Sie zu unterstützen, das ist wirklich mein Traumjob.

JESSELYN RADACK SAGT, DASS DER 11. SEPTEMBER DIE SCHLIMMSTE PHASE IHRES LEBENS EINGELEITET HAT ...

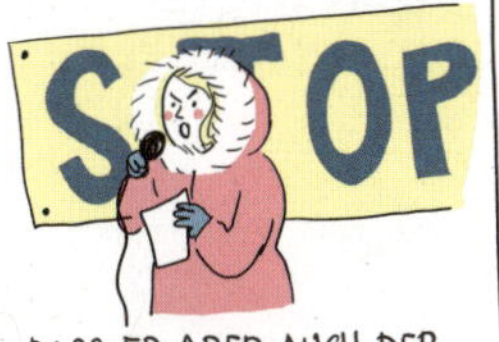

... DASS ER ABER AUCH DER AUSGANGSPUNKT FÜR IHR ENGAGEMENT WAR.

NUN WEISS SIE WIRKLICH, DASS SIE AUF DER RICHTIGEN SEITE STEHT.

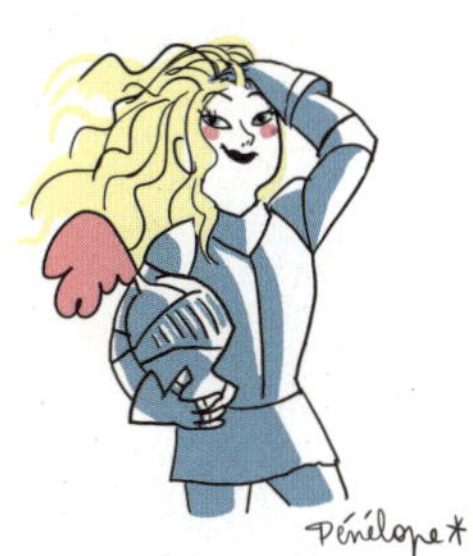

Pénélope*

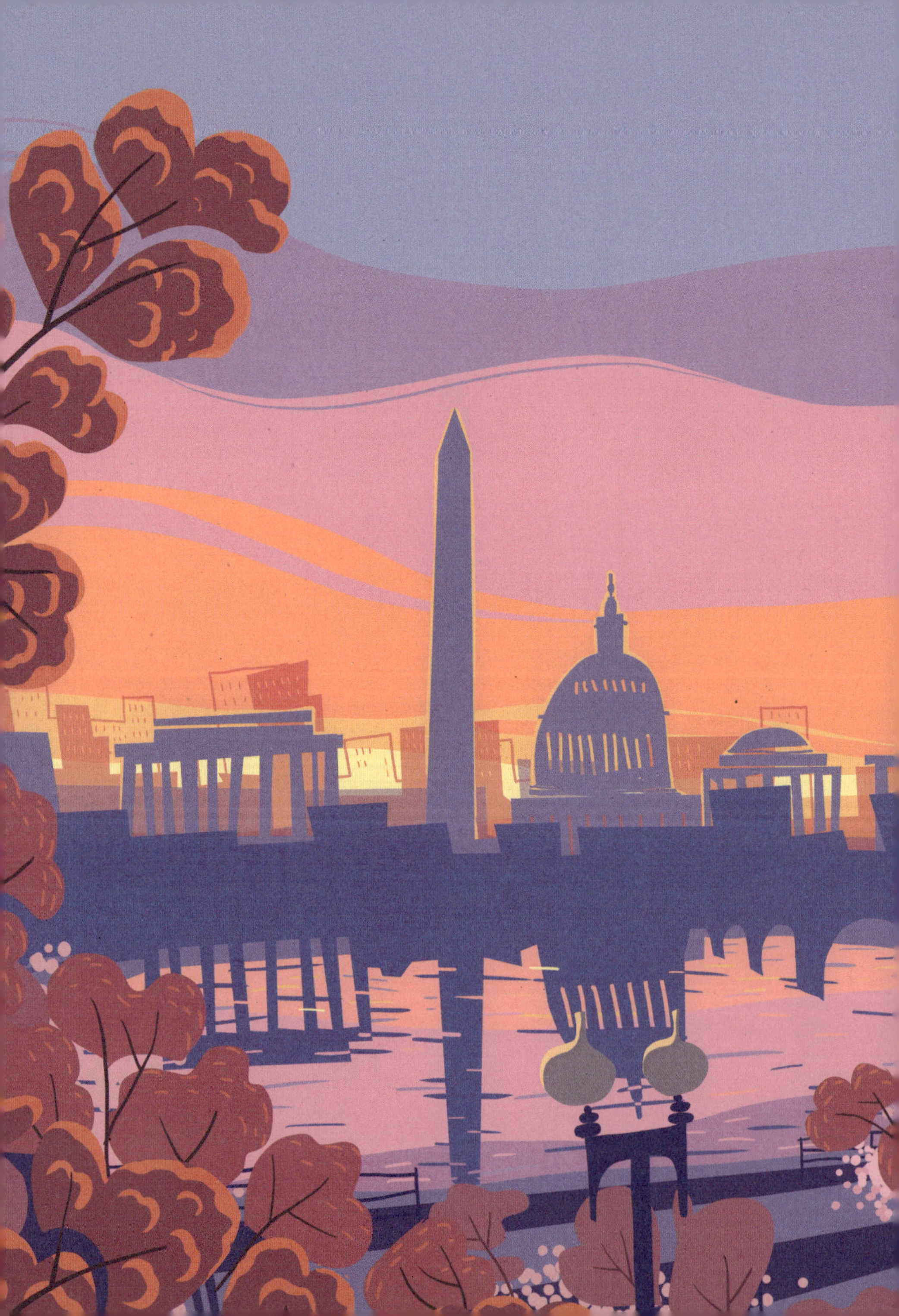

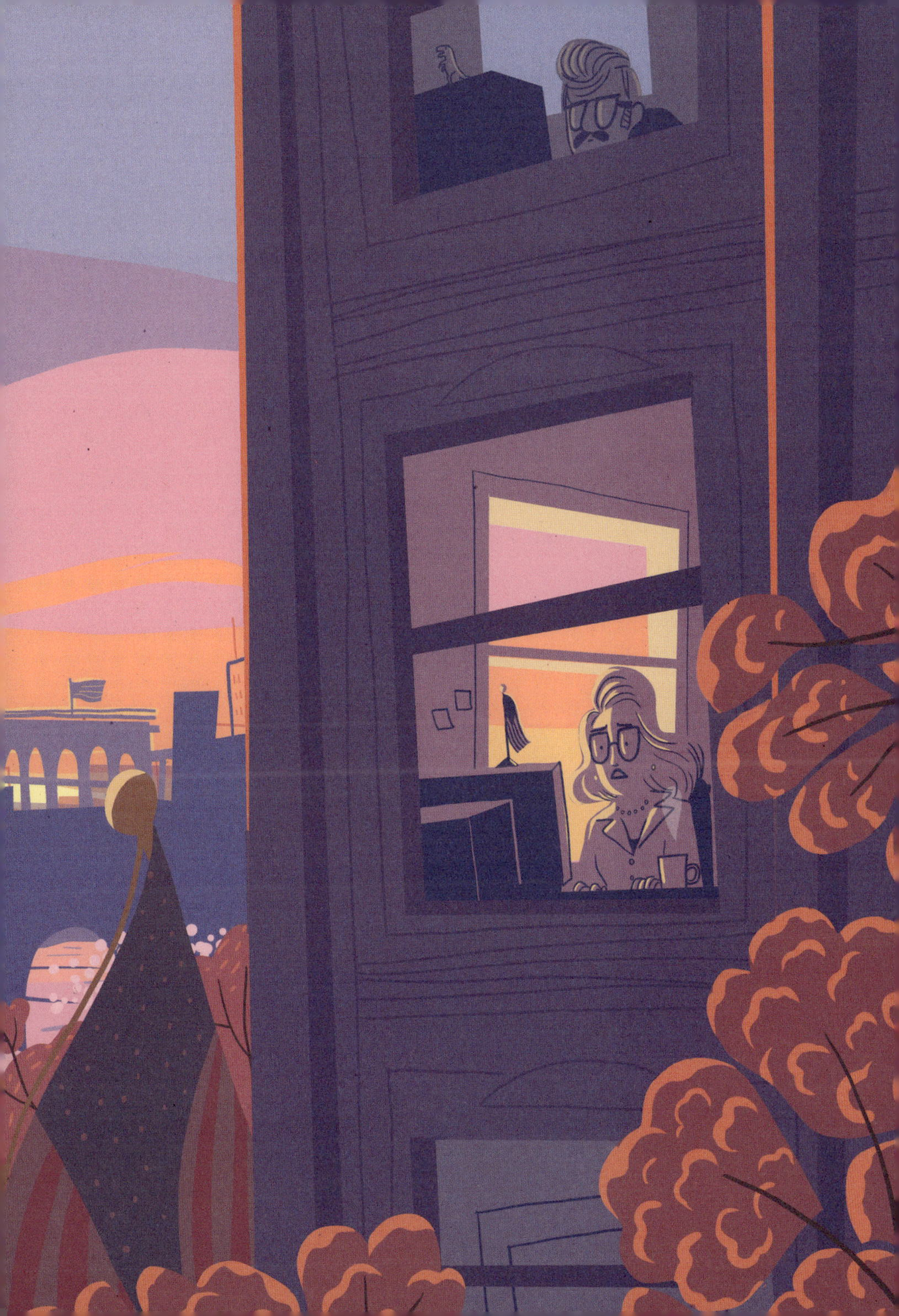

Hedy Lamarr

Schauspielerin und Erfinderin

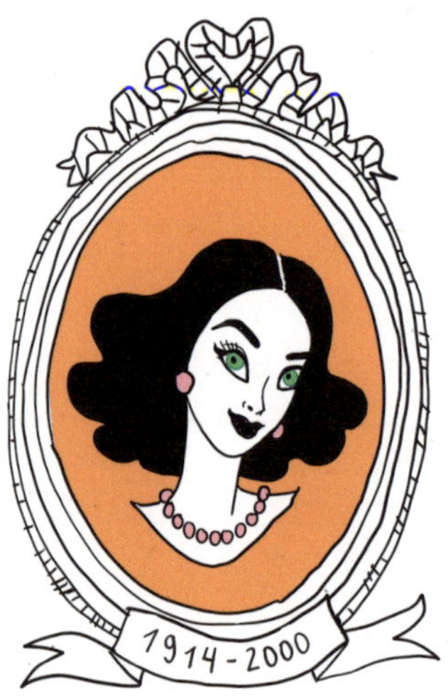

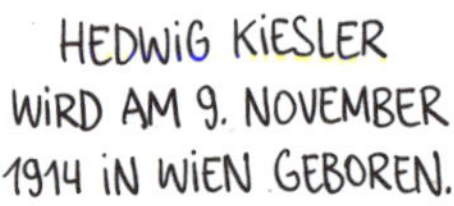

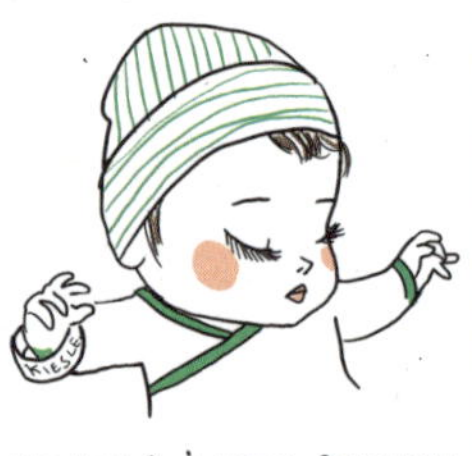

VOM TAG IHRER GEBURT AN BESTAUNT JEDER IHRE SCHÖNHEIT.

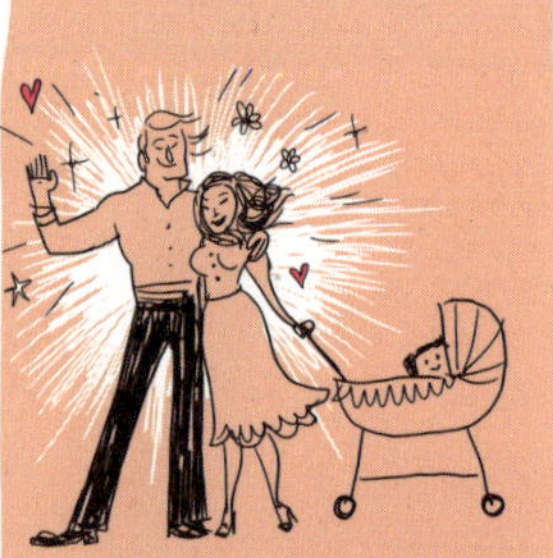

IHR JÜDISCHER VATER EMIL IST BANKIER. TRUDE, DIE MUTTER, KOMMT AUS BUDAPEST UND IST PIANISTIN.

HEDY HÖRT TAGEIN, TAGAUS, DASS SIE DAS HÜBSCHESTE MÄDCHEN WEIT UND BREIT IST – ABER TROTZDEM IST IHR STERBENSLANGWEILIG.

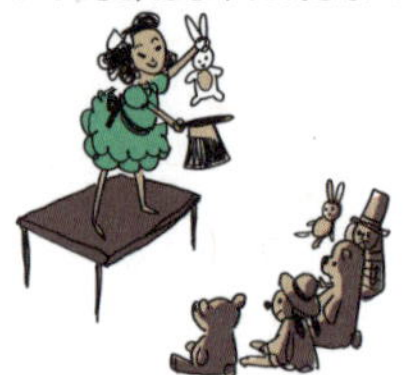

SIE IST EIN EINZELKIND, ALSO SPIELT SIE THEATER FÜR IHRE PUPPEN.

IHR VATER ERKLÄRT IHR, WIE DIE DINGE FUNKTIONIEREN.

DIE MUTTER WEISS, DASS SIE EIN LEBEN LANG HOFIERT WERDEN WIRD, UND WILL SIE AUF DEM TEPPICH HALTEN.

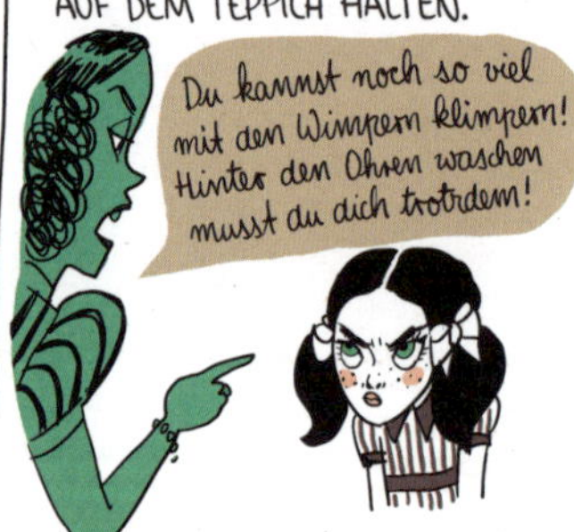

HEDY IMITIERT IHRE ELTERN, IHRE KATZE, PASSANTEN.

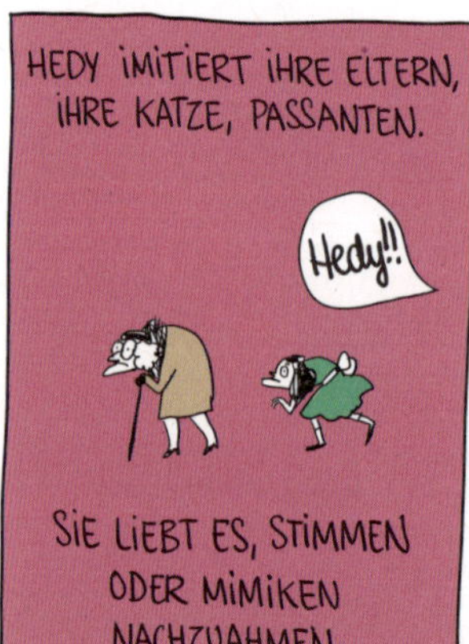

SIE LIEBT ES, STIMMEN ODER MIMIKEN NACHZUAHMEN.

EINES TAGES ERFÄHRT SIE, DASS EIN WIENER FILMSTUDIO AUF DER SUCHE IST NACH EINEM…

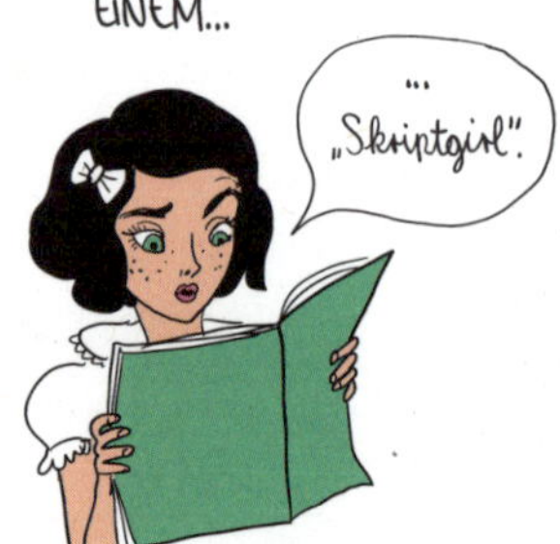

OBWOHL SIE KEINE AHNUNG HAT, WAS DAS IST, SCHWÄNZT SIE DIE SCHULE UND STELLT SICH, FORSCH WIE SIE IST, VOR.

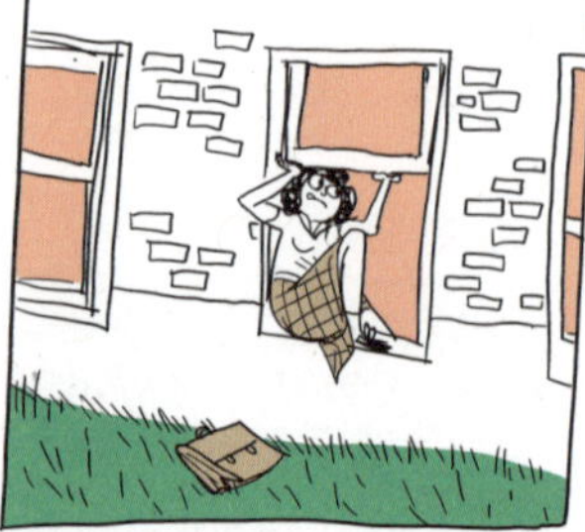

KEIN WUNDER, DASS SIE GLEICH EINE WINZIGE ROLLE BEKOMMT. (VON DER GAGE KANN SIE SICH ALLERDINGS KAUM MEHR ALS EINE KUGEL EIS KAUFEN.)

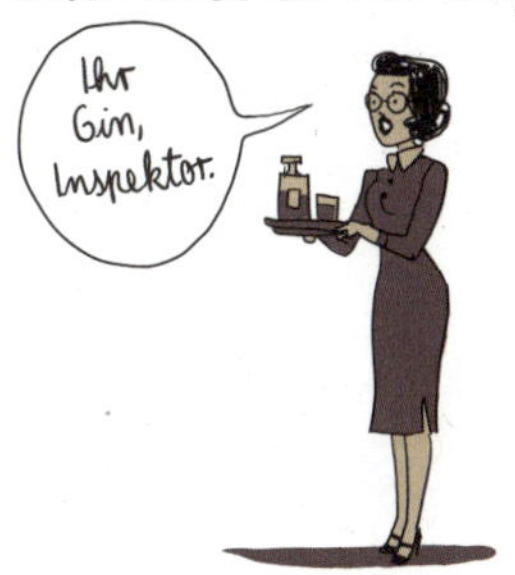

ZU HAUSE VERKÜNDET SIE IHREN ELTERN, DASS SIE DIE SCHULE ABBRECHEN WIRD, WEIL SIE IHRE BERUFUNG GEFUNDEN HAT.

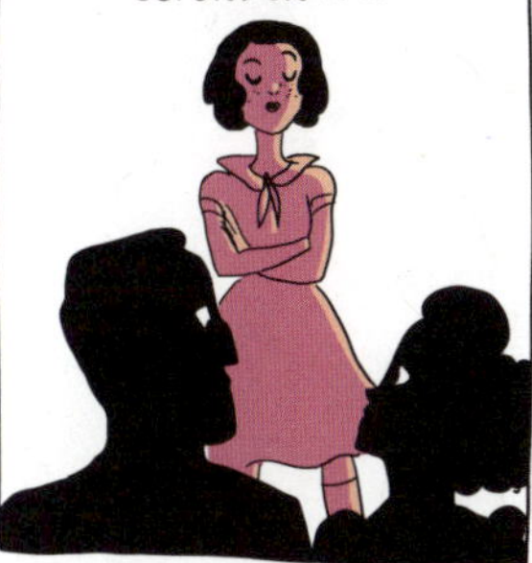

DAMALS IST BERLIN DIE EUROPÄISCHE FILMHAUPTSTADT, AUCH WENN IMMER MEHR SCHAUSPIELER SPÜREN, DASS SICH DER WIND DREHT, UND IN DIE VEREINIGTEN STAATEN VERSCHWINDEN.

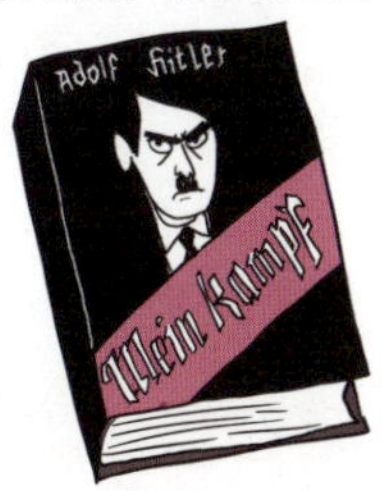

HEDY BEKOMMT VIELE KLEINE ROLLEN UND MACHT SOGAR DIE INTERNATIONALE PRESSE AUF SICH AUFMERKSAM.

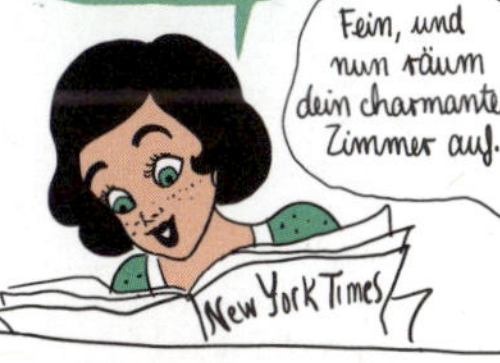

MIT 17 BEKOMMT SIE IHRE ERSTE RICHTIGE ROLLE IN DEM TSCHECHISCHEN FILM „EKSTASE".

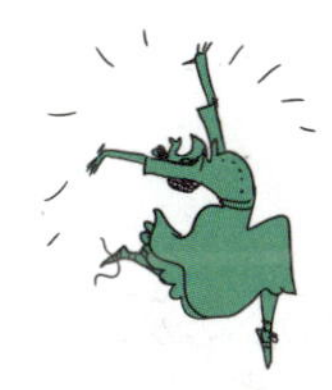

DAS MODERNE DREHBUCH IST GANZ NACH IHREM GESCHMACK:

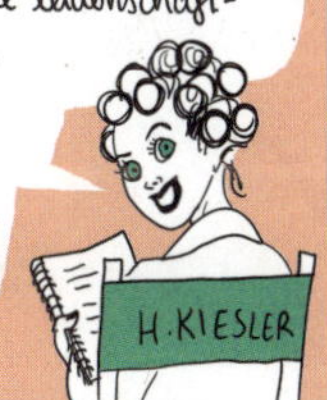

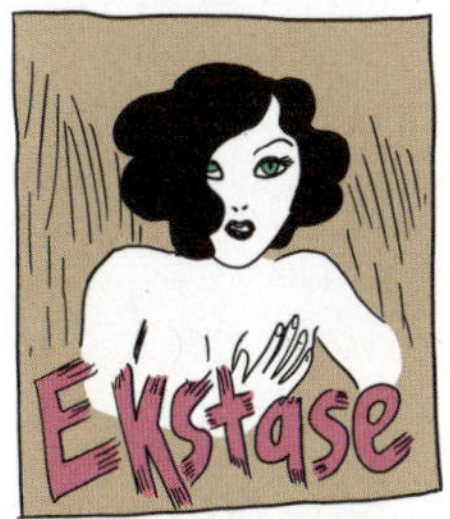

DER FILM WIRD ZUM KASSENSCHLAGER. ZEHNTAUSENDE DRÄNGEN IN DIE LICHTSPIELHÄUSER.

HEDY VERSUCHT IHRE ELTERN VORZUWARNEN: SIE IST IN DEM FILM VOLLKOMMEN NACKT ZU SEHEN.

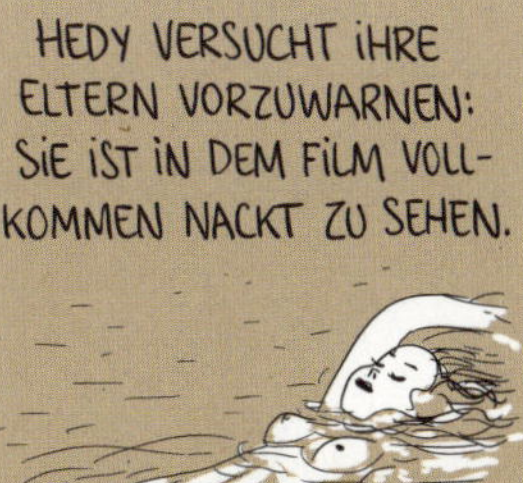

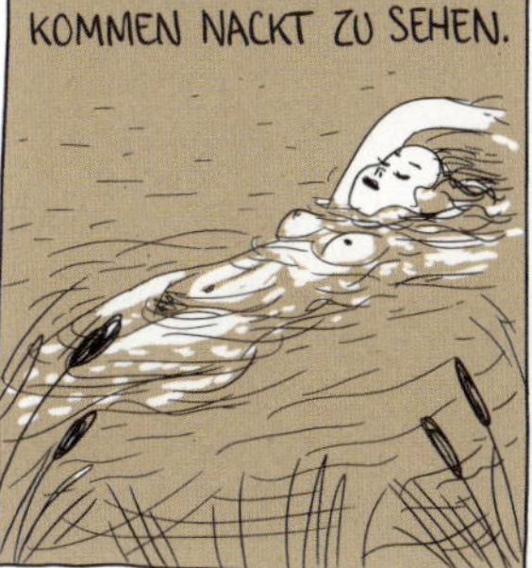

ALS SIE EINEN ORGASMUS SPIELT UND IHR GESICHT DABEI IN NAHAUFNAHME GEZEIGT WIRD, IST IHR VATER ENTSETZT.

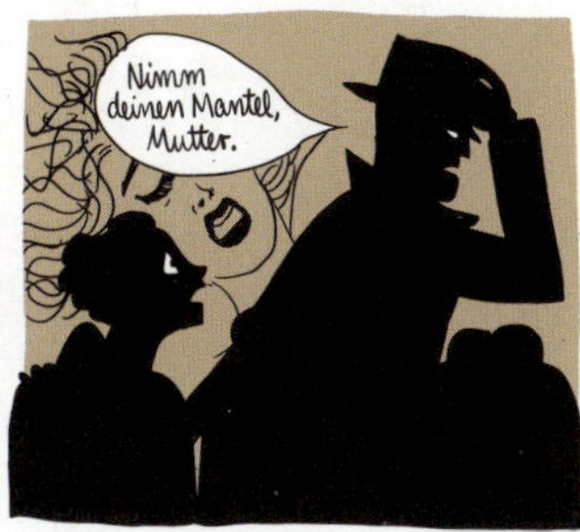

DIE KIESLER-ELTERN SCHÄMEN SICH IN GRUND UND BODEN. DOCH IHRE TOCHTER IST JETZT BERÜHMT.

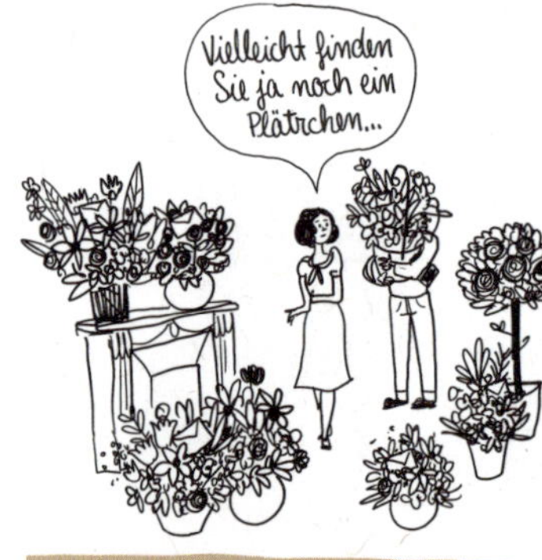

EINER DER REICHSTEN MÄNNER ÖSTERREICHS MACHT IHR BESONDERS HARTNÄCKIG DEN HOF.

FRITZ MANDL IST DER GRÖSSTE WAFFENFABRIKANT DES LANDES (UND STEHT DEN AUSTROFASCHISTEN NAHE).

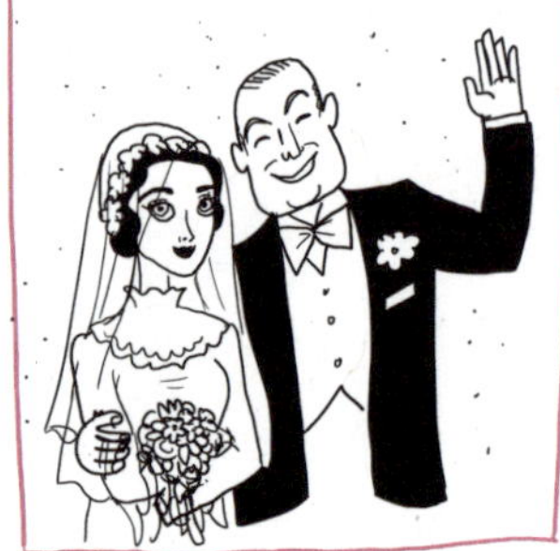

DAS EHEPAAR BEKOMMT HÄUFIG BESUCH VON FRITZENS KUNDEN UND FREUNDEN.

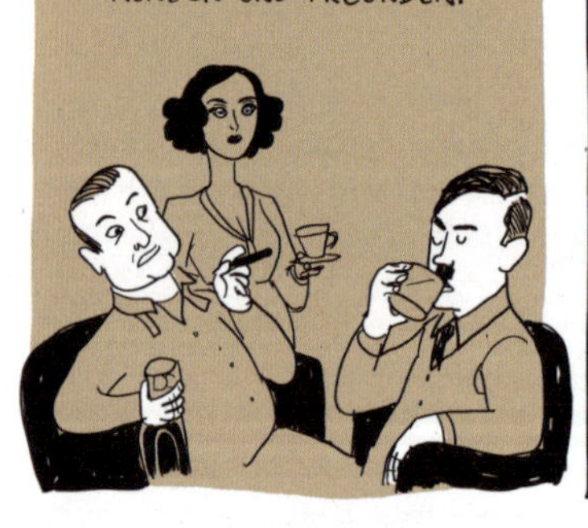

HEDY, DIE TROPHÄENFRAU, LÄCHELT, WENN SIE LÄCHELN SOLL. IN IHRER AUTOBIOGRAFIE SCHREIBT SIE SPÄTER:

Jedes Mädchen kann glamourös sein. Man muss nur herumstehen und dumm dreinschauen.

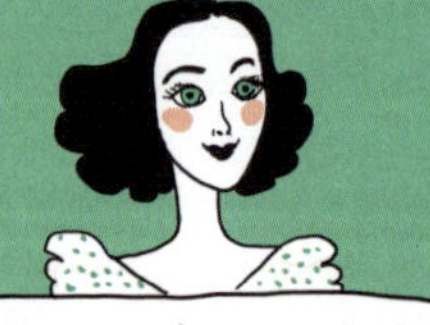

TAUB IST SIE TROTZDEM NICHT: AN DIESEN LANGEN ABENDEN ENTGEHT IHR NICHT EIN DETAIL DER GESPRÄCHE ÜBER U-BOOTE, TORPEDOS UND GEHEIMPLÄNE.

AUSSER FRAGE STEHT HINGEGEN, DASS SIE NIE WIEDER AUF DER LEINWAND ZU SEHEN SEIN WIRD: IHR EXTREM EIFERSÜCHTIGER EHEMANN VERBIETET ES AUSDRÜCKLICH.

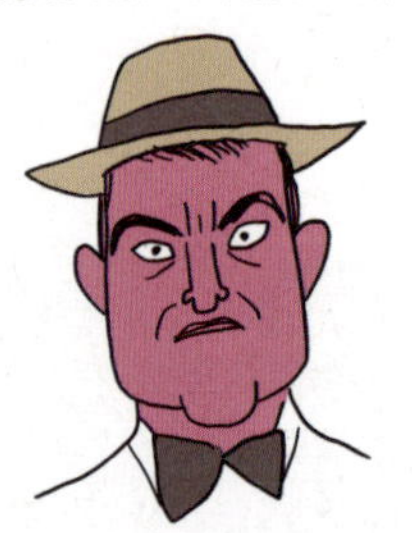

ER GIBT EIN VERMÖGEN DAFÜR AUS, ALLE KOPIEN VON „EKSTASE" AUFZUKAUFEN UND ZU VERNICHTEN.

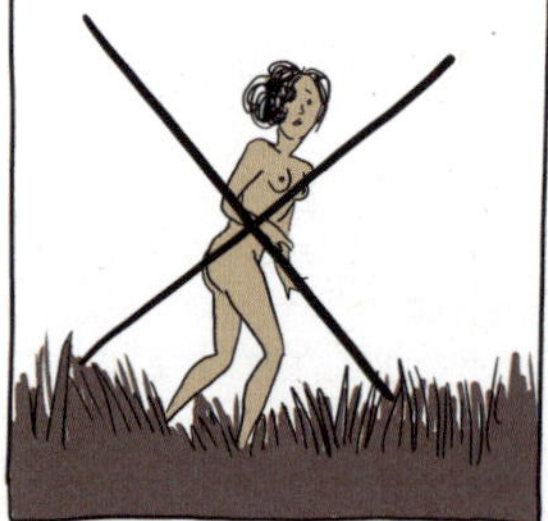

AUSSERDEM LÄSST ER SIE AUSSPIONIEREN, VERBIETET IHR AUSZUGEHEN UND ÜBERWACHT IHRE FREUNDINNEN. KURZUM, ER SPERRT SIE IN EINEN GOLDENEN KÄFIG.

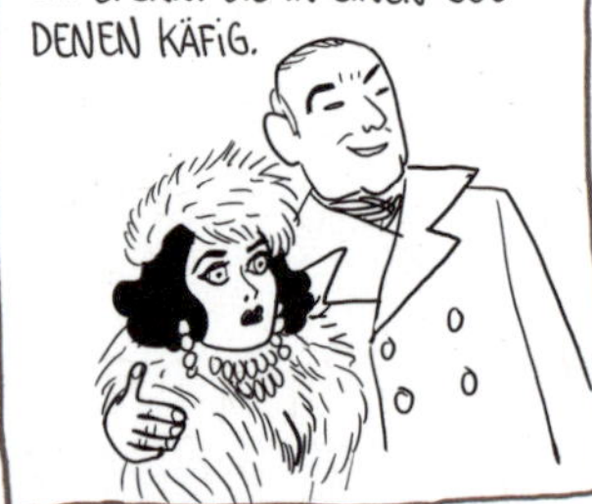

ALS IHR VATER AN EINEM HERZANFALL STIRBT, SAGT SICH HEDY, DASS DAS LEBEN KURZ IST UND SIE FRITZ VERLASSEN MUSS.

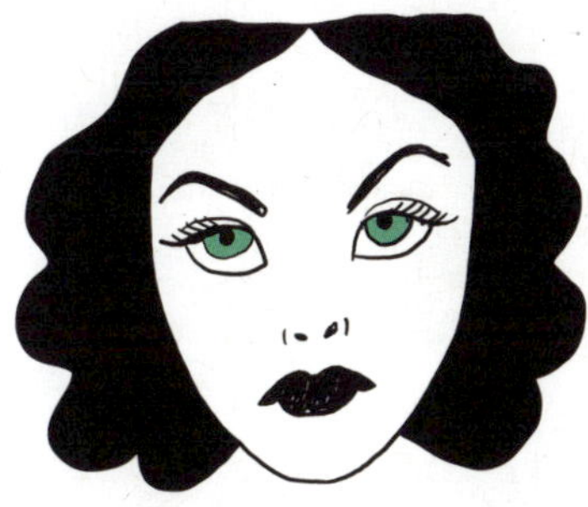

UM DIE SCHEIDUNG ZU ERLANGEN, VERSUCHT SIE ES ZUERST MIT ERPRESSUNG.

Ach nichts... Ich weiß inzwischen nur ganz gut Bescheid über deine Kungeleien mit den Nazis...

Mehr sag ich nicht.

SCHLIESSLICH GIBT SIE EINEM IHRER DIENSTMÄDCHEN EIN SCHLAFMITTEL, KLAUT IHR DIE SACHEN UND FLIEHT ÜBER PARIS NACH LONDON...

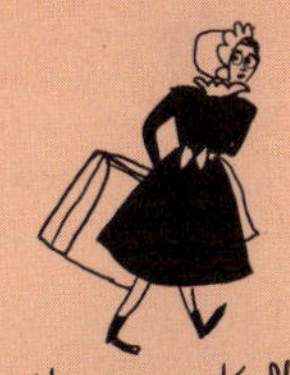

(mit einem Koffer voller Schmuck)

... WO SIE AN BORD DER „NORMANDIE" RICHTUNG AMERIKA AUFBRICHT.

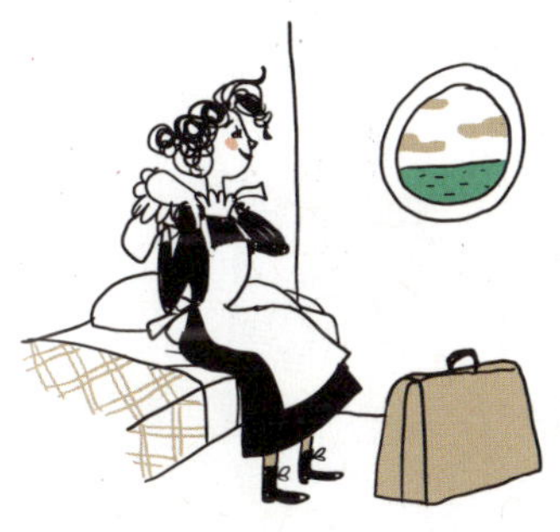

WAS FÜR EIN ZUFALL: AUCH LOUIS B. MAYER, LEITER DER MGM-STUDIOS, IST AUF DEM DAMPFER.

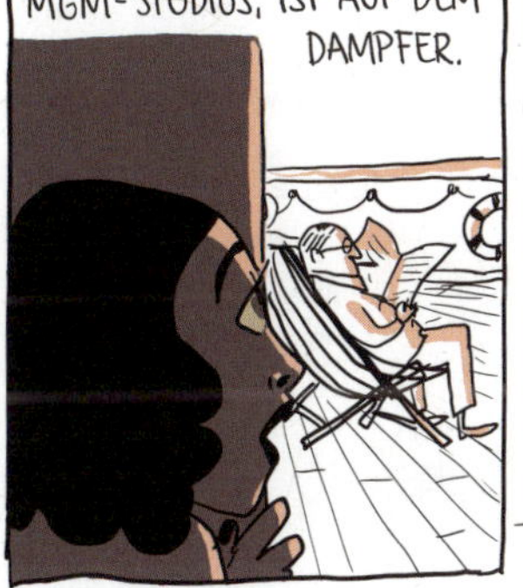

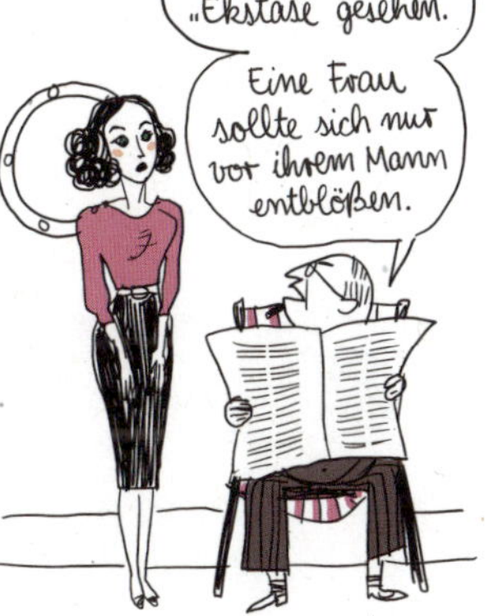

DANN ALSO PLAN B: HEDY FREUNDET SICH MIT MAYERS FRAU AN. UND MAYER KOMMT NICHT UMHIN, SICH IHRER WIRKUNG AUF DIE MÄNNLICHEN PASSAGIERE BEWUSST ZU WERDEN.

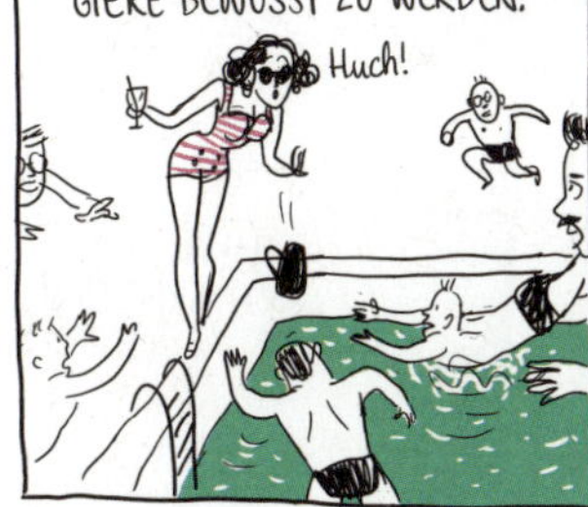

ALS SIE VON BORD GEHT, HAT SIE EINEN SIEBENJAHRESVERTRAG MIT MGM IN DER TASCHE.

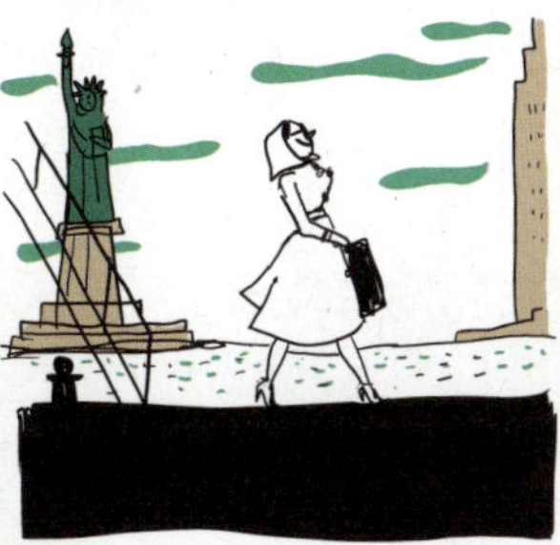

MAYER GIBT IHR EINEN WENIGER DEUTSCH KLINGENDEN NAMEN.

Neulich ist eine junge Schauspielerin gestorben, sie hieß Barbara La Marr. Was hältst du von dem Namen?

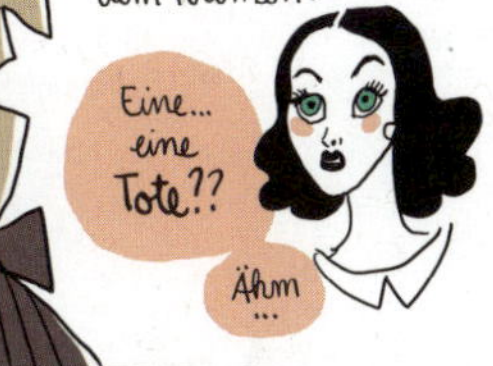

ALS HEDY LAMARR LERNT SIE SECHS MONATE LANG ENGLISCH, INDEM SIE FILME SCHAUT. ES FÄLLT IHR SCHWER.

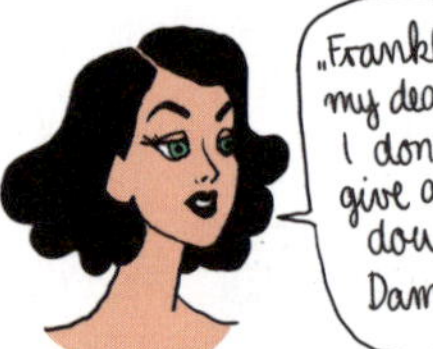

DOCH WEIL SICH ALLE EINIG SIND, DASS SIE ATEMBERAUBEND SCHÖN IST, BEKOMMT SIE TROTZDEM ROLLENANGEBOTE.

MIT JEDEM FILM, IN DEM SIE ZU SEHEN IST, LÖST SIE EINE NEUE MODE IN DEN USA AUS.

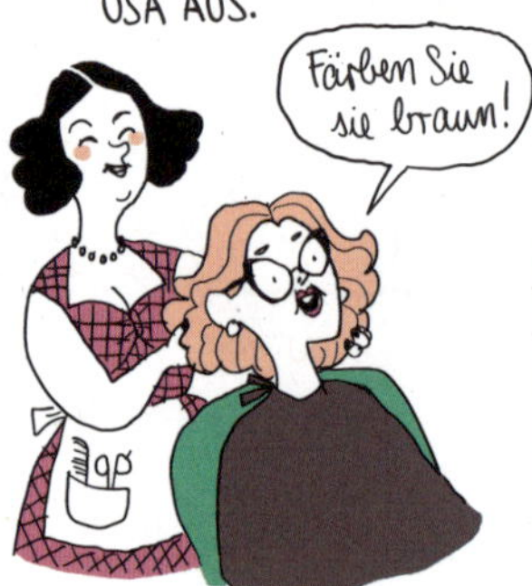

UNTERDESSEN SIND DIE NAZIS IN EUROPA WEITER AUF DEM VORMARSCH. HEDY IST ENTSETZT.

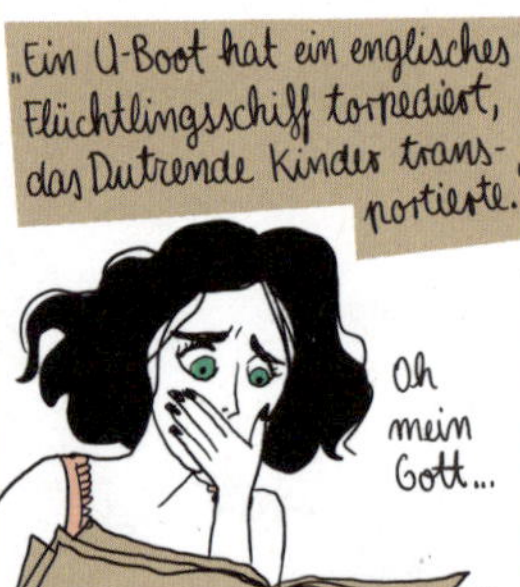

SO WEIT ENTFERNT VON IHRER HEIMAT FÜHLT SIE SICH MACHTLOS. AUSSERDEM <u>LANGWEILT</u> SIE SICH: SIE TRINKT NICHT, RAUCHT NICHT, MEIDET PARTYS. LIEBER VERBRINGT SIE EINEN RUHIGEN ABEND MIT INTELLIGENTEN MENSCHEN (IN IHREM MILIEU EHER SELTEN).

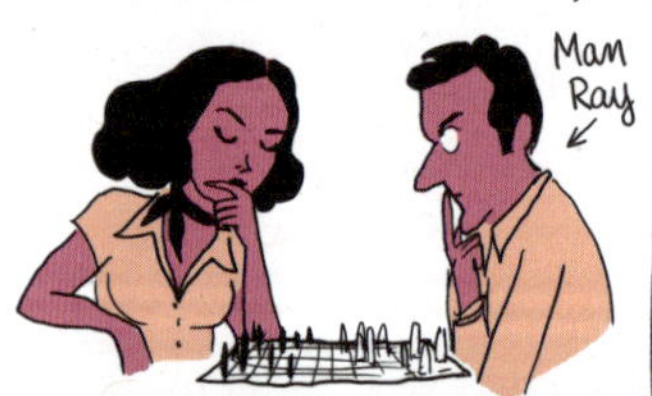

ALSO BESCHÄFTIGT SIE SICH ALLEINE, GENAU WIE ALS KIND: SIE RICHTET SICH EINE KLEINE WERKSTATT EIN, WO SIE ALLERHAND SCHNICKSCHNACK FÜR IHR HAUS BASTELT.

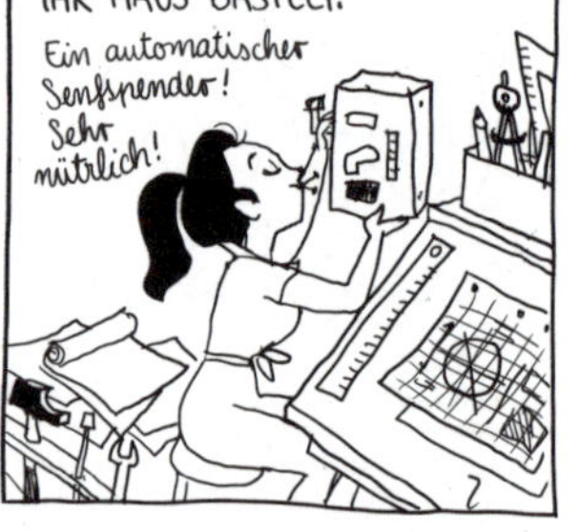

HEDY HAT SPASS DARAN, AUCH WENN DIE MEISTEN ERFINDUNGEN NICHT FUNKTIONIEREN. ABER IHRE IDEEN SIND GUT.

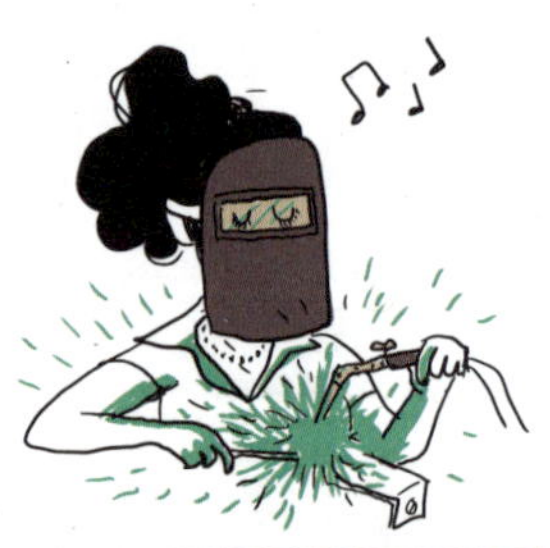

SIE VERSUCHT VIELE INTERESSANTE PERSÖNLICHKEITEN KENNENZULERNEN. BEI EINEM ABENDESSEN SITZT SIE NEBEN GEORGE ANTHEIL. DER AVANTGARDISTISCHE KOMPONIST HAT DAS „BALLET MÉCANIQUE" GESCHAFFEN, BEI DEM ER 16 MECHANISCHE KLAVIERE GLEICHZEITIG SPIELEN LÄSST.

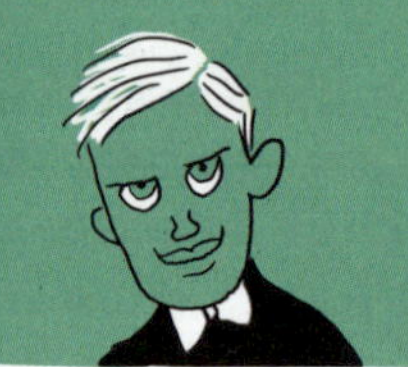

MIT IHM DISKUTIERT SIE ÜBER ALLES MÖGLICHE, VOR ALLEM ÜBER DEN KRIEG.

Es macht mich wahnsinnig, so tatenlos hier in Hollywood zu sitzen! Ich will helfen! Ich habe <u>lauter</u> tolle Ideen für das US-Militär!

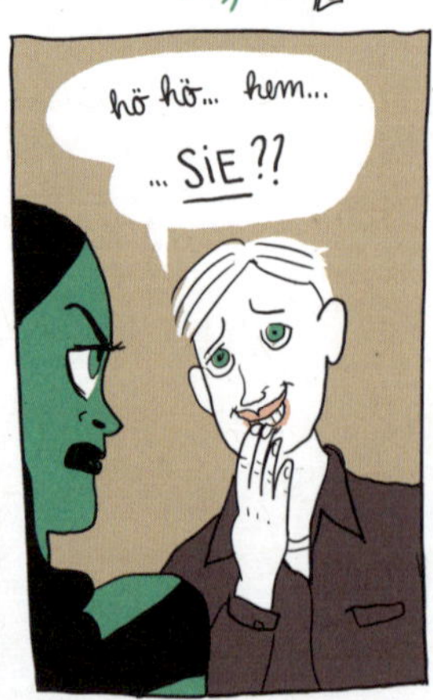

HEDY ERZÄHLT IHM, SIE HABE GEHÖRT, DASS DIE AMERIKANISCHEN TORPEDOS IMMER WIEDER NAZI-U-BOOTE VERFEHLTEN.

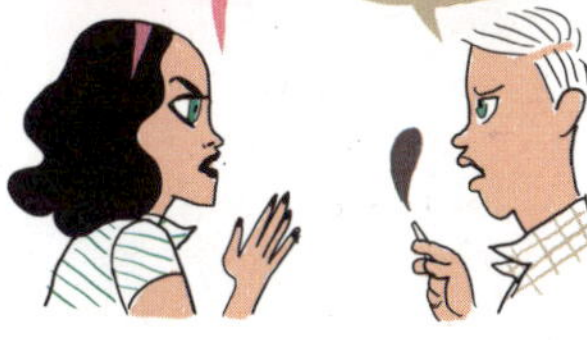

OFT SPIELEN SIE ZUSAMMEN KLAVIER: GEORGE IMPROVISIERT EINE MELODIE, DER HEDY DANN FOLGT, BIS HEDY AN DER REIHE IST, DIE FÜHRUNG ZU ÜBERNEHMEN (UND SO FORT).

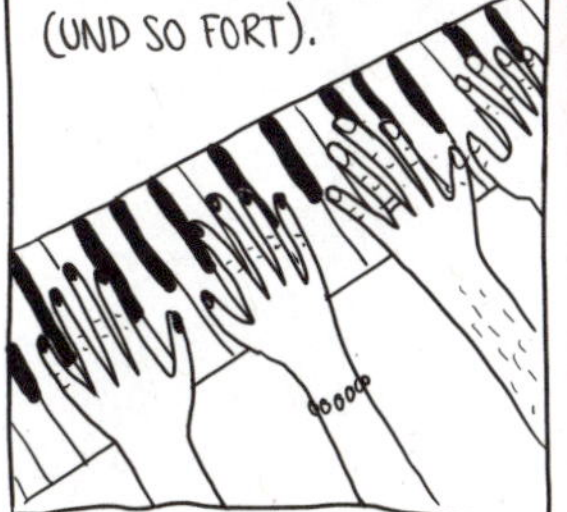

BEI EINER DIESER KLEINEN „PING-PONG-PARTIEN" FÜGEN SICH EINES ABENDS IHRE LOSEN IDEEN ZUSAMMEN.

... Hedy? ...

Aber... wenn Sender und Empfänger gleichzeitig von einer Frequenz auf die andere springen... dann könnte man ihr Signal doch nicht mehr abfangen und stören...?

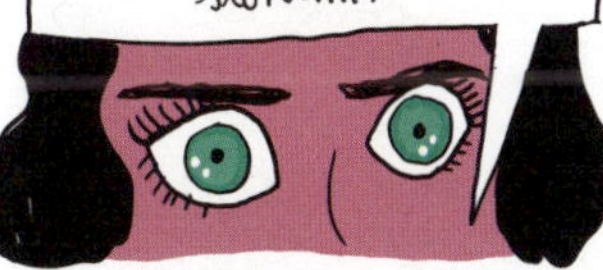

George! Du hast 16 mechanische Klaviere gleichzeitig spielen lassen, warum nicht zwei Funkgeräte?

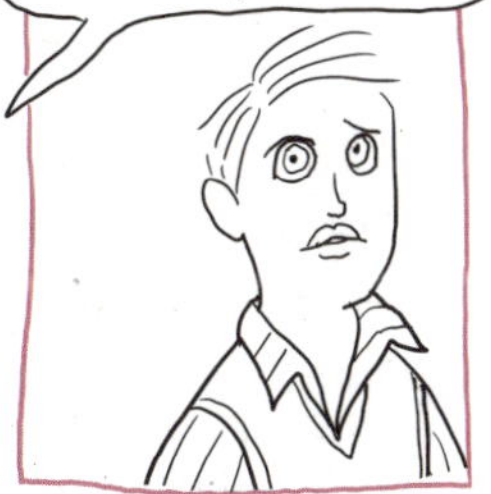

IHRE IDEE ERWEIST SICH ALS HIEB- UND STICHFEST. GEORGE HILFT IHR, IHRE GEDANKEN UMZUSETZEN. SIE ARBEITEN DEN GANZEN HERBST 1940 DARAN.

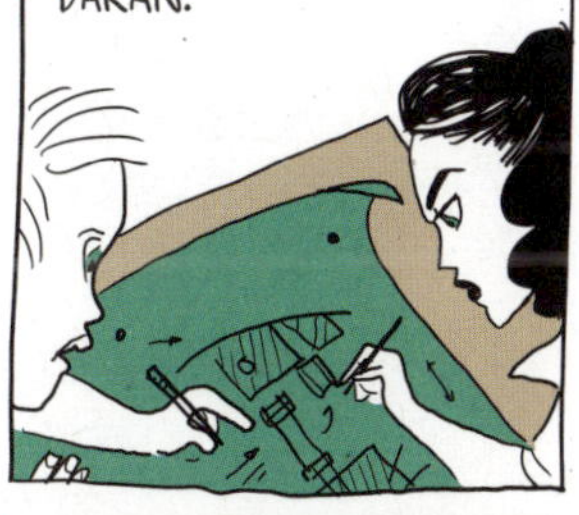

INDES HAT HEDY NOCH ANDERE EINFÄLLE FÜR MILITÄRTECHNOLOGISCHE NEUERUNGEN: ZUM BEISPIEL MUNITION, DIE IN DER NÄHE VON GROSSEN METALLKÖRPERN EXPLODIERT.

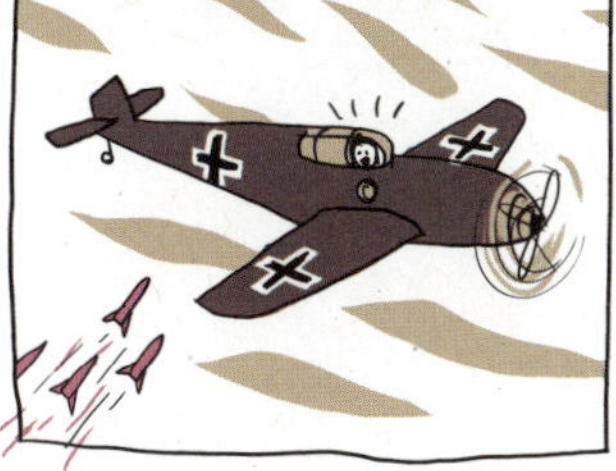

1941 MELDET SIE EIN PATENT FÜR DAS FREQUENZSPRUNGVERFAHREN AN (ABER UNTER IHREM BÜRGERLICHEN NAMEN, UM DAS KOMITEE NICHT ZU BEEINFLUSSEN). GEORGE LIEST IHRE BRIEFE KORREKTUR, DENN HEDY SCHREIBT FAST IN LAUTSCHRIFT.

Ja und? Ich bin mit 16 von der Schule!

Und ich spreche vier Sprachen!

(NATÜRLICH HÄLT SIE ALL DAS NICHT DAVON AB, WEITERE FILME ZU DREHEN.)

ZIEGFELD GIRL mit Judy Garland und Lana Turner

HEDY BIETET IHR „GEHEIMES KOMMUNIKATIONSSYSTEM" DEM US-MILITÄR AN, DAS SEHR INTERESSIERT IST, ABER ES NICHT RICHTIG VERSTEHT.

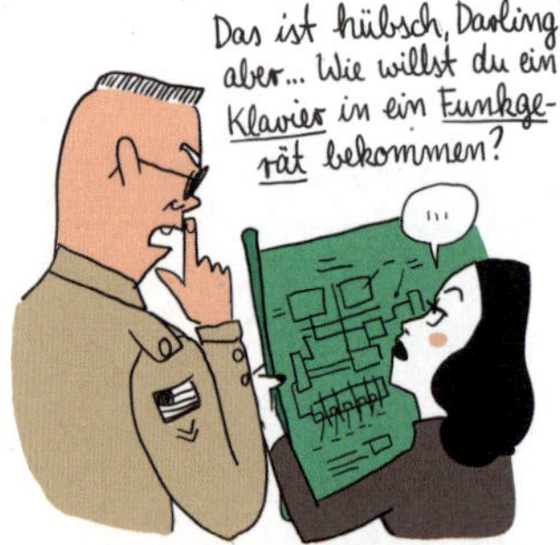

MAN LEGT IHR NAHE, AMERIKA LIEBER AUF EINE IHREN FÄHIGKEITEN ANGEMESSENE ART ZU HELFEN.

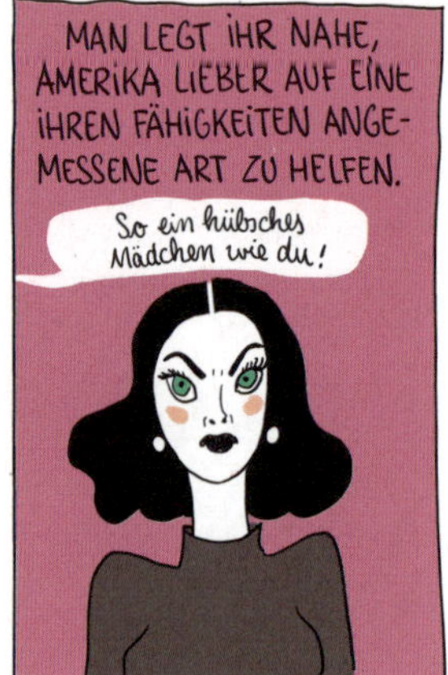

ALSO VERKAUFT SIE KÜSSE GEGEN KRIEGSANLEIHEN – MIT DURCHSCHLAGENDEM ERFOLG.

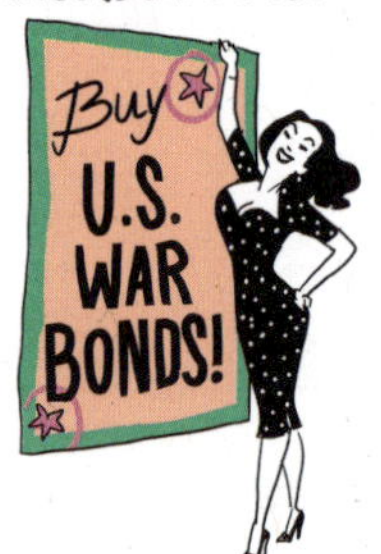

SIE SAMMELT GANZE 25 MILLIONEN DOLLAR EIN.

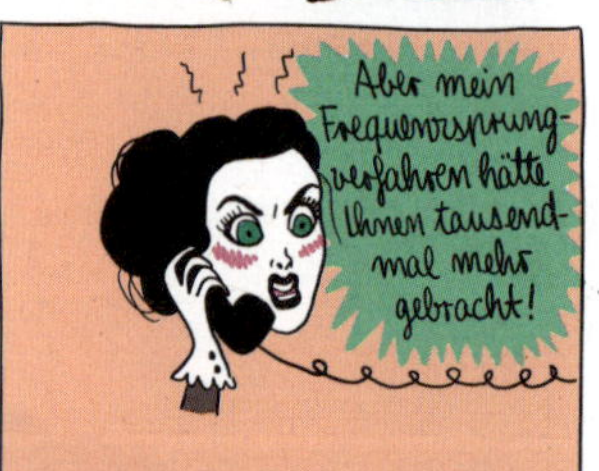

DIE NAVY PACKT IHRE PLÄNE IN DIE SCHUBLADE (UND STUFT SIE SICHERHEITSHALBER ALS TOP SECRET EIN). WIEDER EINMAL IST HEDY FRUSTRIERT, DASS MAN SIE NICHT ERNST NIMMT.

VOR ALLEM, WEIL IHRE HOLLYWOODKARRIERE SIE IMMER WENIGER ERFÜLLT. SIE VERSUCHT SICH AN KOMÖDIEN, THRILLERN, SOGAR ALS PRODUZENTIN...

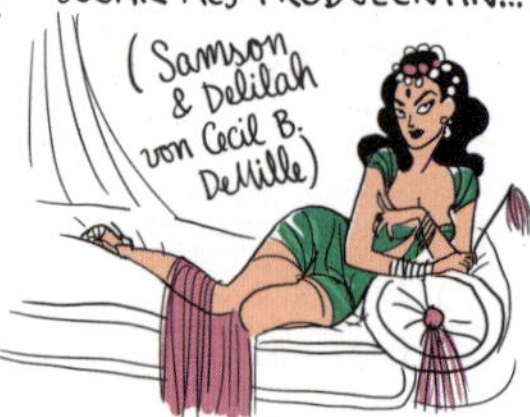

... ABER SIE IST EINFACH AUF DIE ROLLE DER MYSTERIÖSEN FEMME FATALE FESTGELEGT.

MANCHE ROLLEN LEHNT SIE AB (ZUM BEISPIEL DIE WEIBLICHE HAUPTROLLE IN „CASABLANCA"). SIE HASST INTERVIEWS UND ERHÄLT 1949 SOGAR DEN SOUR APPLE AWARD FÜR DIE UNKOOPERATIVSTE SCHAUSPIELERIN.

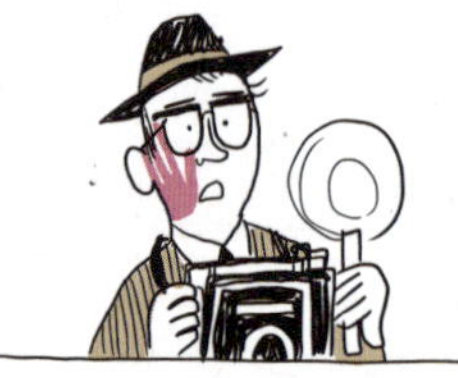

SIE HAT ZAHLREICHE AFFÄREN (MIT CHAPLIN, BRANDO, CAPA), HEIRATET NOCH FÜNF MAL UND BEKOMMT DREI KINDER.

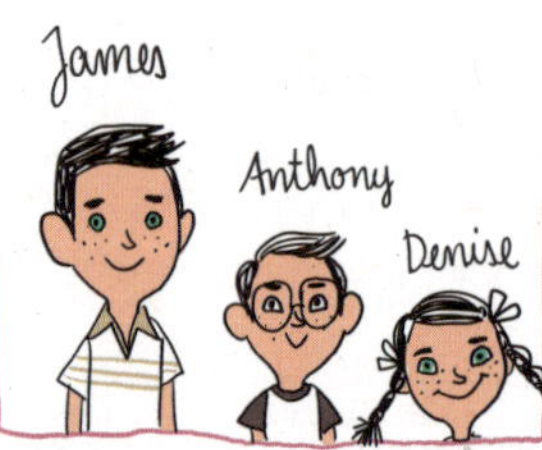

ES IST IMMER IRGENDWIE DERSELBE TYP MANN: DUNKEL, INTELLIGENT, ÄLTER ALS SIE.

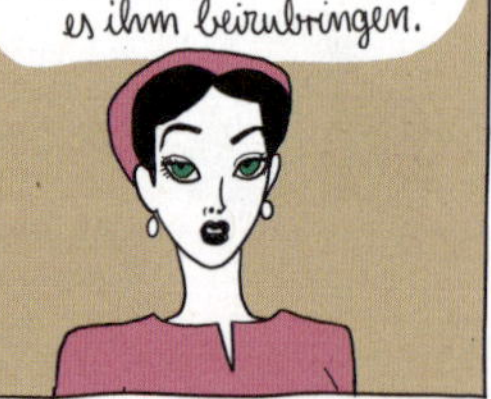

IHRE MEMOIREN, IN DENEN SIE VON IHREN LIEBESENTTÄUSCHUNGEN ERZÄHLT, WERDEN VOM „PLAYBOY" ZU EINER DER ZEHN EROTISCHSTEN AUTOBIOGRAFIEN ALLER ZEITEN GEKÜRT.

IM VORWORT WARNT EIN PSYCHIATER DEN LESER VOR DER PATHOLOGISCHEN LIBIDO DIESER AUSSCHWEIFEND LEBENDEN, MEHRFACH GESCHIEDENEN FRAU.

NACH 17 JAHREN LÄUFT IHR PATENT AB. EIN MILITÄRINGENIEUR STÖSST ZUFÄLLIG DARAUF UND FRAGT SICH, WARUM NOCH NIEMAND VON DIESER REVOLUTIONÄREN IDEE GEBRAUCH GEMACHT HAT.

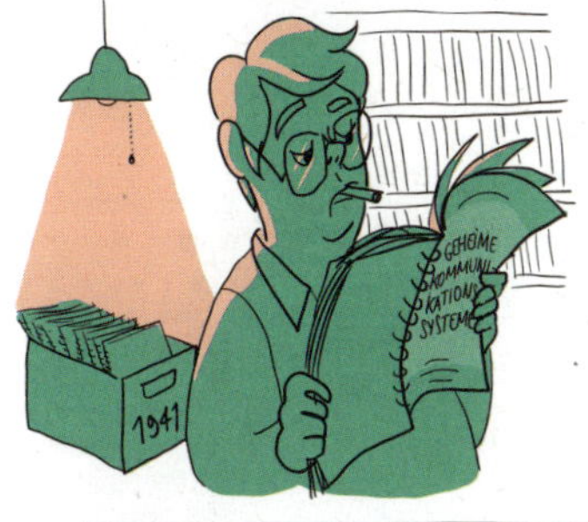

DIE ARMEE SETZT DAS VERFAHREN (ENDLICH!) IN DER RADARTECHNOLOGIE EIN, UND BALD WIRD ES AUCH IN ANDEREN BEREICHEN KOMMERZIELL GENUTZT …

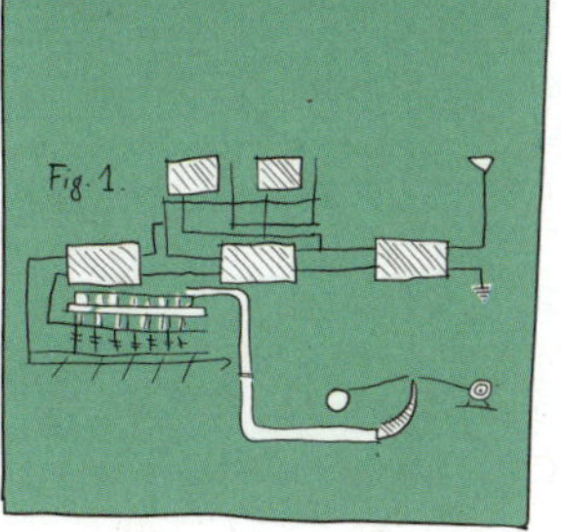

… BIS ES (UNTER ANDEREM) BEI DER ENTWICKLUNG VON GPS, WLAN ODER BLUETOOTH AUFGEGRIFFEN WIRD.

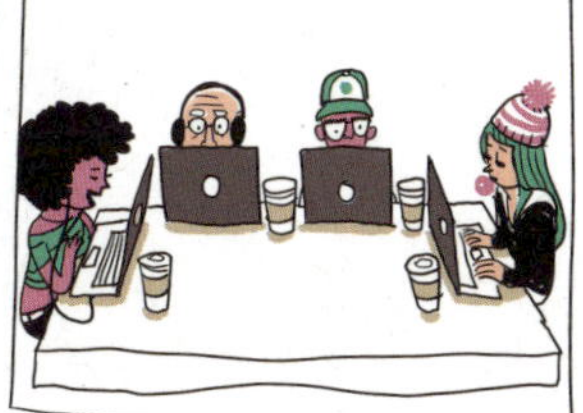

HEDY VERFOLGT ALL DAS AUFMERKSAM UND MIT STOLZ, AUCH WENN IHR NAME NIE GENANNT WIRD (UND SIE – NATÜRLICH – AUCH KEINEN CENT DAFÜR BEKOMMT).

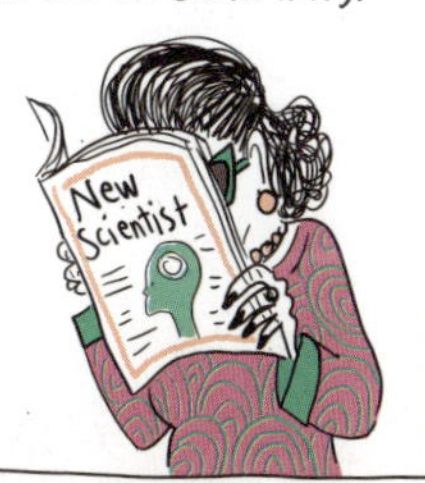

IHR AUSSEHEN WAR STETS ALLES, WOFÜR SIE BEWUNDERT WURDE. IN DEN 60ERN ZIEHT SICH HEDY, VON IHRER VERBLÜHENDEN SCHÖNHEIT VERRATEN, NACH FLORIDA ZURÜCK UND EXPERIMENTIERT MIT FACELIFTINGS – MAL MEHR, MAL WENIGER ERFOLGREICH.

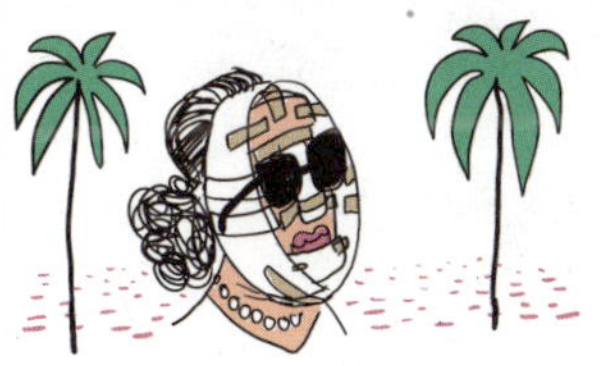

BIS EINES TAGES IM JAHR 1997 DIE ELECTRONIC FRONTIER FOUNDATION BESCHLIESST, SIE MIT DEM PIONEER AWARD AUSZUZEICHNEN.

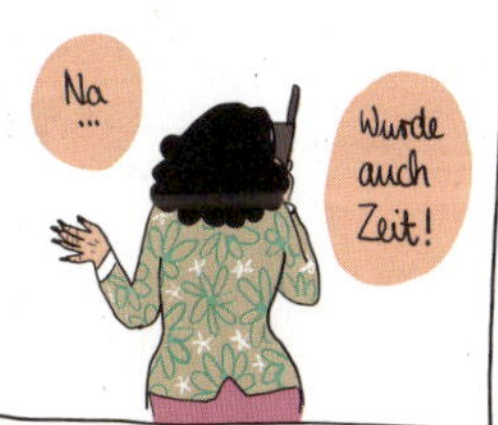

HEDY IST GLÜCKLICH UND GESCHMEICHELT, DOCH ZUR PREISVERLEIHUNG SCHICKT SIE LIEBER IHREN SOHN, UM IHR GESICHT NICHT ZEIGEN ZU MÜSSEN. MIT 82 JAHREN DENKT SIE SICH NOCH EIN NEUES AMPELMODELL UND EIN FLUORESZIERENDES HUNDEHALSBAND SOWIE EIN VERBESSERTES DESIGN FÜR DIE CONCORDE AUS.

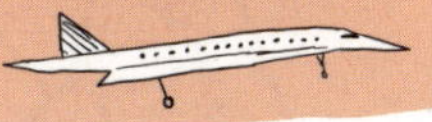

SIE SETZT SICH EIN LETZTES ZIEL: BIS INS NÄCHSTE JAHRTAUSEND ZU LEBEN. AM 19. JANUAR 2000 STIRBT SIE IM SCHLAF.

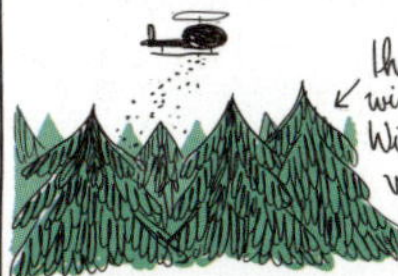

IN DEN NACHRUFEN WIRD IHRE SCHÖNHEIT GERÜHMT, WÄHREND IHR GENIALER ERFINDERGEIST SO GUT WIE UNERWÄHNT BLEIBT.

DOCH HEUTE WIRD IN DEUTSCHLAND, ÖSTERREICH UND DER SCHWEIZ AN IHREM GEBURTSTAG DER TAG DER ERFINDER GEFEIERT.

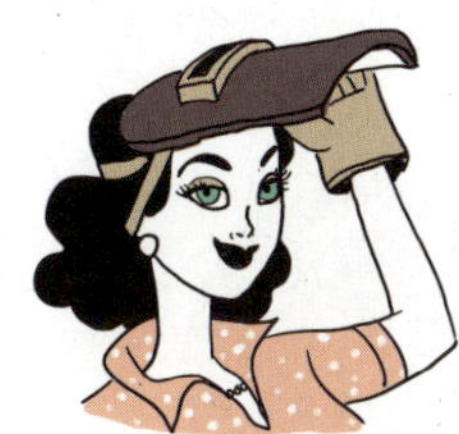

Pénélope*

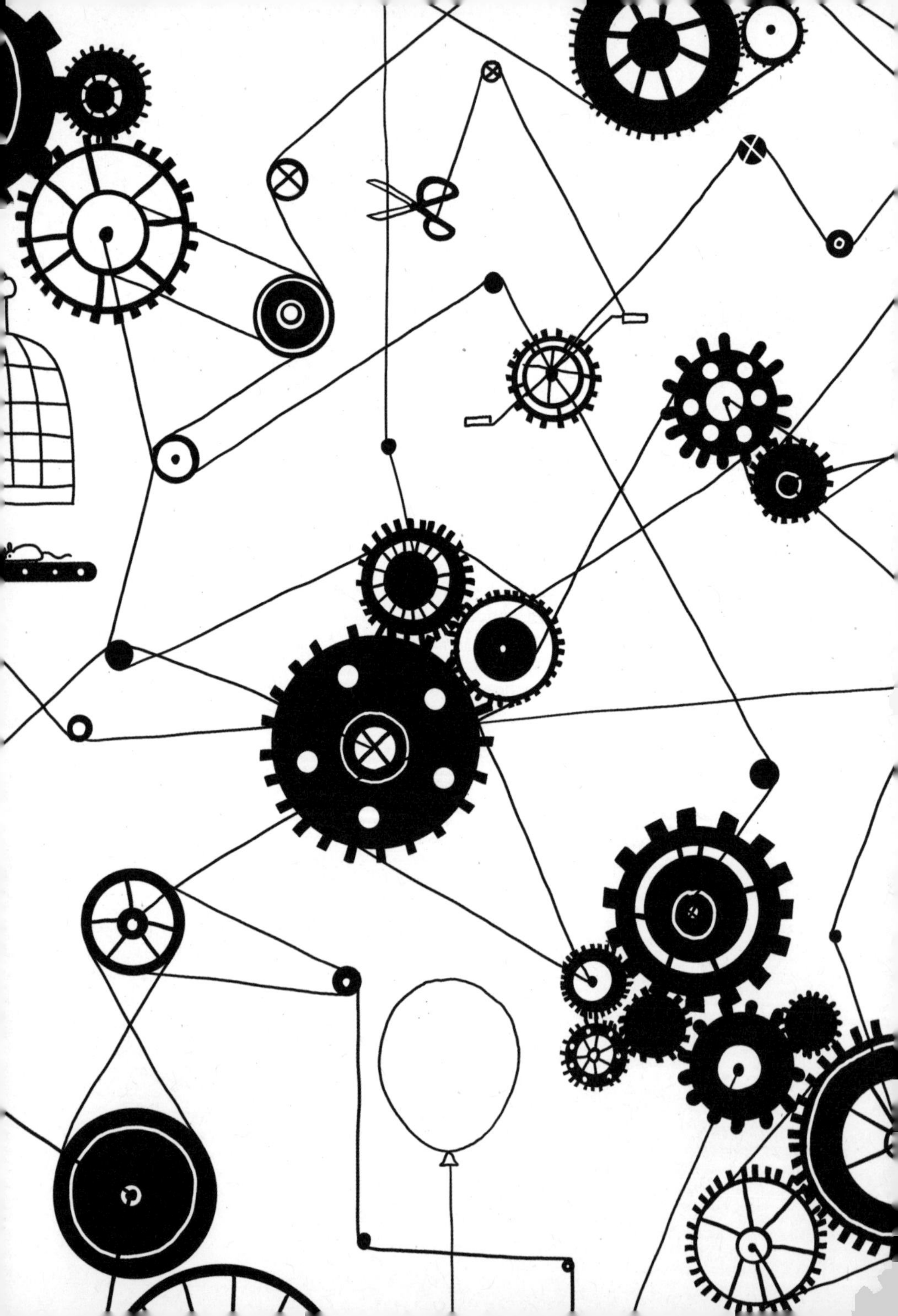

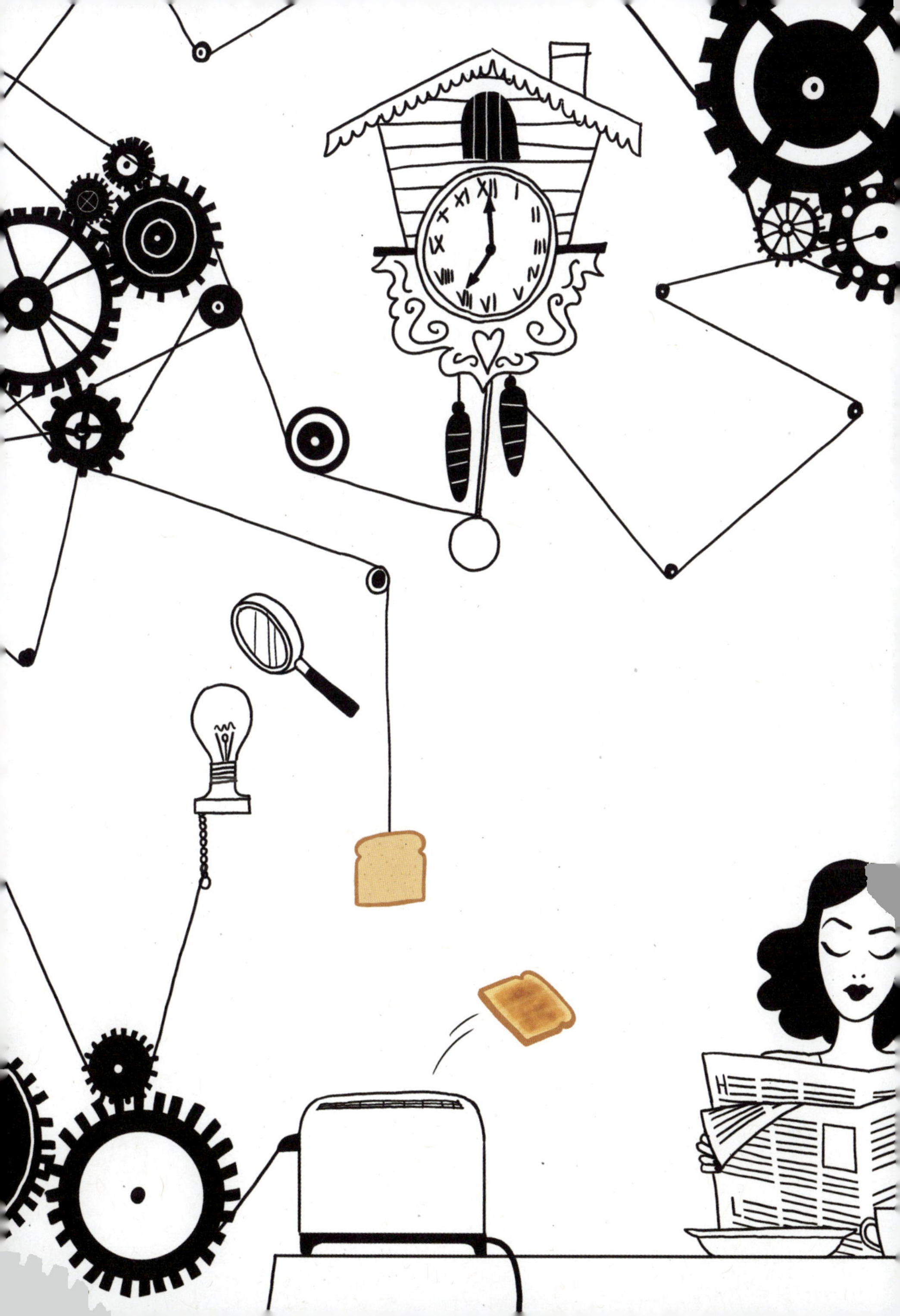

Naziq al-Abid

Aktivistin aus gutem Hause

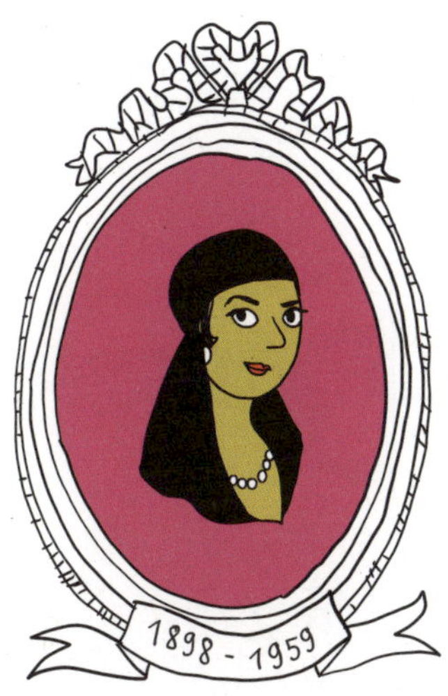

NAZIQ WIRD 1898 IN EINE WOHLHABENDE HÄNDLERFAMILIE AUS DAMASKUS GEBOREN.

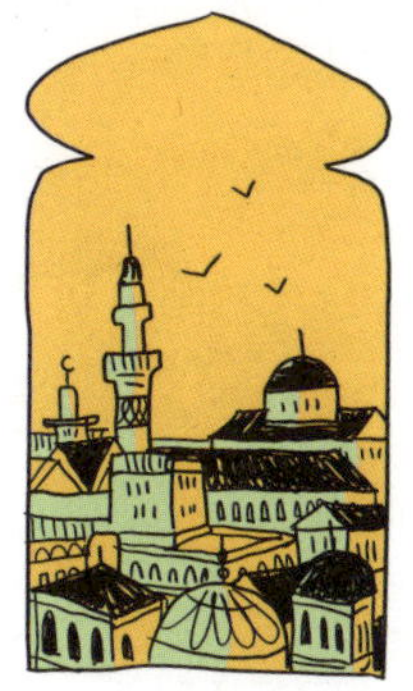

DIE AL-ABID SIND HOCH ANGESEHEN IM OSMANISCHEN REICH (ZU DEM SYRIEN SEIT JAHRHUNDERTEN GEHÖRT). IHR VATER WURDE GERADE ZUM GOUVERNEUR VON MOSSUL ERNANNT, UND IHR ONKEL IST BERATER DES SULTANS.

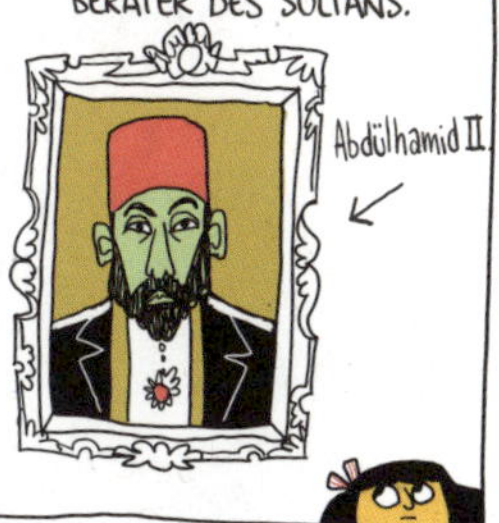

IHRE ELTERN SIND REICH, UND NAZIQ FÜHRT EIN UNBESCHWERTES LEBEN MIT KLAVIER- UND REITUNTERRICHT.

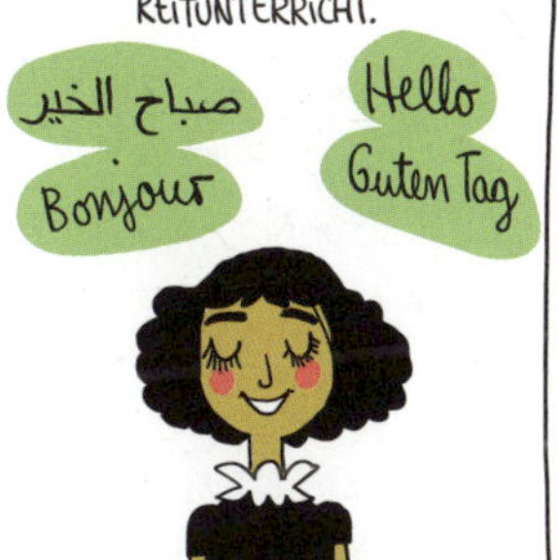

ABER SIE IST ANDERS ALS IHRE SCHWESTERN.

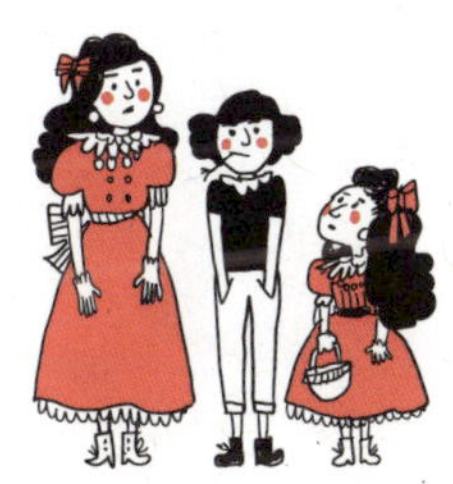

SCHON FRÜH BEGREIFT SIE, DASS SIE PRIVILEGIERT IST, UND LEIDET UNTER DIESER UNGERECHTIGKEIT.

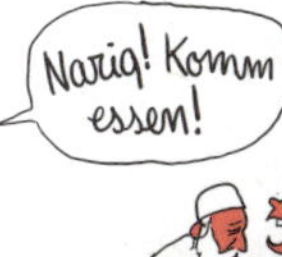

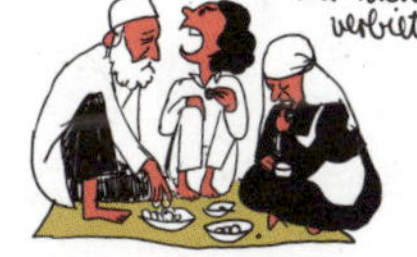

(SIE BESTEHT AUCH DARAUF, AUF DEM FELD MITZUARBEITEN.)

ABER VOR ALLEM HEGT SIE IMMER MEHR HASS GEGEN DAS OSMANISCHE REICH.

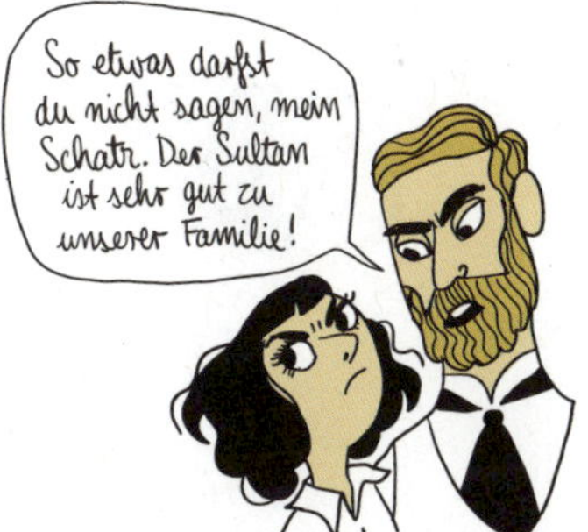

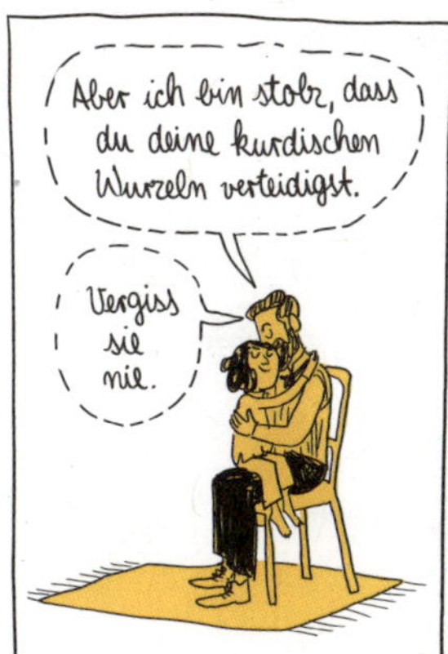

DA IHR VATER WERT DARAUF LEGT, DASS SIE STUDIERT, SCHICKT ER SIE NACH ISTANBUL.

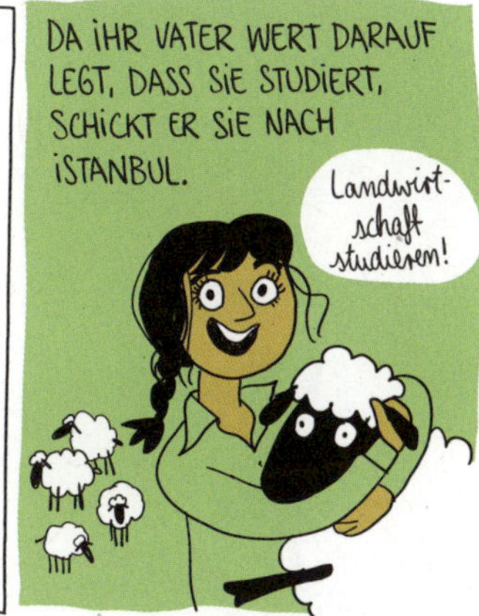

KAUM ANGEKOMMEN, GEHT SIE AUF DIE BARRIKADEN: SIE ORGANISIERT EINE DEMONSTRATION GEGEN DIE DISKRIMINIERUNG DER ARABISCHEN STUDENTINNEN.

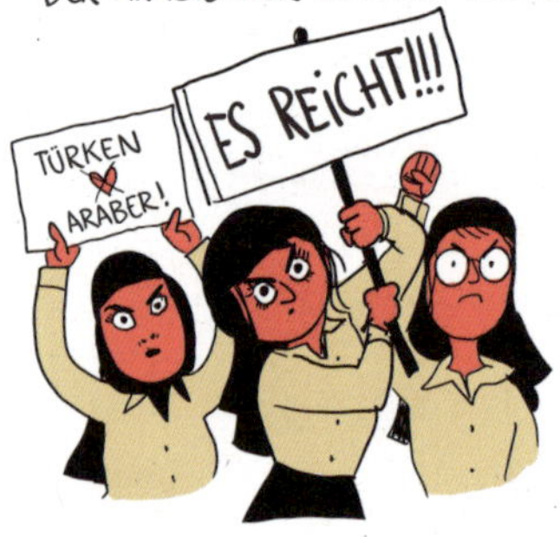

SCHLUSSENDLICH WIRD SIE RAUSGESCHMISSEN (UND ZURÜCK NACH SYRIEN GESCHICKT).

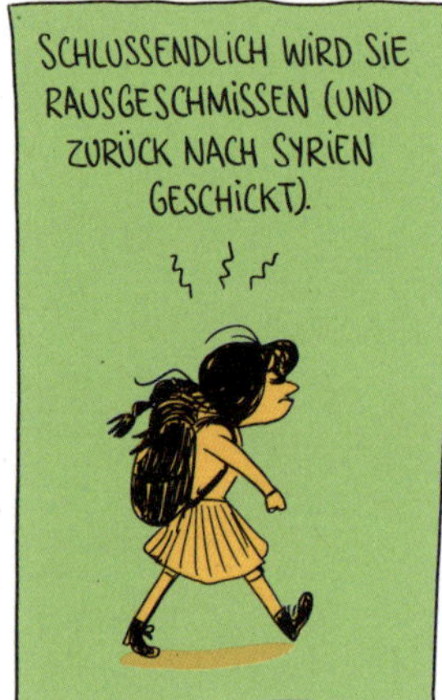

IN DAMASKUS SCHREIBT SIE FÜR DIE LOKALE PRESSE (NATÜRLICH UNTER MÄNNLICHEM PSEUDONYM) UND KRITISIERT, DASS DIE OSMANEN ALLE GUTEN JOBS BEKOMMEN.

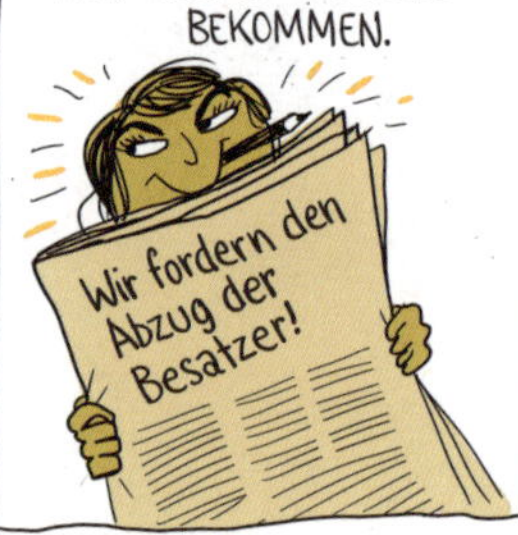

ÜBERZEUGT, DASS SIE NICHT ALLEIN IST, TROMMELT SIE ANDERE MÄDCHEN ZUSAMMEN, DENEN DAS GENAUSO STINKT...

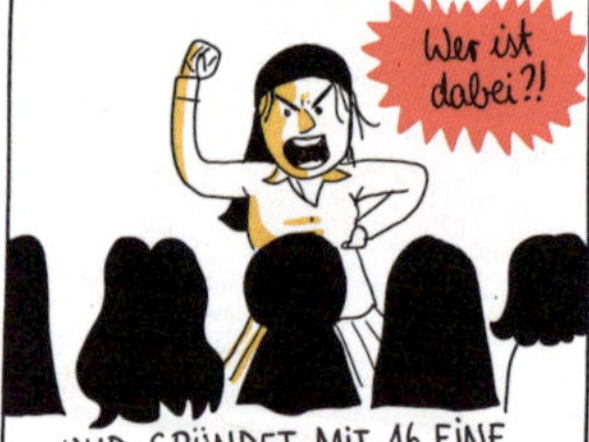

... UND GRÜNDET MIT 16 EINE GRUPPE, DIE FÜR DIE RECHTE DER SYRISCHEN FRAUEN KÄMPFT.

DAS ABER EMPÖRT DEN OSMANISCHEN GOUVERNEUR VON DAMASKUS, DER SIE (SAMT FAMILIE) INS EXIL NACH ÄGYPTEN SCHICKT.

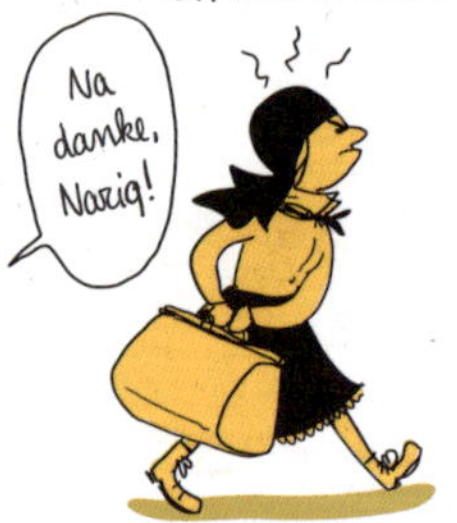

DOCH DER ERSTE WELTKRIEG FÜHRT ZUM ZERFALL DES OSMANISCHEN REICHES.

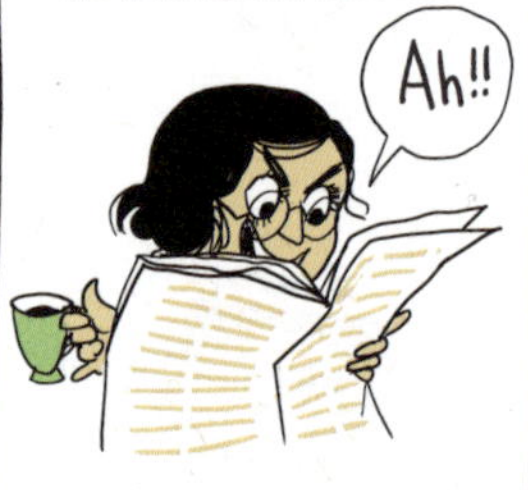

NAZIQ KEHRT ZURÜCK NACH HAUSE.

IN DER ZEIT DER POST-OSMANISCHEN NEUORDNUNG SCHEINT ALLES MÖGLICH: NAZIQ WITTERT IHRE CHANCE UND FORMULIERT EINE NEUE FORDERUNG:

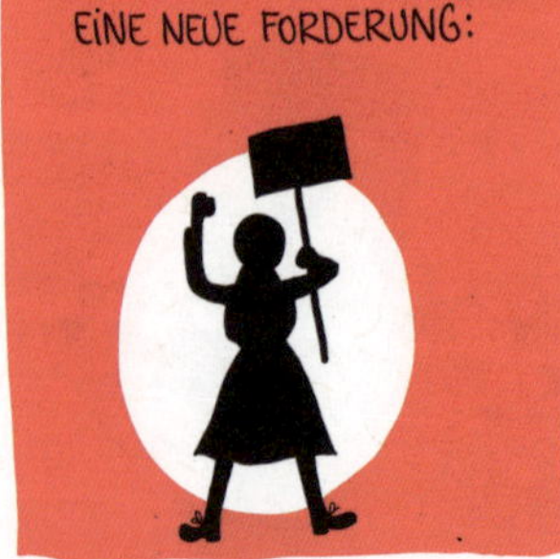

DAS FRAUENWAHLRECHT.

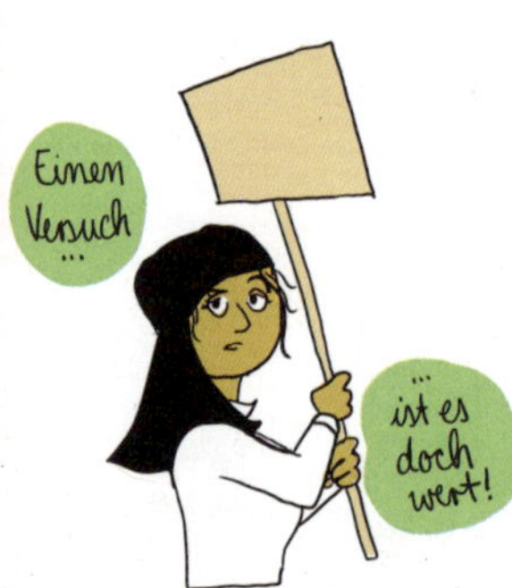

ALSO GRÜNDET SIE 1919 DIE ERSTE FRAUEN-NGO SYRIENS: NUR AL-FAYA (DAS LICHT VON DAMASKUS)...

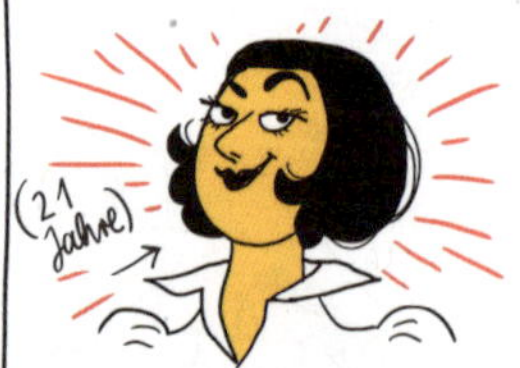

... SOWIE EIN FEMINISTISCHES MAGAZIN DESSELBEN NAMENS.

WENIG SPÄTER SCHICKT US-PRÄSIDENT WILSON EINE AMERIKANISCHE DELEGATION*, DIE HERAUSFINDEN SOLL, WELCHE VORSTELLUNG DIE SYRER VON IHRER POLITISCHEN ZUKUNFT HABEN: KAUM SIND 400 JAHRE OSMANISCHER BESATZUNG BEENDET, WECKT SYRIEN BEREITS NEUE BEGEHRLICHKEITEN, INSBESONDERE BEI DEN FRANZOSEN...

(* die King-Crane-Kommission)

DIE PERFEKTE GELEGENHEIT FÜR NAZIQ UND IHRE „LICHTER", DEN AMERIKANERN IHR PROJEKT VORZUSTELLEN.

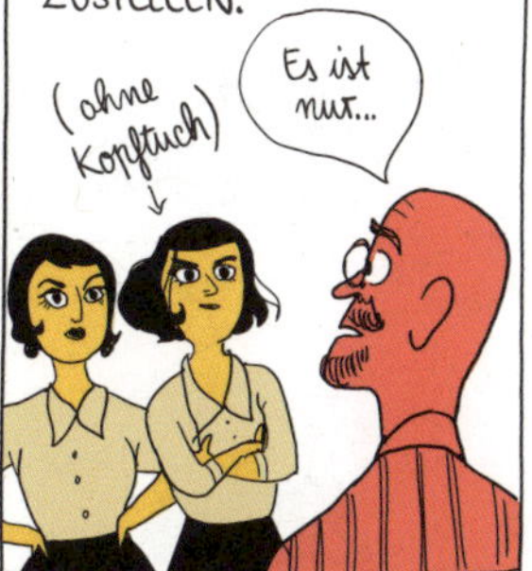

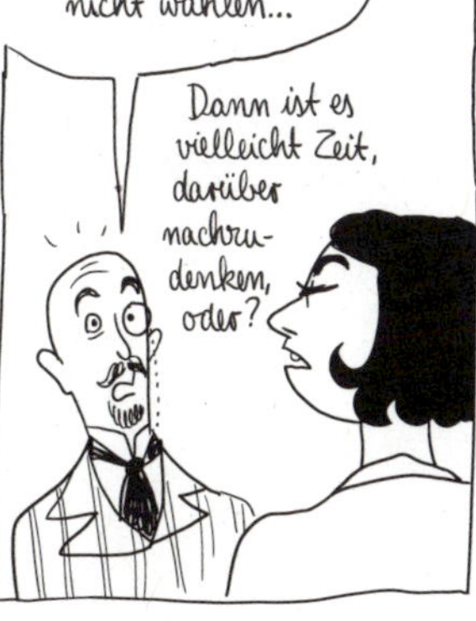

ANSCHLIESSEND GRÜNDET SIE NACH DEM VORBILD DES ROTEN KREUZES DEN VORGÄNGER DES SYRISCHEN HALBMONDS, UM KRIEGSVERSEHRTEN ZU HELFEN.

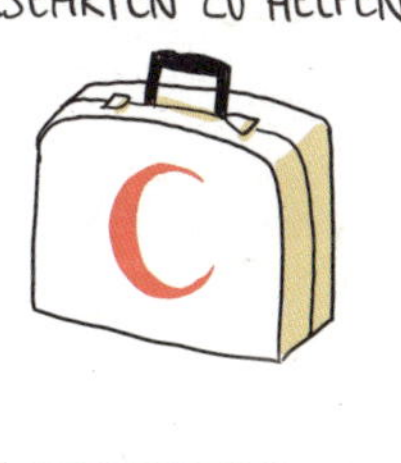

UNTER DEM DRUCK DES MILITÄRS GIBT KÖNIG FAISAL I. IM JULI 1920 NACH – SYRIEN WIRD UNTER FRANZÖSISCHES MANDAT GESTELLT.

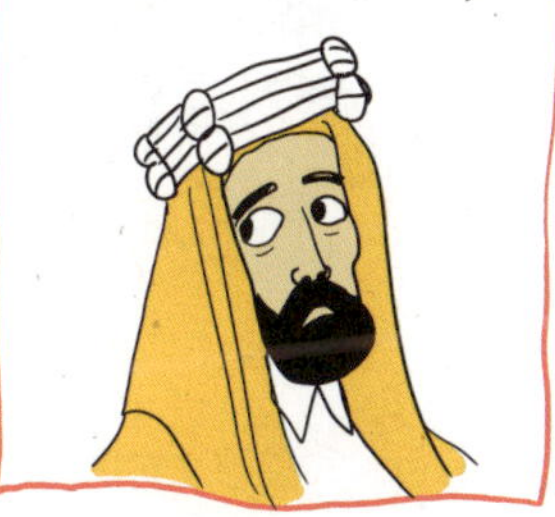

DA REAGIERT NAZIQ AUF DEN AUFRUF DES VERTEIDIGUNGSMINISTERS YUSUF AL-AZMA, DER SICH NICHT KAMPFLOS ERGEBEN WILL.

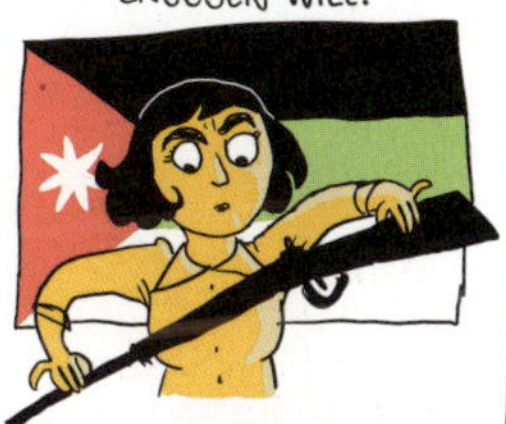

DAS FRÄULEIN AUS GUTEM HAUSE GREIFT ZU DEN WAFFEN.

IN UNIFORM MARSCHIERT SIE DURCH DIE STRASSEN VON DAMASKUS (EIN RIESENSKANDAL)

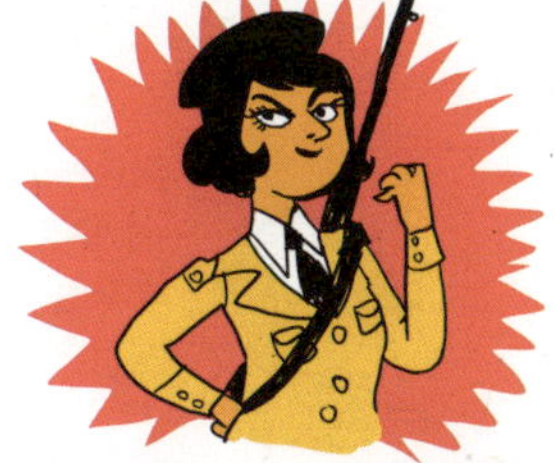

UND POSIERT FÜR AUSLÄNDISCHE JOURNALISTEN, DIE SIE DIE „ARABISCHE JEANNE D'ARC" NENNEN.

IN DER GRAUSAMEN SCHLACHT VON MAYSALUN WERDEN DIE ZAHLENMÄSSIG UNTERLEGENEN REBELLEN VON DER FRANZÖSISCHEN ARMEE MASSAKRIERT.

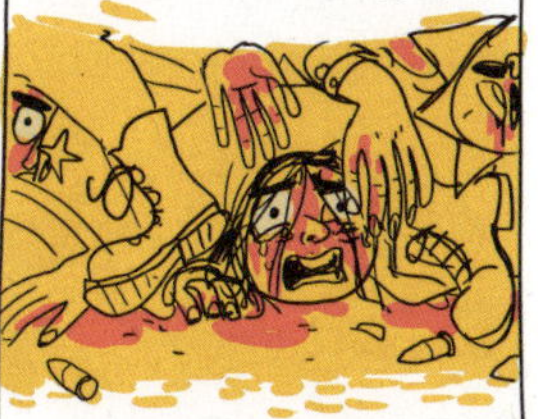

NAZIQ GEHÖRT ZU DEN WENIGEN ÜBERLEBENDEN.

IHR BEHERZTER KAMPF VERSCHAFFT IHR EINE ERNENNUNG ZUR EHRENOFFIZIERIN DER SYRISCHEN ARMEE (SELBSTVERSTÄNDLICH IST SIE DIE ERSTE FRAU, DIE DIESEN TITEL TRÄGT).

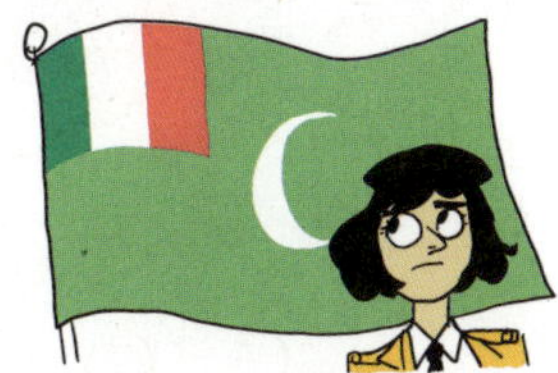

NICHTSDESTOTROTZ WIRD IHR LAND NUN VON FRANKREICH REGIERT.

SIE WIRD UMGEHEND INS EXIL NACH ISTANBUL VERBANNT.

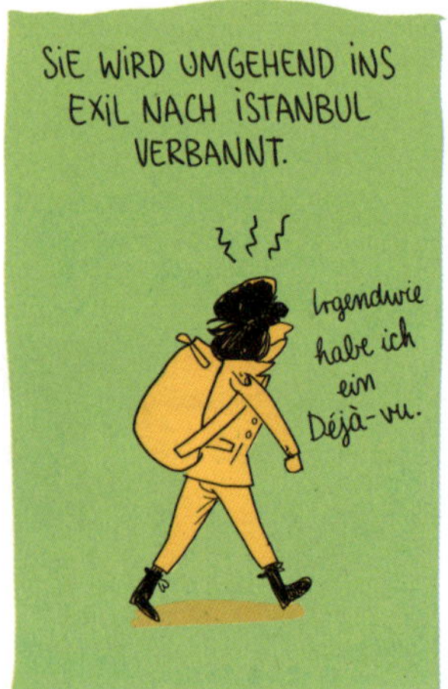

1922 DARF SIE NACH SYRIEN ZURÜCKKEHREN, UNTER DER BEDINGUNG, DASS SIE DIE FINGER VON DER POLITIK LÄSST.

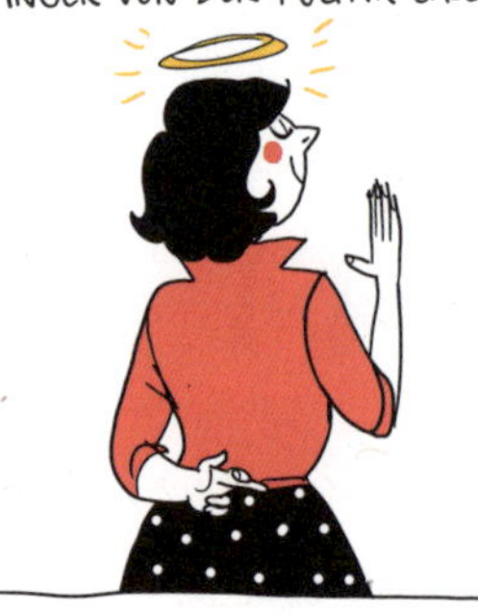

SIE VERSPRICHT, SICH AUF HUMANITÄRES ENGAGEMENT ZU BESCHRÄNKEN.

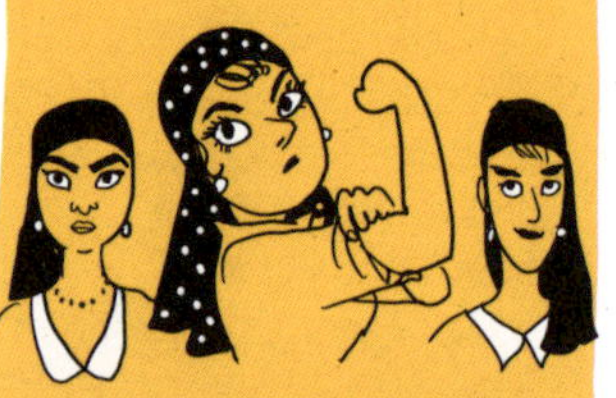

MIT ZWEI LIBANESISCHEN AKTIVISTINNEN GRÜNDET SIE DIE „FRAUEN-UNION".

DARAUFHIN MUSS SIE ERNEUT INS EXIL (DIESMAL NACH JORDANIEN).

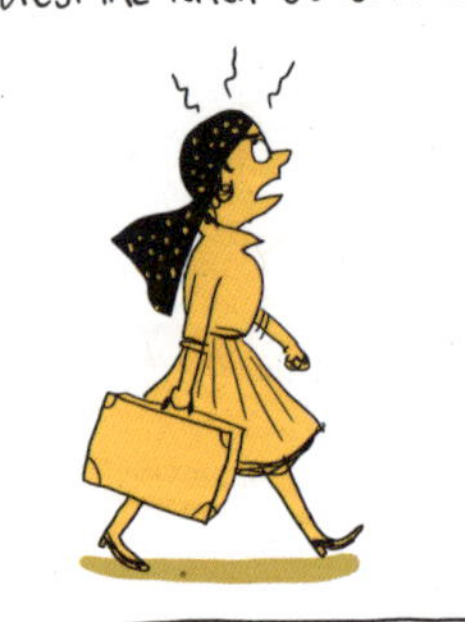

1925 KEHRT SIE HEIMLICH ZURÜCK, UM SICH IM WIDERSTAND GEGEN DIE FRANZOSEN ZU ENGAGIEREN.

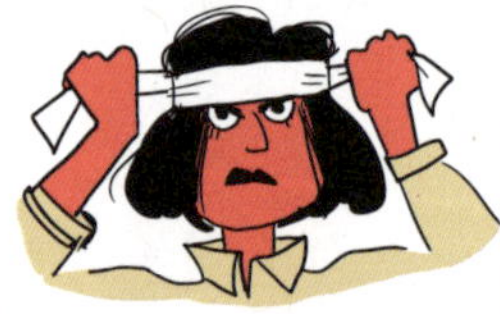

SIE SCHMUGGELT MUNITION UND BROT UND FÜHRT DAS LEBEN EINER GESETZLOSEN.

SIE ERMUNTERT VERTRIEBENE UND VERWITWETE FRAUEN ZU LERNEN...

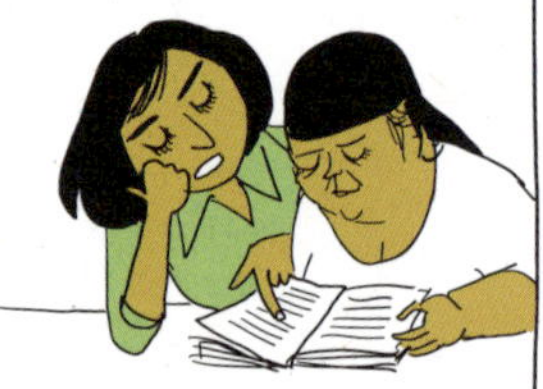

... UND BIETET IHNEN NÄH- UND ENGLISCHKURSE AN.

1927 VERWEISEN DIE FRANZOSEN NAZIQ DES LANDES.

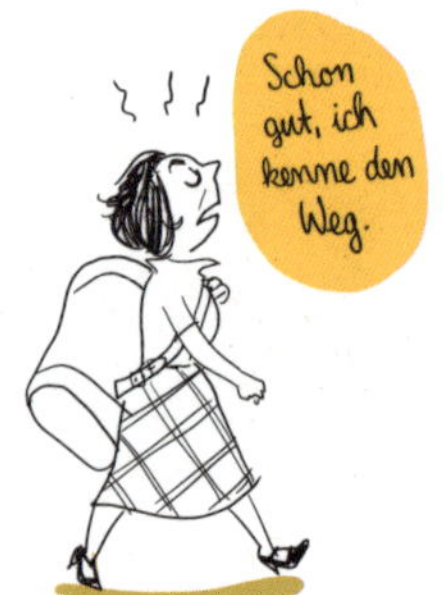

IM LIBANON TRIFFT SIE MUHAMMAD JAMIL BAYHUM WIEDER, EINEN SYRISCHEN POLITIKER, DER IHRE FRAUENWAHLRECHTSBEWEGUNG UNTERSTÜTZT HATTE.

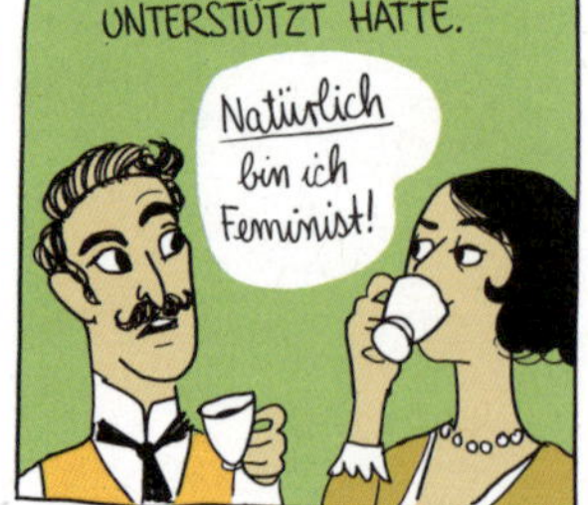

NAZIQ IST ÜBER 30 JAHRE ALT, ALS SIE IHN HEIRATET – IM KONSERVATIVEN SYRIEN IST DAS ZIEMLICH SPÄT.

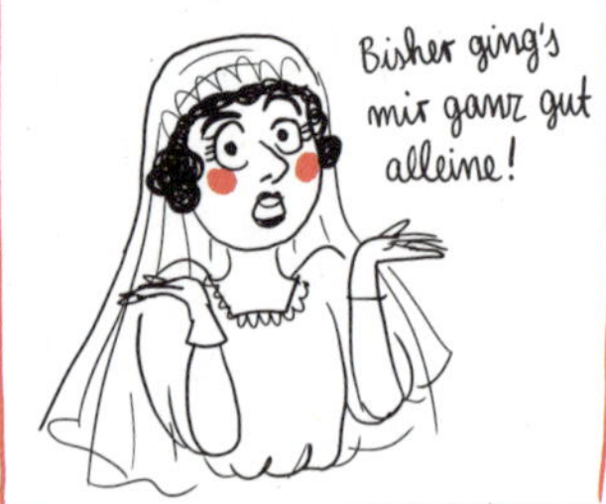

MUHAMMAD IST BEEINDRUCKT VOM ENGAGEMENT SEINER FRAU UND FINANZIERT IHRE POLITISCHEN PROJEKTE, INSBESONDERE DIE VERÖFFENTLICHUNG FEMINISTISCHER AUTORINNEN.

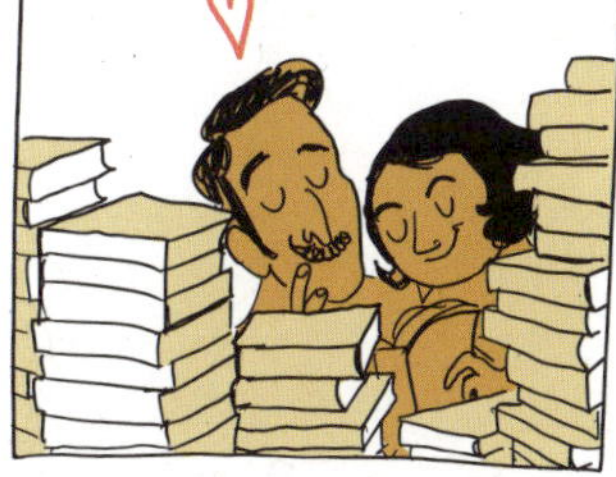

1935 GRÜNDET SIE IM LIBANON EINEN VEREIN FÜR ARBEITERINNEN...

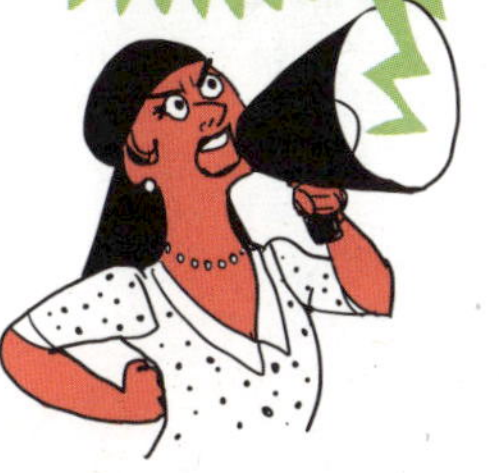

... UND ENGAGIERT SICH WÄHREND DES PALÄSTINAKRIEGES 1948 FÜR PALÄSTINENSISCHE FLÜCHTLINGE.

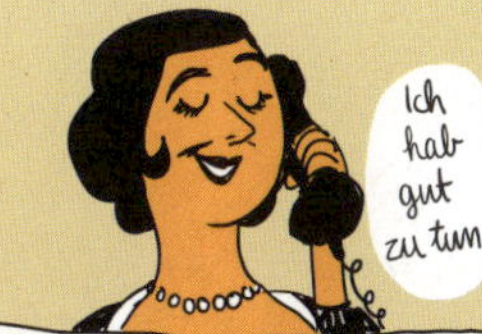

AUSSERDEM ADOPTIERT SIE DREI WAISENMÄDCHEN. SIE ERMUTIGT SIE, FLEISSIG ZU LERNEN UND IMMER DIE SCHWÄCHSTEN ZU VERTEIDIGEN.

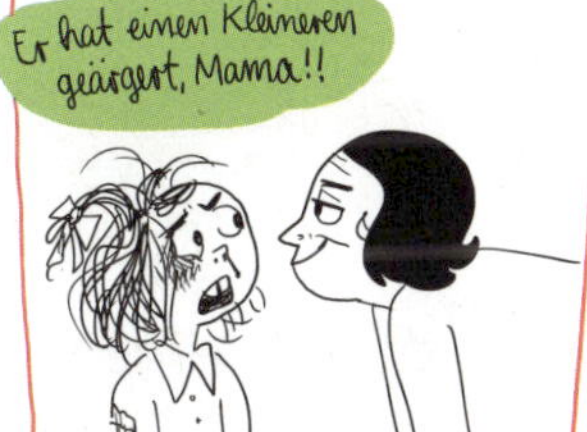

SIE STIRBT MIT 61 JAHREN. BEI IHRER TRAUERFEIER LOBEN SCHRIFTSTELLER UND INTELLEKTUELLE NAZIQS COURAGE, DIE UNTRENNBAR MIT DER GESCHICHTE IHRES LANDES VERBUNDEN IST.

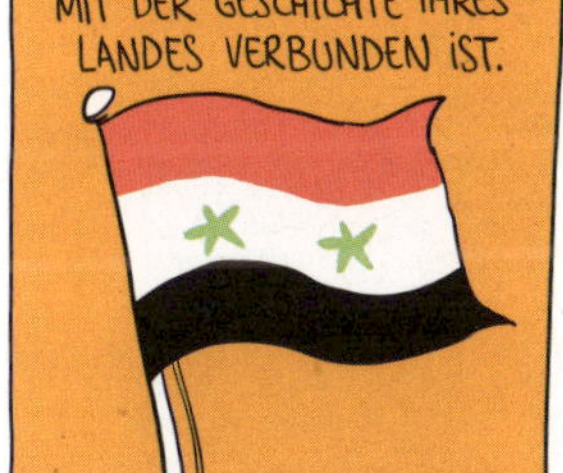

OBWOHL SIE EIN RUHIGES, LUXURIÖSES LEBEN HÄTTE HABEN KÖNNEN, HAT SIE IHREN ARISTOKRATISCHEN KOKON VERLASSEN, UM IHREM VOLK GEHÖR ZU VERSCHAFFEN.

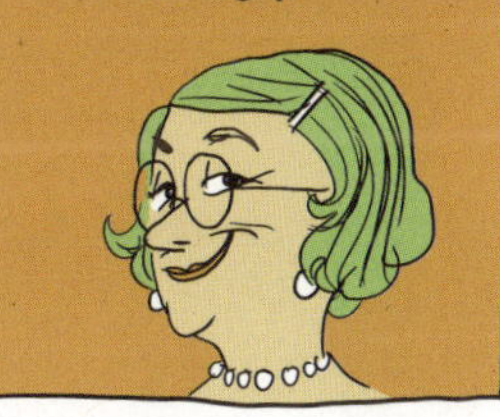

DIEJENIGEN, DIE IHR BEGEGNET SIND, SIND SICH EINIG, DASS ES IHRE HERZLICHKEIT UND IHR MITGEFÜHL WAREN, MIT DENEN SIE ANDERE UM SICH SCHARTE UND ÜBERZEUGTE.

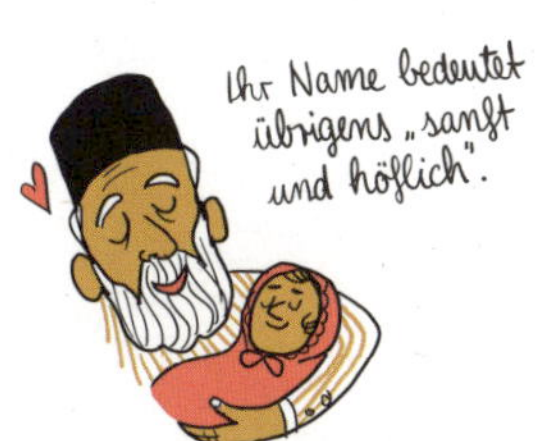

ABER ES WAR IHRE ENTSCHLOSSENHEIT, DIE SIE STETS TRIUMPHIEREN LIESS, WENN MAN SIE ZUM SCHWEIGEN BRINGEN WOLLTE.

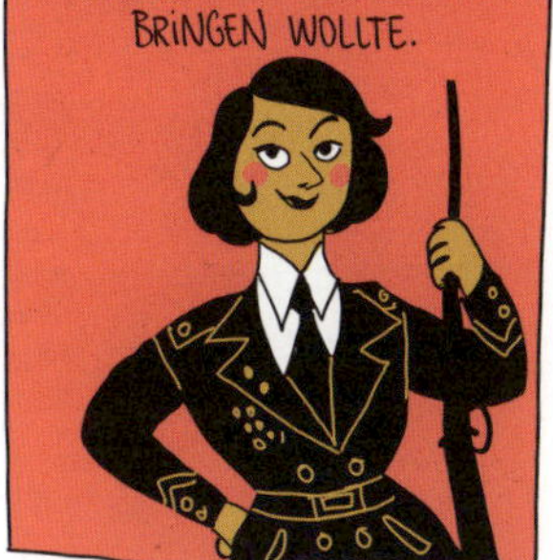

DENN IMMER, WENN MAN SIE DURCH DIE TÜR HINAUSJAGTE, KAM SIE DURCHS FENSTER WIEDER HEREIN, UM DIE UNGERECHTIGKEIT ZU BEKÄMPFEN.

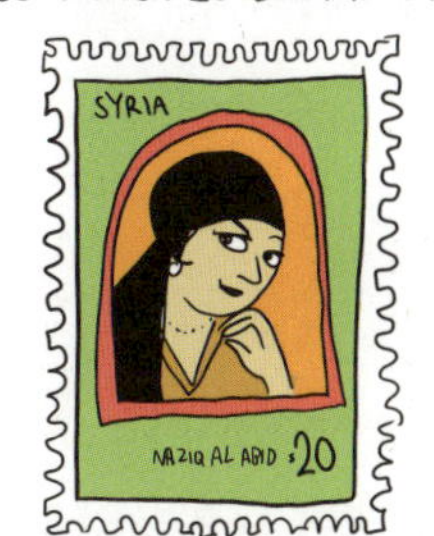

(Dank an Rim Lariani für ihre Übersetzung!)
Pénélope

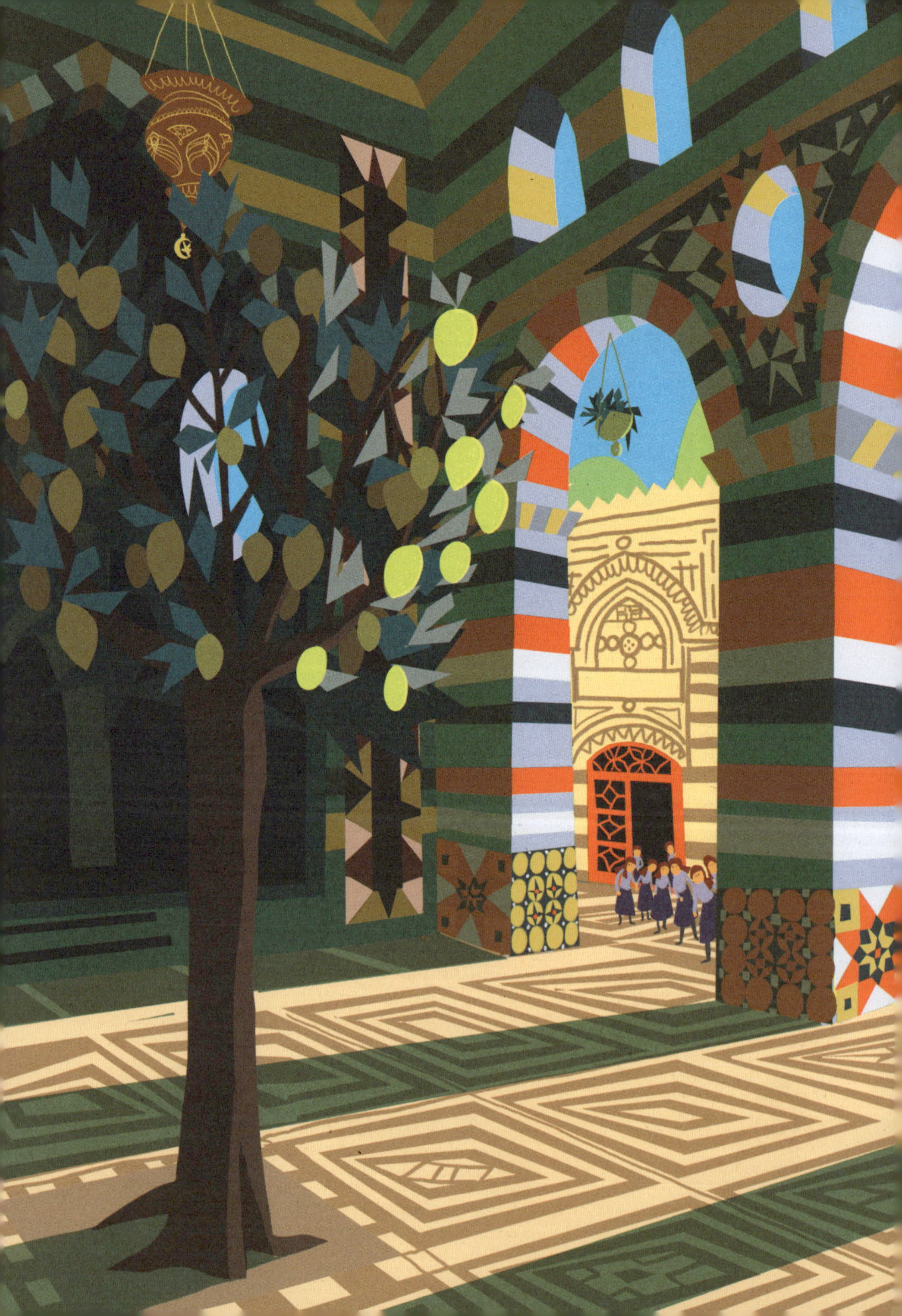

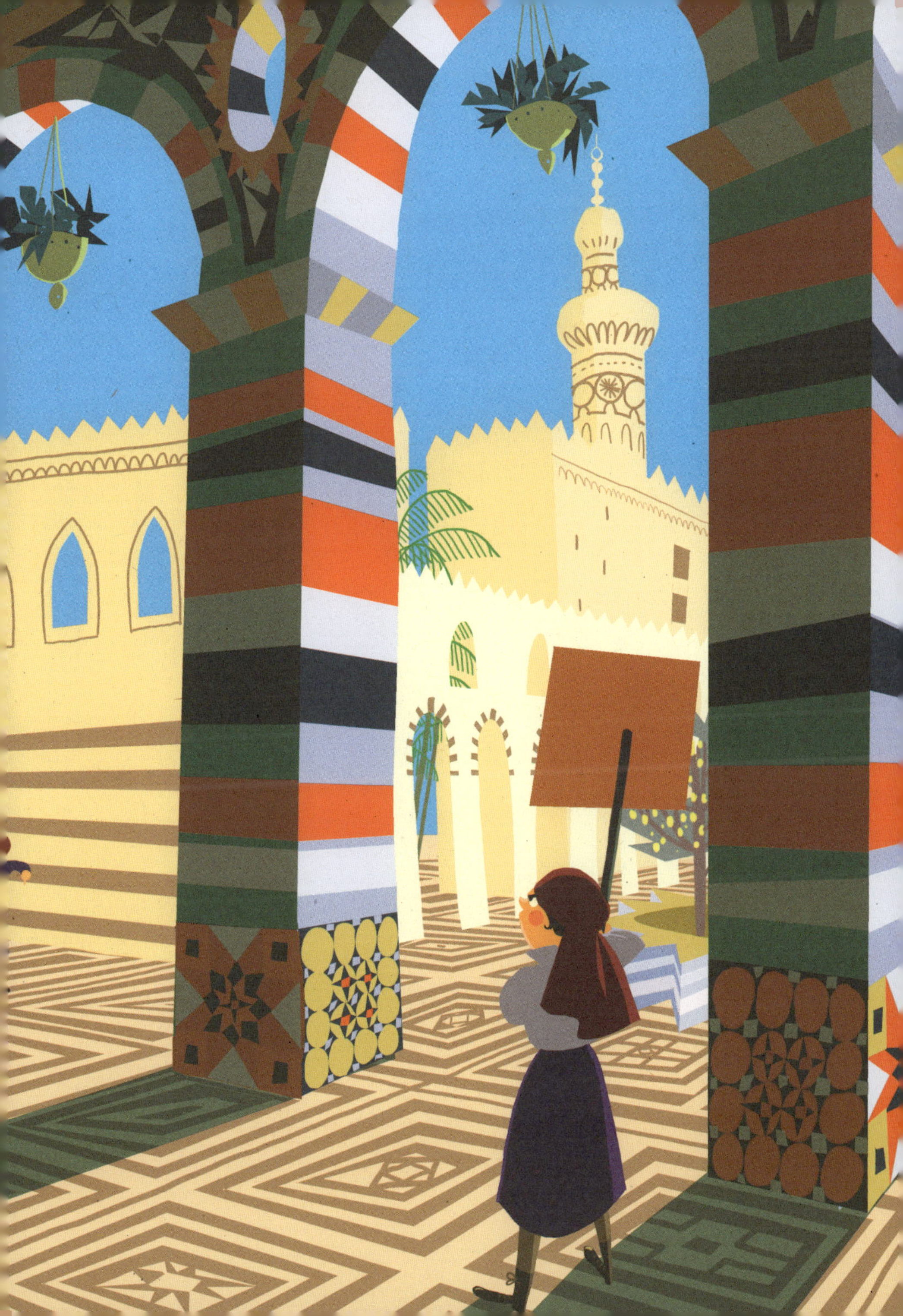

Frances Glessner Lee

Puppenstubenforensikerin

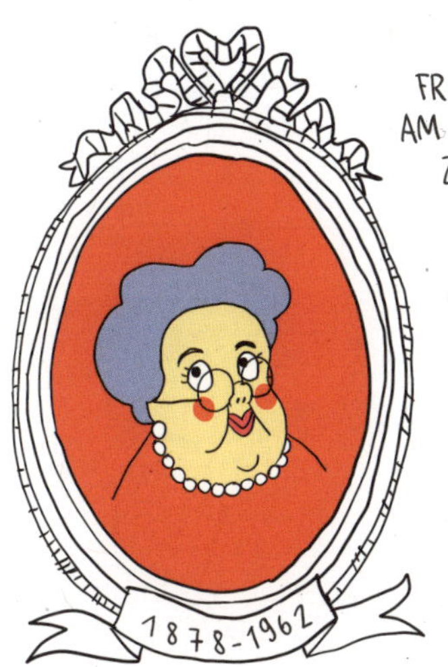

FRANCES GLESSNER KOMMT AM 25. MÄRZ 1878 IN CHICAGO ZUR WELT. ALLE NENNEN SIE FANNY.

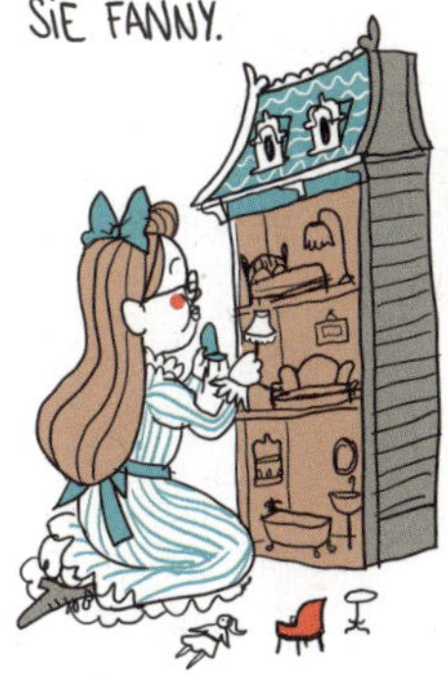

SIE WIRD NICHT ZUR SCHULE GESCHICKT; STATTDESSEN LERNT SIE NÄHEN UND STICKEN. UND IN BESTER VIKTORIANISCHER TRADITION BASTELT SIE AUFWENDIGE PUPPENSTUBEN.

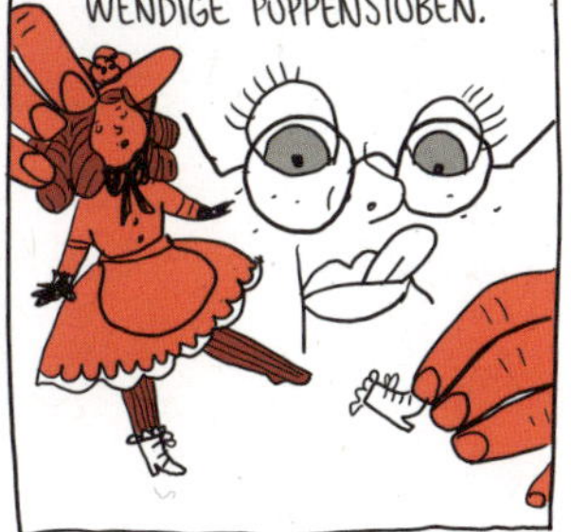

IHR BRUDER STUDIERT IN HARVARD MEDIZIN. FANNY TRÄUMT AUCH DAVON, DOCH DAS STEHT NATÜRLICH AUSSER FRAGE.

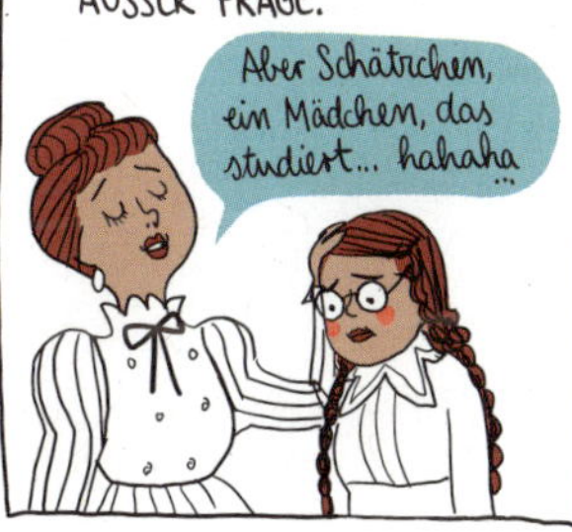

MIT 19 HEIRATET SIE EINEN ANWALT, BLEWETT LEE. SIE BEKOMMEN DREI KINDER.

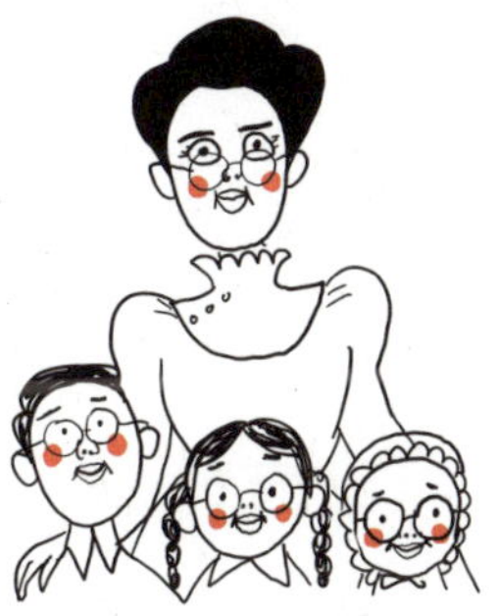

FANNY IST FRUSTRIERT UND UNGLÜCKLICH, DENN SIE LANGWEILT SICH UND WÜRDE GERN ETWAS SINNVOLLES TUN.

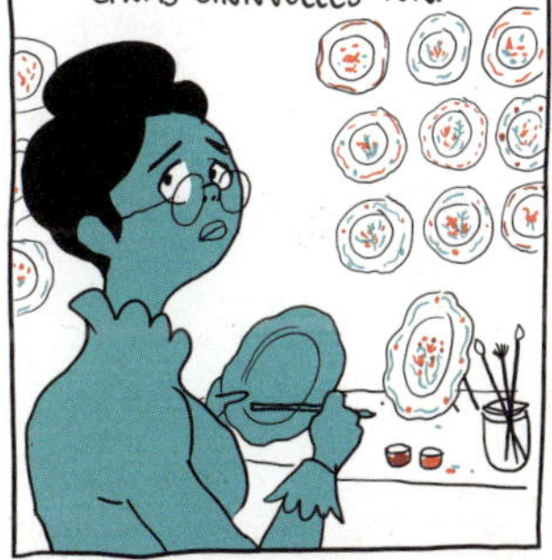

ALSO SUCHT SIE SICH EINE BESCHÄFTIGUNG: IHRER MUTTER SCHENKT SIE ZUM GEBURTSTAG EIN MINIATURMODELL DES CHICAGO SYMPHONY ORCHESTRA.

(90 Musiker samt Instrumenten und Noten)

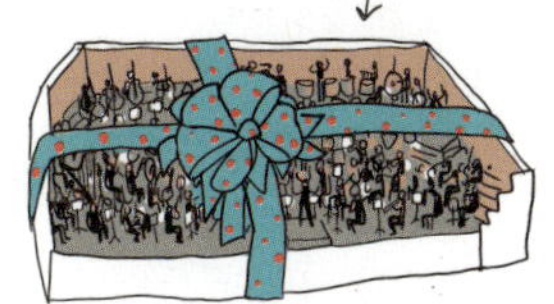

WENN IHR BRUDER KOMMILITONEN MIT NACH HAUSE BRINGT, LAUSCHT SIE GESPANNT IHREN GESCHICHTEN.

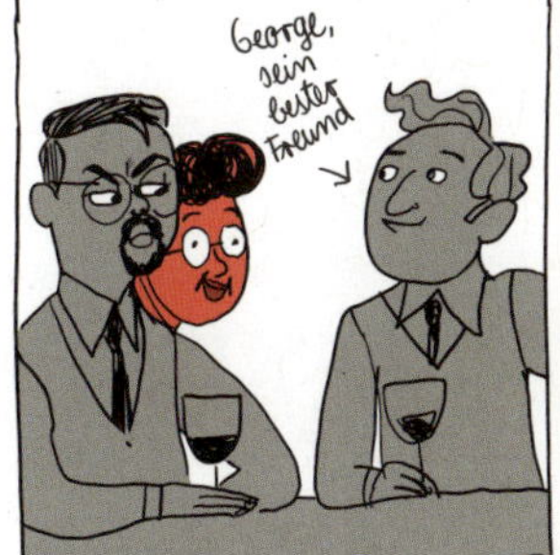

GEORGE WILL RECHTSMEDIZINER WERDEN UND ERKLÄRT FANNY, WIE MASSIV DEREN ARBEIT TÄGLICH ERSCHWERT WIRD.

Die Polizisten am Tatort haben keinerlei forensische Ausbildung. Sie bewegen die Leichen, treten in Blutlachen und nehmen überhaupt keine Rücksicht auf Spuren.

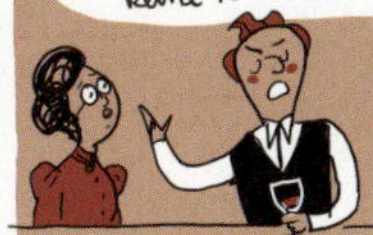

ER ERZÄHLT FANNY, DASS ES SEHR WOHL METHODEN GIBT, LEICHEN UND TATORTE PRÄZISE ZU UNTERSUCHEN.

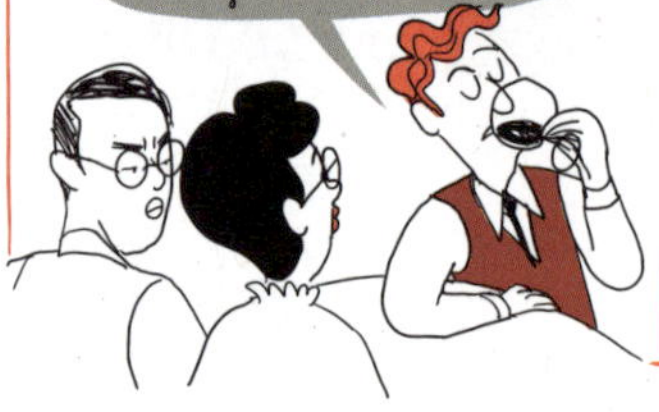

ABER DAMALS SCHERT SICH NIEMAND DARUM.

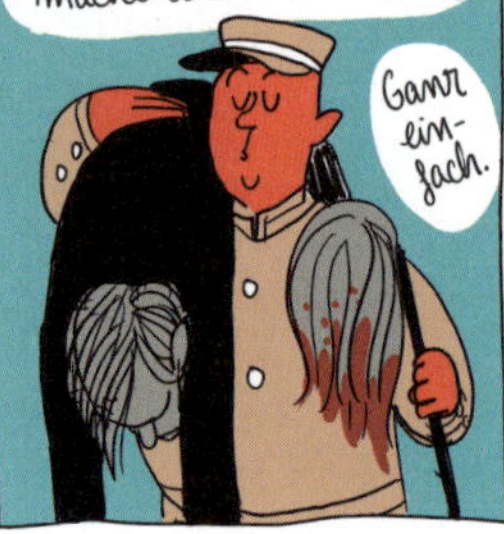

VIELE FRAUEN, DIE ZU HAUSE TOT AUFGEFUNDEN WERDEN, HÄLT MAN FÄLSCHLICHERWEISE FÜR SELBSTMÖRDERINNEN.

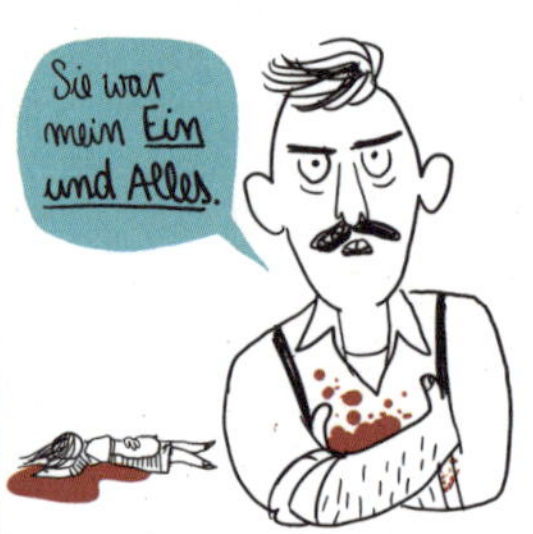

FANNY IST FASZINIERT VON DEM THEMA UND STELLT IMMER MEHR FRAGEN. BIS INS BLUTIGSTE DETAIL WILL SIE ALLES WISSEN.

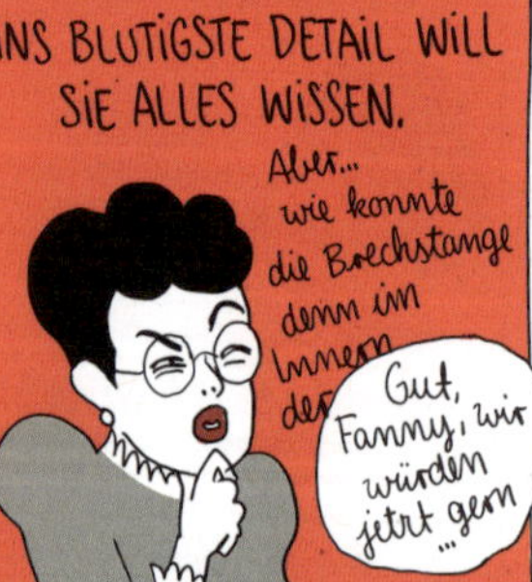

NACH 16 EHEJAHREN LÄSST SIE SICH SCHEIDEN.

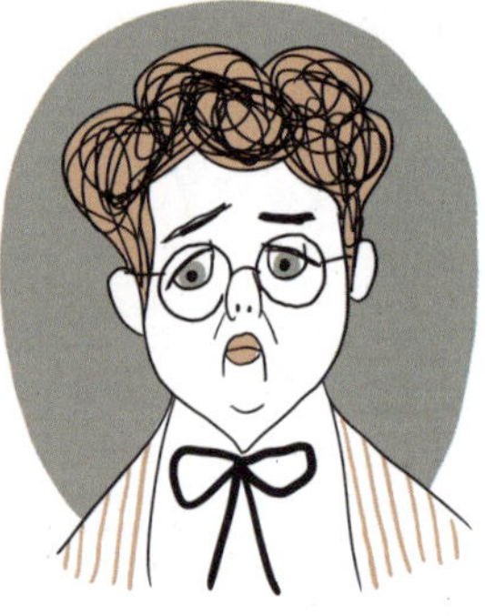

IHR BRUDER STIRBT. DARAUFHIN IHRE MUTTER. DANN IHR VATER. SIE ERBT DAS GESAMTE FAMILIENVERMÖGEN.

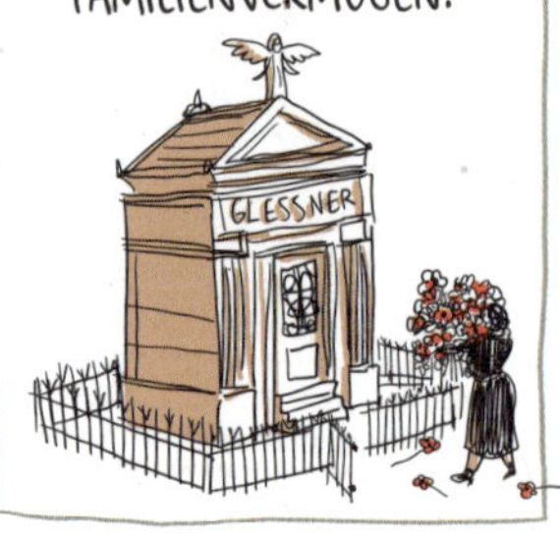

ES SIND MEHRERE MILLIONEN DOLLAR, DIE IHR VATER MIT DEM BAU VON LANDMASCHINEN ANGEHÄUFT HAT.

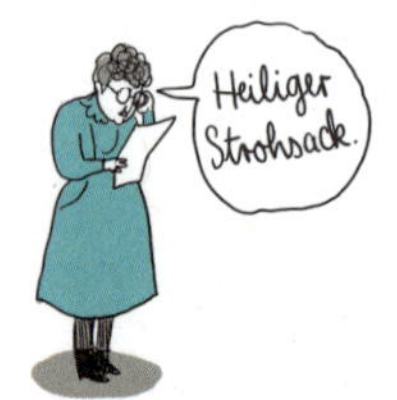

SIE IST 55 JAHRE ALT.

NACHDEM SIE SICH SO LANGE NUTZLOS GEFÜHLT HAT, WEISS FANNY GANZ GENAU, WAS SIE MIT ALL DEM GELD (UND DER ZEIT) ANFANGEN WIRD.

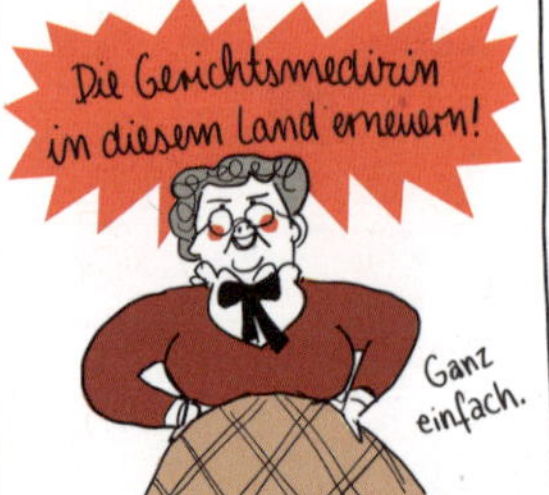

SIE SCHENKT DER HARVARD UNIVERSITÄT EINE IMMENSE SUMME, DAMIT DORT (ENDLICH) EIN STUDIENGANG GESCHAFFEN WIRD. AUSSERDEM STIFTET SIE EINE ANSEHNLICHE FACHBIBLIOTHEK.

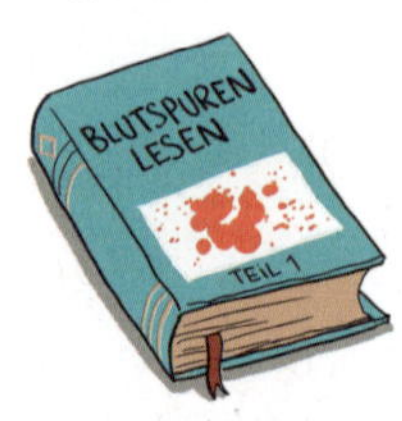

SIE SORGT DAFÜR, DASS IHR ALTER FREUND GEORGE DEN LEHRSTUHL ERHÄLT (UND VERPASST KEINES SEINER SEMINARE).

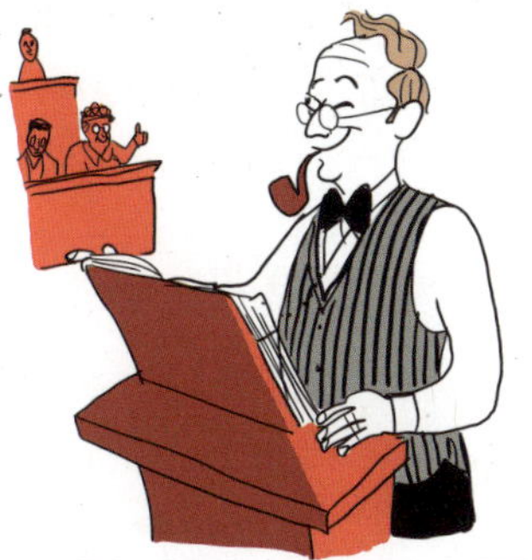

ZWEI JAHRE DARAUF STIRBT GEORGE. NUN IST FANNY DIE EINZIGE, DIE SO ETWAS WIE EINE EXPERTIN AUF DEM GEBIET IST.

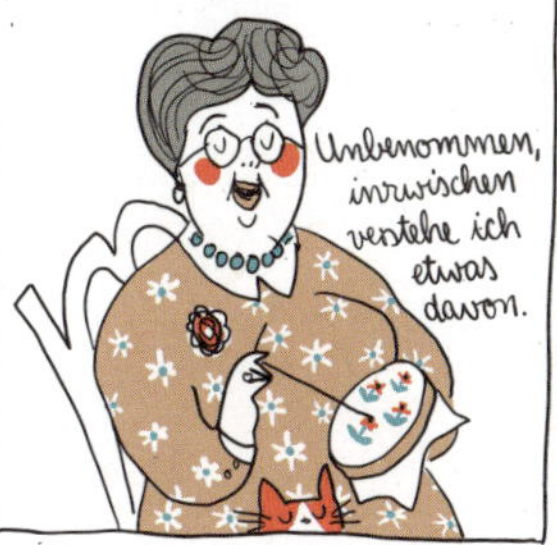

SIE GRÜNDET DIE HARVARD ASSOCIATES IN POLICE SCIENCE (HAPS) UND VERANSTALTET EINWÖCHIGE SEMINARE, IN DENEN SIE POLIZISTEN UND MEDIZINERN BEIBRINGT, EINEN TATORT ZU „LESEN".

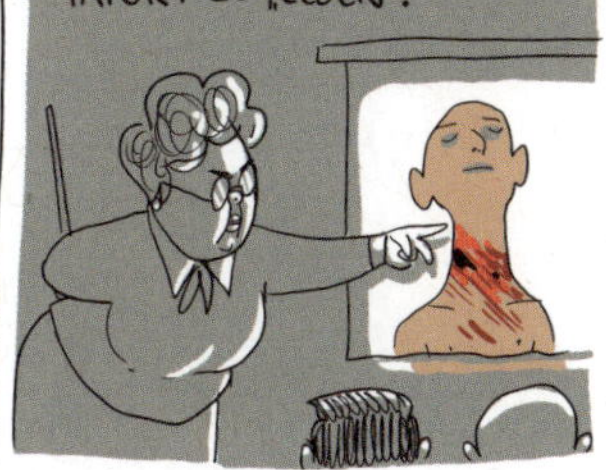

SIE EMPFIEHLT EINE „GEOMETRISCHE" SPURENSICHERUNG.

Man muss sich genauestens umsehen, und zwar im Uhrzeigersinn. Und nichts außer Acht lassen, selbst den Kehricht nicht.

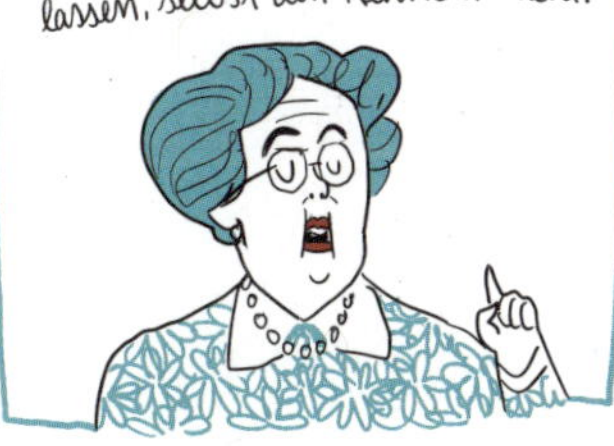

DOCH OHNE EINEN „ECHTEN" TATORT IST ES NATÜRLICH SCHWER, IHRE SCHÜLER FÜR DIE PRAXIS AUSZUBILDEN.

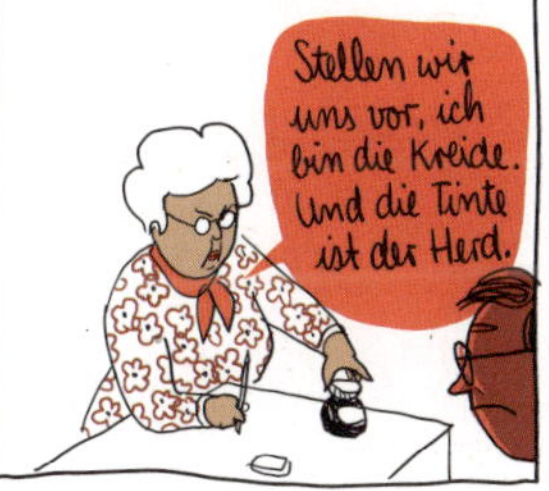

DAMIT DIE IHRE SHERLOCK-HOLMES-FÄHIGKEITEN TRAINIEREN KÖNNEN, HAT FANNY DIE IDEE, MINIATURMODELLE REALER TATORTSZENEN ANZUFERTIGEN.

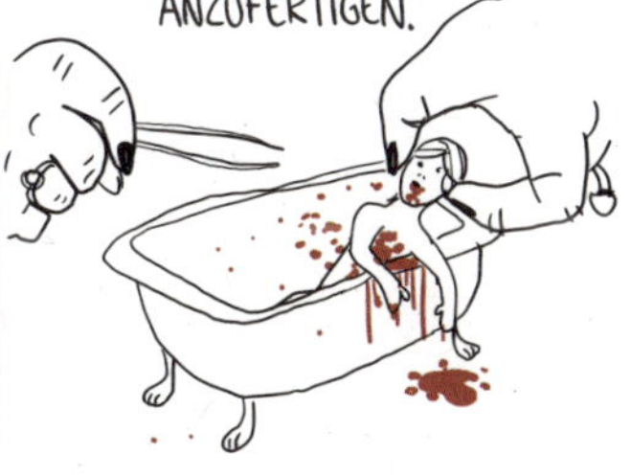

ANHAND UNGEKLÄRTER TODESFÄLLE ENTSTEHEN DIE SOGENANNTEN „NUTSHELL STUDIES OF UNEXPLAINED DEATHS".

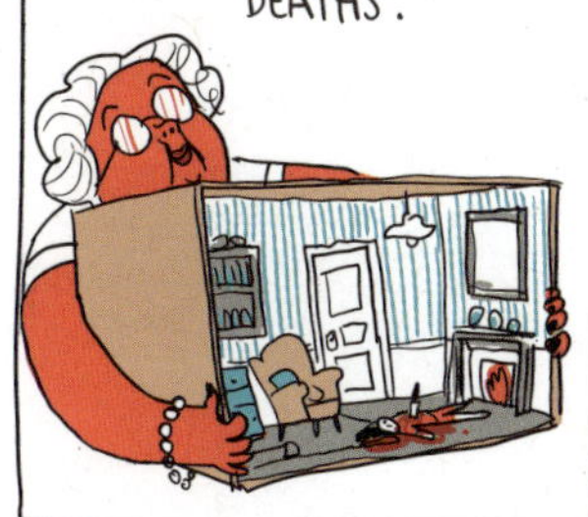

FANNY HÄLT SICH DABEI PEINLICHST GENAU AN POLIZEI- UND AUTOPSIEBERICHTE ...

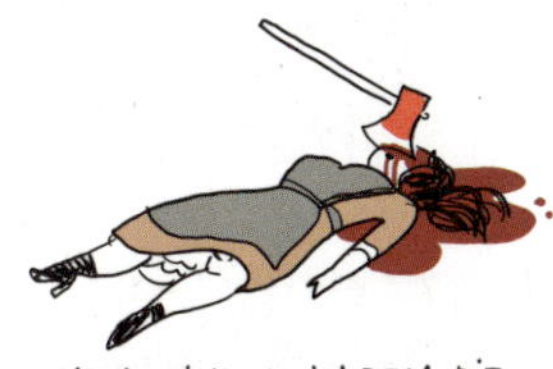

... VOM WINKEL, IN DEM DIE WAFFE GEHALTEN WURDE, ÜBER DIE GENAUE POSITION DER LEICHE BIS HIN ZU BLUTSPRITZERN.

UND BEI ALLEM, WAS NICHT ENTSCHEIDEND FÜR DEN FALL IST, TOBT SIE SICH AUS.

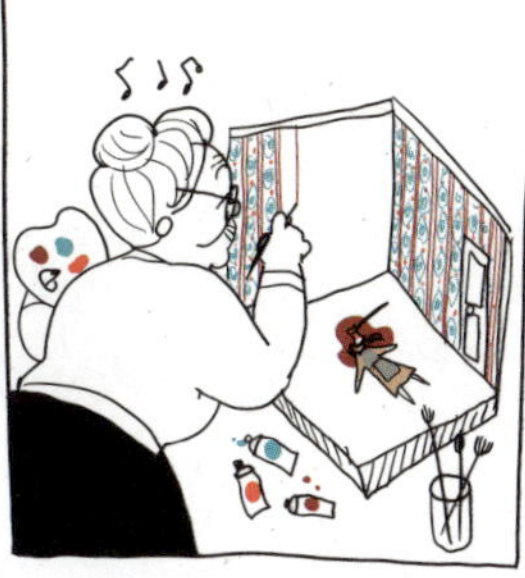

DREI MONATE LANG SITZT SIE 1943 AN IHREM ERSTEN DIORAMA, DAS DEN TITEL „DER ERHÄNGTE FARMER" TRÄGT.

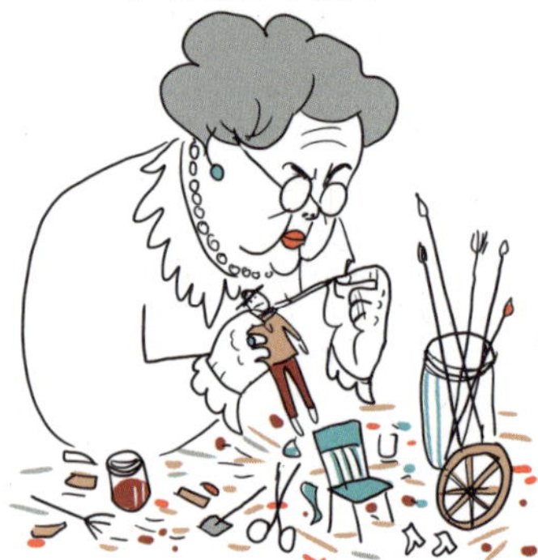

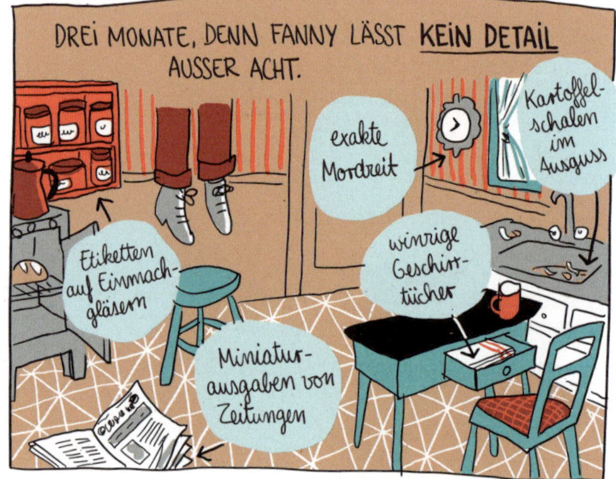

SIE IST UNERBITTLICH; **ALLES** MUSS DER REALITÄT ENTSPRECHEN: SCHLÖSSER LASSEN SICH ABSCHLIESSEN, LAMPEN EIN- UND AUSSCHALTEN UND SELBST DIE KLEIDUNG GLEICHT DEM ORIGINAL.

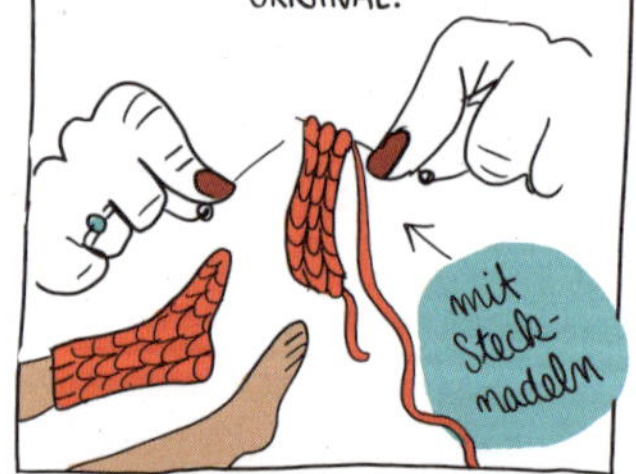

ÜBERALL VERBERGEN SICH SPUREN UND INDIZIEN.

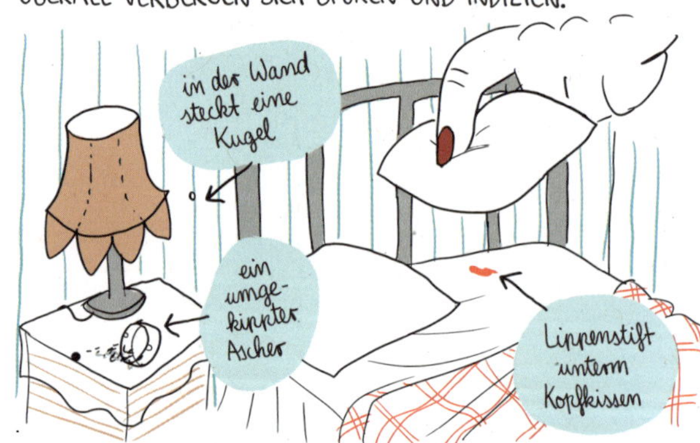

SELBST DIE HAUT IST DEM VERWESUNGSGRAD ENTSPRECHEND GEFÄRBT.

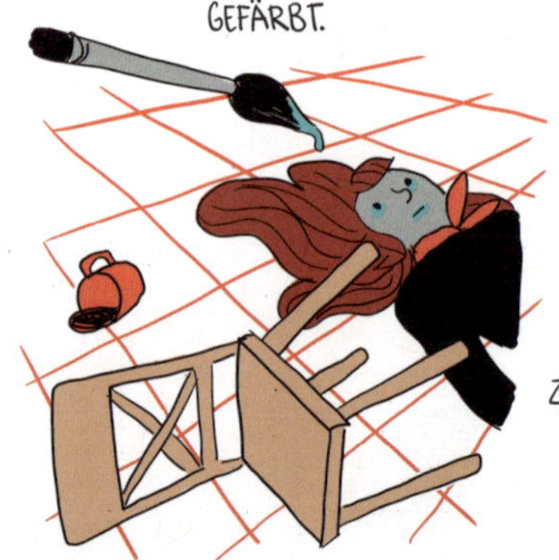

DIE TEILNEHMER HABEN 90 MINUTEN, UM DEN TATORT ZU INSPIZIEREN.

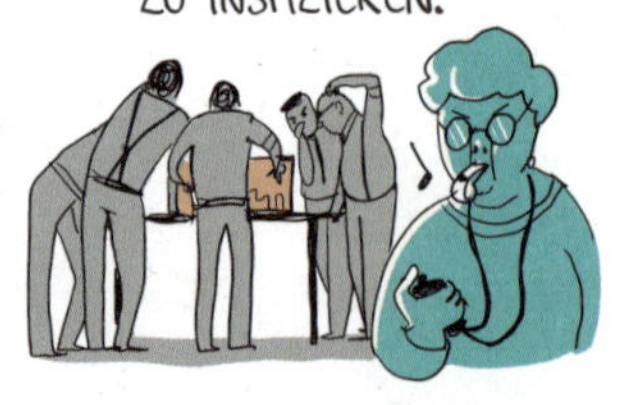

ZIEL IST ES NICHT UNBEDINGT, DEN FALL AUCH ZU LÖSEN (WIE BEI CLUEDO), SONDERN GRÜNDLICHES OBSERVIEREN ZU TRAINIEREN.

DIE POLIZISTEN HABEN ANFANGS **GROSSE** VORBEHALTE GEGEN DIE ÄLTLICHE AUTODIDAKTIN...

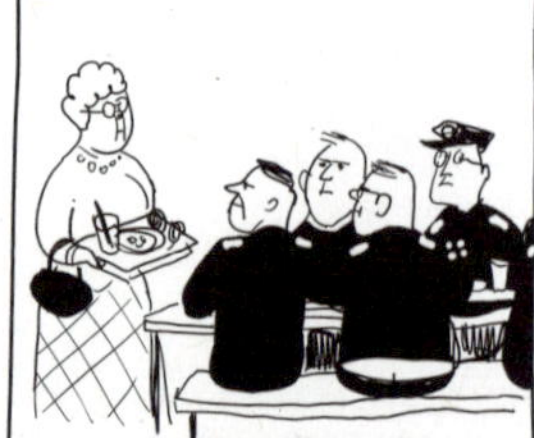

... ABER SIE MÜSSEN SICH SCHLIESSLICH EINGESTEHEN, DASS IHRE METHODE FUNKTIONIERT.

FANNY WIRD ZUR POLIZEICHEFIN VON NEW HAMPSHIRE ERNANNT.

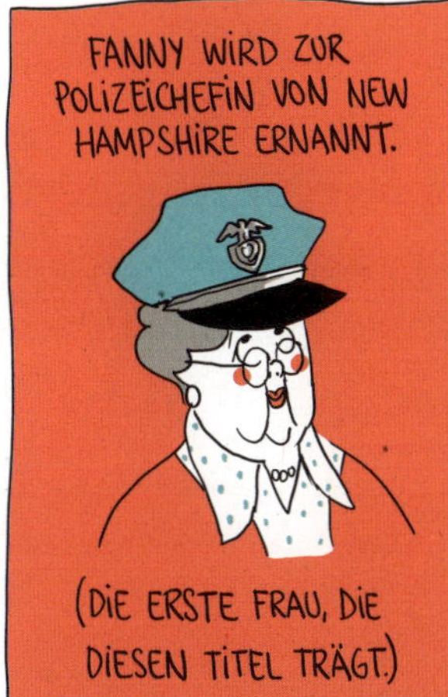

(DIE ERSTE FRAU, DIE DIESEN TITEL TRÄGT.)

SIE STIRBT MIT 84 JAHREN. HARVARD SCHAFFT DEN FORENSIK-STUDIENGANG AB UND ENTSORGT DIE DIORAMEN.

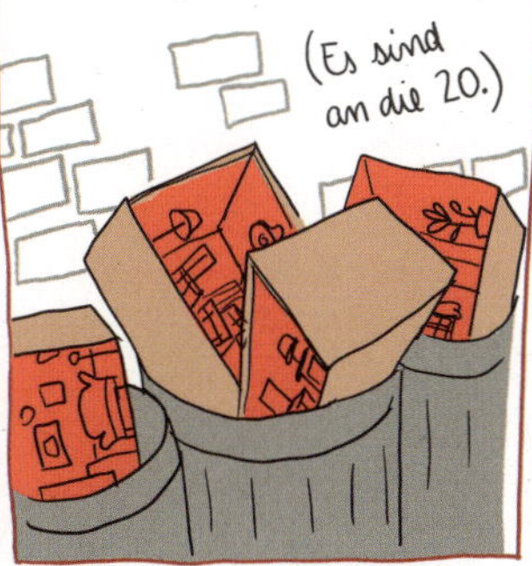

ABER EIN PROFESSOR RETTET SIE UND RICHTET SIE WIEDER HER, EHE ER SIE FÜR DIE AUSBILDUNG DER POLIZEI VON MARYLAND EINSETZT.

NACH UND NACH ÜBERNIMMT DAS GANZE LAND DIE NEUEN METHODEN IN POLIZEISCHULEN UND AN TATORTEN (UND ENDLICH WERDEN AUCH ECHTE GERICHTSMEDIZINER AUSGEBILDET).

CRIME SCENE DO NOT CROSS

DAS HAPS VERANSTALTET NOCH IMMER ZWEIMAL IM JAHR SEMINARE. DIE DIORAMEN SIND KEINESWEGS WIE MUSEUMSSTÜCKE ARCHIVIERT: SIE SIND NOCH IMMER EIN WERKZEUG FÜR KRIMINOLOGEN.

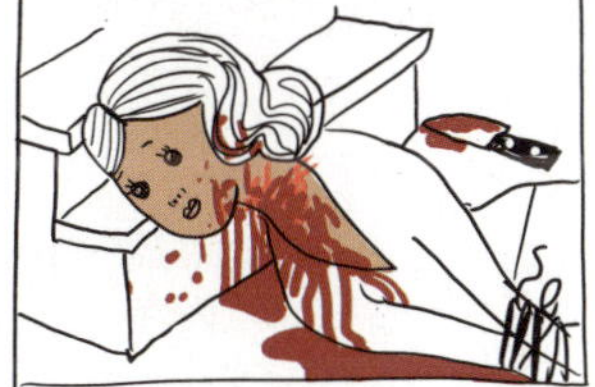

Das Dekor mag inzwischen veraltet sein, aber die Detailtreue bleibt unübertroffen, selbst im Vergleich zu virtuellen Simulationen.

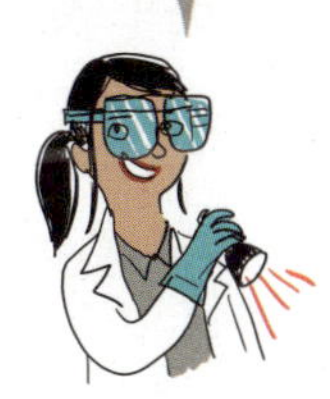

IN ZEITEN VON DNA-ANALYSE KANN MAN SICH KAUM MEHR VORSTELLEN, DASS VOR WENIGER ALS HUNDERT JAHREN MEDIZINER NOCH DAFÜR KÄMPFEN MUSSTEN, DASS INDIZIEN UND BEWEISMITTEL ÜBERHAUPT BEACHTUNG FINDEN.

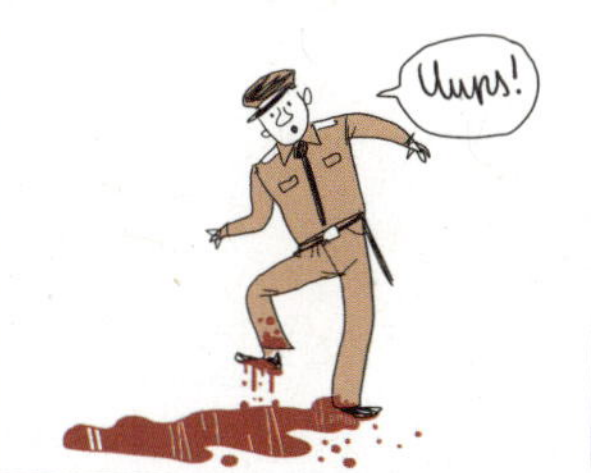

FÜR FANNY, DIE KEINE AUSBILDUNG HATTE, WAR ES IM GRUNDE „NUR" EIN HOBBY. ABER SIE LIEBTE DETAILS UND „LÖCHER" IN GESCHICHTEN, DIE SIE STOPFEN KONNTE.

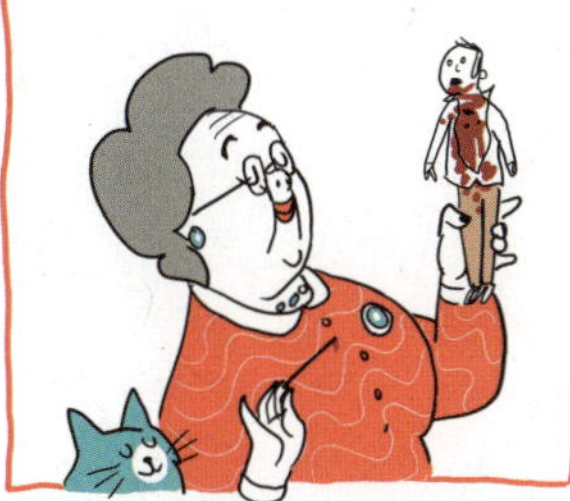

POSTHUM WURDE IHR EIN DENKMAL GESETZT: SIE WAR VORBILD FÜR JESSICA FLETCHER IN DER SERIE „MORD IST IHR HOBBY".

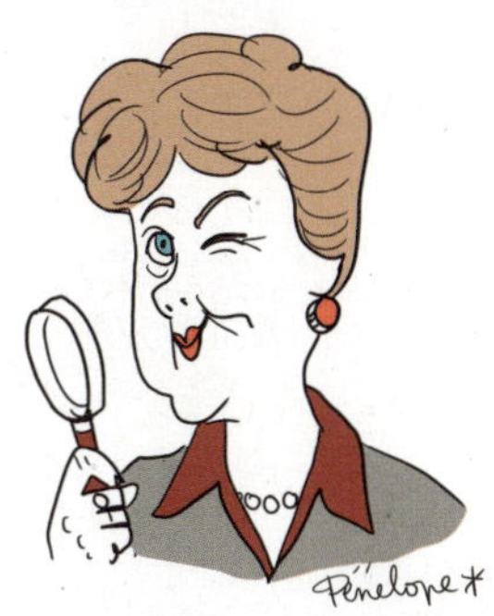

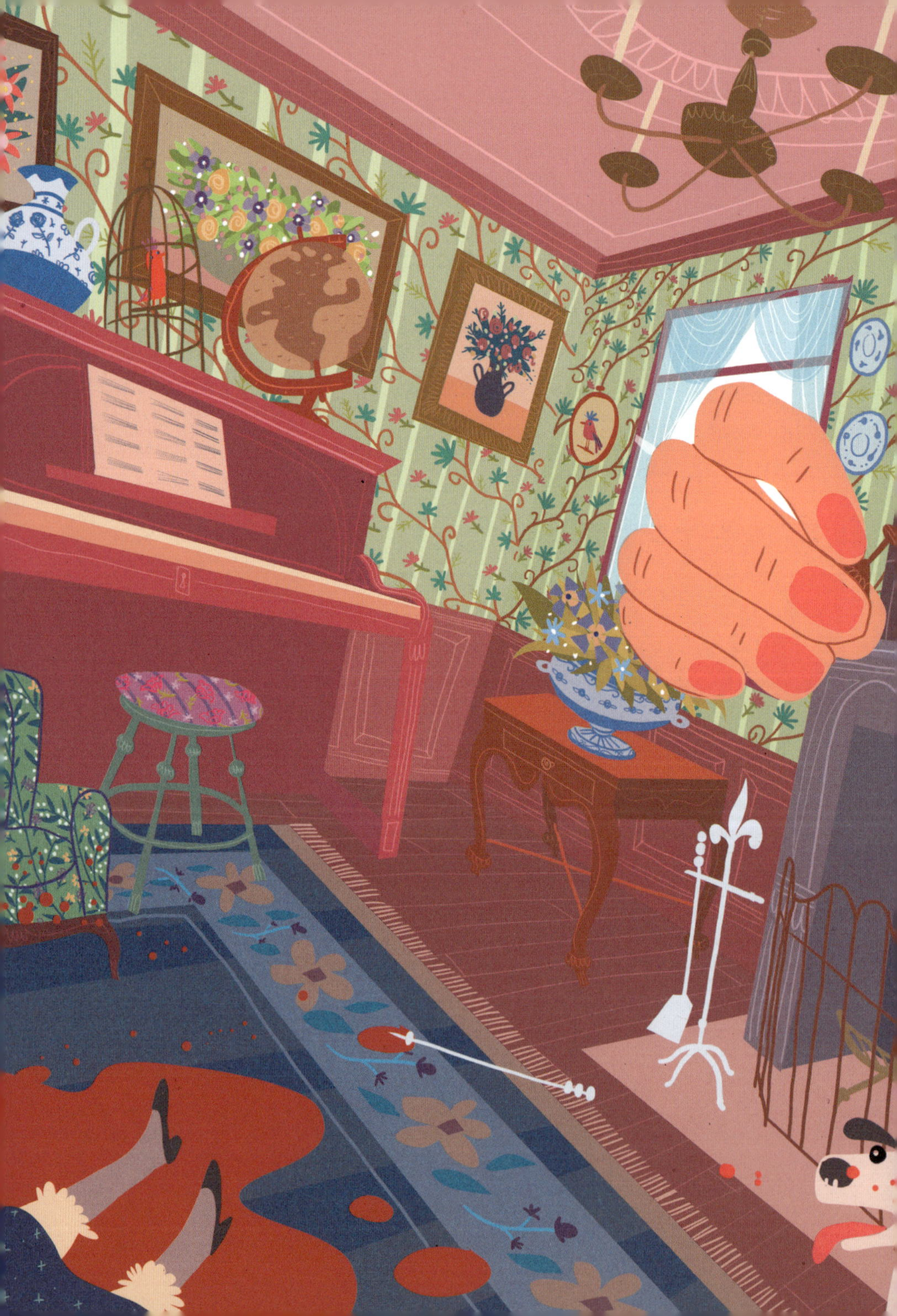

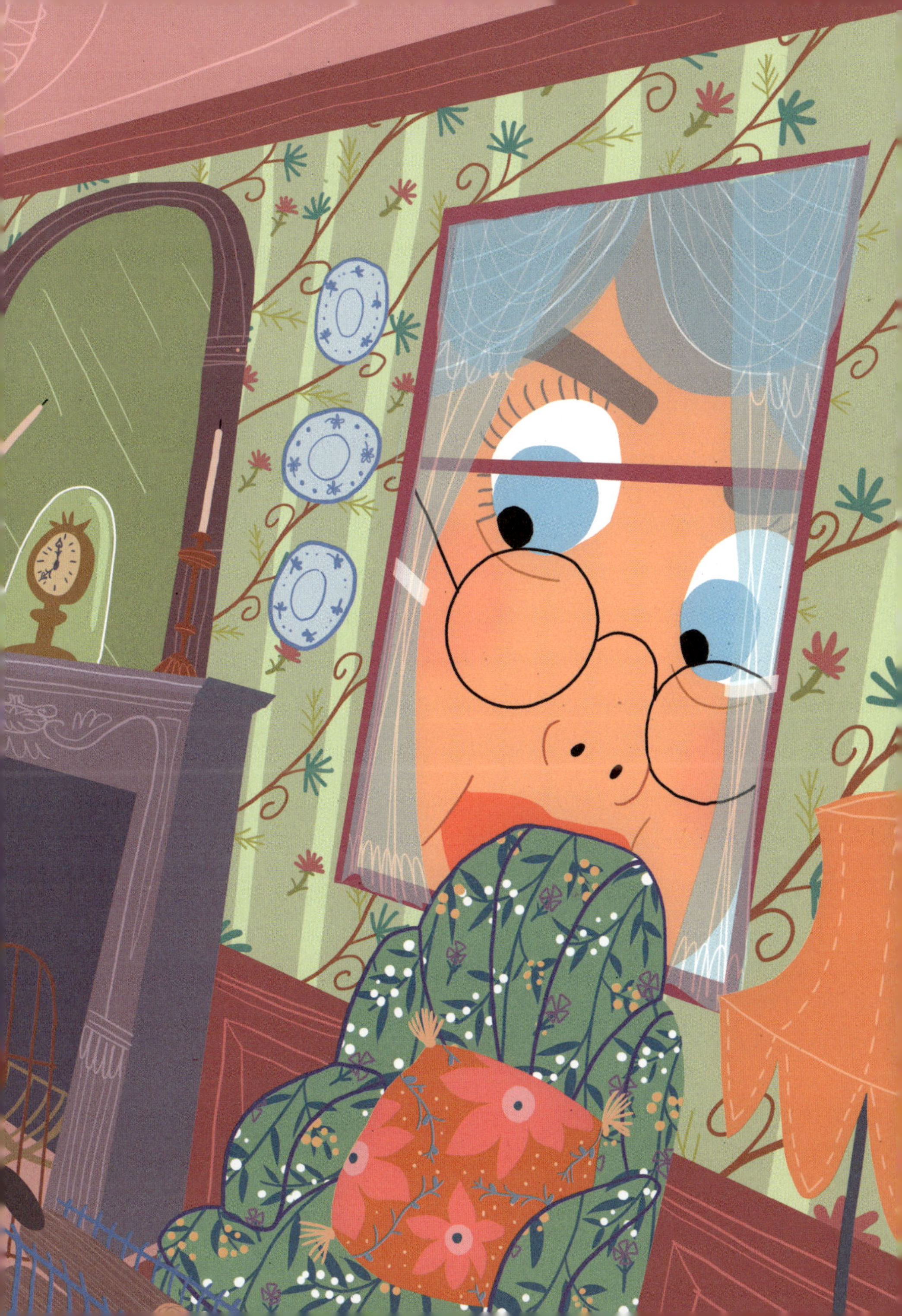

Mae Jemison

Astronautin

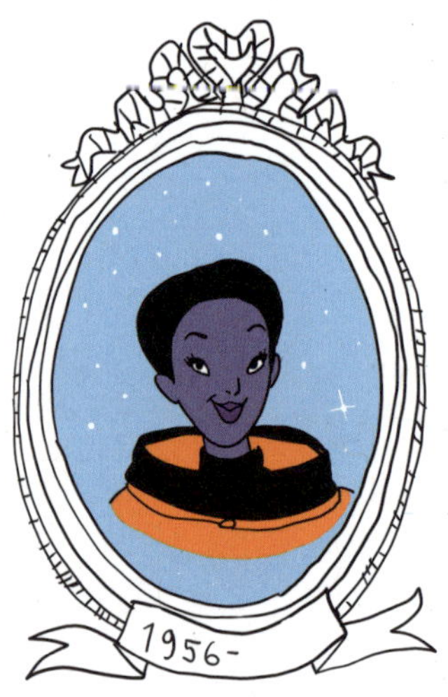

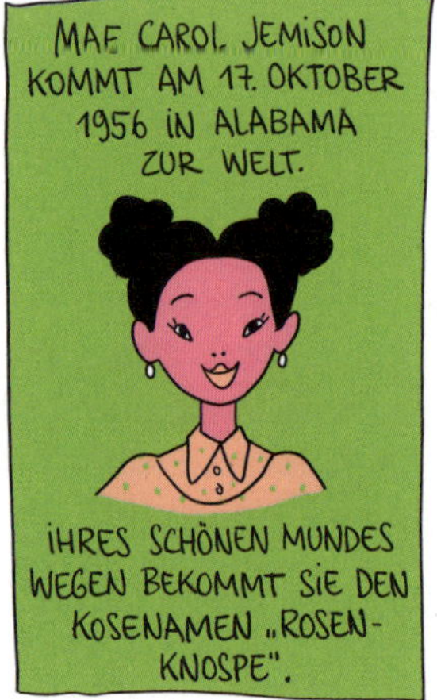

SIE HAT HÖHENANGST, ANGST VOR DER DUNKELHEIT, VOR DEM KELLER – VOR ALLEM.

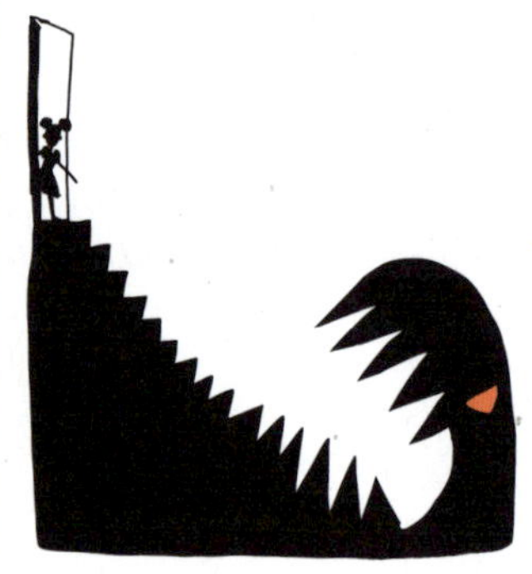

ABER ALS JÜNGSTES VON DREI GESCHWISTERN MUSS SIE SCHNELL UND SCHLAU SEIN, UM ZU ÜBERLEBEN.

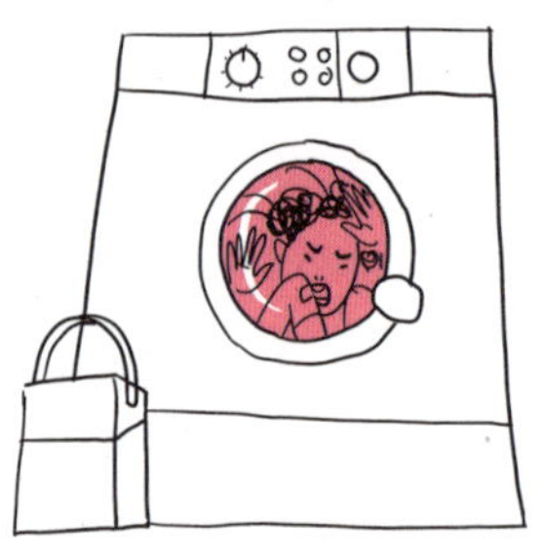

IM KINDERGARTEN VERKÜNDET SIE, DASS SIE „WISSENSCHAFTLERIN" WERDEN WILL.

Du meinst bestimmt Krankenschwester?

Princesse

PRINSES

Pri

Nein, Wissenschaftlerin! Wie Marie Curie!

DIE FAMILIE ZIEHT NACH CHICAGO, IN EIN GEFÄHRLICHES VIERTEL, IN DEM BANDENKRIEGE TOBEN.

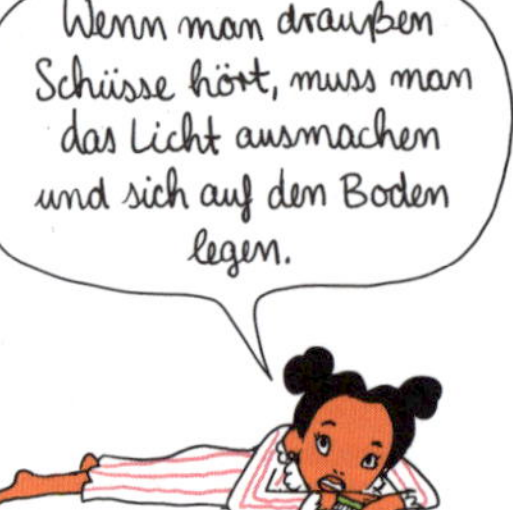

DIE MUTTER PASST AUF IHRE KINDER AUF WIE EINE LÖWIN, DAMIT SIE NICHT AUF DIE SCHIEFE BAHN GERATEN.

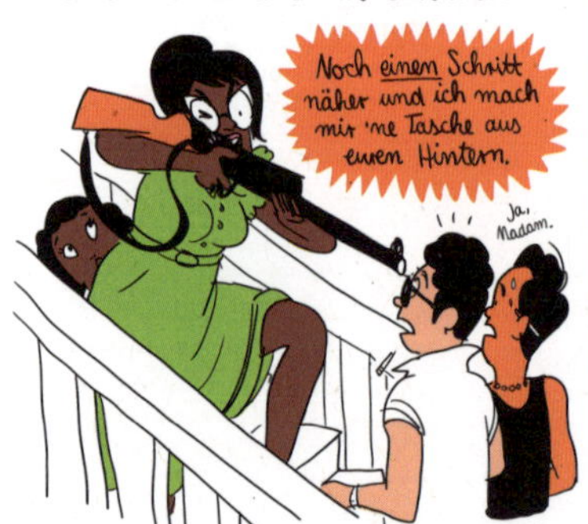

SCHLIESSLICH ZIEHEN SIE UM IN EINE GEGEND, IN DER MAE PRAKTISCH DIE EINZIGE SCHWARZE IN IHRER SCHULE IST.

?

?

MAE LÖCHERT IHRE MUTTER MIT FRAGEN, DOCH DIE HAT ANDERES ZU TUN UND ANTWORTET IMMER:

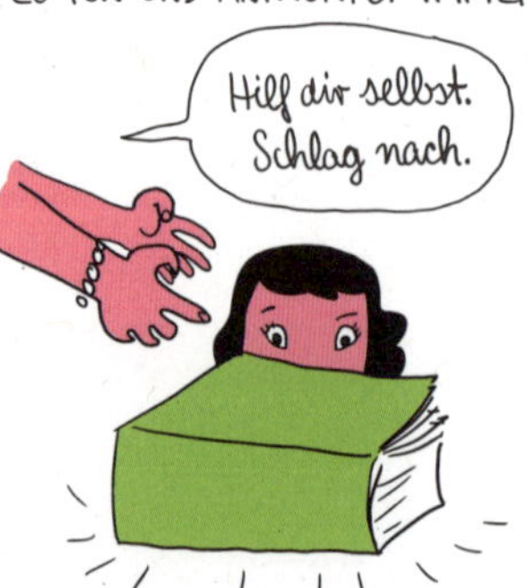

IN IHRER JUGEND HAT MAE ZWEI LEIDENSCHAFTEN:

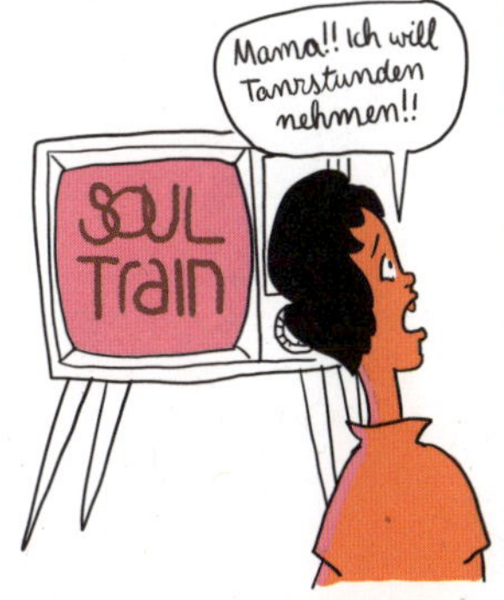

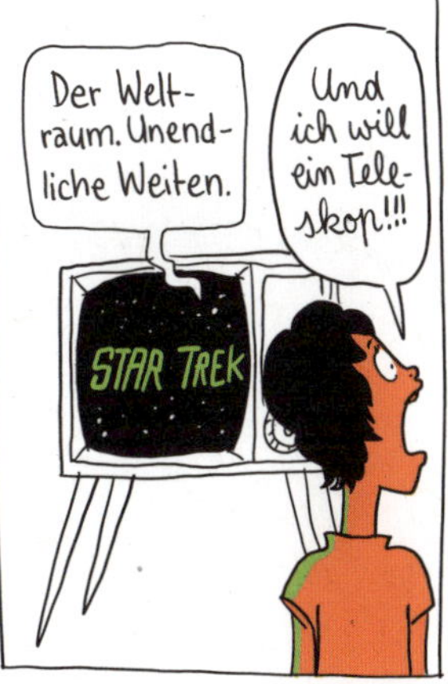

IHRE ELTERN KÖNNEN IHR DIESEN WUNSCH NICHT ERFÜLLEN, UND SO WIRD MAE DAUERGAST IM PLANETARIUM.

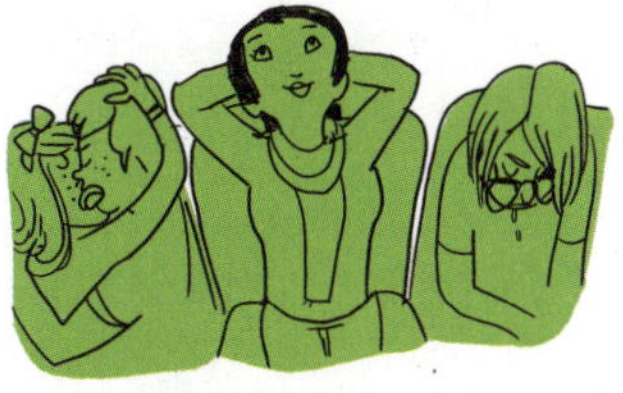

WENN SIE INS ALL SCHAUT, HAT SIE KEINE ANGST MEHR VOR HÖHE UND DUNKELHEIT.

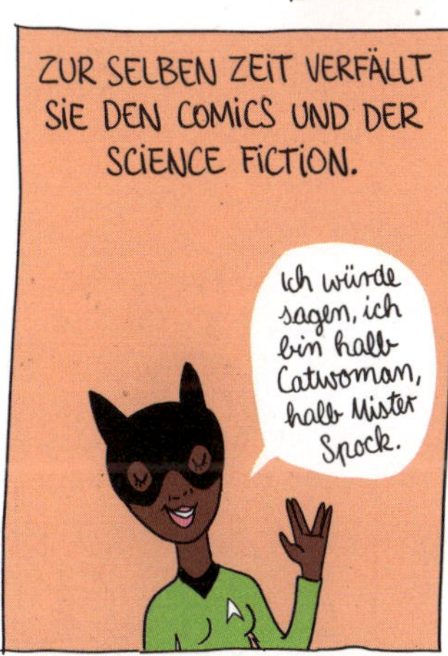

ABER IN DEN ROMANEN, DIE SIE LIEST, SIND DIE INTERESSANTEN FIGUREN NIE WEIBLICH UND AUCH NIE SCHWARZ.

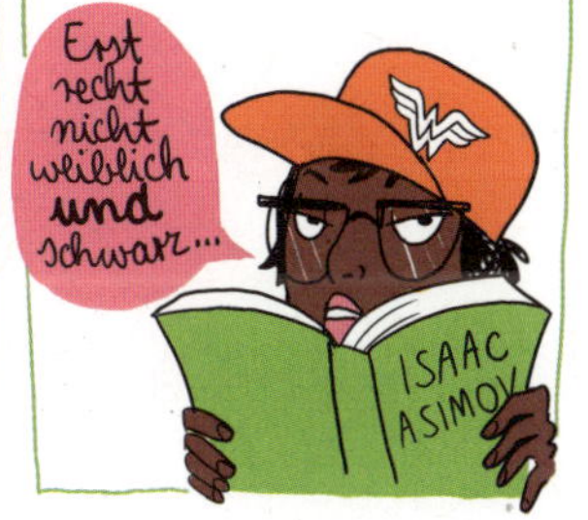

ZU HAUSE WIRD BEI TISCH ÜBER POLITIK UND BÜRGERRECHTE DISKUTIERT, ÜBER STOKELY CARMICHAEL UND MALCOLM X.

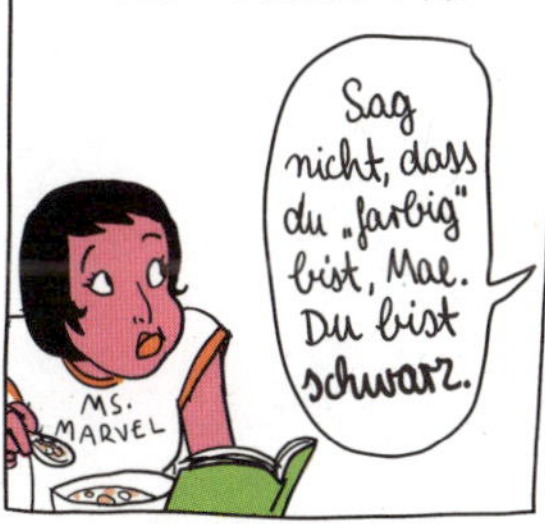

IHRE MUTTER SCHÄRFT IHR EIN, DASS IHRE HAARE SCHÖN SIND, WIE SIE SIND, UND DASS SIE SIE NUNMEHR MIT STOLZ SO TRAGEN SOLLTE.

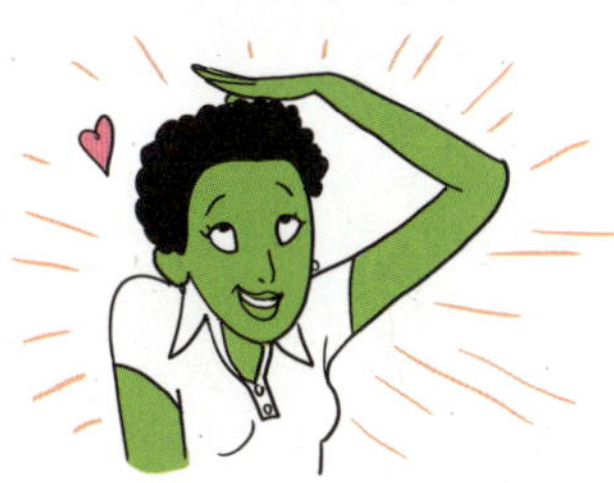

IHR VATER SCHÄRFT IHR EIN, DASS SIE SICH ANSTRENGEN MUSS:

Als schwarzes Mädchen musst du zweimal besser sein als ein weißer Mann, wenn du was erreichen willst.

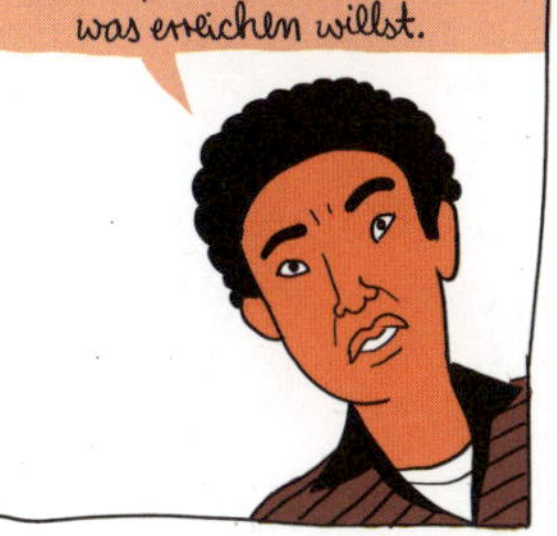

MARTIN LUTHER KING WIRD ERMORDET. IN MAES VIERTEL KOMMT ES ZU AUFSTÄNDEN; DIE POLIZEI ERHÄLT DEN BEFEHL, WENN NÖTIG ZU SCHIESSEN. EIN 13-JÄHRIGER WIRD AUF OFFENER STRASSE NIEDERGESTRECKT.

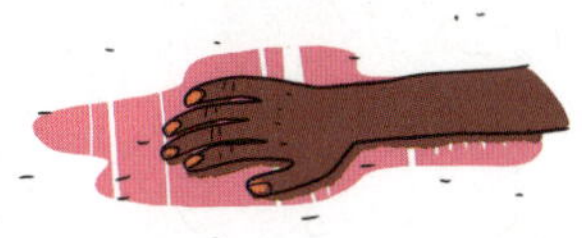

MAE WIRD BEWUSST, DASS IHR LEBEN KEINEN PFIFFERLING WERT IST, AUCH WENN SIE KLUG, HUMORVOLL UND HÜBSCH IST. MAN KANN SIE ABKNALLEN WIE EIN KANINCHEN.

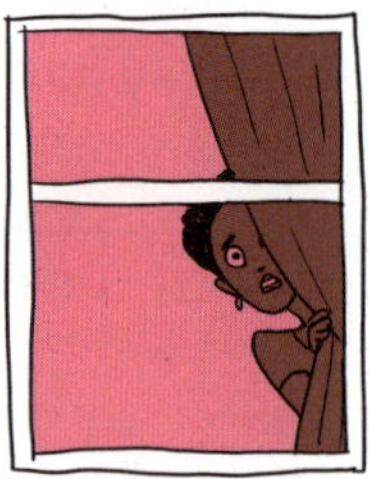

SIE HAT ANGST.

ABER NACHDEM SIE SICH EIN PAAR TAGE LANG VERKROCHEN HAT, WIRD SIE **FUCHSTEUFELSWILD.**

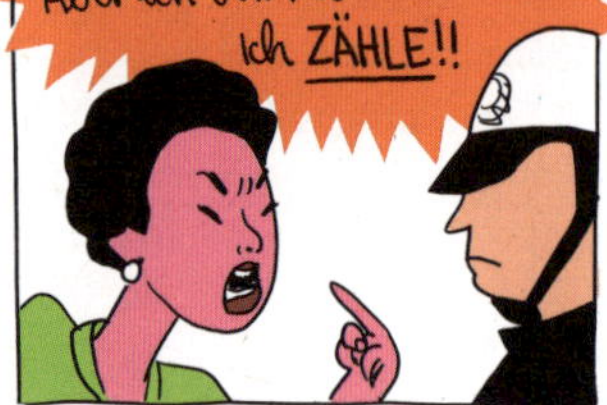

IN DER HIGHSCHOOL IST MAE SEHR GUT IN SPORT. ABER AM BESTEN IST SIE IN DEN NATURWISSENSCHAFTEN. IHRE NEUGIER IST UNSTILLBAR.

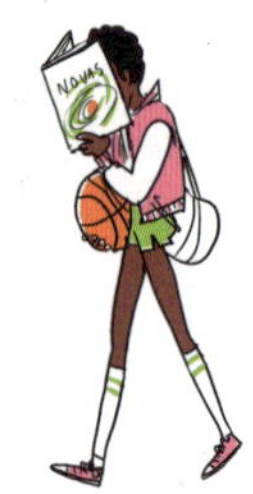

IM UNTERRICHT ARBEITET SIE AN EINEM WISSENSCHAFTLICHEN PROJEKT ÜBER EINE ERBKRANKHEIT, DIE VIELE AFROAMERIKANER BETRIFFT: DIE SICHELZELLENANÄMIE.

IHRE MUTTER UNTERSTÜTZT SIE IN DER GEWOHNTEN WEISE:

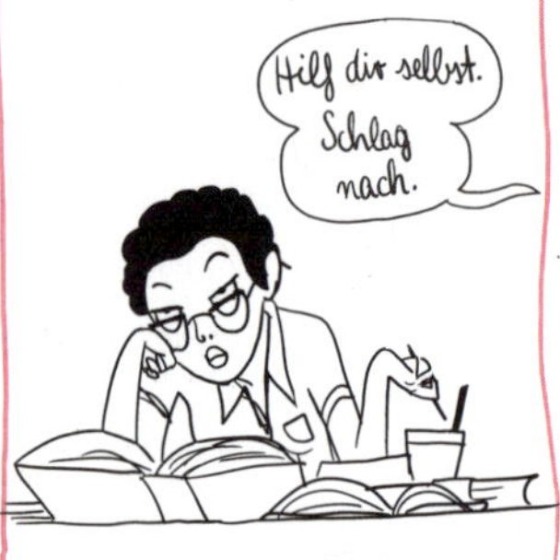

MAE NIMMT IHREN GANZEN MUT ZUSAMMEN UND RUFT IM COOK COUNTY HOSPITAL AN, UM IHRE FRAGEN LOSZUWERDEN.

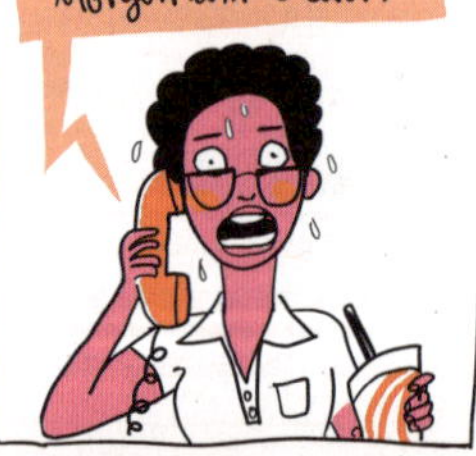

DORT WIRD SIE VON DEN LABORLEITERN EMPFANGEN, DIE IHR ANBIETEN, IHRE EIGENEN UNTERSUCHUNGEN ANZUSTELLEN, DAMIT SIE SELBST DIE ANTWORTEN FINDET.

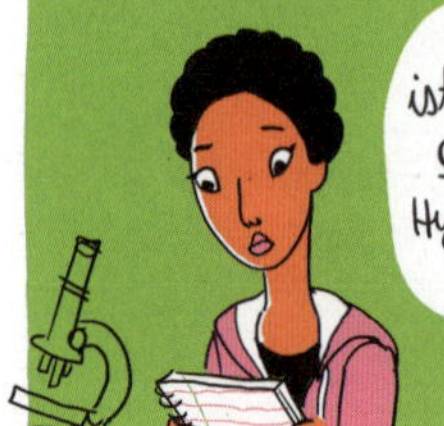

SIE MACHT SICH AN DIE ARBEIT.

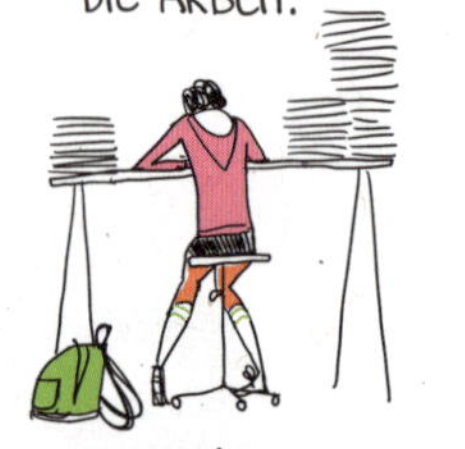

MANCHE ARTIKEL VERSTEHT SIE ERST, NACHDEM SIE ANDERE UND NOCH WEITERE LIEST. SIE HÖRT NICHT MEHR AUF.

SIE IST 15 JAHRE ALT, ABER DIE FORSCHER BEHANDELN SIE NICHT WIE EIN KIND.

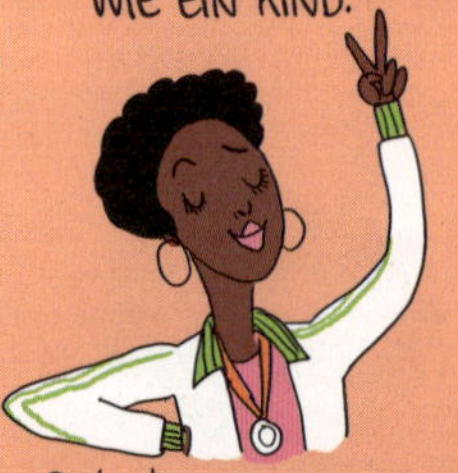

BEI EINEM CHICAGOER FORSCHUNGSWETTBEWERB MACHT SIE DEN 1. PLATZ.

IHR MATHELEHRER ERKLÄRT SICH BEREIT, IHR ZUSÄTZLICHEN UNTERRICHT ZU GEBEN.

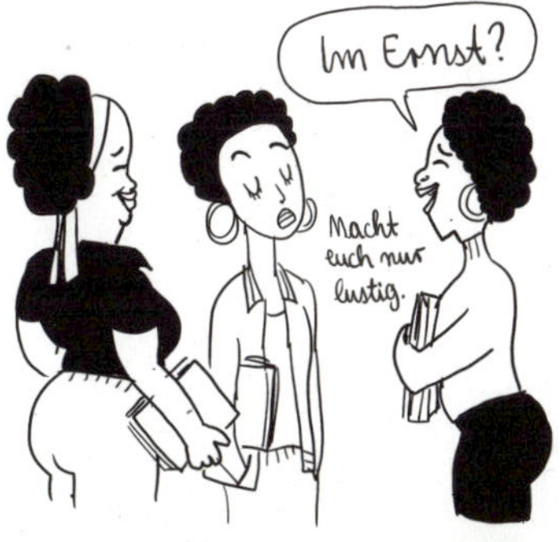

NACH IHREM ABITUR REISSEN SICH MEHRERE NAMHAFTE UNIVERSITÄTEN UM SIE (UND WINKEN OBENDREIN MIT EINEM STIPENDIUM).

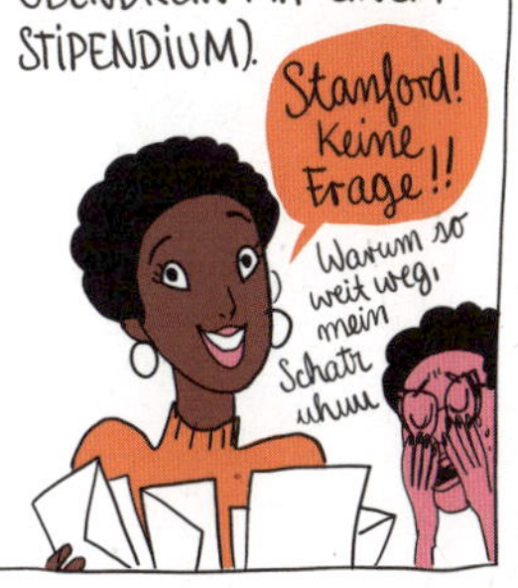

SIE IST 16 UND HAT SCHRECKLICHE ANGST, GANZ ALLEIN NACH KALIFORNIEN ZU GEHEN.

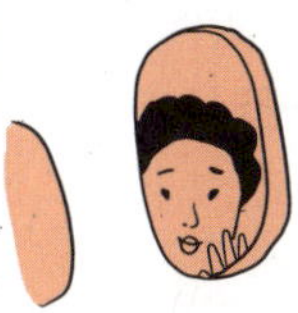

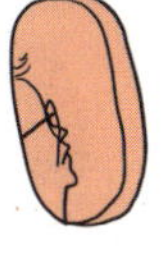

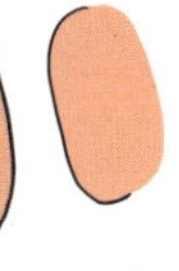

ABER SIE WEISS, DASS IHR TRAUM IN ERFÜLLUNG GEHT: IHR TRAUMSTUDIUM AM ORT IHRER TRÄUME.

KALIFORNIEN IST DER INBEGRIFF VON OFFENHEIT UND FORTSCHRITT, KURZ: DER COOLSTE ORT DER WELT.

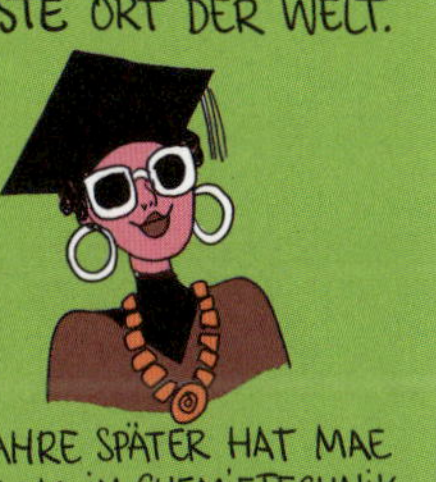

VIER JAHRE SPÄTER HAT MAE IHR DIPLOM IN CHEMIETECHNIK UND AFROAMERIKANISCHEN STUDIEN IN DER TASCHE.

AUSSERDEM BESCHÄFTIGT SIE SICH MIT SUBSAHARISCHER POLITIK, LERNT AFRIKANISCHEN TANZ, SUAHELI...

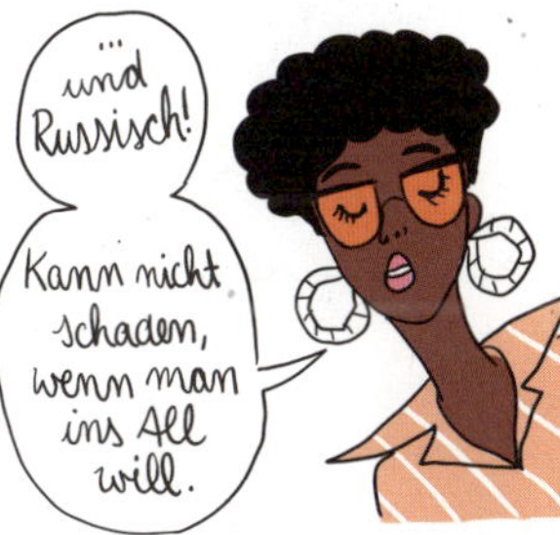

ABER IMMER WIEDER WERDEN IHR ALS
- SCHWARZER
- FRAU
- AUS BESCHEIDENEN VERHÄLTNISSEN

HINDERNISSE IN DEN WEG GELEGT. IMMER GEHT MAN DAVON AUS, DASS SIE NICHTS KANN.

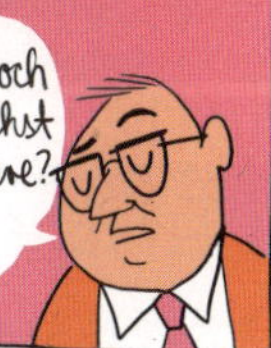

UM SICH ZU BEWEISEN, DASS SIE NICHT FEHL AM PLATZ IST, KLAMMERT SIE SICH AN IHRE EINZIGE GEWISSHEIT IM LEBEN:

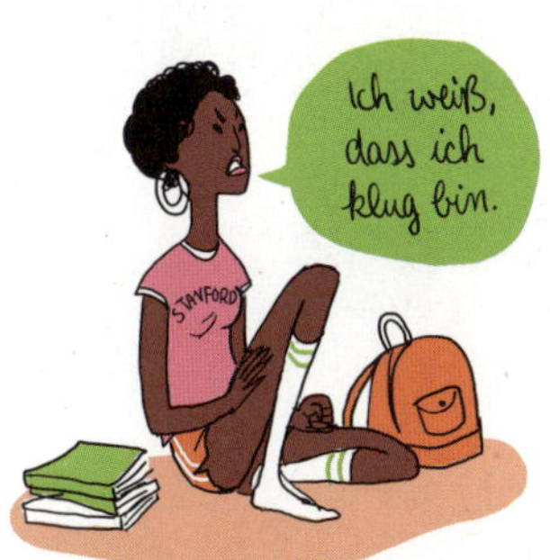

NACH STANFORD STUDIERT SIE MEDIZIN IN NEW YORK (EIN ZIEMLICH MÄNNLICHER STUDIENGANG).

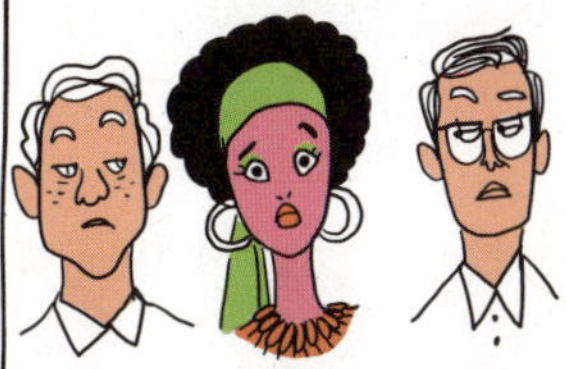

AN DER OSTKÜSTE BEHANDELT MAN SIE NOCH MEHR VON OBEN HERAB ALS IN KALIFORNIEN.

ABER GLEICH AM ERSTEN ABEND SCHLÄGT SIE IHRE KOMMILITONEN BEI EINER PARTIE POKER „STUDENTINNEN GEGEN STUDENTEN".

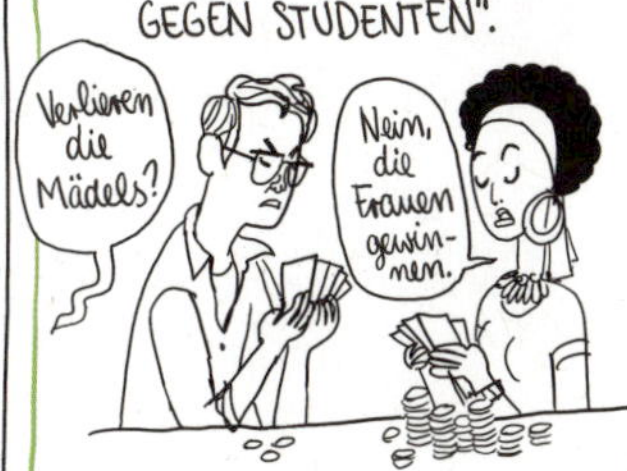

MAE STECKT SIE ALLE IN DIE TASCHE.

SIE ARBEITET ZIG MAL MEHR ALS IN STANFORD.

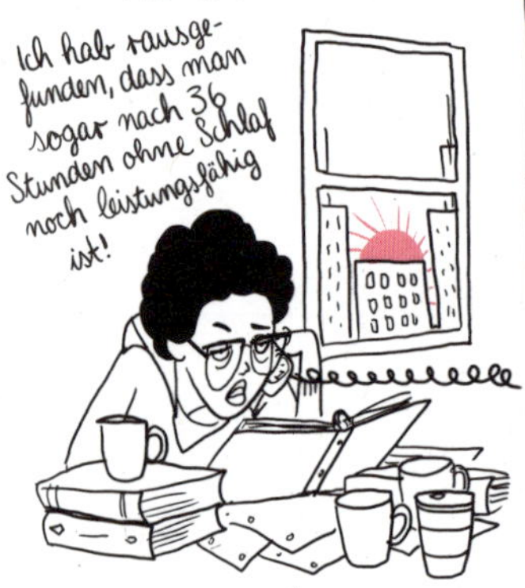

UND DANN ERFÜLLT SIE SICH EINEN TRAUM UND MACHT IHR PRAKTIKUM IN KENIA.

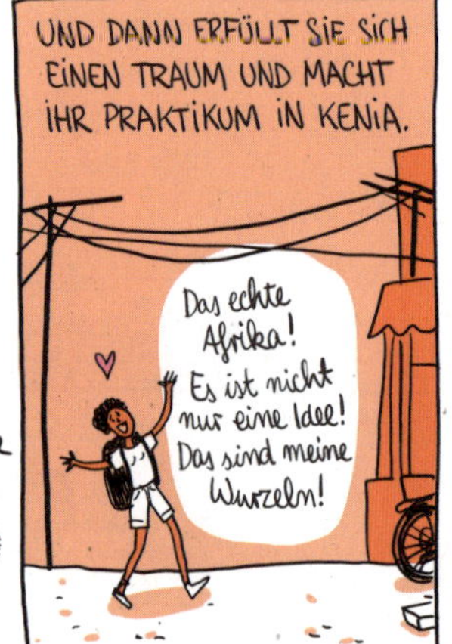

SIE ARBEITET IN KRANKENSTATIONEN, SPRICHT ENDLICH SUAHELI, LÄSST SICH FRISIEREN, ISST LECKERE SACHEN, REIST IN DIE BENACHBARTEN LÄNDER.

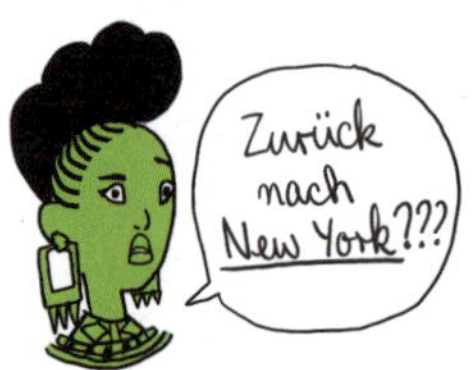

UND GERÄT IN EINE AUSGEWACHSENE SINNKRISE.

SIE STELLT SICH BEI ALLEN NGOs VOR, DIE IN AFRIKA ARBEITEN.

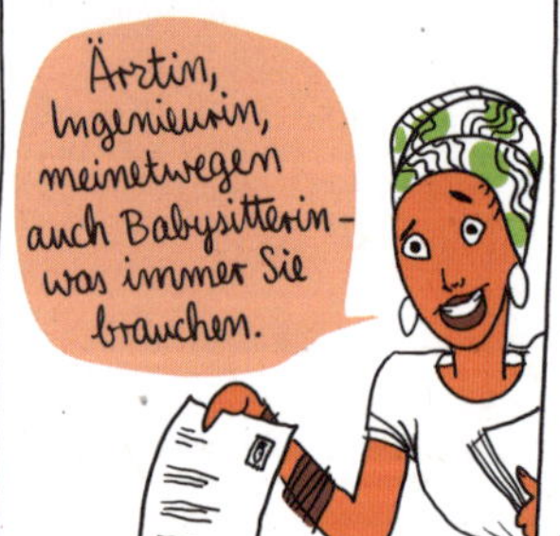

SIE LANDET IM FRIEDENSCORPS IN LIBERIA UND SIERRA LEONE.

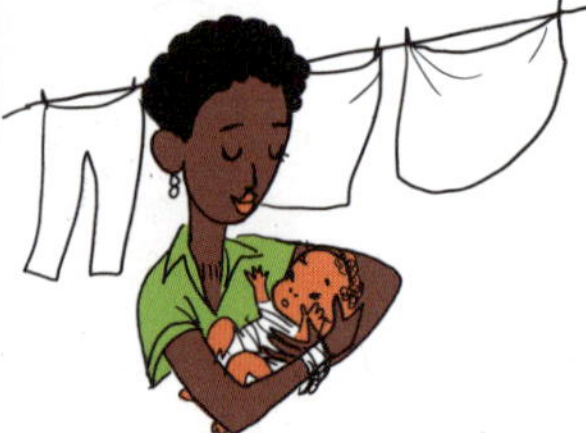

FÜR TÖDLICHE FIEBERERKRANKUNGEN STEHEN IHR KEINE MEDIKAMENTE ZUR VERFÜGUNG.

MAE ZAUDERT. SIE WEISS, DASS SIE IM GRUNDE GAR NICHT ALS ÄRZTIN ARBEITEN WILL.

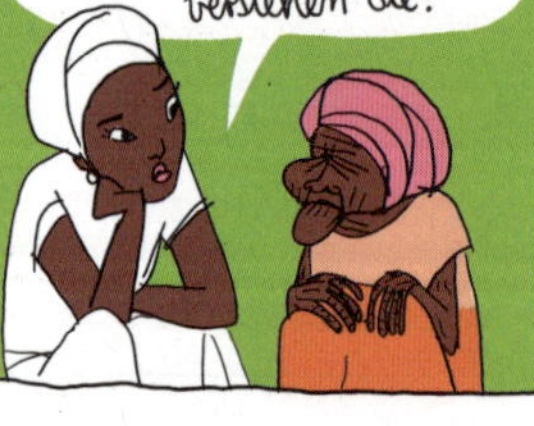

IHREN KINDHEITSTRAUM HAT SIE LANGE AUS DEN AUGEN VERLOREN.

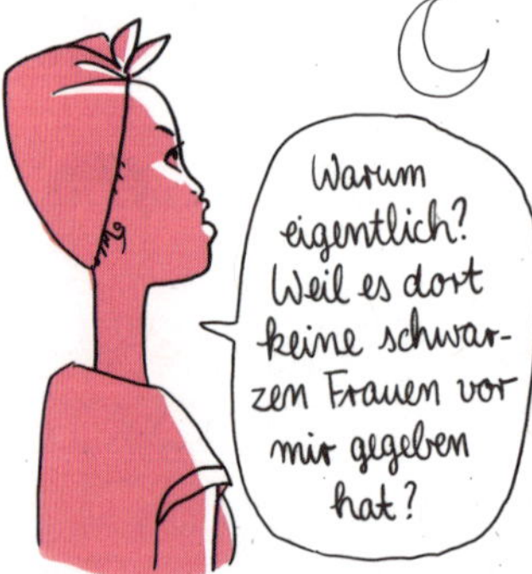

DAMALS SUCHT DIE NASA LEUTE. UND NACHDEM DIE BEHÖRDE JAHRZEHNTELANG NUR WEISSE MÄNNER AUF DEM RADAR HATTE, WILL SIE NUN PERSONALTECHNISCH DIVERSIFIZIEREN.

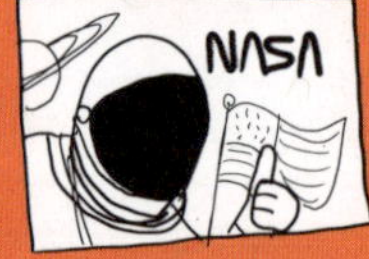

MAE BEWIRBT SICH, OHNE GROSSE HOFFNUNG.

EIN JAHR SPÄTER BEKOMMT SIE ANTWORT:

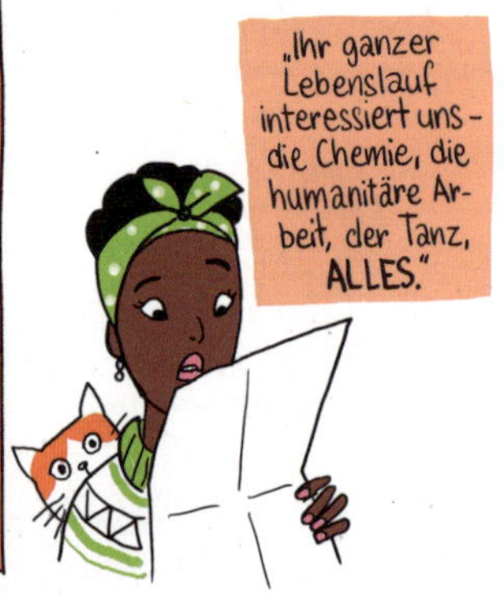

„Ihr ganzer Lebenslauf interessiert uns – die Chemie, die humanitäre Arbeit, der Tanz, **ALLES**."

SIE SCHNAPPT IHRE KATZE UND MACHT SICH AUF NACH HOUSTON, TEXAS.

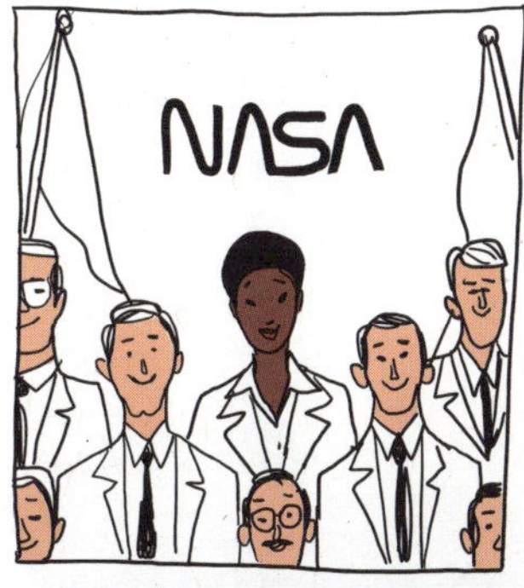

DIE AUSBILDUNG VERLANGT IHR KÖRPERLICH EINIGES AB, VOR ALLEM DAS SURVIVAL-TRAINING IN UMWEGSAMEM GELÄNDE.

ABER SIE SCHAFFT ES.

DAS ERSTE, WAS MAE AUS DER LUKE DER ENDEAVOUR SIEHT, IST...

Chicago! ♥

KOMISCH, ABER EIGENTLICH HAT SIE IMMER GEWUSST, DASS SIE EINMAL HIER ANKOMMEN WÜRDE.

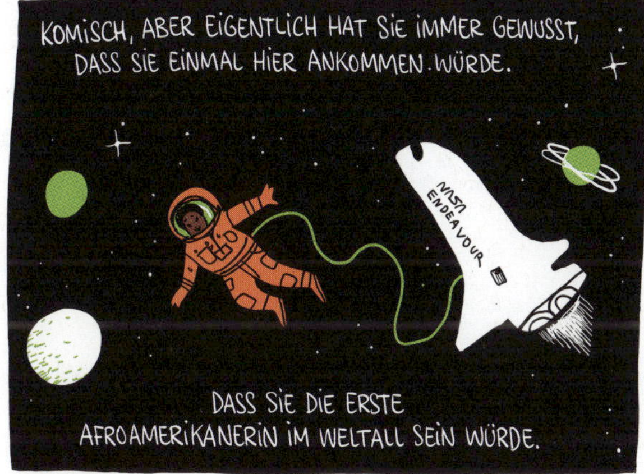

DASS SIE DIE ERSTE AFROAMERIKANERIN IM WELTALL SEIN WÜRDE.

NACH SECHS JAHREN IN DER FORSCHUNG VERLÄSST MAE DIE NASA. ZURÜCK AUF DER ERDE WIRD SIE PROFESSORIN FÜR UMWELTSTUDIEN.

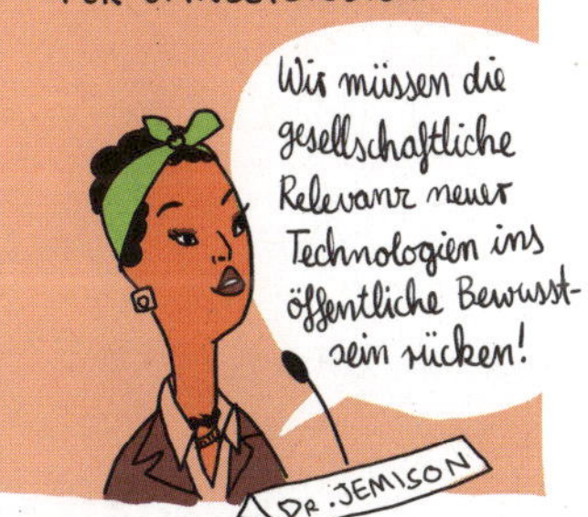

FÜR JUGENDLICHE ZWISCHEN 12 UND 16 JAHREN RICHTET SIE NATURWISSENSCHAFTLICHE SOMMERCAMPS EIN.

THE EARTH WE SHARE SUMMER CAMP

EINES TAGES BESUCHT SIE EINE STAR-TREK-CONVENTION.

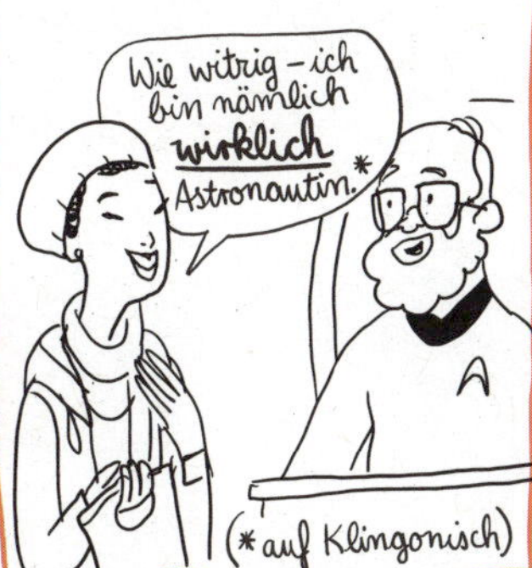

DIESE BEGEGNUNG FÜHRT DAZU, DASS MAE JEMISON DIE ERSTE ECHTE ASTRONAUTIN WIRD, DIE EINEN KURZEN AUFTRITT IN EINER „STAR TREK"-FOLGE HAT.

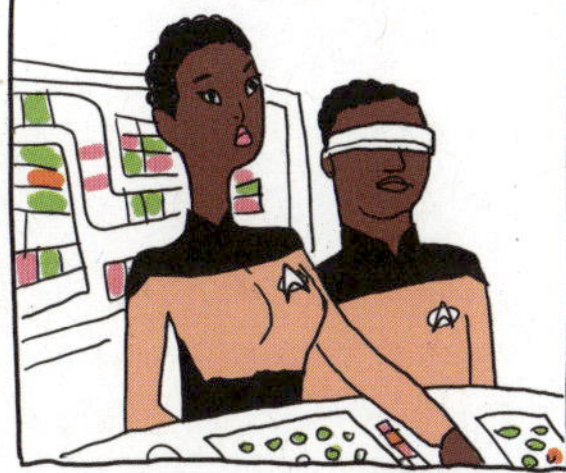

Pénélope *

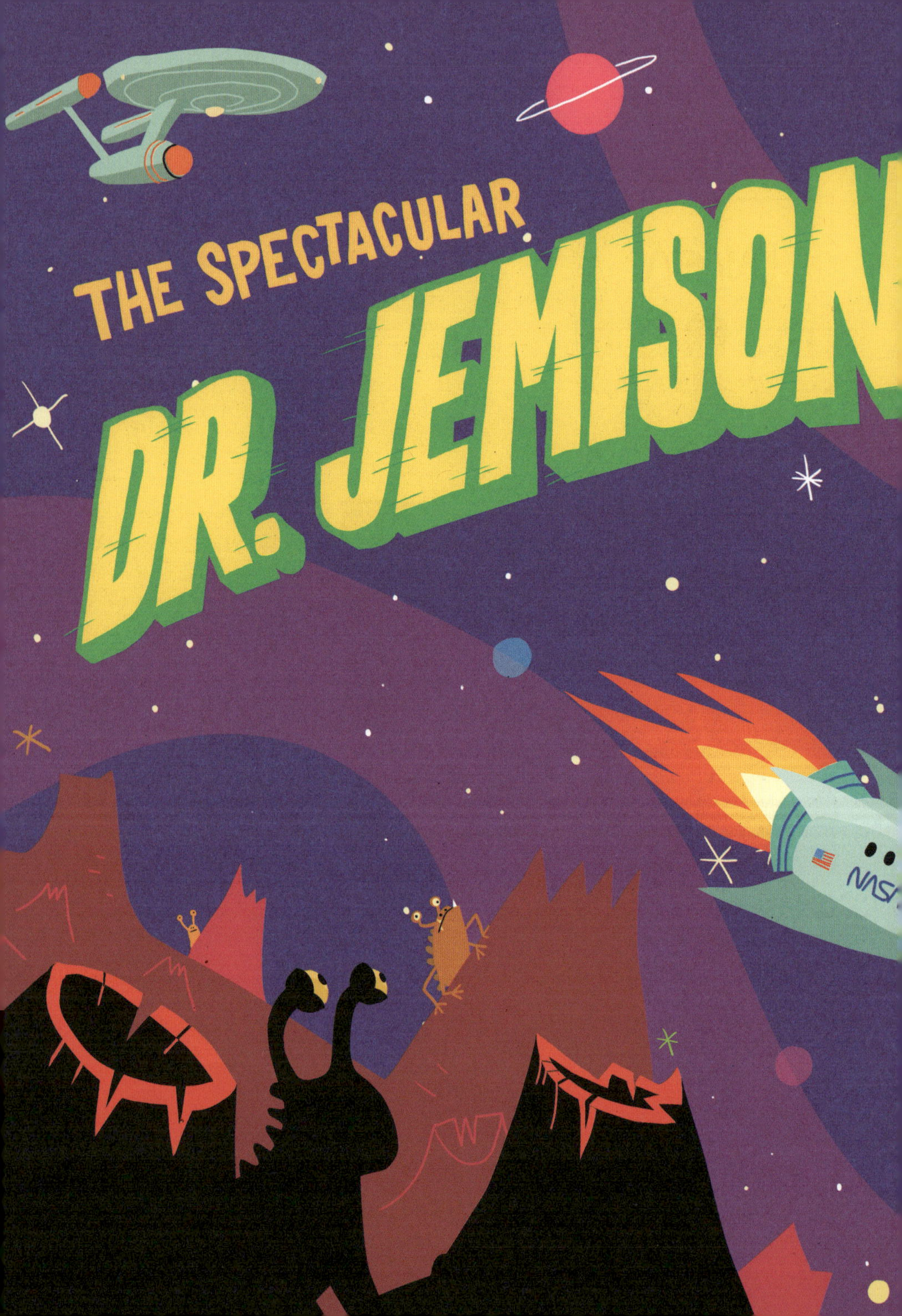
THE SPECTACULAR
DR. JEMISON
NASA

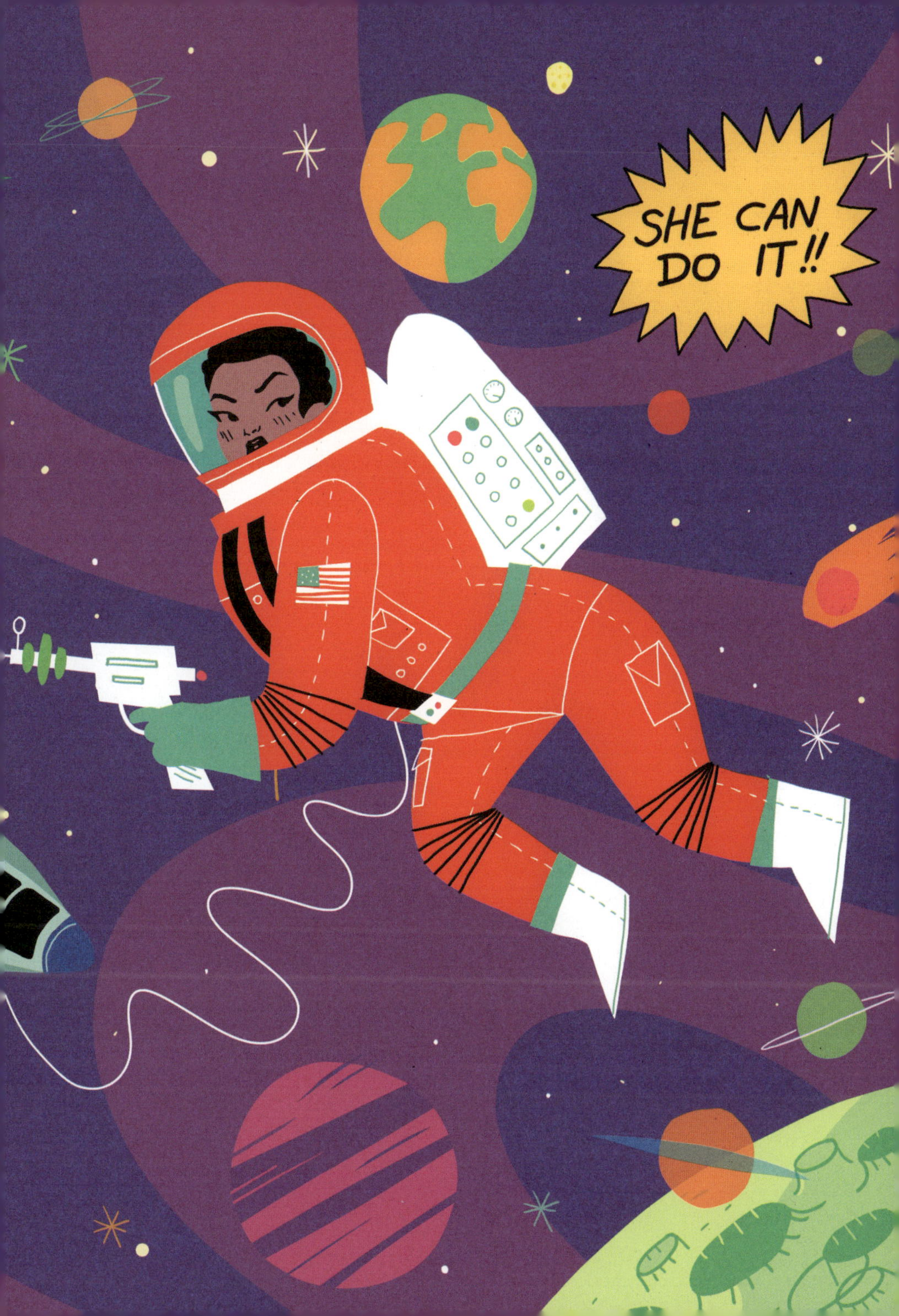
SHE CAN DO IT!!

Peggy Guggenheim

Kunstsammlerin

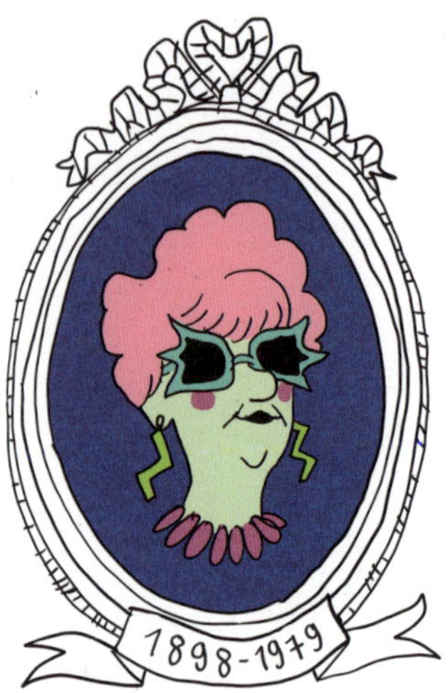

MARGUERITE WÄCHST IN EINEM NOBLEN TEIL VON MANHATTAN AUF. SIE STAMMT VON ZWEI DER REICHSTEN JÜDISCHEN FAMILIEN DER USA AB (DIE SICH GEGENSEITIG VERACHTEN).

Neureiche!

SIE IST ZIEMLICH FRÜHREIF UND VERSTEHT SCHNELL, WIE DIE ERWACHSENEN TICKEN.

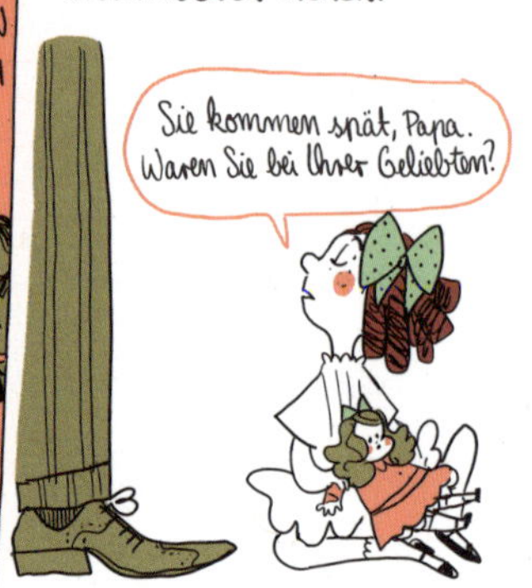

EINER SEINER MÄTRESSEN ÜBERLÄSST IHR VATER AUF DER SINKENDEN TITANIC SEINE RETTUNGSWESTE.

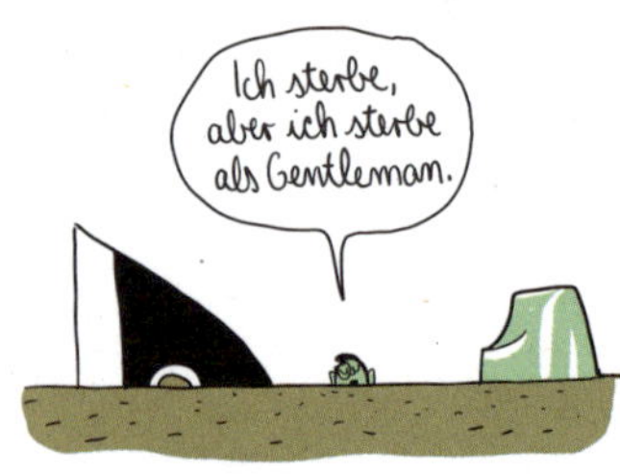

PEGGY IST UNTRÖSTLICH UND WIRD IHR LEBEN LANG NACH EINEM ERSATZVATER SUCHEN.

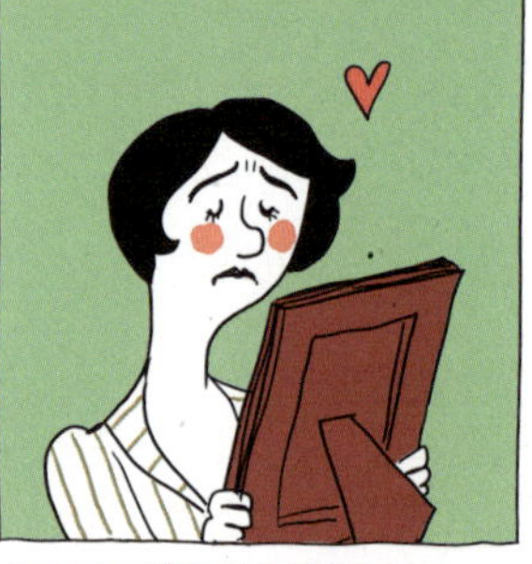

KAUM IST IHR VATER NICHT MEHR, WENDEN SICH IHRE ONKEL VON PEGGYS FAMILIE AB.

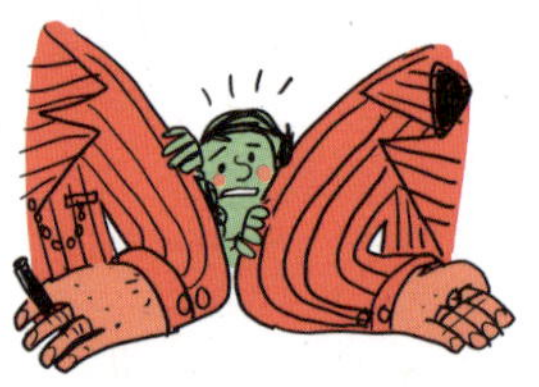

DEN KOMPLEX, KEINE „ECHTE" GUGGENHEIM ZU SEIN, WIRD SIE IHR LEBEN LANG NICHT LOS.

AUSSERDEM FINDET PEGGY SICH HÄSSLICH.

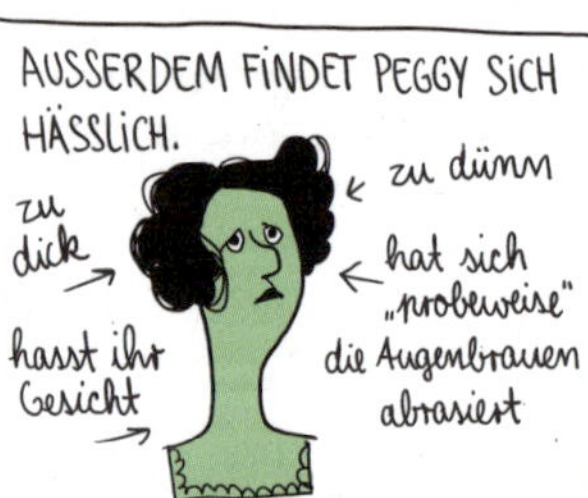

SIE LÄSST SICH DIE NASE OPERIEREN. DAS ERGEBNIS IST KATASTROPHAL, SIE VERSTECKT SICH WOCHENLANG.

SIE WILL ARBEITEN GEHEN, AUCH WEIL IHR PRIVILEGIERTES LEBEN SIE LANGWEILT.

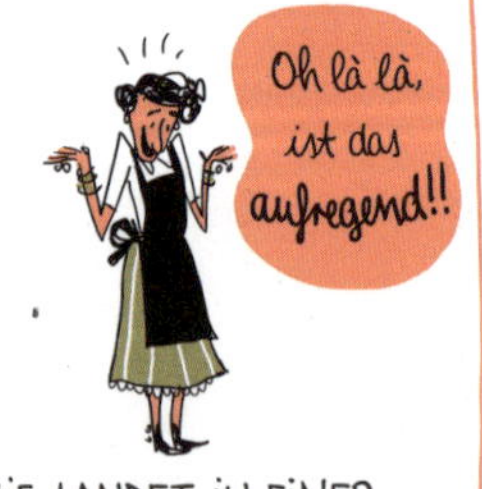

SIE LANDET IN EINER AVANTGARDE-BUCHHANDLUNG IN PARIS.

SIE ERKUNDET DIE GALERIEN FÜR MODERNE KUNST (UND DREHT JEDES BILD VIERMAL UM, EHE SIE VERSTEHT, WIE MAN ES ANSCHAUEN MUSS).

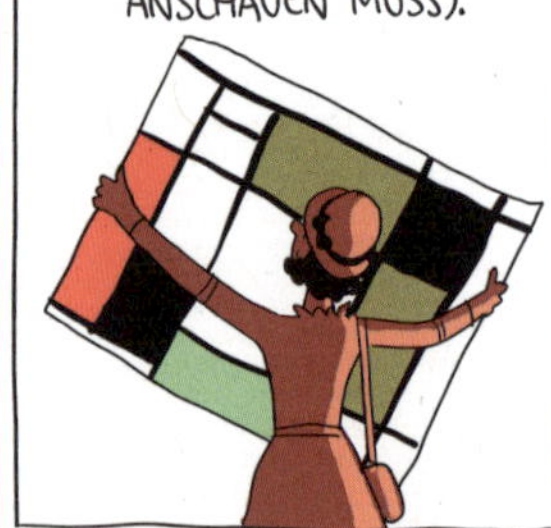

SIE LERNT ALLE KÜNSTLER UND SCHRIFTSTELLER IHRER ZEIT KENNEN: PICASSO, MAN RAY, DUCHAMP... UND LAURENCE VAIL, IN DEN SIE SICH VERLIEBT.

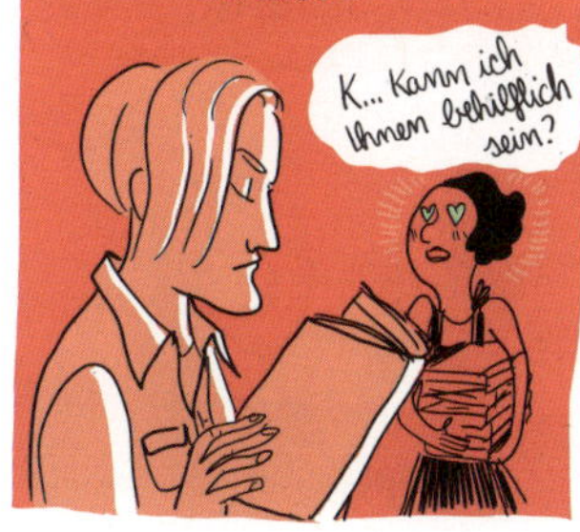

SIE IST FASZINIERT VON DEN EROTISCHEN FRESKEN IN POMPEJI, ABER ALLE MÄNNER IN IHREM UMFELD HABEN ZU VIEL RESPEKT VOR IHR, UM MIT IHR INS BETT ZU GEHEN.

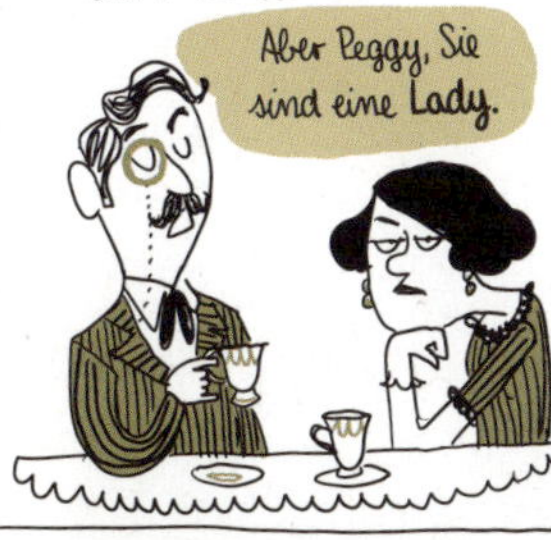

SCHLIESSLICH BEFRIEDIGT LAURENCE VAIL IHRE NEUGIER (UND HEIRATET SIE).

Peggy hängt sehr an ihrem Namen und wird Madame Guggenheim-Vail.

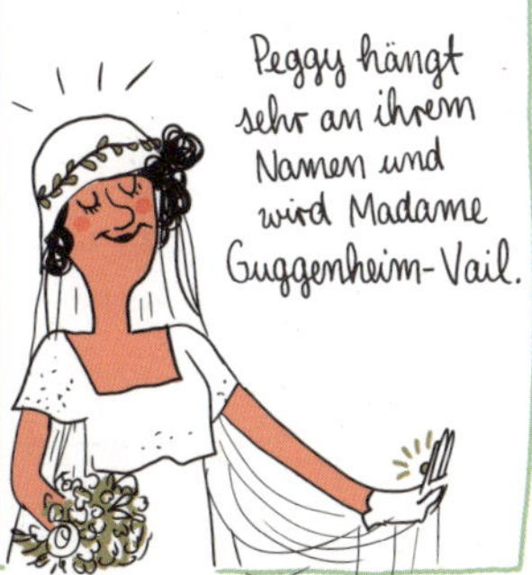

DOCH DIE EHE LANGWEILT SIE BALD (OBWOHL SIE STÄNDIG AUF REISEN SIND UND SEHR OFT MIT DEN MALERN FEIERN).

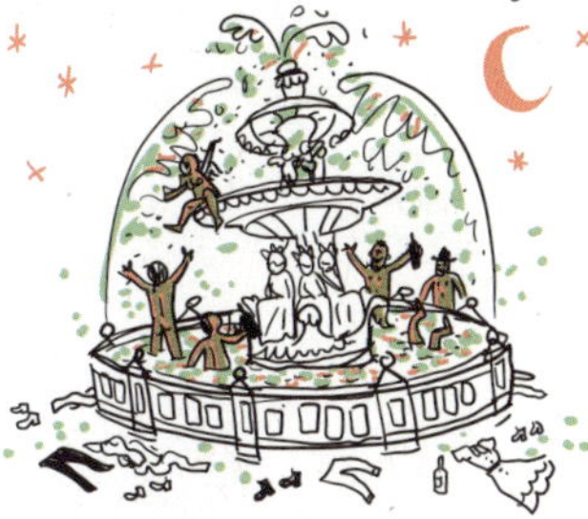

IM GRUNDE IST PEGGY ABER DER ÜBERZEUGUNG, DASS IHR MANN VIEL ZU SCHÖN UND BRILLANT FÜR SIE IST. AUSSERDEM IST ER GEWALTTÄTIG UND SPIELT MIT IHREN MINDERWERTIGKEITSKOMPLEXEN.

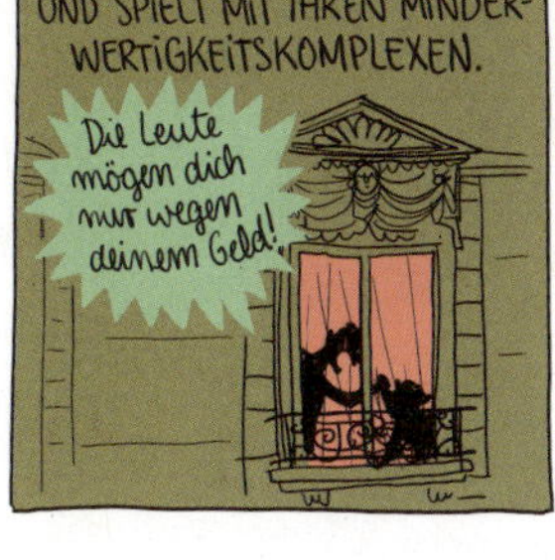

IN WAHRHEIT SCHÄTZEN DIE MALER PEGGY, WEIL SIE GERADEZU **VERLIEBT** SCHEINT IN DIE KUNST.

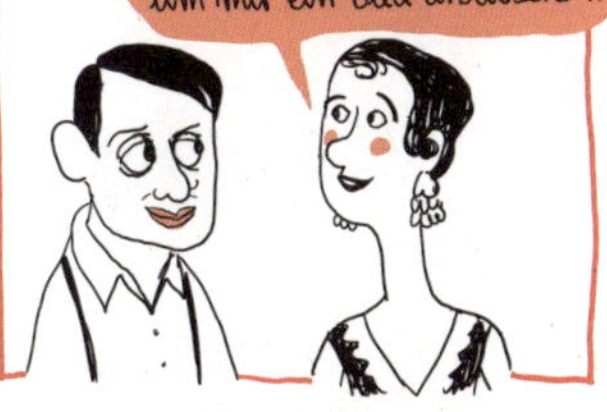

AUCH WENN SIE SELBST KEINE KUNST MACHT, ERMUTIGT SIE ANDERE DAZU, WO IMMER SIE KANN.

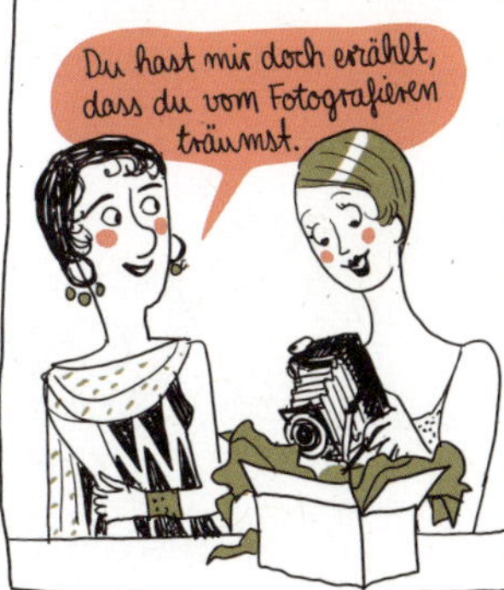

ETLICHE KÜNSTLER VERSUCHEN, IHR GELD ABZUSCHWATZEN, ABER PEGGY HAT KLARE KRITERIEN:

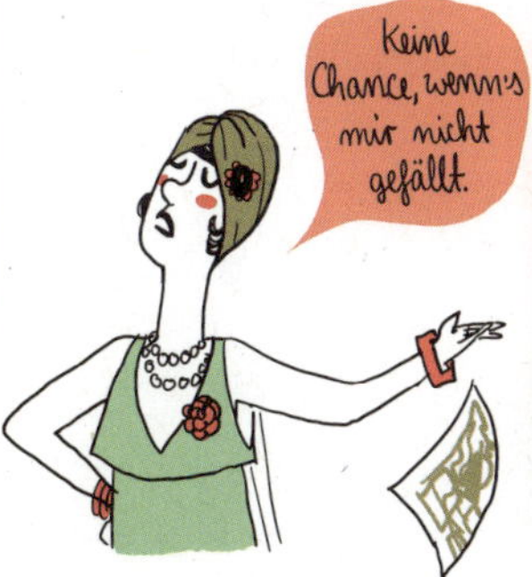

SIE REIST NACH VENEDIG UND IST VERZAUBERT. UND SIE MERKT ZUM ERSTEN MAL, DASS SIE GERN ALLEIN IST.

ZWISCHEN 1923 UND 1926 WERDEN LAURENCE UND PEGGY ELTERN VON SINDBAD UND PEGEEN.

NUN GEHT ES SCHLAG AUF SCHLAG: PEGGYS GELIEBTE SCHWESTER STIRBT IM KINDBETT, KURZ DARAUF VERUNGLÜCKEN IHRE BEIDEN NEFFEN – ES BRICHT IHR DAS HERZ.

Ihren Mann kümmert das alles nicht, er lässt sie heulen.

SIE VERLÄSST LAURENCE FÜR DEN LITERATURKRITIKER JOHN HOLMS, DER SIE FASZINIERT (UND ZIEMLICH TRINKFEST IST).

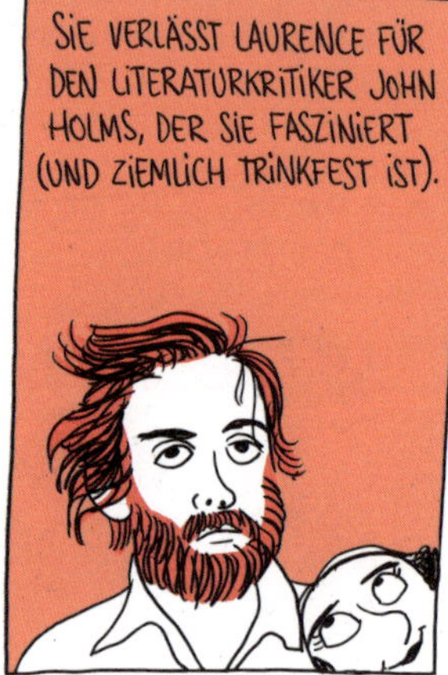

LAURENCE SAMT NEUER FRAU LÄSST SIE EINE PENSION ZUKOMMEN (HEIMLICH, UM IHN NICHT ZU DEMÜTIGEN). DIE KINDER SIND IN EINEM SCHWEIZER INTERNAT. SIE SIND VERZOGEN UND HASSEN ALLES UND JEDEN.

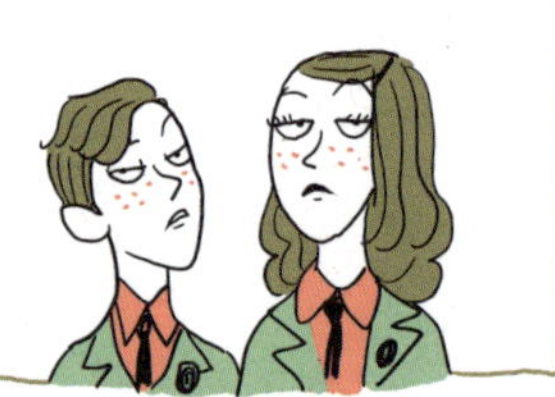

JOHN STIRBT BEI EINER OP UNTER DER NARKOSE (ER WAR BETRUNKEN). PEGGY WEINT SICH AN DER SCHULTER NEUER LIEBHABER AUS...

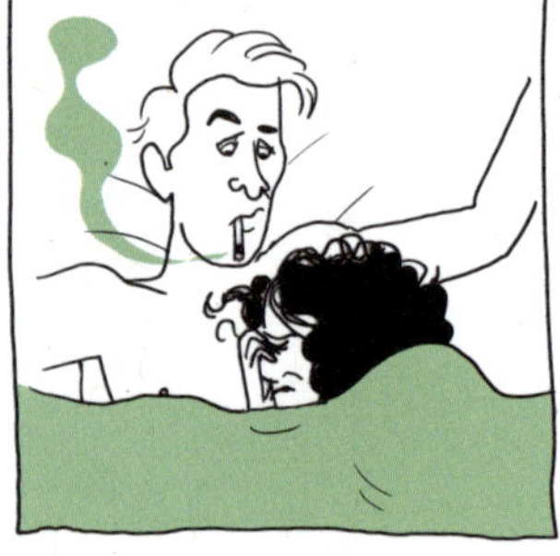

...AN DENEN ES IHR NICHT FEHLT: SIE HAT AFFÄREN MIT DEN MEISTEN MALERN AUS IHREM BEKANNTENKREIS. VON IHNEN IST SIE WIE HYPNOTISIERT – VOR ALLEM, WENN SIE SCHÖN SIND.

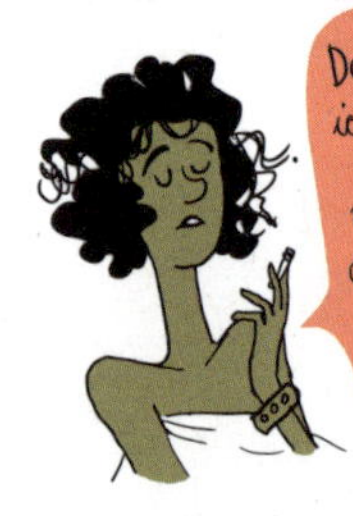

SIE LIEBT DIE KUNST UND DIE KÜNSTLER. INTUITIV. KÖRPERLICH.

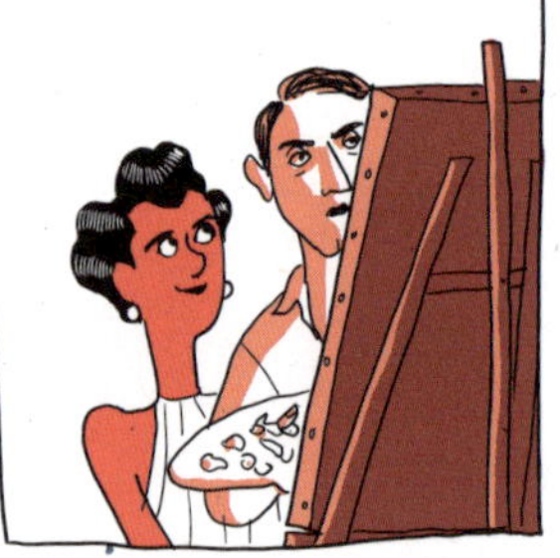

(WAS IHRE URTEILSFÄHIGKEIT JEDOCH NICHT MINDERT.)

Aber Obacht! Ich liebe Dalís Bilder, aber er selbst ist unausstehlich!

ALS IHRE MUTTER STIRBT, FÜHLT PEGGY SICH VÖLLIG VERLOREN. SEIT 15 JAHREN STECKT SIE NUN IN DER ROLLE DER EHEFRAU.

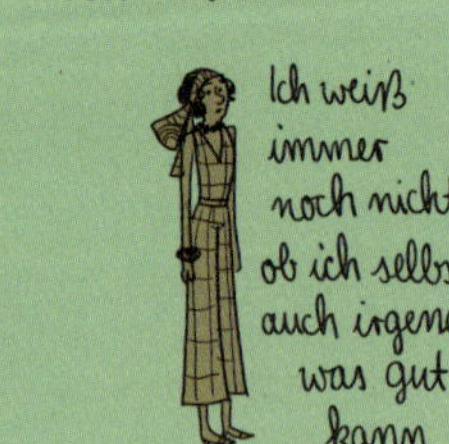

SIE BESCHLIESST, WENIGSTENS IHR GELD IN ETWAS ZU INVESTIEREN, WOFÜR SIE BRENNT: EINE GALERIE IN LONDON.

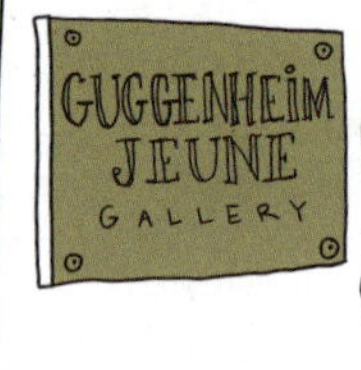

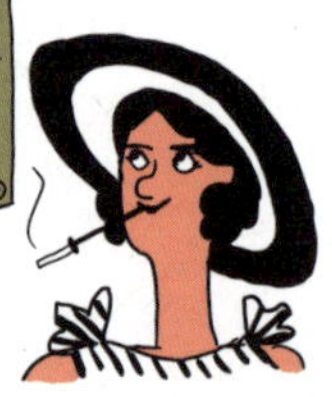

IHR FREUND MARCEL DUCHAMP BRINGT IHR DEN SURREALISMUS UND DIE ABSTRAKTE KUNST NAHE, DIE PLASTIKEN VON HANS ARP UND COCTEAUS BILDER.

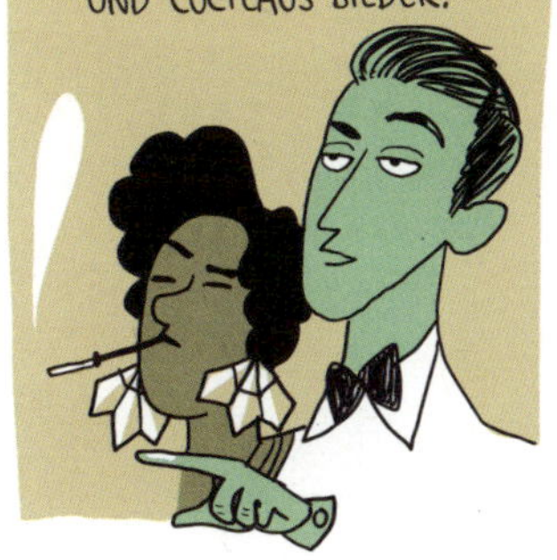

(UND ER STELLT IHR SAMUEL BECKETT VOR, DER GENAU IHR TYP IST.)

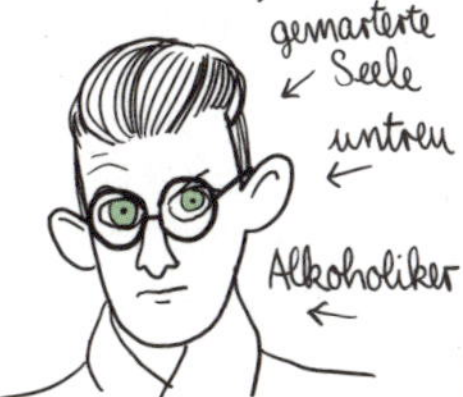

SIE STÜRZEN SICH IN EINE WILDE AFFÄRE...

IN IHRER ERSTEN AUSSTELLUNG WILL PEGGY MODERNE KUNST AUS FRANKREICH ZEIGEN. ABER DER ZOLL LÄSST DIE WERKE NICHT ALS KUNST DURCHGEHEN.

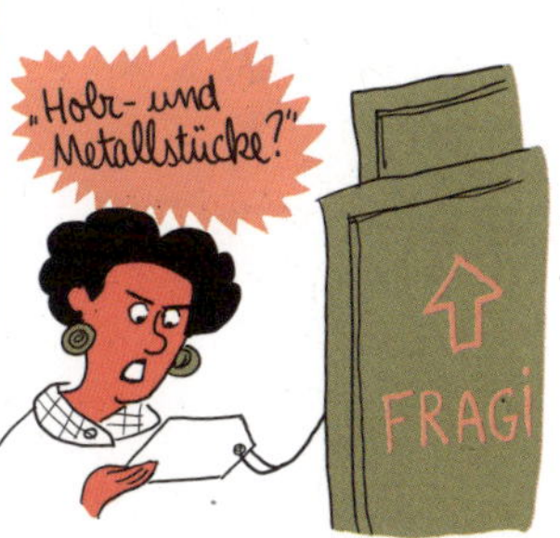

SIE STELLT DIE FREUNDE VON FREUNDEN AUS: CALDER, TANGUY, KANDINSKY...

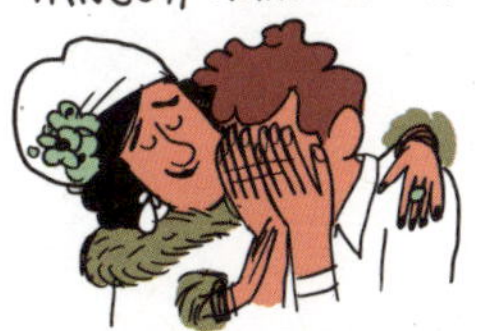

... UND MACHT ES SICH ZUR GEWOHNHEIT, SELBST EINES DER WERKE ZU ERSTEHEN, DAMIT DIE KÜNSTLER NICHT ENTTÄUSCHT SIND, WENN SIE NICHTS VERKAUFEN.

UND SO KAUFT PEGGY NACH UND NACH DIE GRÖSSTE KUNSTSAMMLUNG DES 20. JAHRHUNDERTS ZUSAMMEN.

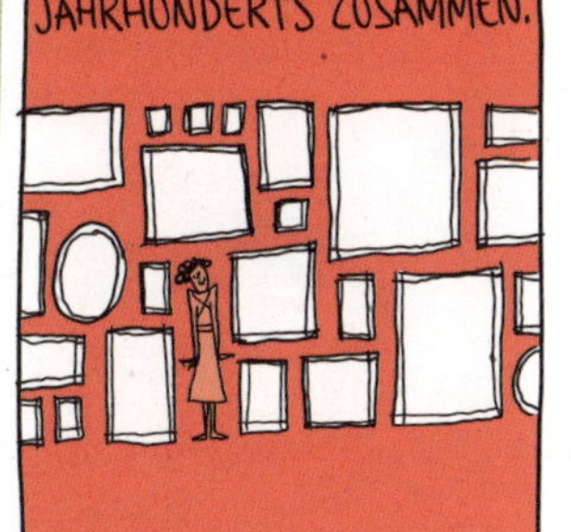

IN NEW YORK SAMMELT IHR ONKEL EBENFALLS MEISTERWERKE FÜR SEINE STIFTUNG.

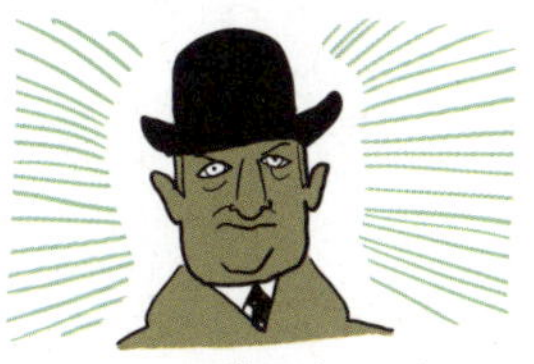

PEGGY SCHLÄGT IHM VOR, EINIGE IHRER AVANTGARDISTISCHEN WERKE ZU KAUFEN.

SIE ERHÄLT EINE SCHRIFTLICHE ANTWORT SEINER SEKRETÄRIN:

Liebe Madame,

1.) ist das keine Kunst, und

2.) sterbe ich lieber, als etwas aus Ihrer Galerie zu kaufen.

Mit freundlichen Grüßen.

PS: Hören Sie auf, unseren Familiennamen in den Schmutz zu ziehen.

SIE STELLT AUCH KINDERZEICHNUNGEN AUS, VOR ALLEM VON IHRER TOCHTER PEGEEN, DIE LIEBEND GERN MALT.

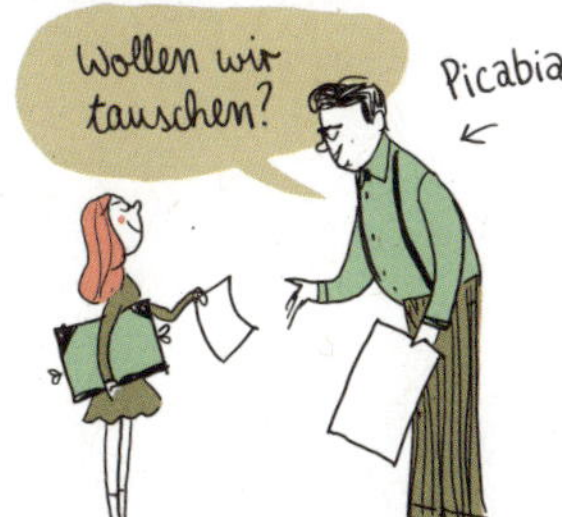

IN FRANKREICH GRÜNDET SIE EINE KÜNSTLERKOLONIE, WO SIE IHRE MALER DURCHFÜTTERT – IM GEGENZUG BEKOMMT SIE AB UND AN EIN BILD VON IHNEN.

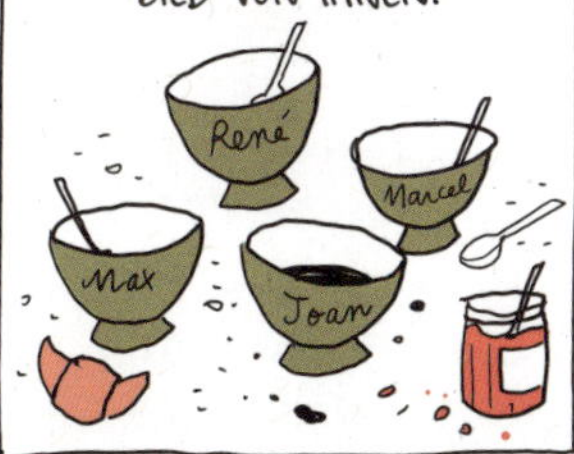

NORMALERWEISE SCHLÄFT SIE AUCH MIT IHNEN.

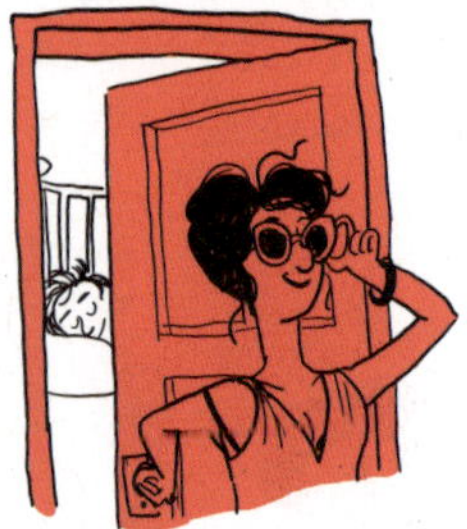

(WAS SIE NICHT DAVON ABHÄLT, AUCH DEREN FRAUEN MIT AUSZUHALTEN).

DIE MODERNEN KÜNSTLER NAGEN DAMALS AM HUNGERTUCH. PEGGY KLAPPERT DIE PARISER ATELIERS AB UND KAUFT EIN:

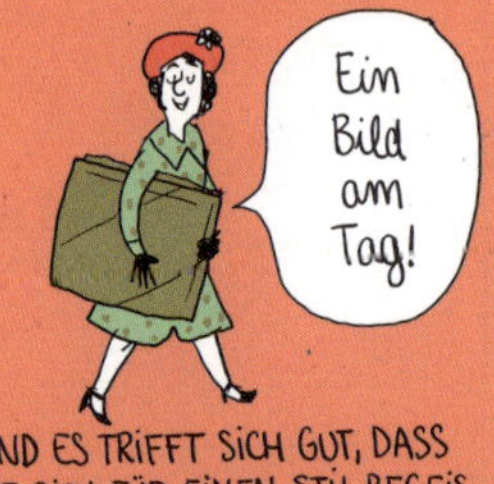

UND ES TRIFFT SICH GUT, DASS SIE SICH FÜR EINEN STIL BEGEISTERT, DER SONST NIEMANDEN INTERESSIERT: DER KUBISMUS.

DANN FALLEN DIE NAZIS IN PARIS EIN. PEGGY IST JÜDIN UND SIE HAT KINDER – DESHALB HAT SIE NUR **EINE** SORGE:

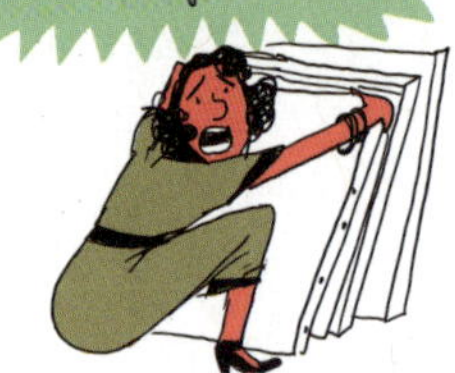

SIE ERFÄHRT, DASS DER LOUVRE ÜBER EIN VERSTECK VERFÜGT, UM SEINE WERKE ZU SCHÜTZEN.

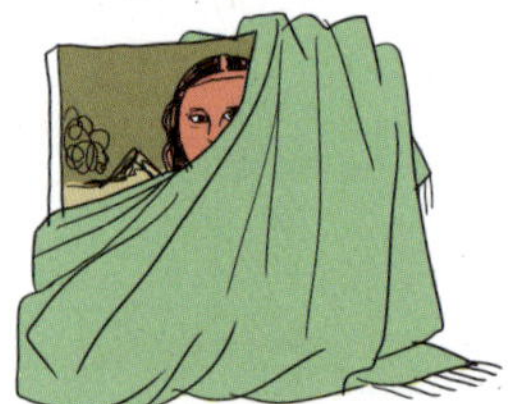

SIE HOFFT, DASS IHRE BILDER IM AUSLAND IN SICHERHEIT GEBRACHT WERDEN.

DOCH DER LOUVRE TEILT IHR MIT, IHRE SAMMLUNG SEI „NICHT SCHÜTZENSWERT".

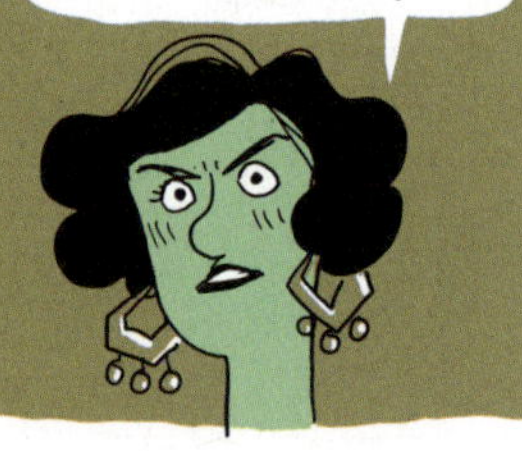

MITSAMT IHREN KINDERN, KATZEN UND KUNSTWERKEN BRICHT SIE AUF NACH AMERIKA.

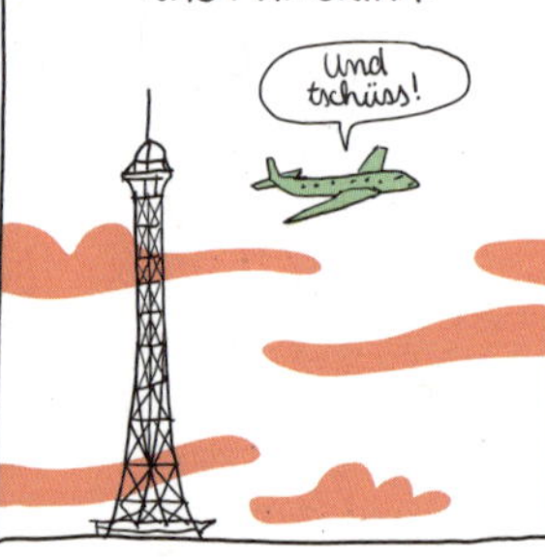

NATÜRLICH HAT SIE SICH ZUVOR NOCH UM MASSENWEISE VISA FÜR „IHRE" SURREALISTEN GEKÜMMERT.

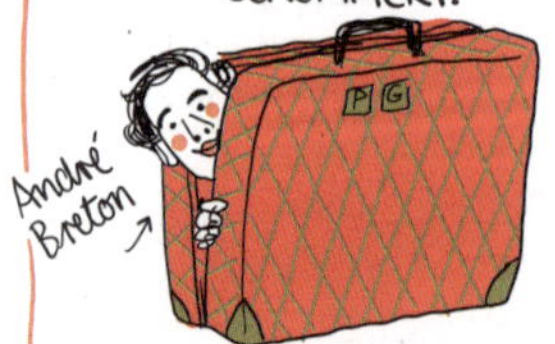

EIN PAAR REISEN SOGAR GLEICH MIT (NATÜRLICH SAMT KIND UND KEGEL).

IN NEW YORK BRINGT SIE SIE UNTER, UNTERSTÜTZT SIE FINANZIELL UND FÜHRT SIE IN DAS GUGGENHEIM-NETZWERK EIN.

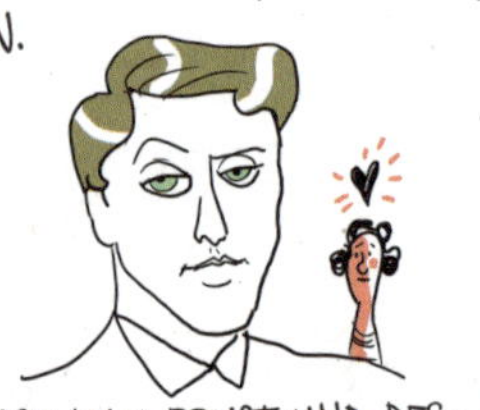

AUCH MAX ERNST UND DESSEN GELIEBTE – OBWOHL PEGGY VERRÜCKT NACH IHM IST.

SCHLIESSLICH WILLIGT ER EIN, SIE ZU HEIRATEN (UM NICHT ABGESCHOBEN ZU WERDEN).

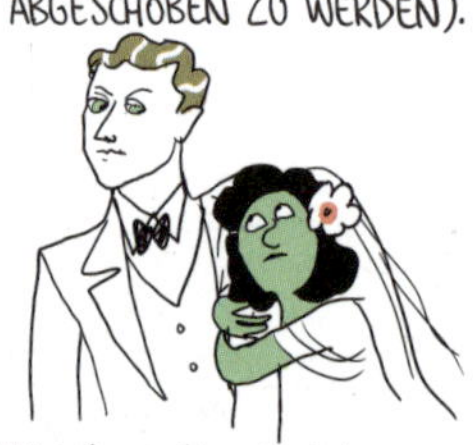

PEGGY LEIDET: SIE WILL SEINE MUSE SEIN, ABER ER MALT SIE KEIN EINZIGES MAL, BETRÜGT SIE IN EINER TOUR UND ERZÄHLT ÜBERALL HERUM, ES GINGE IHM NUR UM IHR GELD.

SIE TRÖSTET SICH DAMIT, IHRE SAMMLUNG AUFZUSTOCKEN: DIE MODERNE KUNST IST AUS EUROPA GEFLÜCHTET UND GEHÖRT INZWISCHEN EINER HANDVOLL NEW YORKERN.

ZWANGHAFT KAUFT SIE ALLES, WAS IHR GEFÄLLT.

1942 ERÖFFNET SIE IHRE GALERIE IN MANHATTAN: ART OF THIS CENTURY.

ZUR ERÖFFNUNG TRÄGT SIE ZWEI VERSCHIEDENE OHRRINGE, DIE TANGUY UND CALDER EIGENS FÜR SIE GESTALTET HABEN.

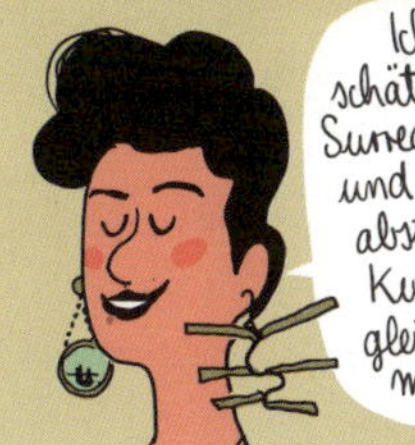

DIE WÄNDE DER GALERIE SIND GESCHWUNGEN. DIE WERKE HÄNGEN AN VERSTELLBAREN WANDHALTERUNGEN. PEGGY WILL DEN BESUCHERN EIN AUSGEFALLENES ERLEBNIS BIETEN.

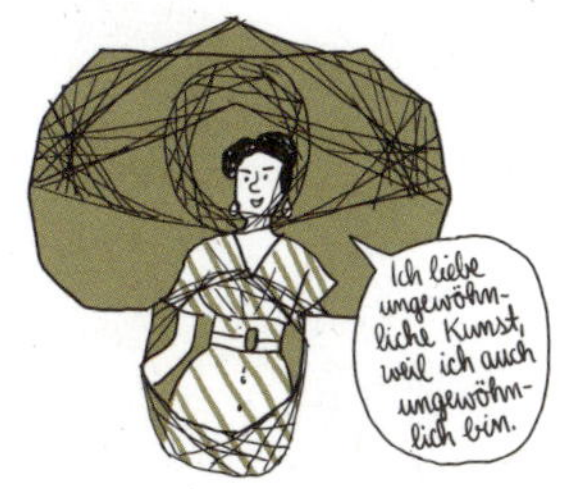

ERNST BEHAUPTET, SIE SEI LANGWEILIG UND VULGÄR, SEIT SIE DIE GALERIE HABE.

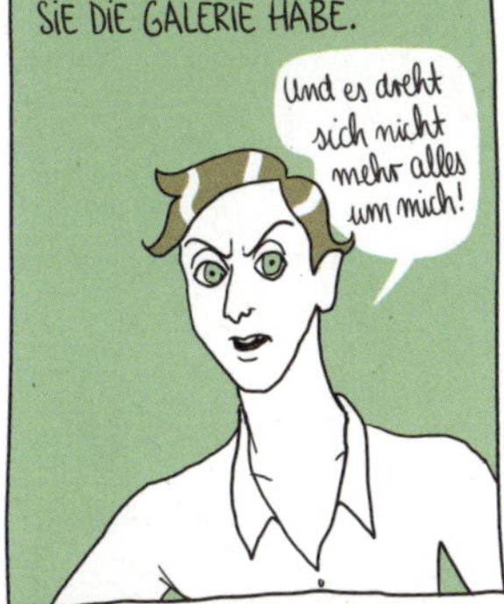

PEGGY ORGANISIERT EINE AUSSTELLUNG VON 31 MALERINNEN, DARUNTER DIE SCHÖNE DOROTHEA TANNING.

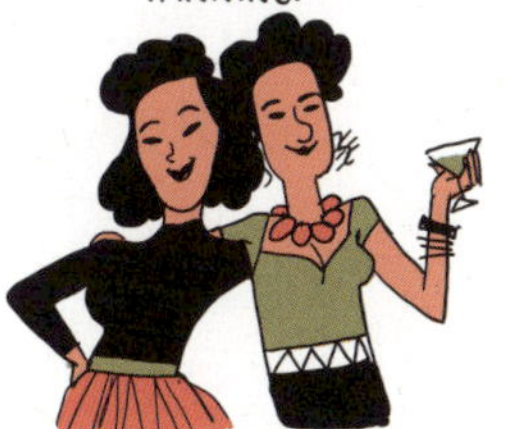

MIT IHR BRENNT MAX ERNST DURCH.

PEGGYS TOCHTER IST SEHR LABIL. OFT SUCHT SIE ZUFLUCHT BEI IHRER MUTTER, OBWOHL DIE BEIDEN EIN SCHWIERIGES VERHÄLTNIS HABEN.

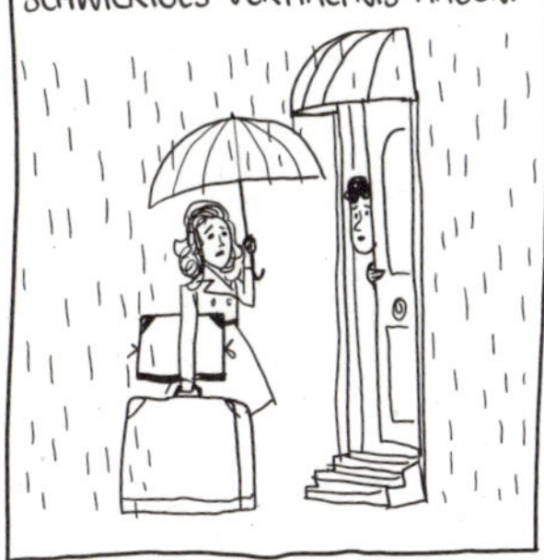

ABER PEGEEN IST AUCH SEHR HELLSICHTIG:

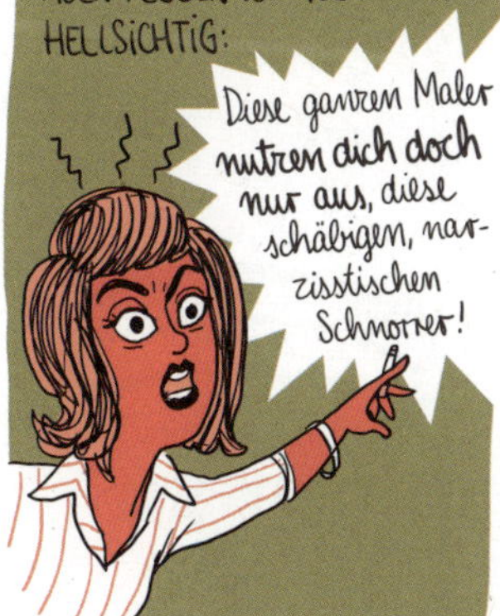

PEGGY HEGT UND PFLEGT DIE KÜNSTLER WIE KLEINE KÜKEN. SIE ENTDECKT DIE ARBEIT EINES TISCHLERS, DER IM ZUKÜNFTIGEN MUSEUM IHRES ONKELS ARBEITET.

Wie heißt du?

Jackson Pollock.

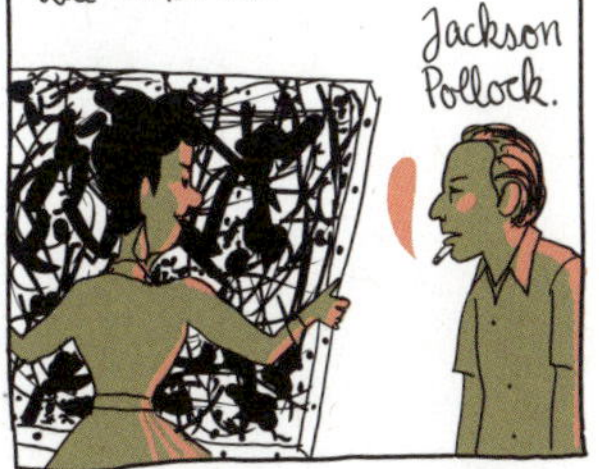

SIE STELLT IHN AUS, SPORNT IHN AN, ZAHLT IHM EIN GEHALT UND UNTERSTÜTZT IHN, AUCH WENN ER SICH UNMÖGLICH AUFFÜHRT (UND SICH AUF SEINEN EIGENEN VERNISSAGEN ÜBERGIBT).

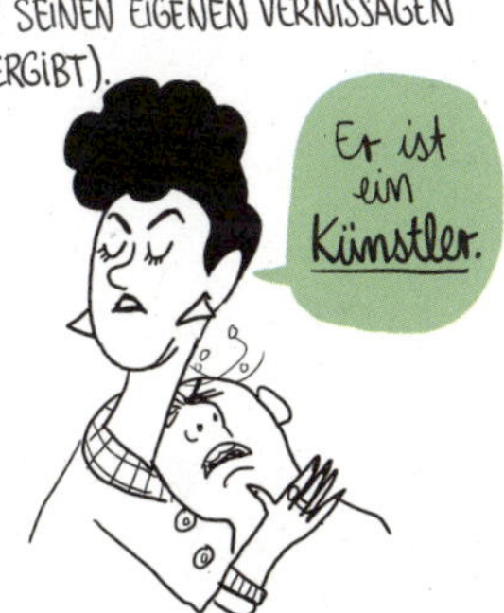

POLLOCK VERKAUFT SICH IMMER BESSER. PEGGY FÜHLT SICH IN AMERIKA NICHT MEHR GEBRAUCHT. SIE WILL WIEDER NACH EUROPA.

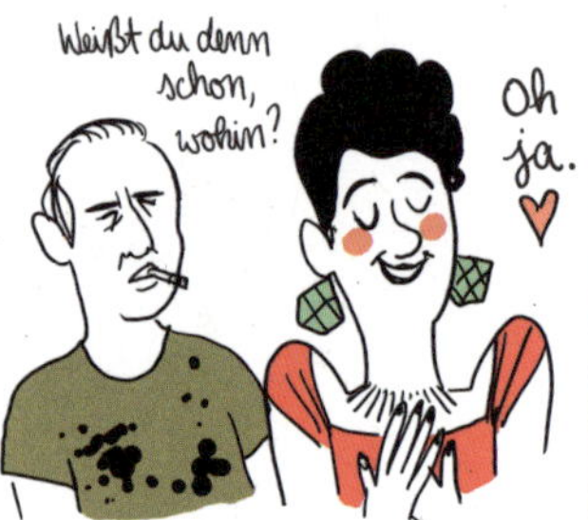

AUF DER BIENNALE IN VENEDIG STELLT SIE IHRE SAMMLUNG VOR. ES WIRD EIN GROSSER ERFOLG.

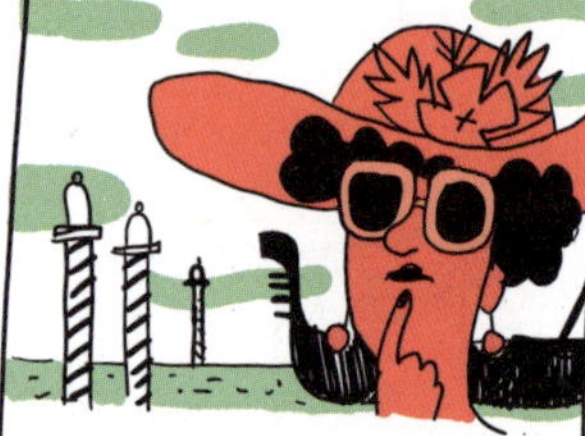

DOCH ALS DIE SCHAU VORBEI IST, STELLT SICH DIE FRAGE: WOHIN MIT DEN BILDERN UND SKULPTUREN?

PEGGY KAUFT EINEN PALAZZO AM CANALE GRANDE UND LÄSST SICH DORT MIT IHREN SCHÄTZEN NIEDER.

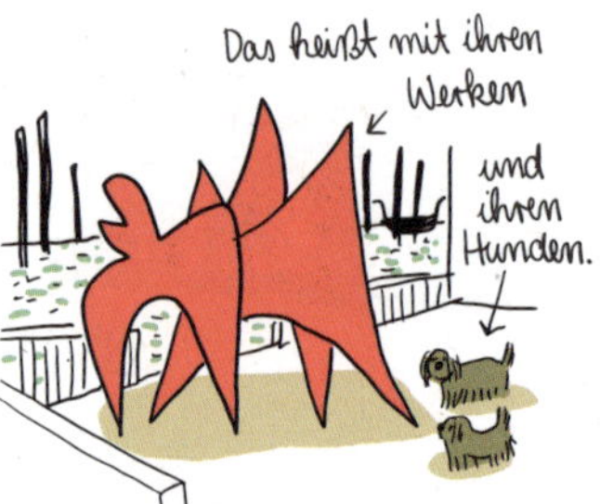

IM EINGANGSBEREICH STEHT „DER ENGEL DER STADT" VON MARINI.

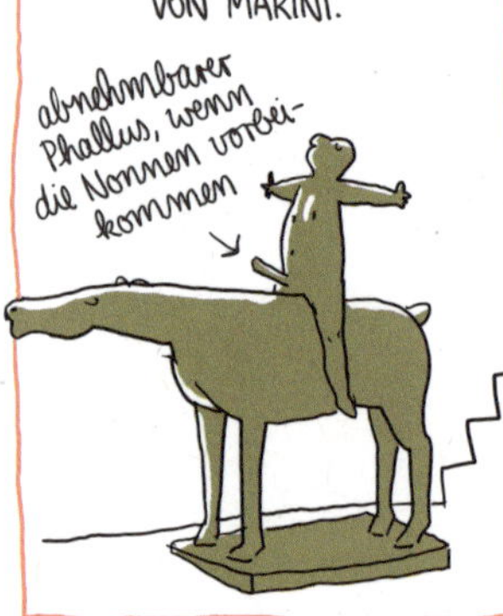

1952 ERÖFFNET SIE IN IHREM PALAST IHR EIGENES MUSEUM.

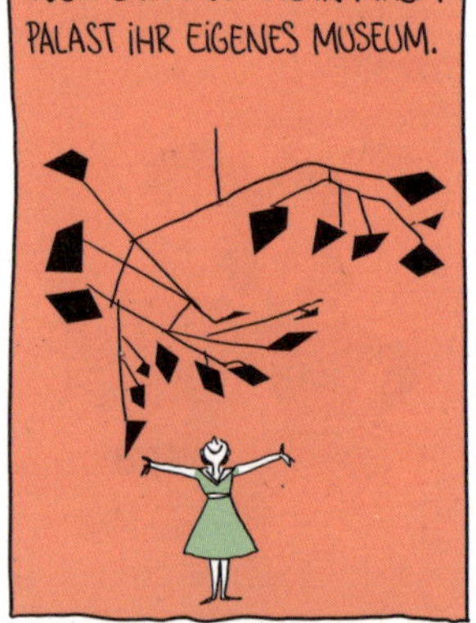

ALLES IST ÖFFENTLICH ZUGÄNGLICH, SOGAR IHR SCHLAFZIMMER – DAS KOPFTEIL DES BETTES HAT CALDER ENTWORFEN.

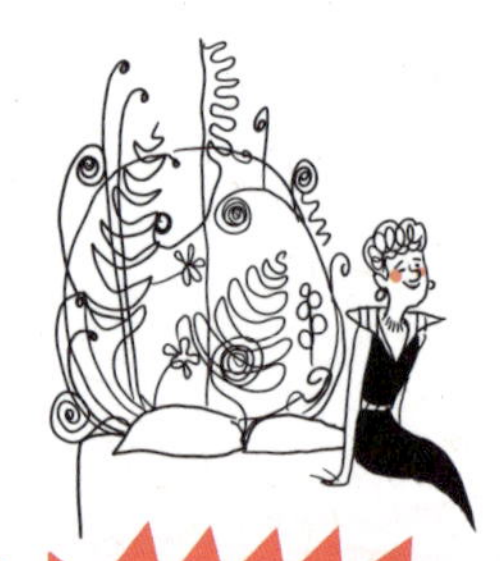

NUN WILL ALLE WELT IHRE ERSTAUNLICHE SAMMLUNG AUSSTELLEN: SIE VERLEIHT SIE AN DIE TATE LONDON, AN DIE PARISER ORANGERIE...

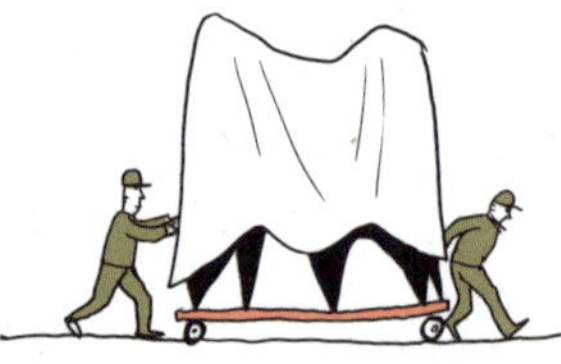

... UND SOGAR DIE STIFTUNG IHRES ONKELS FRAGT AN...

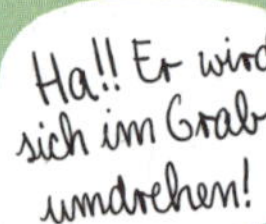

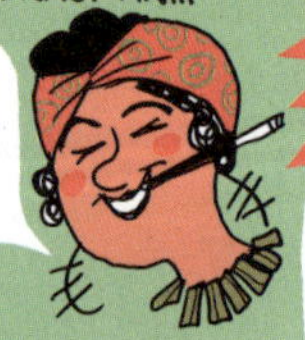

... FÜR DAS BRANDNEUE SOLOMON R. GUGGENHEIM MUSEUM AN DER FIFTH AVENUE. PEGGY REIST NACH NEW YORK.

Grässlich! Das sieht aus wie ein Parkhaus! Und die Auswahl taugt auch nichts! Mein Onkel hat sich nur für Kunst interessiert, die sich verkauft! Das war sein einziges Kriterium!

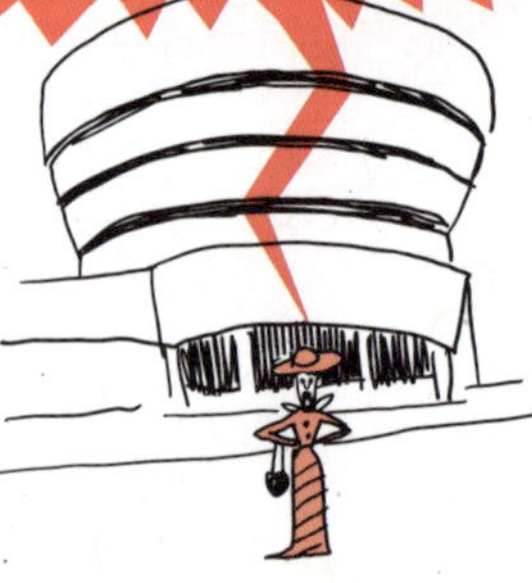

ÜBERHAUPT IST SIE SCHOCKIERT DARÜBER, WIE DER MARKT FÜR MODERNE KUNST SICH VERÄNDERT: KUNST ALS REINE INVESTITION, ZU UNVERSCHÄMTEN PREISEN, LIEB- UND GESCHMACKLOS.

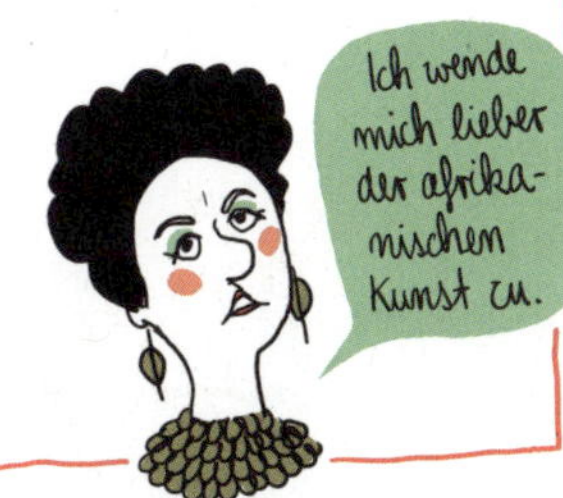

1965 BEGEHT PEGEEN SELBSTMORD. PEGGYS LEBEN STEHT STILL. SIE WIDMET IHRER TOCHTER EINEN SAAL IHRES MUSEUMS...

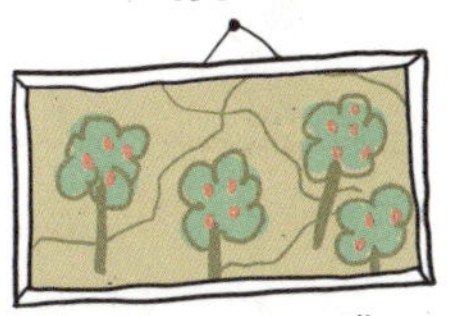

... WO SIE ALLES AUFHÄNGT, WAS PEGEEN GEMALT HAT, SEIT SIE ZEHN WAR.

IRGENDWANN WILLIGT SIE EIN, IHRE SAMMLUNG DER STIFTUNG IHRES VERSTORBENEN ONKELS ZU VERMACHEN, UNTER DER BEDINGUNG, DASS DAS PEGGY GUGGENHEIM MUSEUM IN VENEDIG VERBLEIBT UND ÖFFENTLICH ZUGÄNGLICH IST.

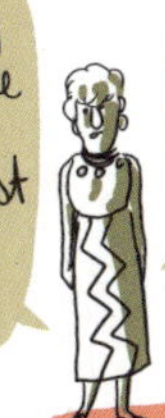

DEN GROSSTEIL IHRES VERMÖGENS STIFTET SIE, UM VENEDIG VOR DEM VERSINKEN ZU BEWAHREN.

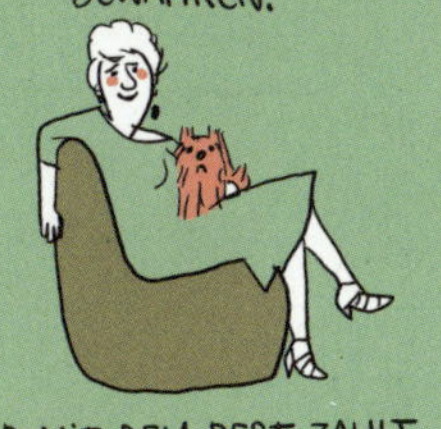

UND MIT DEM REST ZAHLT SIE DEN KÜNSTLERN EINE LEBENSRENTE.

IHREN LEBENSABEND VERBRINGT SIE DAMIT, GROSSE DINERS ZU GEBEN. ALL IHRE FREUNDE SIND SICH EINIG, DASS KOCHEN NICHT IHRE STÄRKE IST.

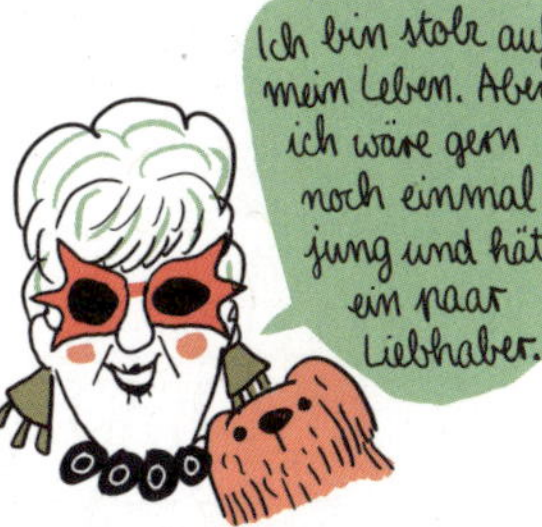

MIT 81 JAHREN WIRD PEGGY NEBEN IHREN 14 HUNDEN IM GARTEN IHRES WOHN-MUSEUMS BEERDIGT, UNTER EINEM BAUM, DEN IHRE FREUNDIN YOKO ONO GEPFLANZT HAT.

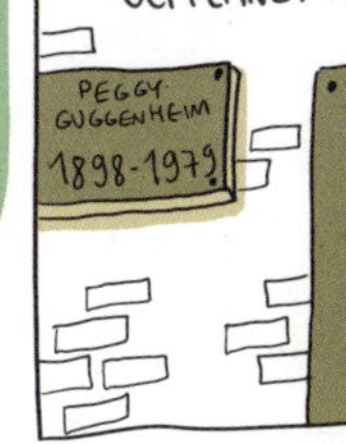

DAS EWIGE SCHWARZE SCHAF DER FAMILIE HATTE ALS AUTODIDAKTIN DEN MUT, IN EINER GNADENLOSEN MÄNNERWELT IHRER INTUITION ZU FOLGEN.

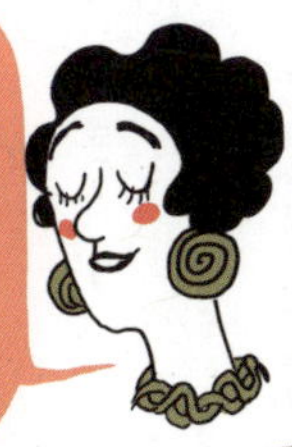

ALL IHR VERMÖGEN, IHRE ENERGIE UND LEIDENSCHAFT OPFERTE SIE DAFÜR, DIE KUNST ERLEBBAR UND ZUGÄNGLICH ZU MACHEN.

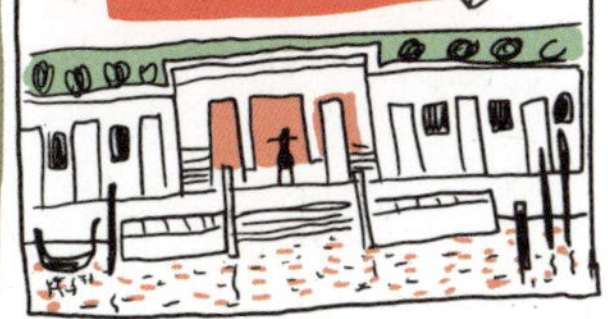

NIEMAND LIEBTE PEGGY SO, WIE SIE ES SICH GEWÜNSCHT HÄTTE. DOCH NIEMAND LIEBTE DIE MODERNE KUNST SO SEHR WIE SIE.

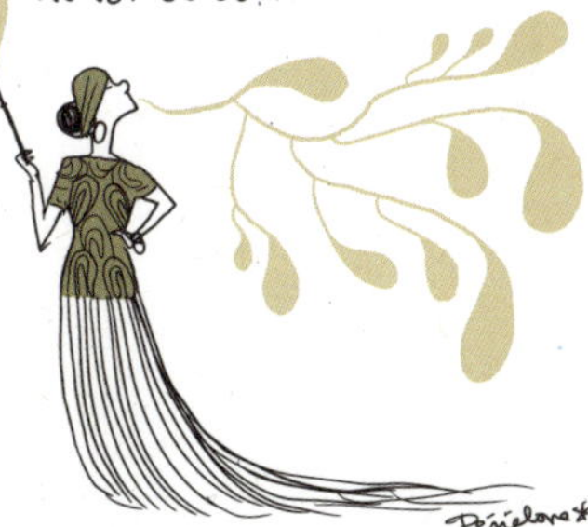

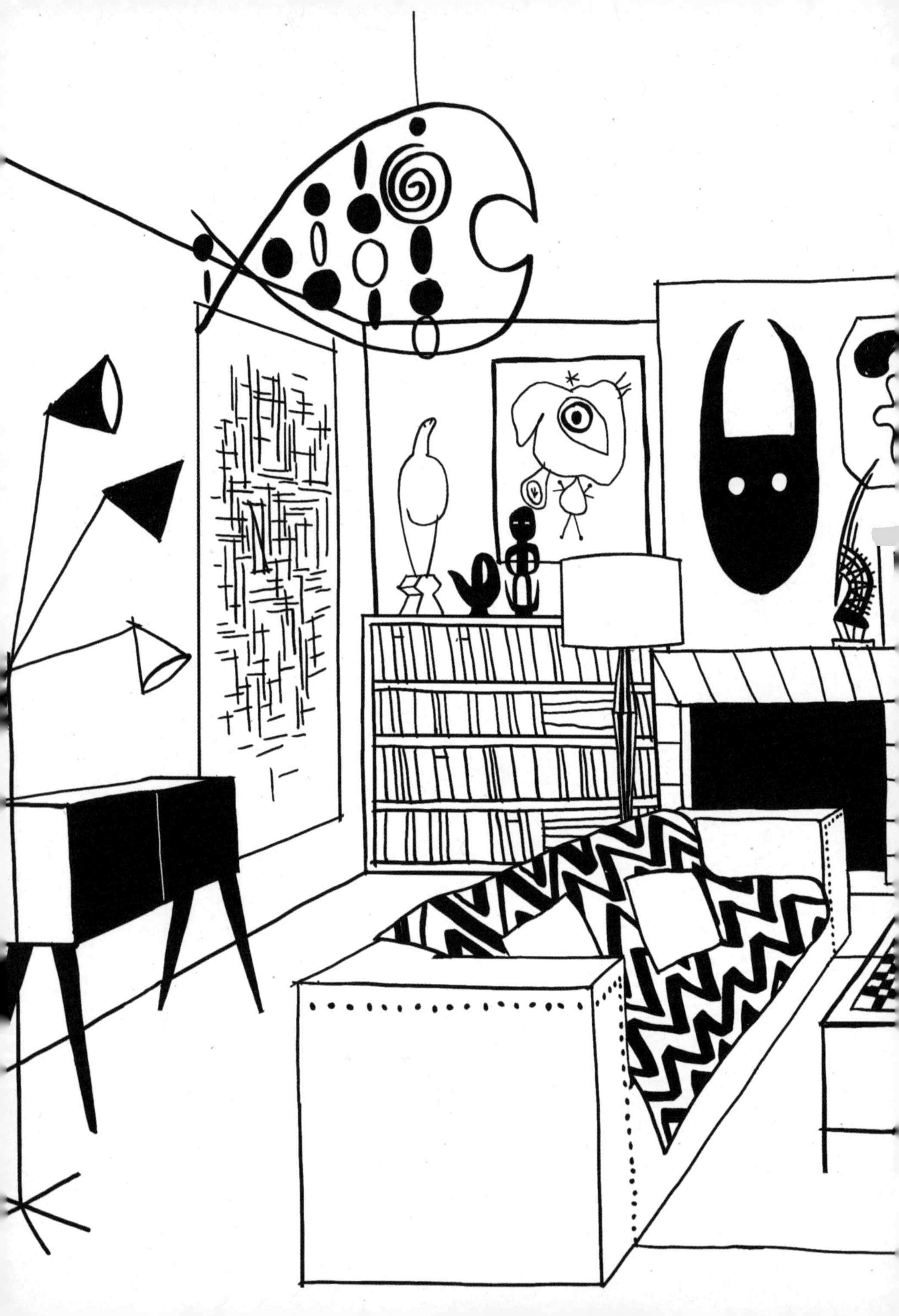

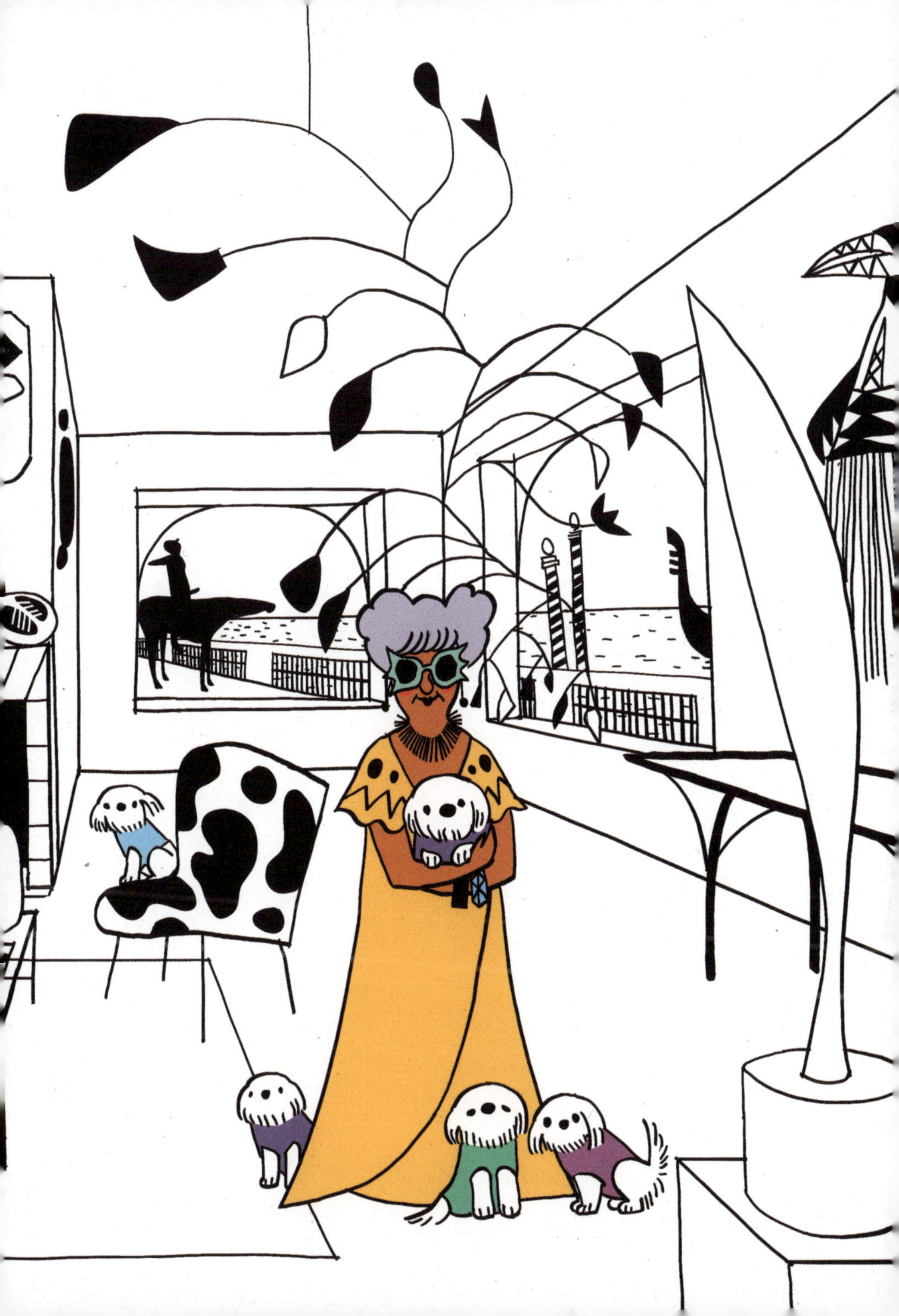

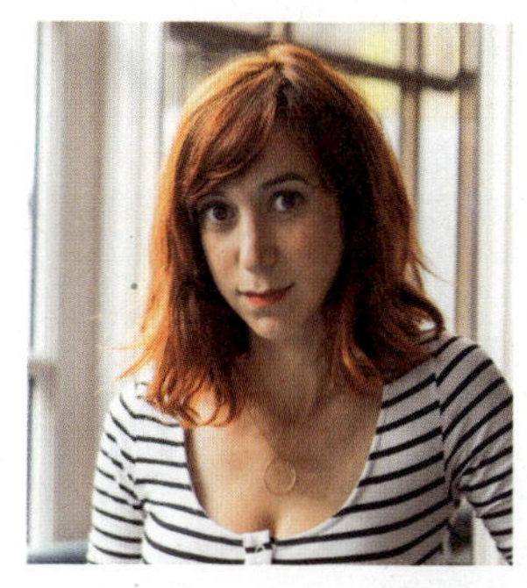

Pénélope Bagieu wurde 1982 als Tochter korsischer und baskischer Eltern in Paris geboren. 2007 rief sie *Ma vie est tout à fait fascinante* (Mein Leben ist total faszinierend) ins Leben, einen gezeichneten Blog über ihren Alltag, dessen Humor und Esprit ihr sofort Erfolg bescherte. Ihre Serie *Joséphine* erschien in zahlreichen Sprachen und wurde 2012 verfilmt. Für ihren Comic *Wie ein leeres Blatt* (nach einem Szenario von Boulet) wurde sie 2014 für den Deutschen Jugendliteraturpreis nominiert, für *Unerschrocken*, ihre Sammlung von Frauenbiografien, erhielt sie den Eisner Award für den »Besten Internationalen Comic«. 2021 wurde Pénélope Bagieu zusammen mit Cathérine Meurisse und Chris Ware für den »Grand Prix« des Internationalen Comicfestivals Angoulême nominiert.

Pénélope Bagieu bei Carlsen Comics

Eine erlesene Leiche
Wie in leeres Blatt (mit Boulet)

Pénélope Bagieu bei Reprodukt

Unerschrocken 1 & 2
Unerschrocken Gesamtausgabe
California Dreamin'
Hexen hexen (nach Roald Dahl)
Schichten

Aus dem Französischen von
Claudia Sandberg und Heike Drescher
Redaktion: Heike Drescher
Korrektur: Sven Scheer
Lettering: Olav Korth
Herstellung: Alexandra Rügler

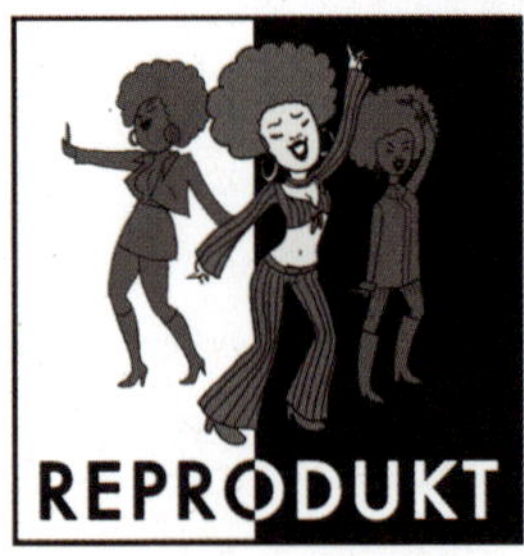

Gottschedstr. 4 / Aufgang 1
13357 Berlin

Originally published in France by Gallimard Jeunesse,
5 rue Gaston Gallimard, 75007 Paris
Published by arrangement with Sylvain Coissard Agency.
Herausgeber: Dirk Rehm
ISBN 978-3-95640-350-7
Druck: GPS, Ljubljana, Slowenien

Erste Auflage: Oktober 2022

www.reprodukt.com

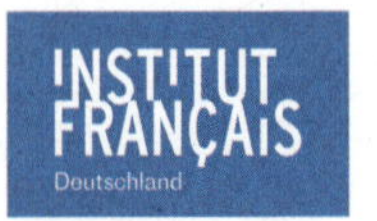

ausgesprochen
französisch

Dieses Buch erscheint im Rahmen des Förderprogramms des französischen Außenministeriums,
vertreten durch die Kulturabteilung der französischen Botschaft in Berlin.